1 MONTH OF FREE READING

at

www.ForgottenBooks.com

By purchasing this book you are eligible for one month membership to ForgottenBooks.com, giving you unlimited access to our entire collection of over 700,000 titles via our web site and mobile apps.

To claim your free month visit: www.forgottenbooks.com/free993218

ISBN 978-0-260-95323-0
PIBN 10993218

ISTOIRE
DU
JAPON;
OU L'ON TROUVERA

OUT CE QU'ON A PU APPRENDRE DE
la nature & des productions du Pays, du caractere
& des Coutumes des Habitants ; du Gouvernement
& du Commerce , des Revolutions arrivées dans
l'Empire & dans la Religion ; & l'examen de tous
les Auteurs, qui ont écrit sur le même sujet.

NOUVELLE ÉDITION.

Enrichie de Figures en taille-douce.

Par le Pere DE CHARLEVOIX, de la Compagnie
de JESUS.

Revûe , corrigée , augmentée , & mise dans un
nouvel ordre par l'Auteur.

TOME SECOND.

SUITE
CHRONOLOGIQUE
DES DAIRYS,
Ou Empereurs Héréditaires du JAPON.

Depuis la Fondation de cette Monarchie par SYN-MU, l'an 660. avant J. C. jusqu'à la fin du siecle précédent.

Avec celle des Empereurs CUBO-SAMAS.

Avant J. C.   **I. DAIRY.**   De Syn-Mu.
660.   **SYN-MU.**   1.

E Prince, dont le nom entier est SYN-MU TEN OO, fonda la Monarchie Japonnoise en la cinquante - huitiéme année du trente - cinquiéme Cycle des Chinois, la seiziéme du regne de l'Empereur Tai Mwo, ou Hocivam, ainsi que prononcent les Chinois : six cent soixante

ans avant la naiſſance de J. C. étant lui-même
âgé de ſoixante & dix-huit ans (a). Son
premier nom étoit Swa Fikono Mikotto ; il
avoit trois Freres aînez, qui régnerent avant
lui ; mais comme ils vêcurent peu, & que leurs
regnes furent obſcurs, c'eſt à lui que les Japonnois attribuent la fondation de leur Empire , & ils lui donnent le titre de Nin O ,
c'eſt-à-dire, *le plus grand de tous les Hommes.* Ce Prince civiliſa les Habitans du Japon, qui s'appelloit alors AKITSUSSIMA ; il in-
troduiſit parmi eux la Chronologie, il parta-
gea le tems en Années , en Mois , & en Jours ,
ſans marquer les Semaines ; & s'il ne fut pas
le premier Auteur des Loix , il les réforma ,
les fit obſerver , & régla le ſyſtême du Gouvernement , tel à peu près qu'il a été depuis.

En la cinquantiéme année de ſon regne ,
trois cents quarante-ſix ans après la mort de
Xaca, le quatorziéme jour du neuviéme mois,
le grand Philoſophe Roosi nâquit à la Chine
(b) dans la Province de Sokokf. Il avoit,
dit-on, *quatre-vingt-un an* , & ſa tête gri-
ſonnoit déja , lorſqu'il nâquit ; c'eſt ce qui le
fit nommer Rooſi, *vieux enfant ;* car Roo veut
dire *vieux*, & Si *Enfant.* On croit que l'Ame

<hr>

(*a*) Ceci eſt conforme aux Tables Chronologiques
de la Chine , que le P. Couplet a publiées.

(*b*) Le Pere Couplet n'en parle point , il dit ſeulement qu'en la cinquante quatriéme année du trente-
cinquiéme Cycle, qu' commença 857. ans avant J. C.
LAO-KIUN Auteur de la Secte Epicurienne , qui eſt
nommée *la Secte des Immortels,* mais que ſes Sectateurs
depraverent dans la ſuite , mourut dans la Province HU-
QUAM, âgé de quatre-vingt ans. Ce Philoſophe peut
être le même que le Rooſi des Japonnois.

de Kaſſoboſatz, Compagnon de Xaca, & le principal de ſes Diſciples , étoit paſſée dans ſon corps , & cependant ſa Doctrine differe entierement de celle de cet ancien Légiſlateur. En effet Xaca enſeignoit (*a*) l'immortalité des Ames , la récompenſe des Bons dans l'autre vie , & la néceſſité de pratiquer la vertu en ce Monde , ſi on veut être heureux en l'autre ; Rooſi au contraire nioit abſolument ces vérités importantes , & ſoutenoit que notre bonheur conſiſte uniquement à joüir d'une vie longue & heureuſe. En conſéquence de ce principe , il eſſaya de trouver dans l'Alchymie une Médecine univerſelle, qui pût prolonger ſa vie , ſi elle ne pouvoit le rendre immortel ; entrepriſe , que ſes Diſciples & ſes Sectateurs ont pourſuivie avec le même ſuccès , dont peuvent ſe vanter parmi les Européens ceux, qui cherchent la Pierre Philoſophale. Rooſi vêcut quatre-vingt-quatre ans.

Introduction des Idoles au Japon.

Vers le même tems (*b*) on vit pour la premiere fois des Idoles Etrangeres au Japon , & elles furent adorées à Khumano. Syn-Mu ayant régné *ſoixante & dix-neuf Ans,* & aſſûré le Trône à ſa poſtérité , qui l'occupe encore aujourd'hui, mourut âgé de cent cin-

(*a*) L'Auteur de ces Faſtes ne connoiſſoit apparemment pas la Doctrine intérieure de Xaca, dont nous avons parlé dans le Livre Préliminaire. Chap. XII.

(*b*) Kœmpfer marque poſitivement cet événement l'an 660. avant J. C. il doit y avoir de l'erreur dans le Chiffre , puiſqu'il paroît joinde cette époque avec la naiſſance, ou la mort de Rooſi.

quante-sept ans. Avec son règne commencé
l'Ere Japonnoise Nin O, ou de Syn-Mu. Au
reste, comme cette suite Chronologique des
Empereurs du Japon est prise de Kœmpfer,
qui prétend l'avoir copiée sur l'Original, je
ne garantis pas tout ce que l'Auteur y avance, & qui pourroit être contraire à la Chronologie Chinoise du P. Couplet, laquelle paroît avoir été faite sur de meilleurs Mémoires.

Avant J. C.   II. D A I R Y,   De Syn-Mu,
580.   S u i S e i.   80.

Le Successeur de Syn-Mu fut son troisième
Fils ; ce Prince avoit cinquante & un An,
lorsqu'il commença de régner.

Naissance de CONFUCIUS.

La trentième Année de ce régne 399. ans
après la Mort de Xaça, & 551. ans avant
Jesus-Christ, le quatrième jour de l'onzième
Mois, le célèbre Philosophe Koosi, que les
Chinois prononcent CONFUÇU, & que les Eu-
ropéens appellent GONFUCIUS, nâquit à la
Chine (a). Les Auteurs Chinois rapportent
qu'au tems de sa Naissance on entendit un
Concert de Musique dans le Ciel ; que les
Etoiles se rapprocherent de la Terre, que
deux Dragons gardoient l'Enfant, tandis qu'on

(a) Selon le P. Couplet, Confucius nâquit dans
la Province de Xamtum, la quarante-septiéme année du
trente-sixiéme Cycle des Chinois, qui commenca l'an
597. avant J. C. l'erreur n'est après tout que d'un
an.

le lavoit, que la Nature lui avoit marqué le
front d'une petite éminence, comme à l'Em-
peteur S i u n , enfin, qu'il avoit toutes les
marques d'un futur S e s i n , c'eſt-à-dire, d'un
Homme d'un eſprit incomparable , & d'un
profond ſçavoir. Lorſqu'il fut parvenu à l'â-
ge viril , il fut diſtingué par une taille (*a*)
majeſtueuſe , & un air Noble. Ses Ouvrages ,
& ſur-tout ceux, qui roulent ſur la Morale, ne
ſont pas inconnus en Europe: ſes Ecrits , où
il déploye ſes plus Belles connoiſſances pour
l'avantage commun des Hommes , ſa vie vertueuſe & exemplaire , & le grand nombre de
ſes Diſciples, qui n'étoient jamais moins de
trois mille , lui attirerent tant de réputation
parmi ſes Compatriotes , & dans le Japon ,
qu'après ſa mort on éleva des Temples en
ſon Honneur , (*b*) où juſqu'aujourd'hui on
lui rend un culte preſque Divin ; il mourut
en la ſoixante-quatorziéme année de ſon âge
(*c*).

Sui Sei régna trente-trois ans , & en vêcut quatre-vingt-quatre. Son Fils lui ſuccéda.

(*a*) L'Analyſte Japonnois dit que Confucius étoit
haut de neuf Laks , & de ſix Suns , mais il n'explique
point ces meſures.

(*b*) Kœmpfer dit ailleurs , que les Moraliſtes du Japon , c'eſt-a-dire , les Sectateurs de Confucius , n'a-
voient point de Temples , & que les premiers Temples
qu'on ait bâtis au Japon en l'honneur de ce Philoſophe ,
ſont l'Ouvrage d'un des derniers Empereurs Cubo-
Samas.

(*c*) Kœmpfer dit *ſoixante & dix ſept* , c'eſt une
erreur de ca'cul.

Avant J. C.   III. D A I R Y.   De Syn-Mu.
548.   A N N E I.   113.

Ce Prince monta fur le Trône à l'âge de
vingt ans , la trente-deuxiéme année de fon
règne fut remarquable par la Naiſſance de
Ganquai, Homme Sçavant , & un des principaux Diſciples de Confucius ; ce Philoſophe
nâquit à la Chine dans la Province de Ro-
kokf. On dit qu'à dix-huit ans il avoit les
Cheveux tous blancs , & paroiſſoit en tout un
Vieillard. Il ne vêcut que trente-deux ans ;
on lui a fait auſſi l'Honneur de croire que
l'Ame de Kaſſoboſatz étoit paſſée dans fon
Corps.

Annei régna trente-huit ans , & mourut
dans fa *cinquante-huitiéme année.* Son ſecond
Fils fut fon Succeſſeur.

Avant J. C.   IV. D A I R Y.   De Syn-Mu.
511.   T O K U.   151.

Cet Empereur étoit âgé *de quarante-qua-*
tre ans , lorſqu'il ſuccéda à fon Pere. La
quatriéme année de fon règne il tranſporta
fa Cour à Keitz , où il mourut après un régne de trente-cinq ans. Il eut auſſi pour Succeſſeur fon ſecond Fils.

Avant J. C.   V. D A I R Y.   De Syn-Mu,
476.   K O S I O.   186.

Ce Prince prit le Sceptre à l'âge de trente-
trois ans. La cinquième Année de fon règne
eſt marquée par une Guerre , qui s'éleva entre

les Provinces de Jetz & de Go ; c'est la premiere, dont les Annales Japonnoifes faffent mention. Kofio régna près de quatre-vingt-trois ans, & fon fecond Fils régna après lui.

Avant J. C. **VI.** **DAIRY.** De Syn - Mu
391. **K O A N.** 269.

Ce Prince monta fur le Trône à l'âge de trente-fix ans. Il tranfporta d'abord fa Cour à Muro, dans la Province de Farima, & quelques années après à Khuroda. Sous fon régne il parut une Comete à la Chine (a), & il y eut au Japon une Eclipfe, qui changea le jour en une nuit obfcure. Ce règue fut de cent & un an. Le Fils aîné de Koan lui fuccéda.

Avant J. C. **VII.** **DAIRY.** De Syn - Mu
290. **K O R E I.** 370.

Cet Empereur commença de régner à l'âge de cinquante-trois ans.

Lac & Riviere d'Oitz, ou d'Omi.

La fixiéme année de fon règne un Lac & une Riviere parurent en une feule nuit dans la Province d'Omi, & près de la petite Ville d'Oitz.

La trente-troifiéme année, le fameux Ty-

(a) Le P. Couplet marque deux Cometes à la Chine en la cinquante-trois & la cinquante-cinquiéme année du quarantiéme Cycle, qui commença 357. ans avant J. C. & en la cinquante-feptiéme année du même Cycle, une Eclypfe totale du Soleil.

ran Sinosikwo (*a*) nâquit à la Chine.

Premiere divifion du Japon en trente-fix Provinces.

La quarante-fixiéme année l'Empire du Japon fut divifé en trente-fix Provinces ; c'eft la premiere divifion, dont il foit parlé dans l'Hiftoire. Korei régna foixante-feize ans, & laiffa le Sceptre à fon Fils.

Avant J. C.   VIII. DAIRY.   De Syn - Mu.
214.   KOOSIN.   407.

Ce Prince fut couronné à l'âge de foixante ans, & alla tenir fa Cour à Karutz. Vers ce tems-là régnoit à la Chine Sinosikwo (*b*), Prince auffi fameux par fes profusions, & par fa magnificence, que redouté de fes Sujets pour fa cruauté & fa tyrannie. Il monta fur le Trône de la Chine l'an 246. avant J. C. il envoya trois cents jeunes Hommes avec autant de jeunes Filles au Japon, fous la conduite d'un de fes Médecins, qui le lui avoit confeillé, fous prétexte de lui aller chercher des Plantes, qui ne fe trouvoient que dans une feule de ces Ifles, & dont il prétendoit, difoit-il, compofer un Remède univerfel, pour empêcher l'Empereur de mourir.

____

(*b*) Le P. Couplet ne parle point de cet Empereur, non plus que le P. Martini.

(*b*) Le P. Couplet dit que la trente-deuxiéme année du quarante-deuxieme Cycle des Chinois, lequel commença l'an 237. avant J. C. Coozu, autrement appelé Lieu Pam, Fondateur de la cinquiéme Race, nommée Nan, commença de regner.

Cette Troupe étant arrivée au Japon, s'y établit, le Médecin se fit Roi, & bâtit un Palais, qui fut appellé Kanjoku, c'est-à-dire, *grande Maison*, *semblable aux Cieux ;* les Planchers en étoient couverts d'or & d'argent, & tout le Palais étoit d'une grandeur & d'une magnificence, qui ont passées en proverbe. Kœmpfer ne s'accorde pas ici avec ce qu'il dit plus bas, qu'alors on n'avoit point encore vû d'or au Japon. D'ailleurs quelle vraisemblance y a-t-il dans ce qu'il ajoûte, que le Kanjoku fut brûlé l'an 205. avant J. C. par l'ordre de Kool, qui s'étoit révolté contre la Famille de Cin, avoit massacré l'Empereur Syse, Successeur de Sinosikwo, & s'étoit emparé du Trône de la Chine? Il ajoute, que suivant les Histoires de la Chine & du Japon, l'embrasement de ce superbe Edifice dura trois mois. Mais s'il y a du réel dans cette Histoire, il faut que ce Palais ait été bâti à la Chine, & non pas au Japon.

Le P. Martini rapporte le fait du Médecin, & le place sous l'Empereur Chinois Chingus ou Xius, Fondateur de la Famille Cin, lequel commença à régner la cinquante-deuxième année du quarante-uniéme Cycle des Chinois, 246 ans avant J. C. & dont il dit beaucoup de bien & beaucoup de mal. Le P. Couplet l'appelle Chuam Siam Vam : Il le fait monter sur le Trône en la quarante-neuviéme année du quarante-uniéme Cycle Chinois, & marque une Eclipse du Soleil la seconde année de son règne. Koo Kin régna cinquante-six Ans.

Avant J. C.   IX. DAIRY.   De Syn - Mu.
157.   Kai Kwo.   504.

L'Annaliste ne dit point si ce Monarque
étoit Fils de son Prédécesseur. Il se contente
de marquer, que Kookin lui laissa l'Empire,
& qu'il en prit possession, étant âgé de cinquante-deux ans. Il transféra sa Cour a Isa-
gawa en la troisiéme année de son régne.
La dix-septiéme, le premier Nengo commença à la Chine par l'ordre de l'Empereur
Koohu (a). Nous avons dit dans le Livre Préliminaire de cette Histoire, que le Nengo est
une espéce d'Epoque particuliere, qu'on date
pour l'ordinaire de quelque Evénement remarquable, & qu'on exprime par deux Caracteres. Il n'est pas limité à un certain nombre d'années, & il dure autant qu'il plaît à
l'Empereur. Les Caracteres du premier Nen-
gò étoient Ken Ken.

Kai Kwo régna cinquante-neuf ans, &
son Fils lui succéda.

Avant J. C.   X. DAIRY.   De Syn - Mu.
96.   Sui Sin ou Suinsin.   564.

Ce Prince prit en main le Sceptre à l'âge
de cinquante-deux ans. Il transporta sa Cour
à Siki en la quatrième année de son règne.

_____

(a) Le P. Couplet ne parle point de cet établissement, & donne à l'Empereur Chinois, qui regnoit
alors, le nom de Ximti. Le P. Martini l'appelle
Miao Kinghus, & ne fait point non plus mention
du Nengo.

lité au Japon. L'onziéme année il créa l'Office de Seogun ou Xogun, il en revêtit un de ses Fils, & lui donna en vertu de ce titre la Direction générale des Affaires de la Guerre, & le Commandement des Armées. En la dix-neuvième année on construisit pour la premiere fois au Japon des Funes, c'est-à-dire, des Vaisseaux. En la soixante-huitiéme, on vit deux Lunes à l'Orient. Cette année fut la derniere du règne de Sui Sin. Son troisiéme Fils lui succéda.

Avant J. C. **XI. DAIRY.** De Syn-Mu.
29. **SYNIN.** 632.

Ce Prince commença de régner à l'âge de quarante-un ans. En la trente-sixiéme année de son règne, il plût des Etoiles au Japon. En la quarantiéme, le Ciel étant fort serein à la Chine, il s'y éleva tout à coup un orage accompagnée de Tonnerres & d'Eclairs : on apperçut des Comètes, il parut dans l'Air des Dragons & d'autres Météores surprenants. Il tomba du Ciel une pluye de Feu. En la soixante-cinquiéme, au septiéme mois, la grêle & les éclairs tuerent plusieurs Personnes à la Chine. Cet orage fut suivi d'une Famine épouvantable, durant laquelle les Hommes se massacroient les uns les autres.

La Mort de J. C. supposé qu'elle soit arrivée dans la trente-troisiéme année de ce divin Sauveur, tombe dans la soixante-sixiéme année du règne de Synin, par conséquent la Naissance du Messie se rapporte à la trente-troisiéme année de ce règne, & la cinquante-huitième du quarante-cinquième Cycle des

a vj

Chinois, la premiere de l'Empire de Hiao Pim Ti.

En la quatre-vingt-huitième année de Synin, on amena des Indes au Japon, un Cheval d'une viteſſe prodigieuſe, & qui faiſoit mille lieuës par jour.

La Religion des Foes *prêchée au Japon.*

En la quatre-vingt-quinzième, Bupo, autrement nommé Kobotus, vint des Indes au Japon, où il apporta ſur un Cheval blanc le Kio, Livre qui renfermoit ſa Doctrine & ſa Religion (*a*). On lui érigea un Temple ſous le nom de Fakubaſi, c'eſt-à-dire, *le Temple du Cheval blanc*, qui ſubſiſte encore ; mais mon Auteur ne dit point où il eſt.

Synin régna quatre-vingt-dix-huit ans. Son troiſiéme Fils régna après lui.

De J. C. 71.   **XII. DAIRY. KEIKOO.**   **De Syn-Mu. 751.**

Ce Prince avoit quatre-vingt-quatre ans, lorſqu'il monta ſur le Trône. En la vingt-troiſième année de ſon règne, une nouvelle Iſle ſortit du fond de la Mer : elle fut nommée Tſikubaſima, & conſacrée à Nebis, qui eſt le Neptune des Japonnois. Trois ans après on y bâtit un Temple ſous le nom de Taka-

---

(*a*) On tient communément que la Religion des Foes fut introduite à la Chine l'an 70. de J. C. & s'il eſt vrai qu'elle ne paſſa au Japon que trois ans après, il y a ici une erreur de ſix ans. Kio veut dire *Livre* : celui-ci eſt apparemment le Foquekio de Xaca, qui, ſelon les Japonnois, eſt le Livre par excellence.

janomia, en l'Honneur de ce même Dieu ; & on y fonda un nombre fuffifant de Prêtres (*a*) pour le fervice de la Divinité. Ce Temple eſt devenu très-célèbre & fort riche. On aſsûre que l'Iſle de Tſikubaſima a toujours été exempte des tremblements de Terre. Keikoo régna ſoixante ans , & laiſſa en mourant le Sceptre à ſon quatrième Fils.

De J. C.   XIII. DAIRY.   De Syn.Mu.
131.   Sei Muu.   791.

Cette Empereur étoit âgé de quarante-neuf ans, lorſqu'il parvint à l'Empire. Il tranſporta ſa Cour à Sigga , dans la Province d'Omi. Dans la ſixiéme année de ſon règne, il marqua les bornes de ſon Empire ; mais on ne nous dit point quelles étoient ces bornes. Il régna ſoixante ans.

De J. C.   XIV. DAIRY.   De Syn - Mu-
191.   Tsiuu Ai.   851.

Ce Prince étoit Neveu du précédent Empereur, & le ſecond Fils d'une de ſes ſœurs, mariée avec Jamatta Daxino Mikotto. Il étoit âgé de quarante-quatre ans, lorſqu'il ſuccéda à ſon Oncle, après s'être frayé le Chemin au Trône par le meurtre de Kumaſi Uſomu Kuno Mikotto, lequel étoit apparemment le Fils de Sei Muu ; mais mon Auteur ne le dit pas. Cet Empereur ne régna que neuf ans, & mou-

(*a*) Kœmpfer ſe ſert ici du terme de Bonze , qui eſt moderne , & de l'invention des Portugais , auſſi bien que celui de Mandarin.

rut âgé de cinquante-deux ans. Il laiſſa le Sceptre à ſa Veuve.

De J. C.
201.

XV. DAIRY.

De Syn. Mu
871.

SINGOKOGU *ou* DSIN GUUKWO GUU, *Impératrice.*

Cette Princeſſe reſta ſeule ſur le Trône à l'âge de trente ans, elle étoit de la Famille Impériale, & Parente au cinquiéme dégré de l'Empereur Keikoo. Elle fit la Guerre aux Coréens, & paſſa en Perſonne dans leur Pays dès les premiers jours de ſon régne. Mon Auteur ne dit point, ſi elle y fit des Conquêtes, mais il ajoûte, que s'étant trouvée enceinte, tandis qu'elle étoit occupée à cette Expédition, elle repaſſa au Japon, & accoucha d'un Fils à Tſikuſen dans la Province de Mikaſſa, où elle faiſoit alors ſa réſidence. Le jeune Prince fut nommé d'abord Wakono Ooſi. L'Impératrice ſa Mere transfera ſouvent ſa Cour d'un endroit de la même Province à l'autre. Elle mourut après un règne glorieux de ſoixante & dix ans. On la mit après ſa mort au nombre des Déeſſes, ſous le nom de Kaſſino Dai Mioſin. De ſon tems la Chine eut beaucoup à ſouffrir des tremblemens de Terre, des Rébellions, des Pillages, & autres Calamités (a). Son Fils lui ſuccéda.

'(a) Le P. Couplet ne parle point de tremblémens de Terre, mais de Guerres civiles, qui avoient commencé avant que cette Princeſſe régnat au Japon.

De J. C. XVI. DAIRY. De Syn-Mu.
270. OOSIN TEN OO. 930.

C'eſt le nom, que prit le Fils de l'Impéⁱ
ratrice Singukogu, en montant ſur le Trône. Il avoit alors ſoixante & onze ans. Il fut
illuſtre dans la Paix & dans la Guerre, & le
véritable Pere de ſes Sujets, qu'il gouverna
pendant quarante-trois ans avec beaucoup de
ſageſſe & de douceur. Il mourut âgé de cent
treize ans, & fut honoré après ſa mort du
titre de Frere de Tenſio Dai Dſin. On lui
donna auſſi le titre de Jawatta Fatzman, c'eſt-
à-dire, de Mars de Jawatta. Son quatriéme
Fils régna après lui.

De J. C. XVII. DAIRY. De Syn-Mu.
313. NINTOKU. 973.

Ce Prince monta ſur le Trône à l'âge de
vingt-quatre ans. En la ſoixante-huitième année de ſon règne, il nâquit à Fida un Enfant monſtrueux, qui avoit deux Viſages,
quatre Bras & quatre Pieds. Nintoku fut un
Prince vertueux, chéri de ſes Sujets, qu'il
déchargea à diverſes repriſes des Impôts. Il
vécut cent onze ans, & en régna quatre-
vingt-ſept. On lui érigea un Temple à Tſi-
nokuni, où il fut adoré ſous le titre de Naniwa Takakno Mia Koreſirano Dai Mio
Dſin. Il laiſſa le Trône à ſon Fils aîné.

De J. C. XVIII. DAIRY. De Syn-Mu.
400. RITSIU. 1060.

Ce Prince commença de régner à l'âge de

foixante & douze ans. Il tint fa Gour à Koos
dans la Province de Jamatto. Il régna fix
ans. Son Frere lui fuccéda.

De J. C. **XIX. DAIRY.** De Syn-Mu.
406. **FANSEI.** 1066.

Ce Prince parvint à l'Empire à l'âge de
cinquante-cinq ans. Il tint fa Cour à Siwa-
gaki dans la Province de Kaarwaatz. Il régna
huit ans.

De J. C. **XX. DAIRY.** De Syn-Mu.
414. **INKIOO.** 1074.

Ce Prince étoit Frere des deux précédens
Empereurs, & le dernier des Fils de Nintoku. Il avoit quarante-neuf ans, lorfqu'il
commença de régner. Il établit fa Cour à
Aiska, dans la Province de Jamatto. Il fit
venir un Médecin de la Chine : il régna
quarante ans, & eut pour Succeffeur fon fecond Fils.

De J. C. **XXI. DAIRY.** De Syn-Mu.
454. **ANKOO.** [1104.

Ce Prince monta fur le Trône en la cin-
quante-quatrième année de fon âge, & réfi-
da tout le tems de fon règne, qui ne fut
que de trois ans, dans la Province de Jamatto. Un de fes Proches nommé Majuwa
fe révolta contre lui, & le tua. Son Frere
régna après lui.

De J. C. XXII. D A I R Y. De Syn - Mu.
457.   J u u R i a k u.   1107.

On ne fçait point quel âge avoit ce Prince, lorfqu'il fuccéda à fon Frere, mais feulement qu'il étoit le cinquième Fils d'Inkioo.
On afsûre qu'il étoit né avec des Cheveux gris;
& de-là vient peut-être, dit Kœmpfer, que
plufieurs placent fon Avènement à la Couronne en la foixante - onziéme année de fon
âge, ce qui ne peut-être. Il vengea la mort
de fon Frere par celle du Meurtrier. La feptiéme année de fon règne il époufa la Princeffe Wakaki, la déclara Impératrice, &
ordonna par une Loi, qui fubfifte encore,
que tous les Enfans des Femmes du Dairy,
qui portoient le titre d'Impératrice, fuffent
reconnus pour héritiers de la Couronne. Les
premiers *Putjes* furent frappés au Japon en
la neuvième année de fon règne par un nommé Sinka. On ne nous a pas inftruit de la
valeur de cette Monnoye. Juu Riaku régna
vingt-trois ans, & laiffa en mourant le Sceptre à fon fecond Fils.

De J. C. XXIII. D A I R Y. De Syn - Mu.
480.   S e i N e i.   1140.

Ce Prince étoit âgé de trente-fept ans, lorfqu'il parvint à la Couronne: il ne régna que
cinq ans, & eut pour Succeffeur fon Coufin
iffu de germain, lequel étoit petit-fils de l'Empereur Ritfiu.

De J. C.   **XXIV. DAIRY.**   De Syn•Mut
485.   **GENSOO.**   1145.

Ce Prince monta fur le Trône à l'âge de
quarante-fix ans, & trois ans après il en def-
cendit pour y placer fon Frere. Il mourut âgé
de quatre-vingt-cinq ans.

[De J. C.   **XXV. DAIRY.**   De Syn-Mu.
488.   **NINKEN.**   1148.

Ce Prince avoit quarantè & un an, lorfque
fon Frere lui remit le Sceptre, & le porta onze
ans. Son Fils lui fuccéda.

De J. C.   **XXVI. DAIRY.**   De Syn-Mu.
499.   **BURETZ.**   1159.

On ne dit point à quel âge cet Empereur
parvint à la Coûronne, ni combien de tems
il vêcut : peut-être n'a-t-on pas voulu tenir
compte des années d'un Prince, qui desho-
nora le Trône du Japon par des vicés, qu'on
n'y avoit point encore vûs. Il fut cruel jufqu'a la Barbarie; il fe faifoit un plaifir féro-
ce de couper la Tête à des Gens, qui ne s'attendoient à rien moins; & il ouvroit de fes
propres mains le ventre des Femmes encein-

Feu du Ciel tomba fort près de lui, & que
pour fe garantir de pareils accidents, il fit
faire un Appartement tout de Pierre. On rapporte encore d'autres exemples de fa cruauté : il arrachoit aux uns les ongles des Pieds
& des Mains; & les Hiftoriens du Japon
ajoûtent, qu'il en fit faire des Beficles. Aux

autres il tiroit le Poil de toutes les parties du
Corps ; il en faisoit grimper d'autres sur les
plus grands Arbres, & il les obligeoit à des-
cendre à coups de flèches, ou bien il faisoit
scier l'Arbre, pour avoir le plaisir de les faire
tomber ; & plus ces Malheureux souffroient,
plus il éclatoit de rire. Le règne de ce Mon-
stre ne fut que de huit ans, & parut bien long.

	XXVII. DAIRY.	
De J. C. 507.	KEI SEI.	De Syn-Mu. 1167.

Ce Prince étoit Arriere petit-fils de l'Empereur Oosin, par une de ses petites-filles,
nommée Fkoarusi. Il étoit âgé de cinquante-
quatre ans, lorsqu'il monta sur le Trône. Il
tint d'abord sa Cour à Tsutsuki dans la Province de Jamatsiiro, d'où il la transporta à Fo-
toguani dans la même Province. La douziéme année de son régne, DARMA fameux Prophéte parmi les Indiens, troisiéme Fils de
Kasiuwo, & le vingt-huitième, qui occupa
le Siège de Xaca, arriva à la Chine venant
de Scitensiku, c'est-à-dire, de la *Contrée Mé-
ridionale Céleste*, par où il faut entendre le
Continent de l'Inde, qui est au Midi de la
Chine (a).

Kei Sei après un règne glorieux de vingt-
sept ans, mourut dans sa quatre-vingt-deu-

(a) Le P. Couplet ne parle point de DARMA ; mais
il dit que l'Empereur COCUTUVI, qui régnoit alors a la
Chine, fut fort adonné aux Fables Pythagoriciennes
des BONSES, que lui même se fit Bonze, & que
l'Impé atrice du Nord nommée NU, fit bâtir un Monastere pour mille Bonzes, lequel avoit mille quatre-
vingt pieds de haut, & fut nommée la *Maison de la
paix éternelle*.

xiéme année : fon Fils aîné, qui lui fuccéda, lui accorda les Honneurs divins a Jetfiifia, avec le titre d'Askano Dai Mio Sin.

De J. C.   XXVIII. DAIRY. De Syn - Mu.
534.   An Kan.   1194.

Ce Prince étoit âgé de foixante-neuf ans, lorfqu'il prit le Sceptre : il établit fa Cour en Jamatto, & mourut après avoir régné deux ans. Il fut mis au rang des Dieux, & fut honoré comme Protecteur de la Province de Jamatto, fous le nom de Kimbo Senno Gongin (*a*). Son Frere puîné lui fuccéda.

De J. C.   XXIX. DAIRY. De Syn - Mu.
536.   Sen Kwa.   1196.

Ce Prince commença de régner à l'âge de foixante & dix ans. Il tranfporta fa Cour dans un autre endroit de la Province de Jamatto, qu'on ne nomme point. Il ne régna pas quatre ans entiers, & fon Frere lui fuccéda.

De J. C.   XXX. DAIRY. De Syn - Mu.
540.   Kin Mei, *ou* Kimme. 1200.

Cet Empereur étoit dans fa trente-deuxiéme année, lorfqu'il monta fur le Trône, & il tint fa Cour dans la petite Ville de Skinno Kori. Ce fut un Prince religieux : il favorifa beaucoup la Religion des Foes ou du Budfo, qui fe répandit extrêmement fous fon ré-

_____

(*a*) Tous les Dairys ont été déïfiez après leur mort. On ne marque apparemment ici que ceux, qui ont eu un culte plus folemnel.

gne. Il bâtit plusieurs Temples aux Foës, dont il fit faire à la Chine quantité de Statuès. Un Historien Japonnois rapporte à ce sujet ce qui suit.

» Il y a environ mille ans, qu'il y avoit à
« Tsiutensiku , c'est-à-dire , dans le Tensi-
» ku mitoyen (par où il faut entendre la
» presqu'Isle d'en deça du Gange) un illustre
» Fotoque nommé Mokareu, Disciple de Xa-
» ca : vers le même tems la Doctrine de
» Jambadan Gonno Riorai , c'est-à-dire ,
» d'Amida , le grand Dieu & le Protecteur
» des Ames séparées des Corps, s'introduisit
» à Fakkusai (a), ou à la Chine (b), d'où
» elle se répandit dans les Etats voisins. Elle
« pénétra à Tsinokuni (le Japon) & s'éta-
» blit en un endroit nommé Naniwa , où
» l'Idole d'Amida parut à la bonde d'un
» Etang , environnée de rayons dorés , sans
» que Personne sçut , qui l'y avoit apportée.
» En mémoire de cet événement miracu-
» leux, l'Empereur institua le premier Nen-
» go, & le nomma Kon Quo. Cette Statuè
» miraculeuse fut conduite dans le Pays de
» Sinono par Tonda Josimitz Prince d'une
» valeur héroïque , & d'une grande piété ,
» placée dans le Temple de Singuosi , où ,
» sous les noms de Singuosi Norai : Norai,
» ou Amida de Singuosi , elle opéra une in-
» finité de Miracles éclatants , qui rendirent

(a) Kœmpfer entend ici la Chine par FAKKUSAI, & dans son premier Livre, Chap. quatriéme, il dit, que Fakkusai est la partie Septentrionale de la Corée.

(b) Cette Relation ne s'accorde pas avec ce que l'Annaliste a dit plus haut du tems, où la Doctrine de XACA fut introduite dans le Japon.

» ce Temple fameux dans tout l'Empire.

L'Empereur Kimme régna trente-deux ans, & laiſſa en mourant le Sceptre a ſon ſecond Fils.

De J. C.	XXXI. DAIRY.	De Syn.·[Mu.
1 572.	FITATZU, ou FINTATZ.	1232.

On ne ſçait rien de l'âge de ce Prince. La troiſiéme année de ſon règne, le premier jour du premier mois, Sotoctais, le grand Apôtre du Japon, nâquit à la Cour de l'Empereur : ſa naiſſance fut précédée & accompagnée de circonſtances remarquables. Sa Mere, avant que d'être enceinte de lui, le vit en ſonge environné de Dragons, qui brilloient comme le Soleil, & une voix lui adreſſa ces Paroles : *Moi, le Saint Guſeboſatz renaîtrai encore pour enſeigner le Monde, & à cet effet, je deſcendrai dans ton ſein.* A l'inſtant elle ſe réveilla, & ſe trouva enceinte. Huit mois après elle entendit diſtinctement ſon Fruit parler dans ſon ſein (*a*), & accoucha le douziéme mois ſans peine, & même avec plaiſir d'un Fils, qui fut nommé Fatſiſino, & après ſa mort Tais, ou Sotoctais. Ce miraculeux Enfant ne tarda pas à donner des ſignes d'une grande piété : les Exercices de Religion faiſoient toutes ſes dé-

_____

(*a*) Il eſt bon d'obſerver, que dans le même ſiécle des Miſſionnaires Neſtoriens de Syrie, & ſelon quelques-uns, des Armeniens pénétrerent dans les Contrées les plus ſeptentrionales de l'Aſie. Les Japonnois peuvent bien avoir appris alors quelque choſe de nos Myſteres par les LAMAS de Tartarie, qui avoient connu ces Predicateurs.

lices , & dès ſes plus tendres années il fut
fort adonné à la priere. Il n'avoit que quatre ans, lorſque, tandis qu'il prioit, les os &
les reliques du grand Xaca parvinrent d'une
maniere miraculeuſe entre ſes mains. Depuis
ce tems-là , le culte de ce Dieu s'accrût extraordinairement dans le Japon , & il y arriva des Pays Etrangers d'outre-mer un très-
grand nombre d'Idoles , de Statuaires & de
Prêtres.

La ſixiéme année de Fitatzu , ce Prince publia un Edit portant qu'en ſix différents jours
de chaque mois, toutes les Créatures vivan-
tes ſeroient miſes en liberté , & que ceux de
ſes Sujets; qui n'auroient point de telles créatures , en acheteroient, pour s'acquitter de ce
devoir, & avoir occaſion de donner ces jours-
là des preuves publiques de leur inclination
bienfaiſante.

La huitième année, la premiere Image de
Xaca fut apportée au Japon , & placée à Nara dans le Temple de Kobuſi, où elle occupe
encore la premiere place , & où on la con-
ſerve avec des marques d'une vénération extraordinaire.

La quatorziéme année, un certain Moria
ennemi déclaré de Sotoctais, excita de grands
troubles de Religion dans l'Empire. Il portoit
une haine mortelle aux Fotoques, qu'il arrachoit des Temples , & qu'il jettoit au feu ,
par-tout où il les pouvoit trouver : mais au
bout de deux ans il fut mis à mort par ſes
Ennemis. On ajoûte que cet Homme ayant
jetté dans un Lac les Cendres des Idoles ,
qu'il avoit brûlées, il s'éleva tout-à-coup une
tempête épouvantable , accompagnée de ton-

nerres , d'éclairs & de pluyes. Fitatzu régna quatorze ans , & eut pour Succeſſeur ſon qua. triéme Fils.

De J. C. **XXXII. DAIRY.** De Syn. Mu.
586. J o o M e i 1246.

On ne ſçait rien de l'âge de ce Monarque. Ce fut ſous ſon règne , que Moria fut défait & tué ; & on bâtit en Mémoire de cet événement le Temple de Sakatatina , dans la petite Province de Tamatſukuri. Joo Mei ne régna que deux ans , ſon Frere lui ſuccéda.

De J. C. **XXXIII. DAIRY.** De Syn-Mu.
588. S i u S i a n. 1248.

On ne ſçait rien non plus de l'âge de cet Empereur.

Seconde Diviſion du Japon en ſept grandes Contrées.

Le ſeptiéme mois de la troiſiéme année de ce régne , l'Empire du Japon fut diviſé en ſept grands Territoires ou contrées , appellées Goki Sitzi Do. Cette diviſion ſubſiſte encore , & on eſt obligé de la marquer dans les Cartes , qui ſe gravent dans le Pays. Siu Sian mourut après cinq ans de règne.

De J. C. **XXXIV. DAIRY.** De Syn-Mu.
593. S u i k o ou S i k o. 1253.
Impératrice.

Cette Princeſſe étoit la ſeconde fille de l'Empereur

pereur Kimme, & veuve de l'Empereur Fin_
tatz. On ne dit point à quel âge elle fut déclarée Impératrice. La cinquième année de
son régne, un Prince Etranger vint de Fakkusai à la Cour du Japon, dans la seule vûe

La sixiéme année, on envoya d'outre-mer
une Corneille & un Paon, dont on faisoit
présent à l'Impératrice, ces deux Oiseaux
étoient alors inconnus au Japon, où ils se
sont fort multipliés depuis ce temps-là, ce
qui prouve qu'il y avoit un couple de chac-
cun. Les Corneilles sur-tout sont en si grand
nombre dans ces Isles, qu'elles y causent
beaucoup de dégât.

La septiéme année il y eut dans toutes les
Provinces des tremblements de Terre terribles, un très-grands nombre d'Edifices furent renversez, & plusieurs engloutis. L'année suivante il tomba des feux du Ciel, &
ils furent suivis de pluyes, qui causèrent de
grandes inondations, plusieurs Villes furent
submergées toutes entieres. La dixiéme année, on apporta de Fakkusai au Japon un
Livre de Religion intitulé Rekkoroso. La
douziéme année l'Impératrice fit jetter en
fonte une Statue de Bronze de Xaca, dont
on fabriqua ensuite de la Monnoye, & à laquelle on substitua une Statue de Plâtre, ou
d'une espéce de Stuc. La même année on
vit pour la premiere fois de l'or au Japon,
& il y fut apporté de Corée. La vingt-uniéc-
me année on dit que Darma apparut à Sotoctais dans la Province de Jamatto, sur la
Montagne de Kattajoka, & qu'ils se parlerent
en Vers. La vingt-huitiéme année, le vingt-

deuxiéme jour du fecond mois , Sotoctaïs
mourut âgé de quarante-deux ans. La tren_
te-cinquiéme année un effain de Mouches
d'une figure étrange fe répandit dans le Pays
avec un bruit extraordinaire , & y caufa de
grands dommages. Suiko mourut après un
régne de trente-fix ans.

De J. C. **XXXV. DAIRY.** De Syn-Mu.
629. **DSIOME.** 1289,

Le Succeffeur de cette Princeffe étoit petit-fils de l'Empereur Tintatz , on ne fçait rien
de fon âge ; il fit toujours fa réfidence en Jamatto. La troifiéme année de fon règne , le
premier jour du premier mois, nâquit au Japon le fameux Gienno Giofa , Fondateur des
Hermites, nommés Jammabus ou Jammabos,
dont nous ayons parlé au Livre Préliminaire.
La même année il parut une Comete. La douziéme on apperçut une Etoile dans la Lune.
Dfiome régna douze ans ; l'Impératrice fa
Femme lui fuccéda.

De J. C. **XXXVI. DAIRY.** De Syn-Mu.
642. **KWO GOKU.** 1302.
Impératrice.

Cette Princeffe étoit fille adoptive de l'Empereur Fintatz ; on ne fçait rien de fon âge.
La feconde année de fon régne , on remarqua
cinq couleurs différentes dans les nues, & la
même année pendant le quatriéme mois, il
tomba une grande quantité de Grêle. Ce régne ne fut que de trois ans.

De J. C. XXXVII. D A I R Y. De Syn - Mu.
6+5.   K O O T O K V.   1305.

\ On ne fçait rien non plus de l'âge de ce
Prince , qui étoit le frere puîné de l'Impératrice Kwogoku. Il transfera fon Miaco, c'eft-
à-dire , fa Cour à Nagoia Tojofaki. Il fut le
premier, qui honora les Miniftres & autres
Officiers de titres & de marques de diftinction, chacun felon les différents poftes, qu'il
occupoit. Il régla auffi les Honneurs, qu'on
rendroit aux Perfonnes en place, qui n'étoient
point de fa Cour, c'eft-à-dire, qui n'étoient
point de la Tribu Impériale. Jufqu'à ce Prince , les années ne furent comptées que par
l'Epoque Nin O , ou du régne de Syn-Mu.
A la vérité, l'Empereur Kimme inftitua un
Nengo, mais il n'eut point de fuite. Koo
Toku en établit l'ufage, qui n'a point été
interrompu depuis. Nous avons expliqué dans
le Livre Préliminaire, ce que c'eft que cette
Epoque périodique. Le premier Nengo de
Koo Toku fut nommé l'akut Sii , & commença avec la fixiéme année du régne de cet Empereur. Il dura vingt-deux ans. Koo Toku
n'en régna que dix.

De J. C. XXXVIII. D A I R Y. De Syn - Mu.
655.   S I M E. ◆ 1315.
Impératrice.

Cette Princeffe, qui ne fut point mariée,
étoit fille de l'Impératrice Kwo Goku , &
fuccéda à fon Oncle, on ne fçait rien de fon
âge. Elle établit fa Cour à Fonga dans la
Province de Jamatto , d'où elle la transfe.a

b ij

la derniere année de son régne à Asakura.
Elle régna sept ans.

De J. C.   XXXIX. D A I R Y.   De Syn-Mu.
662.   T E N T S I I.   1322.

Ce Prince étoit Fils de l'Empereur Dsiome
& de l'Itoku, c'est-à-dire, du Neveu de l'Impératrice Kwo Goku, on ne dit rien de son
âge. La quatriéme année de son régne, qui
fut de dix ans, est remarquable par l'érec-
tion du fameux Temple See Gwansi, & de sa
principale Idole ; Ouvrage du fameux Statuaire Cassiga, que son habileté extraordinaire dans sa Profession fit canoniser après sa
Mort. La sixiéme année, l'Empereur fixa sa
Cour à Siga dans la Province d'Oœz. Dans
la dixième année, on montra dans la Province de Tsikugo un Cerf, qui avoit huit
jambes. Le Successeur de Tent-Su fut son
Frere puîné.

De J C.   LX. D A I R Y.   De Syn-Mu
671.   T E M M U.   1331.

Ce ne fut pas sans peine, que ce Prince
s'affermit sur le Trône, son jeune Frere Oto
Mo No Oosi le lui disputa' les Armes à la
Main, mais il fut défait au bout de cinq
mois, & se fendit le Ventre de désespoir.
L'Empereur en mémoire de sa Victoire institua le Nengo Fa Kwo, qui dura quatorze
ans, & fut suivi d'un autre, nommé Sin-
Wu. Le fameux Temple Midera fut bâti la
seconde année de ce régne, qui fut encore

célèbre par l'arrivée du Livre facré Iilai-Kio, c'eſt une eſpéce de formulaire de Prieres, qui fut apporté de la Chine au Japon. L'année ſuivante on y apporta de l'Argent de Tſuſſima, où l'on avoit commencé de travailler aux Mines. La quatriéme année, le quatriéme jour du quatriéme mois, le premier Matſuri fut célébré à Nara. Nous avons dit dans le Livre Préliminaire, ce que c'eſt que le Matſuri. Au ſeptiéme mois de la ſixiéme année, il tomba de la Grêle auſſi groſſe que des Pêches. La huitiéme année, on vit des Pêches mûres dans le premier mois à Ikodamura. La même année, le troiſiéme jour de l'onziéme mois, les Nuages parurent lumineux du côté de l'Orient, on eût dit que le Ciel étoit enflâmé en cet endroit. La neuviéme année, l'uſage de la Monnoye d'Argent fut défendu, & on frappa à ſa place des *Semis* de Bronze, que les Etrangers appellent *Putjes*.

Troiſiéme diviſion du Japon en ſoixante-ſix Provinces.

Vers ce même tems l'Empire du Japon, fut diviſé en ſoixante-ſix Provinces, auſquelles on en a depuis ajoûté deux autres, à ſçavoir, les Iſles d'Iki & de Tſuſſima, qui faiſoient partie du Royaume de Corée, & qui ont été conquiſes à la fin du ſeiziéme ſiécle de l'Ere Chrétienne par Tayco-Sama.

La treiziéme année, le quatorziéme jour du dixiéme mois du régne de Ten-Mu, il y eut au Japon un violent tremblement de Terre. L'année ſuivante, l'Empereur inſtitua un nouveau Nengo ſous le nom de Sui Wu, lequel

ne dura qu'un an. La même année, le neuviéme jour du neuviéme mois, l'Empereur
mourut, & ſa mort donna lieu à de grands
mouvement cauſez par la prétention d'Ootz-
no Oſi. On ne ſçait rien de l'âge de Ten-
Mu.

De J. C.   **XLI. DAIRY.**   De Syn-Mu.
687.   D s i t o,   **1347.**
            Impératrice.

Cette Princeſſe étoit veuve & Niéce de ſon
Prédéceſſeur, on n'a point marqué ſon âge,
elle fixa ſa réſidence a Fuſiwara, dans la Province de Jamatto. La ſixiéme année de ſon
régne, qui fut de dix ans, on commença à
braſſer du Sakki, ou de la Bierre de Ris à
Jekiſinokoſi, dans la Province d'Omi.

De J. C.   **XLII. DAIRY.**   De Syn.-Mu.
697.   M o n M u.   **1357.**

Ce Prince étoit Petit-Fils de l'Empereur Ten-
Mu, on ne dit rien de ſon âge. Il commença ſon régne par l'inſtitution d'un Nengo,
qu'il nomma Gen, & qui dura quatre ans. Il
en inſtitua enſuite un autre, qui fut appellé
Tem Po, & trois ans après un troiſiéme de
quatre ans, ſous le nom de Kee Wuum, mais
on fit peu d'uſage de ces deux derniers. Mon
Mu fut le premier, qui accorda des Tſaps,
ou Armoiries à chaque Province, ce qui arriva la huitiéme année de ſon régne. L'année ſuivante il fit faire une meſure quarrée
de bois, que les Japonnois appellent *Sec* &
Maas, & les Hollandois, *Ganton*, trois deſ-

quelles contiennent juste quatre livres de Ris, poids de Hollande ; & il l'envoja dans toutes les Provinces de son Empire, pour y servir d'Etalon , ordonnant sous des peines très-rigoureuses de s'y conformer pour les mesures de Ris, de Froment, & autres Grains. Ce Prince régna onze ans.

De J. C. **XLIII. DAIRY.** De Syn-Mu. 708. **Gen Mei,** 1368. *Impératrice.*

Cette Princesse, dont on n'a point marqué l'âge, étoit fille de l'Empereur Tent Sii; elle établit sa Cour à Nara. Elle institua d'abord un Nengo sous le titre de Wat To , lequel dura sept ans', c'est-à-dire, tout le tems qu'elle régna. La premiere année, elle fit frapper de la Monnoye d'Or & d'Argent ; mais la derniere fut défendue de nouveau l'année suivante. La même année fut marquée par la naissance d'Abenokamer , Prince du Sang Impérial, fameux dans l'Histoire du Japon. La troisième année, on éleva le Temple Koobokusi, où il y a une Idole de Xaca, formée d'un mélange de Bronze & d'Or , Ouvrage du célèbre Statuaire Taisoquan. La sixième année, l'Impératrice donna des noms aux Provinces, Villes & Villages de son Empire, & elle voulut qu'ils fussent marqués dans les Registres publics (a).

(a) On sera peut-être surpris dans la suite de cette Histoire de retrouver très-peu de noms de Provinces & de Villes; dont il est parlé dans cette suite Chronologique, mais il faut se souvenir de ce que nous avons dit ailleurs des changemens fréquens, qui se font dans les noms propres, & de leur multiplicité .

De J. C. XLIV. DAIRY. De Syyn Muï
715. GENSIOO, 13375.
Impératrice.

Cette Princeffe étoit Petite-Fille de l'Empereur Ten Mu ; elle inftitua les Nengoss Reiki
de deux ans , & Joovo de fept ans , fon régne eft fameux par l'Apparition miraculeufe
des Dieux Khumano , Gongin , Amidaï , Ja-
kuni , Senfiu , Quanwon , & Billamointen ,
qui fe montrerent en différens endroits de
l'Empire. La cinquiéme année , elle fit quelques Réglemens concernant les Habits des
Femmes. Après qu'elle eut régné neuf ans ,
elle remit la Couronne à fon Neveu , fils de
fon Frere. Elle vêcut cinq ans après fon abdication , & mourut dans fa quarante-huitié-
me année , ainfi elle n'avoit que quatorze ans ,
lorfqu'elle monta fur le Trône , le neuviéme
mois de l'année 1375. de Syn-Mu , fur quoi
il eft bon d'obferver que l'année commencée
a la mort d'un Empereur , fe compte toute
entiere parmi celles de fon régne , & n'eft
point comptée parmi celles du régne de fon
Succeffeur.

De J. C. XLV. DAIRY. De Syn-Mu.
714. SIOOMU. 1384.

Ce Prince fixa d'abord fa Cour à Nora ,
d'où quatre ans après il la transféra à NANIWA
La premiere année de fon régne , il inftitua
le Nengo Fenki , qui dura cinq ans , & fut
fuivi du Nengo Tempe , qui en dura vingt.
La huitiéme année , la Mer parut rouge comme du fang fur les Côtes de Kij , ce qui dura

cinq jours de fuite. L'année fuivante, il y eut
des tempêtes épouvantables, une fécherelle &
une ftérilité générale, ce qui caufa une grande famine. La treiziéme année, on bâtit les
premiers Monafteres de Filles. La vingtiéme
année, on éleva le grand Temple de DAIBODS.
Sioomu régna vingt-cinq ans, & fa Fille lui
fuccéda. On ne parle point de fon âge.

De J. C.   XLVI. DAIRY. De Syn-Mu,
749.   KOOKEN.   1409.
          Impératrice.

Cette Princeffe monta fur le Trône de fon
Pere le fecond jour du feptiéme mois de l'année 1409. de Syn-Mu. On ne dit rien de fon
âge, & on ne nous apprend point fi elle fut
mariée. Avec fon règne commença le Nengo
Tempe Seofo, ou Foofi, qui dura huit ans,
& fut fuivi d'un autre appellé Tempo Singo,
La premiere année, on tira pour la premiere
fois de l'Or de la Province d'Ofio, & il fut
préfenté à l'Impératrice : jufqu'alors les Japonnois avoient tiré ce Métal de la Chine (*a*).
La quatriéme année, l'Impératrice bâtit le
Temple Too Daifi pour fatisfaire à un vœu
de l'Empereur fon Pere. Tandis qu'on étoit
occupé à confacrer cet Edifice, un Giogii im-
plora l'affiftance de Barramoas, Dieu célébre
dans cette partie de l'Inde, qui eft au Midi
du Japon, & cette Divinité lui apparut à l'inftant. L'Impératrice bâtit auffi Ifia Jamma,
& mourut, après avoir régné dix ans.

(*a*) Ceci ne s'accorde pas avec ce qui a été dit plus
haut, que fous le régne de l'Impératrice SUIKO
XXXIV. Dairy, le premier or, qui fut apporté au Japon, venoit de Corée.

De J. C. **XLVII. DAIRY.** De Syn-Mu.
759.   F A·I   T A I.   1419.

Ce Prince étoit arriere Petit-Fils de l'Empereur Ten-Mu, & le feptiéme Fils de Tonneri
Sin O. La troifiéme année de fon régne, il
alla tenir fa Cour à Fora, dans la Province
d'Omi, l'année fuivante à Tairanokio, & la
fixiéme, à Fairo dans la Province d'Awadfi.
Il régna fix ans. On ne parle point de fon
âge.

De J. C. **XLVIII. DAIRY.** De Syn-Mu.
765.   S E O   T O K U,   1425.
Impératrice.

Cette Princeffe étoit Fille aînée de l'Impératrice Kooken. Avec fon règne commença
un nouveau Nengo, qui fut nommé Sinko-
ke Un, lequel dura deux ans, & fut fuivi
d'un autre appellé Fooke, qui fut de trois.
Sous ce régne nâquit Kiamar, qui devint un
parfait Kuge. On appelle ainfi tous ceux de
la Cour du Dairy, qui excellent en qtelque
chofe. Seo Toku régna cinq ans. On ne dit
point combien il vêcut.

De J. C. **XLIX. DAIRY.** De Syi-Mu.
770.   K O O N I N.   140.

Ce Prince étoit Petit-Fils de l'Empereur Tent
Sii. On ne parle point de fon âge. En montant fur le Trône, il inftitua le Nengo Foo-
ki, qui fut d'onze ans. La feconde année de
ce régne, on vit au Japon un Orage acom-

pagné de Tonnerres & d'Eclairs , qui paſſa
tout ce qu'on avoit jamais vû : il tomba du
Ciel des Feux, qui reſſembloient à des Etoiles ; & l'Air retentit d'un bruit épouvantable.
L'Empereur ordonna qu'on célébrât dans tout
l'Empire des Matſuris, pour appaiſer les JA-
KUSIS, qu'il croyoit irritez ; on appelle ainſi
les Eſprits malins, qui règnent dans l'Air &
dans les Campagnes. La cinquiéme année ,
nâquit Kobotais, Prêtre fameux parmi les Japonnois. La huitième année, la Rivière Fujú
Uſingawa tarit entierement. La dixiéme année , Abeno Nakemar fameux dans l'Hiſtoire Japonnoiſe , mourut à la Chine. La même année , il y eut à Méaco un incendie ,
qui en conſuma tous les Temples. L'onziéme
année , l'Empereur inſtitua le Nengo Nen-
Wo, qui ne dura qu'un an. Koonin mourut
après douze ans de regne , & laiſſa l'Empire
à ſon Fils.

De J. C. 782.	L. DAIRY. KWAN MU.	De Syn-Muſ 1442.

Cet Empereur monta ſur le Trône à l'âge
de quarante-ſix ans. Il inſtitua d'abord le
Nengo Jenriaku, qui dura vingt-quatre ans ,
c'eſt-à-dire, tout ce régne. La troiſiéme année , il transféra ſa Couſ à Nagajoka dans
la Province de Jamatſiiro , & onze ans après
à Fejanſor.

Premiere tentative des Tartares ſur le Japon.

La ſixiéme année, des Etrangers (*a*) qui
(*a*) Le P. Couplet dit que veis l'an 711. deux-cent

n'étoient point Chinois, parurent les Armes
à la main dans le Japon ; dont ils prétendoient se rendre les Maîtres. Les Japonnois
le défendirent d'abord avec assez peu de succès, parce que l'Ennemi recevoit sans cesse
de nouveaux secours, mais au bout de neuf
ans, Tamamar leur Général prit le dessus,
& tua leur Troji, ou Commandant en Chef.
La Guerre dura néanmoins encore neuf ans,
mais enfin ces Barbares furent entiérement
chassés du Japon.

Kwan Mu régna vingt-quatre ans, & laissa l'Empire à son Fils aîné.

De J. C.	LI. DAIRY.	De Syn-Mu.
806.	FEI DSIO.	1466.

Le règne de ce Prince n'a rien de recom-
mandable, il institua le Nengo Taito, lequel
dura tout le tems qu'il fut sur le Trône,
c'est-à-dire, quatre ans. On ne dit point combien vêcut cet Empereur, qui laissa en mourant l'Empire à son Frere.

De J. C.	LIL DAIRY.	De Syn'-Mu
810.	SAGA.	1470.

Ce Prince signala son Avénement à la Couronne par l'institution du Nengo Koo Nin,
qui dura autant que son règne, c'est-à-dire,
quatorze ans. On bâtit dans cet intervalle plusieurs Temples magnifiques pour les deux Religions. On ne sçait point combien vêcut cet

mille Tattares firent une irruption dans la partie septentrionale de la Chine, & qu'après s'être enrichis par un
grand butin, ils se retirerent chez eux.

Empereur, qui laiſſa l'Empire à ſon Pere.

| De J. C. 824. | LIII. DAIRY. SIUN WA. | De Syn-Mu. 1484. |

Cet Empereur étoit Frere des deux précé-
dents, & le troiſiéme Fils de Kvvam Mu. A
ſon Avénement à la Couronne, il inſtitua
un nouveau Nengo, & le nomma Ten Tiſio.
Il dura dix ans. La ſeconde année, Uraſima
revint de Foreiſan au Japon âgé de trois cents
quarante-huit ans : il avoit vêcu pendant tout
ce tems-là ſous l'Eau avec les Dieux aquati-
ques, où les Japonnois prétendent que les
Hommes ne vieilliſſent point. Siun Wa mourut après dix ans de règne : on ne dit point
à quel âge-il laiſſa le Sceptre à ſon Neveu.

| De J. C. 834. | LIV. DAIRY. NIN MIO. | De Syn-Mu. 1494. |

Ce Prince étoit le ſecond Fils de l'Empereur Sa Ga. Il inſtitua deux Nengos, Sioa,
qui dura quatorze ans, & Kaſſoo, qui fut de
trois. Ce régne fut de dix-ſept ans. On ne
dit point à quel âge mourut l'Empereur, qui
laiſſa le Trône à ſon Fils aîné.

| De J. C. 851. | LV. DAIRY. MONTOKU ou BONTOKU. | De Syn-Mu. 1511. |

Ce Prince commença ſon règne par l'inſtitution du Nengo Nin Fin, qui dura trois ans,
& fut ſuivi de deux autres, Sai Je, de trois
ans, & Tan Jan de deux. La quatrième année, il y eut au Japon de grands tremblements de Terre, dont l'un, qui arriva le cin-

quiéme jour du cinquième mois, fit tomber la Tête du grand Daibods (*a*), ou Idole de Xaca, dans son Temple à Méaco. Montoku régna huit ans, & son quatriéme Fils lui succéda. On ne sçait rien du tems qu'il vêcut.

De J. C.	LVI. DAIRY.	Dé Syn-Mu.
859.	SEI WA.	1519.

L'Avénement de ce Prince à la Couronne fut marqué par l'inſtitution du Nengo To-Quam, qui dura dix-huit ans. La cinquième année, les Livres de Confucius furent apportés à la Cour du Japon, & lus avec beaucoup de plaiſir. La cinquième année nâquit dans la Province de Jamatto Isje Fille de Tſike Kugu Prince du Sang. Cette Princeſſe s'eſt renduë célèbre par ſon ſçavoir extraordinaire. Elle a compoſé un Ouvrage, qui eſt encore aujourd'hui très-eſtimé dans le Japon. Sei Wa, après dix-huit ans de règne, abdiqua l'Empire en faveur de ſon Fils aîné, & mourut quatre ans après, le huitième jour du cinquiéme mois. On ne ſçait rien de ſon âge.

De J. C.	LVII. DAIRY.	Dé Syn Mu.
877.	JOSEI.	1537.

Ce Prince commença ſon règne par l'inſtitution du Nengo Geni Wa, qui dura huit ans, c'eſt-à-dire, tout le tems qu'il fut ſur le

(*a*) Kœmpfer dit ailleurs que le DAIBODS étoit à NARA, mais il ſe pourroit bien faire que le titre de Daibods ſe donnât à toutes les Idoles, & à tous les Temples de XACA.

Trône., On ne fçait rien de l'âge de cet Empereut.

De J. C.   LVIII. DAIRY. De Syn-Mu.
885.   KOOKO.   1545.

Ce Prince étoit Fils puîné de l'Empereur
Nin Mio, & Frere de Montoku. La premiere
année de fon regne, le feptiéme mois il plut
du fable & des pierres, qui gâterent prefque
toute la récolte de Ris. A fon Avénement à
la Couronne, il avoit inftitué le Nengo Nin-
Wa, qui dura quatre ans. Kooko n'en régna
que trois, & laiffa en mourant le Sceptre à
fon troifiéme Fils. On ne dit rien de fon âge.

De J. C.   LIX. DAIRY. De Syn·Mu.
888.   UDA.   1548.

La feconde année de ce régne, eft marquée
par l'inftitution du Nengo Quan Pe, qui dura neuf ans. La même année, il y eut de
grandes pluyes pendant tout l'Eté, & elles
cauferent de grandes inondations, dont la
récolte de Ris fut fort endommagée. Uda
régna dix ans, on ne dit point à quel âge il
mourut, fon Fils aîné lui fuccéda.

De J. C.   LX. DAIRY. De Syn-Mu.
898.   DAI GO.   1558.

Ce Prince dont on n'a point marqué l'âge,
commença fon règne par l'inftitution du Nengo Soo Tai, qui dura trois ans, & qui fut
fuivi d'un autre appellé Jen Gi, qui en dura
vingt-deux. La premiere année, le troifiéme

jour du fixiéme mois, l'Air s'obfcurcit tout à coup, de forte qu'on ne fe voyoit pas. Le P. Couplet marque des Eclipfes du Soleil à la Chine vers le même tems. La feconde année mourut Somme Donno, qui avoit été déclarée Kiffeki, c'eft-à-dire, *Dame Souveraine;* c'eft le titre, qu'on donne à celle des Femmes du Dairy, qui a été nommée Impératrice, & qui eft Mere de l'Héritier préfomptif de la Couronne. La feiziéme année, le fecond jour du cinquiéme mois, il y eut un incendie à Méaco, où réfidoit actuellement l'Empereur, fix cents dix-fept Maifons furent confumées. La vingt-fixiéme année, on envoya de la Province de Jamatto à la Cour un Liévre, qui avoit huit jambes. Dai Go régna trente-trois ans, & eut pour Succeffeur fon douzième Enfant.

De J. C. 931. **LXI. DAIRY.** De Syn-Mu. 1591.
  SIUSAKU.

Ce Prince en montant fur le Trône de fon Pere, inftitua les Nengos Seo Fei, qui dura fept ans, & Ten Kei, qui dura jufqu'à la fin de ce règne. La feconde année, Maffakaddo, Prince du Sang, & fort acerédité à la Cour, fe révolta contre l'Empereur. Cette Révolte ne fut étouffée qu'au bout de fept ans, par la défaite & la mort de fon Auteur. La troifiéme année, le vingt-feptiéme jour du feptiéme mois, il y eut un furieux tremblement de Terre, & un autre la feptiéme année, le quinziéme jour du quatrième mois. Le Feu du Ciel réduifit auffi en cendres plufieurs Temples & Monafteres, fur-tout la

treiziéme année , que les Tonnerres & les
Eclairs fe firent fentir dans prefque toute
(les Provinces. Siufaku régna feize ans. On ne
dit rien de fon âge.

De J. C.   **LXII. DAIRY.**   De Syn - Mu.
947.   M U R A K A M I.   ＝ 1607.

Ce Prince étoit le quatorziéme Fils de l'Empereur Dai Go. Il inftitua d'abord un nouveau Nengo, nommé Ten Riaku-, & qui dura dix ans , puis trois autres , Ten Toku de
quatre ans , Oo Wa de trois , & Koo Fu de
quatre. La quatorziéme année de fon régne,
il y eut dans la grande Salle de fon Palais ,
nommée Seirodeen , une célébre Affemblée
fur les Affaires de Religion , où les Chefs de
toutes les Sectes fe trouverent , c'eft tout ce
qu'on en fçait. Murakami régna vingt & un
ans ; on ne dit point à quel âge il mourut ;
il laiffa le Sceptre à fon fecond Fils.

De J. C.   **LXIII. DAIRY.**   De Syn - Mi.
968.   Ren Sei , *ou* Reisen.   1628.

Ce Prince avoit foixante & un an, lorfqu'il
fuccéda à fon Pere, & il ne régna que deux
ans. Il inftitua le Nengo An Kwa, qui finit
avec fon régne, il eut pour Succeffeur fon
Frere, cinquiéme Fils de Murakami.

De J. C.   **LXIV DAIRY.**   De Syn - Mu.
970.   Jenwo , *ou* Jenjo.   1630.

Ce régne commença par l'inftitution du
Nengo Ten Rok , lequel dura trois ans , &

fut fuivi de quatre autres ; à fçavoir, Tei Jeu
de trois ans, Tei Quam de deux, Ten Jeu
de cinq, & Jei Quan de deux. Jenwo régna
quinze ans, on ne dit point combien il vécut.

De J. C. **LXV. DAIRY.** De Syn-Mu[3]
985. QWASSAN, *ou* QUASSAN. 1645.

Ce Prince étoit Fils aîné de l'Empereur
REN SEI, & monta fur le Trône dans fa dix-
feptiéme année. Il inftitua d'abord un nouveau Nengo, qui fut nommé Gen Wa, &
qui ne dura que deux ans. La feconde année
de fon régne, il fut tranfporté d'une fi grande paffion pour la folitude, qu'il fortit fecret-
tement de fon Palais, & s'alla enfermer dans
le Monaftere de Quamfi, où il fe fit rafer à
la maniere des Bonzes, & prit le nom de NI-
GUGAKE FOOGU ; il paffa vingt-deux ans dans
cette retraite, & y mourut âgé de quarante
& un an.

De J. C. **LXVI. DAIRY.** De Syn-Mu.
987. ITSI DSIO. 1647.

On ne fçait point à quel âge ce Prince fuccéda à Qvvaffan, fon Coufin. Il inftitua les
Nengos Je Jen de deux ans, Jen Gen d'un
an, Soorak, de cinq, Tfio-Toku de quatre,
Tfioo So de cinq, & Quan Ko de huit. La
huitiéme année de fon régne, la mortalité
fut grande dans tout le Japon, d'ailleurs, ce
régne fut célèbre par le nombre de Sçavans,
qui fleuriffoient à la Cour. Itfi Dfio régna
vingt-cinq ans.

LXVII. DAIRY.
SAND SIO.

Ce Prince étoit Fils puîné de l'Empereur Ren Sei. Il inftitua en montant fur le Trône le Nengo Dfio A , qui dura cinq ans , c'eft-à-dire ; tout fon régne. La troifiéme année , le Palais, où il faifoit fa réfidence , fut brûlé. L'année fuivante il en fut encore brûlé une bonne partie. Sand Sio mourut âgé de cinquante & un an.

LXVIII. DAIRY.
GO ITSI DSIO.

Go , veut dire, *fecond* , ainfi Go Itfi Dfio fignifie Itfi Dfio II. Ce Prince étoit Fils puîné d'Itfi Dfio I. & n'avoit que neuf ans, lorfqu'il monta fur le Trône , qu'il occupa 20 ans. Il inftitua d'abord le Nengo Qua Nin , qui dura quatre ans, & qui fut fuivi de trois autres. Tfi Jan de trois ans, Mans Ju de quatre , & Tfioo Quan de neuf. La cinquiéme année de ce régne , Sai Sin obtint de l'Empereur la permiffion de fe faire traîner dans un Khuruma , ou Chariot couvert, & tiré par deux Bœufs ; invention , qui parut fi commode, que toute la Cour fuivit bien-tôt fon exemple. La même année, le vingt-deuxiéme jour du feptiéme mois, il y eut au Japon une furieufe tempête, qui y caufa de grands dommages. Le même mois on vit deux Lunes à la Chine (a). La fixiéme année, le Jexi, ou ou la Pefte fit de grands ravages dans tout

_____

(a) Le P. Couplet n'en parle pas.

l'Empire. La douziéme année, le quatriéme mois, qui répond à notre mois de Juin, il tomba une si grande quantité de Neige, qu'elle couvrit la Terre de quatre Sacks, & de cinq Suns, c'est-à-dire, quatre pieds & demi. Le neuviéme jour du huitiéme mois, il y eut encore une furieuse tempête.

De J. C. 1037.	**LXIX. DAIRY.** GO-SIU SAKU.	De Syn-Mu. 1697.

Ce Prince étoit Frere cadet de son Prédécesseur, auquel il succéda en la vingt-huitiéme année de son âge. Il institua les Nengos Tsio Taku, de quatre ans, & Quanto Ku, de deux. La premiere année de son régne, qui fut de neuf ans, il y eut au Japon un furieux tremblement de Terre.

De J. C. 1046.	**LXX. DAIRY.** GO REISEN.	De Syn-Mu. 1706.

Ce Prince étoit Fils aîné de son Prédécesseur, & monta sur le Trône dans sa dix-septiéme année, il institua les Nengos Jeiso, de sept ans, Tenki, de cinq, Feiko, de sept, & Tsioku, de quatre. La troisiéme année de son régne, Jouri Isje se révolta contre lui dans la Province d'Osju. Les Rébelles se soutinrent pendant cinq ans, jusqu'à ce que Jori Josi, Général de la Couronne, qui commandoit en Chef toutes les Troupes Impériales, les défit, & tua leurs plus braves Chefs Abino-Sadato, & Takano Munto. Cette rébellion est décrite fort au long dans un Livre intitulé *Osju Gassen*, c'est-à-dire, *les*

Guerres d'Osju. Go-Reifen mourut âgé de quarante ans, après en avoir régné vingt-trois. Son Frere puîné lui succéda.

De J. C 1069. **LXXI. DAIRY.** De Syn - Mu. Go-Sand Sio. 1729.

Ce Prince ne régna que quatre ans, & mourut dans fa quarantiéme année. Il inftitua le Nengo Jenkuni, qui fut de cinq ans, & laiſſa le Trône à ſon Fils ainé.

De J. C. 1073. **LXXII. DAIRY.** De Syn - Mu. Siirakawa. 1733.

On ne ſçait point l'âge de ce Prince, qui régna quatorze ans. La ſeconde année de ſon régne il inftitua le Nengo Seofo, qui dura trois ans, & fut ſuivi de trois autres, à ſçavoir, Seoriaku, de quatre ans, Jeefo, & Ootoku, chacun de trois ans. La neuviéme année de ce régne, il y eut pendant l'Eté une ſéchereſſe extréme, qui ruina preſque tous les Fruits de la Terre. Siirakawa laiſſa le Trône à ſon Fils puîné.

De J. C. 1087. **LXXIII. DAIRY.** De Syn - Mu. Forikawa. 1747.

Ce Prince n'avoit que neuf ans, lorſqu'il monta ſur le Trône, & il l'occupa vingt & un ans. Il inftitua les Nengos Quanſi, de ſept ans, Koſſoo, de deux; Jet Sio, d'un an, Sootoku, de deux, Kooa, de cinq; Tſiooſi & Kaſſio, chacun de deux. Son Fils ainé lui ſuccéda.

De J. C.   **LXXIV. DAIRY.**   De Syn-Mu.
1108.   **To Ba.**   1768.

Ce Prince, dont on n'a point marqué l'âge, inftitua les Nengos Teniri, de deux ans, Tenjei, de trois; Jeikju, de cinq, Guanje, de deux; & Foan, de quatre; le premier commença, & le dernier finit avec fon régne, qui fut de feize ans. La premiere année, on entendit dans l'Air un grand bruit, comme de plufieurs Tambours, & cela dura plufieurs jours. La quatriéme nâquit Kijomori, Prince du Sang, que fa rébellion a rendu fameux dans les Hiftoires Japonnoifes. To Ba laiffa en mourant le Trône à fon Fils ainé.

De J. C.   **LXXV. DAIRY.**   De Syn-Ma.
1124.   **Sinto Ku.**   1784.

On n'a point marqué l'âge de ce Prince, lequel régna dix-huit ans. Il inftitua les Nengos Tent Si, de fept ans, Tenfio, d'un an; Tfioofo, de trois, & Jeeit Si, d'un an. Ce fut fous ce regne, que fut bâtie la Ville de Kamakura. Sintoku laiffa la Couronne à fon Frere.

De J. C.   **LXXVI. DAIRY,** De Syn-Mi.
1142.   **Konjei.**   1802.

Ce Prince étoit le huitième Fils de l'Empereur To Ba. Il inftitua les Nengos Kootfi, de deux ans, Tenjo, d'un an; Kivan, de fix, Nempe, de trois, & Kijfu, de deux. Jorimaffa, Prince du Sang, & qu'on pourroit nommer l'*Hercule Japonnois*, vivoit fous ce regne. Ce Prince avec l'aide de Fatſman, qui eſt *le Mars du Japon*, tua à coup de flé_ ches le Dragon infernal Nuge, qui avoit la Tête d'un Singe, la Queue d'un Serpent, le Corps & les Griffes d'un Tygre. Ce Monſtre ſe tenoit dans le Palais du Dairy, & incommodoit beaucoup, non-ſeulement la Perſonne du Monarque, mais encore toute ſa Cour, ſur-tout la nuit, & l'on ne pouvoit repoſer ſans crainte.

La ſixiéme année de ce régne, le vingt-deuxiéme jour du ſeptiéme mois, il parut une Comete. La dixiéme année nâquit à la Cour Jo_ ritomo, qui le premier fut grand *Seogun*, ou Général de la Couronne (*a*). Le pouvoir ſouverain, & illimité des Dairys, commençoit dès-lors à s'affoiblir. Les Princes de l'Empire dominés par l'ambition, ſe relâcherent peu à peu de la ſoumiſſion, qu'ils devoient à leurs Souverains, & jetterent les premiers Fondemens de ces Royaumes, que l'on a vûs en ſi grand nombre dans ces Iſles, en ſe rendant peu à peu indépendants dans leurs Gouvernemens. Le mal croiſſant toujours, le Dairy crut en couper la racine, en revêtant Joritomo de toute l'autorité néceſſaire pour mettre les Grands à la raiſon, mais ce Général ſe

---

(*a*) On aſſûre plus haut que la Charge de Seogun, ou Xogun avoit été créée par Siusin X. Dairy, peut-être fut-elle retablie par Korjei, peut être que ſes prérogatives furent augmentées. Le Cubo etoit auſſi le Général des Armées Japonnoïes, on ne ſçait pas trop quelle etoit la difference de ces deux Charges, il paroît ſeulement que celle-là avoit la préeminence, mais elles ont été d puis comme réunies ſur la tête des Empereurs Cubo Samas.

servit de son pouvoir, pour s'ériger lui-même en Souverain, ainsi que nous verrons dans la suite.

Konjei régna quatorze ans, on ne dit point combien il vécut. Son Frere aîné, quatrième Fils de l'Empereur To Ba, fut son Successeur.

De J. C. LXXVII. D A I R Y. De Syn - Mu.
1156. Go - Siirakana. 1816.

Ce Prince institua d'abord le Nengo Foogien, qui dura trois ans. La premiere année de son-règne, Ssi In (*a*) se révolta contre lui. Cette révolte donna naissance à une longue & cruelle Guerre, qui par rapport au tems, qu'elle commença, fut appellée Foo Cienno Midairy, c'est-a-dire, la désolation du tems Foo Gien. La troisième année, le huitième mois, il y eut un grand tremblement de Terre.

Go-Siira Kawa, après avoir tenu trois ans le Sceptre, le remit à son Fils aîné. Douze ans après il entra dans un Monastere, se fit

_____

(*a*) Ce Prince rebelle ne sçauroit être autre, que Kijomori, dont nous avons parlé plus haut, & qui devoit avoir alors trente-quatre ans. Il fut défait en 1168. & se retira dans le fameux Monastere Midira, sur la Montagne de Jacsan, où les Bonzes le protegerent contre la Cour, & contre la Faction de Feki. Il se fit lui-même Bonze sous le nom de Siookai, vêcut quatorze ans dans cette retraite,, & mourut dans sa soixantieme Année en 1182. d'une fiévre maligne brúlante, qui lui fit devenir le Corps tout rouge, ce qu'on regarda comme une punition de sa révolte, laquelle donna occasion aux Factionr der Fekis & des Gendsis, & fut la principale cause de l'usurpation des Cubosamas.

rafer,

raſer , & prit le nom de Jooſſin. Il mourut
âgé de quarante-trois ans.

De J. C.   LXXVIII. DAIRY. De Syn. Mu.
1159.   N I D S I O O.   1819.

Ce Prince étoit âgé de ſeize ans , lorſqu'il
monta ſur le Trône par l'abdication de ſon
Pere. Il inſtitua les Nengos Feitſi , d'un an ;
Jeiraku, d'un an , Oofo, de deux ans , Tſio-
quan , de deux , & Jeeman , d'un an. La premiere année de ſon règne, Nobu Jori , & Jo-
ſitomo , Pere de Joritomo , ſe ſouleverent
contre lui. Cette rébellion & la Guerre, qu'elle cauſa , ſont décrites dans les Hiſtoires , ſous
le nom de Feitſi No Midarri , c'eſt-à-dire , *la*
déſolation du tems Feitſi. Deux ans après , Jo-
ſitomo fut tué dans la Province d'Owari ,
& ſon Fils fut envoyé en exil à Idſu.

La cinquième année , une Femme accoucha de trois Enfants , qui avoient chacun deux
Têtes , & quatre Pieds. Nidſioo régna ſept
ans , & mourut âgé de vingt-trois ans. Son
Fils aîné lui ſuccéda.

De J. C.   LXXIX. D A I R Y. De Syn. Mu.
1166.   R o k u D s i o o.   1826.

Ce Prince étoit dans ſa dixième année ;
lorſqu'il monta ſur le Trône. Il inſtitua le
Nengo Nin Jani , qui dura trois ans , c'eſt-à-
dire , tout le tems de ſon règne. Il laiſſa le
Sceptre à ſon Oncle.

De J. C. LXXX. DAIRY. De Syn-Mu.
1169. TAKAKURA. 1829.

Ce Prince étoit le troifiéme Fils de l'Empereur Go-Siirakawa, & il époufa la Fille de Kijomori. Il inftitua les Nengos Kavoo, de deux ans; Sioun, de quatre, Angen, de deux; & Dfiiflo, de quatre. La cinquiéme année de fon règne, le vingt-troifiéme jour du premier mois, une grande partie de la Ville Capitale, où il réfidoit, fut réduite en cendres. La feptiéme année, la petite vérole fit de grands ravages dans tout l'Empire. L'onziéme année, l'Empereur transféra fa Cour à Kuwara.

1. Empereur Cubo-Sama.
Joritomo.

La douzième année de ce règne, & la derniere du Nengo Dfiiflo, Joritomo défit tous fes Ennemis dans la Province d'Isju, & Jorimaffa fut tué avec toute fa Famille. L'année fuivante, qui fut celle de la mort de Takakura, eft comptée pour l'Epoque du régne des Cubo-Samas.

De J. C. LXXXI. DAIRY. De Syn-Mu.
1181. AN TOKU. 1841.

On ne dit rien de la Naiffance de ce Prince, finon qu'il étoit petit-fils de Kijomori par fa Mere: ce qui peut faire juger, qu'il étoit Fils de fon Prédéceffeur, & par conféquent fort jeune, quand il monta fur le Trône. Il inftitua les Nengos Joowa, d'un an, & Siu Je, de deux. La premiere année de fon règne, il y eut une grande Famine dans tout l'Empire, caufée en partie par les Guerres civiles. La même année, Kijomori fon Ayeul Maternel mourut dans fon Monaftere (*a*). Cette même année, le Général Kadfuwara abandonna le parti des Fekis, & fe joignit à Joritomo, qui fe nommoit alors Tiojenoski. Kadfuvvara étoit de baffe extraction, mais par fon courage & fes actions Héroiques, il devint très-puiffant. La même année nâquit Jori Je, Fils de Joritomo, & qui lui fuccéda au Trône des Cubo-Samas. L'Empereur An Toku fut obligé d'abdiquer la Couronne, après l'avoir portée trois ans.

| De J. C. 1184. | LXXXII. DAIRY. Go-To Ba. | De Syn-Mu 1744. |

Ce Prince étoit le quatrième Fils de l'Empereur Takakura. Il inftitua les Nengos Genriaku, d'un an; Buaninz, de cinq, & Kenkiu, de neuf. La premiere année de fon règne, mourut Joofnaga, Général célèbre, & grand Partifan des Gendzis (*b*).

La troifiéme année de ce règne, l'Empe-

(*a*) Voyez la Note fous le regne de Go-Stiro Kawa LXXVII. Dairy.

(*b*) Les Gendsis étoient alors feuls dominans, Joritomo leur Chef s'étant emparé du Gouvernement. Ce Parti avoit été long-tems regardé comme le moins jufte, & le Dairy s'étoit déclaré pour les Fekis, mais ceux ci ayant ufé mal de leur victoire, & ayant voulu fe rendre maîtres de l'Empire, le Dairy fe tourna du côté des Gendzis, qui prévalurent, & firent ce qu'avoient voulu faire les Fekis.

reur dépofé An Toku , étant pourfuivi par fes Ennemis, fe nöya dans les Mers Orientales. Il avoit pris, en quittant le Sceptre, le nom de Sen Tei , après fa mort, on lui donna celui d'An Tokuten O, apparemment dans fon Apothéofe. Environ ce même tems mourut Jofinaga , Gendre de Joritomo.

La fixiéme année de ce règne , Jofitzne autre fameux Général fut tué, fa mort fut fuivie de celle de Fide Tira , fon Lieutenant, & de l'extirpation de toute fa Famille. L'onziéme année , Joritomo aller faluer l'Empereur , qui l'honora du titre de Sei Seogun , qu'on a toujours donné depuis aux Empereurs Cubo-Samas. La quatorziéme année, on envoya de l'Ifle d'Avvadfi à la Cour un Cheval, qui avoit neuf pieds. Go-To Ba régna quinze ans , & fe démit de la Couronne en faveur de fon Fils aîné. Il mourut âgé de foixante ans.

De J. C. LXXXIII. DAIRY. De Syn-Mu.
1199. . Tsutsi Mikaddo.| 1859.

Mikaddo eft ici un nom propre , & non pas le titre fouverain, que portoient tous les Empereurs. Ce Prince n'avoit que trois ans , lorfqu'il monta fur le Trône. Il inftitua les Nengos Seotzi , de deux ans ; Kennin , de trois, Genkiu, de deux, Ken Je, d'un an; & Soojen , de quatre.

II. *Empereur Cubo-Sama.*
Jori Isje.

La premiere année de ce règne , Joritomo pre-

nierEmpereur Cubo-Sama mourut aprèsavoir
régne vingt ans. Jori Isje, fon Fils, luifucceda,
& au bout de cinq ans, le Dairy l'honora du
titre de Sei Seogun. Il fut tué deux ans après,
felon Kœmpfer, qui cependant ne lui donne
que cinq ans de règne.

III. *Empereur Cubo-Sama.*
Sonnetonno.

La fixiéme année du règne de Tfutfi Mi-
kaddo, felon le calcul de Kœmpfer, Jori
Isje Empereur Cubo-Sama fut tué, & fon
Frere puîné lui fuccéda.

Tfutfi Mikaddo après avoir régné douze
ans, abdiqua la Couronne en faveur de fon
Frere cadet, & mourut âgé de trente-fept
ans.

De J. C. LXXXIV. DAIRY. De Syn-Mu.
1211. SIUNTOKU. 1871.

On ne dit point à quel âge ce Prince monta fur le Trône, mais feulement qu'il régna
onze ans, qu'il fe demit de la Couronne, &
qu'il mourut âgé de quarante-fix ans. Il inftitua les Nengos Genriaku, de deux ans,
Gen Po, de fix; & Seokiu, de trois. La quatriéme année de fon règne, mourut FOONEN
SEONIN, Fondateur de la Secte de Seodosju.
La fixiéme année, Sonnetonno Empereur Cubo-Sama fit conftruire des Vaiffeaux de Guerre, pour fe rendre Maître de la Mer. Le
vingt-deuxiéme jour du fecond mois de la
neuviéme année, les deux magnifiques Temples de Kiomitz & de Givvon, furent brûlez.

IV. *Empereur Cubo-Sama.*
Joritzne.

Sonnetonno ayant occupé dix-fept ans le
Trône des Cubo Samas, mourut, & eut pour
Succeffeur le Fils du Cambacu Dooka, lequel
commença de régner en 1221.

De J. C. **LXXXV. DAIRY.** De Syn-Mu.
1223. **Go - Forikawa.** 1883.

Ce Prince étoit petit-fils de l'Empereur Takakura. Il inftitua les Nengos Teevvo, de
deux ans : Gen In, d'un an ; Karoku, de
deux ; An Te, de deux ; Quan Ki, de trois ;
& Tee Jei, d'un an. La premiere année de
fon régne, le premier jour du fecond mois,
nâquit dans la Province Avva, Nitsiiren,
fameux Docteur, & Fondateur d'une Secte,
qu'on ne nomme pas. Go-Forikavva régna
onze ans, & en vécut vingt-quatre. Son Fils
aîné lui fuccéda.

De J. C. **LXXXVI. DAIRY.** De Syn-Mu.
1233. **Si Dsio.** 1893.

Ce Prince n'avoit que cinq ans, lorfqu'il
commença de régner. Il inftitua les Nengos
Tempoco, d'un an ; Bunriaku, d'un an ;
Kaffiuku, de trois ; Riaknin, d'un an ; Jen-
go, d'un an ; & Nintzi, de trois. Il mourut
après dix ans de règne.

V. *Empereur Cubo-Sama.*
Jori Sane, ou *Joriſſuga.*

La neuvième année de ce même régne, Joritzne Empereur Cubo-Sama, qui tenoit ſa Cour à Kamakura Seogun, vint à Méaco ſaluer le Dairy, ſelon la ſuite Chronologique; cependant ſuivant le calcul de Kœmpfer, Jori Sane, ou Joriſſuga ſon Fils & ſon Succeſſeur, avoit commencé de régner en 1239.

De J. C. 1243. LXXXVII. DAIRY. Go-Saga. De Syn-Mu. 1903.

Ce Prince étoit Fils puîné de l'Empereur Tſutſi-Mikaddo. Il régna quatre ans, & mourut en la cinquante-troiſiéme année de ſon âge. Il inſtitua le Nengo Quan Jun, qui dura tout ſon régne.

De J. C. 1247. LXXXVIII. DAIRY. Go Fikakusa. De Syn-Mu. 1907.

On ne dit point qui étoit ce Prince; il inſtitua les Nengos Quantſi, de deux ans; Genſio, de fix; Koogen, Seoka, & Sooguan, chacun d'un an. L'onziéme année de ſon régne, le vingt-troiſiéme Jour du ſecond mois, il y eut un grand tremblement de terre au Japon. Go-Fikakuſa, après avoir régné treize ans, abdiqua la Couronne en faveur de ſon Frere puîné, & mourut âgé de ſoixante ans.

V I. *Empereur Cubo - Sama.*
Mune Taka Sinno , ou *Soo Son Sinno.*

La même année que Go - Fikakafa monta
fur le Trône des Dairys , Mune Taka Sinno,
Fils de l'Empereur Go-Saga , monta fur celui des Cubo-Samas.

De J. C.	LXXXIX. DAIRY.	De Syn - Mu.
1260.	KAMME JAMMA.	1920.

Ce Prince inftitua les Nengos Bunvvo ,
d'un an, Kofio , de trois , & Bunje , d'onze.
La cinquième année de fon règne, le vingt-
uniéme jour de l'onziéme mois , mourut Sin-
ran , Chef de la Secte Ikosiu , & qui avoit
été Difciple de Foonen Seonin , Fondateur
de la Secte Seodosju. La feptiéme année ,
il parut une Comete , qui fut auffi vûe à la
Chine (*a*). La neuvième année , le huitiéme
jour du cinquième mois, on vit deux Soleils.
Le dix & l'onze du fecond mois on apperçut trois Lunes. La quinziéme & derniere année , l'Empereur Cubo-Sama fixa fa Cour à
Kamakura. Le Dairy, après avoir régné quinze ans , fe démit de l'Empire en faveur de
fon Fils aîné. Il vêcut encore trente-deux ans
après fon abdication , & mourut âgé de cin-
quante-fept ans.

(*a*) Le P. Couplet en marque deux , mais plus
de vingt-cinq ans apres.

VII. Empereur Cubo-Samá.
Korejas-Sinno.

Ce Prince fuccéda à fon Pere , qui régna quinze ans.

De J. C. 1275.	XC. DAIRY. GOUDA.	De Syn-Mu 1935.

Les Nengos inftitués fous ce régne, font Gentfi, de deux, Kentfi, de quatre, Kooan, de quatre, & Sioo, de trois. Quelques Auteurs n'en marquent que deux, Gentfi, de trois ans, & Kooan, de dix.

Seconde tentative des Tartares fur le Japon.

La neuviéme année de ce régne, le Général Tartare Mooko parut fur les Côtes du Japon, avec une Flotte de quatre mille voiles, & deux cents quarante mille Hommes. L'Empereur Tartare Sifu, qui régnoit alors, après avoir conquis la Chine environ l'An de J. C. 1270. (a) fuivant le calcul de Kœmpfer, envoya ce Général ponr conquérir aufli le Japon, mais cette Entreprife ne réuffit pas:

(a) Le P. Couplet, qui nomme ce Prince Xicu, ne marque le commencement de fon regne à la Chine, qu'a la dix-feptiéme année du foixante-dix feptiéme Cycle des Chinois, lequel commença l'an 1264. de J. C. par confequent en 1181. Il parle de cette expédition, fans en marquer la date, mais il paroît ne donner aux Tartares, que cent mille Hommes, dont il n'en revint a la Chine que trois ou quatre. Nous en avons parlé dans le Livre Préliminaire fur la Relation de Marc Pol de Venife.

les Camis excitèrent une furieuse tempête, qui fit périr toute la Flotte : Mooko lui-même fut noyé , & il ne se sauva qu'un petit nombre de ses Gens.

Marc Pol de Venise rapporte la chose tout autrement, ainsi que nous avons vû au Livre Préliminaire , Chap. V. & pour ce qui est du tems , où les Tartares parurent au Japon , il n'est pas aisé de le marquer au juste : une Edition de Marc Pol de Venise place cette expédition en 1289. une autre en 1269. Selon la premiere , elle n'arriva qu'après la mort de Gouda ; selon la seconde , elle précéda le régne de ce Prince , sous lequel les Japonnois l'ont placée ; peut-être y a-t-il erreur dans les deux chifres , & il faut peut-être lire 1279.

Quoiqu'il en soit , la dixième année du régne de Gouda , Nidsinin , dont nous avons déjà parlé , mourut dans la Province de Musasi. Ceux de la Secte de Foquesiu célèbrent tous les ans une Fête le jour de sa mort. Gouda régna treize ans , & mourut âgé de cinquante.

VIII. *Empereur Cubo-Sama.* *Kiume Sinno , ou Sanno Osi.*

Ce Prince , qui étoit le troisiéme des Fils de l'Empereur Go-Fikakusa , monta sur le Trône en 1286. & régna vingt ans.

De J. C.   **XCI. DAIRY.**   De Syn-Mu.
1288.   **F u s i m i.**   1948.

Çe Prince étoit le second Fils de Go-Fikakusa , & Cousin de Gouda son Prédécesseur.

Il inſtitua les Nengos Soovvo, de cinq ans ; & Jenin ; de ſix. La premiere année de ſon regne, le treiziéme jour du troiſiéme mois, il lui nâquit un Fils, auquel il remit la Couronne, après l'avoir portéé onze ans. On ne dit point a quel âge il étoit monté ſur le Trône, ni à quel âge il en deſcendit. On ſe contente de nous apprendre qu'il a vêcu cinquante-trois ans.

De J. C.   XCII. D A I R Y   De Syn-Mu.
1299.   Go-Fusimi.   1959.

Ce Prince inſtitua le Nengo Seoan, qui dura trois ans, c'eſt-à-dire, tout ſon règne. Il abdiqua enſuite la Couronne, & mourut âgé de cinquante-huit ans. Il laiſſa le Sceptre à ſon Couſin, Fils aîné de l'Empereur Gouda.

De J. C.   XCIII. D A I R Y.   De Syn-Mu.
1302.   Go-Nidsio.   1962.

On ne ſçait point l'âge de ce Prince. Il inſtitua les Nengos Kagen, de quatre ans ; & Toxuds, de deux. La cinquième année de ſon règne, le huitième mois, il y eut un grand tremblement de Terre au Japon. Cette même année eſt remarquable par la mort de Kiume, Empereur Cubo-Sama, & par la naiſſance de Takaudſi, qui fut auſſi Empereur Cubo-Sama. Go-Nidſio, après ſix ans de règne, abdiqua la Couronne.

IX. *Empereur Cubo-Sama.*
Mori Kori Sinno.

Ce Prince fuccéda à fon Pere en 1305. &
régna vingt-cinq ans.

De J. C. **XCIV. DAIRY.** De Syn-Mu.
1308.   **FANNA SONNO.** 1968.

Ce Prince étoit Frere puîné de Go-Fufimi.
Il inftitua les Nengos jenke, de trois ans ;
Ootfi Jo, d'un an, Sooa, de deux, & Bun
O, de cinq. Après qu'il eut régné onze ans,
il fe démit de la Couronne en faveur d'un Frere cadet de Go-Nidfio. On ne nous apprend
rien de fon âge.

De J. C.   **XCV. DAIRY.** De Syn-Mu.
1319.   **GO-DAIGO.**   1979.

Cet Empereur inftitua les Nengos Genvvo,
de deux ans, Genko, de trois, Seotsju, de
deux ; Karaku, de trois ; Gentoku, de deux ;
& Genko, d'un an. La derniere année de fon
règne fut fort agitée de Guerres civiles très-
fanglantes, qui font décrites dans le Livre intitulé *Teifeki.* A la fin de cette même année,
il abdiqua la Couronne.

X. *Empereur Cubo-Sama.*
Sonun ou *Sonnun Sinno.*

Ce Prince étoit Fils puîné de Go-Daigo. Il
monta fur le Trône des Cubo-Samas en 1331.
& ne régna que deux ans.

Ce Prince étoit Fils aîné de Go-Fufimi. Il inftitua le Nengo Seoke, lequel dura deux ans. On ne fçait rien de fon âge.

X. I. Empereur Cubo-Sama.
Nari Jofi Sinn Oo.

La feconde année de ce régne, Nari Jofi Sin Oo fuccéda à fon Frere fur le Trône des Cubo-Samas, & ne garda le Sceptre que trois ans. Kœmpfer fe trompe dans fon calcul, s'il eft vrai que cette même année Takaudfi XII. Empereur Cubo-Sama, vint en cette qualité rendre fes Hommages au Dairy. Cette même année Takakoku, Général célébre, fe fendit le Ventre. Kvvo Gien après avoir régné deux ans, rendit le Sceptre à fon Prédéceffeur, lequel l'ayant accepté, inftitua les Nengos Kemmu & Jen Ken, chacun de deux ans. La feconde année du Nengo Jen Ken, l'Empereur Go-Fufimi mourut, auffi-bien que Kufnokimaka Sugge, fameux Général. La même année, le huitième mois, il y eut de grands tremblemens de Terre au Japon. Go-Daigo ne regna cette feconde fois que trois ans. On ne dit rien de fon âge.

XII. Empereur Cubo-Sama.
Taka Udfi, ou Takadfi.

Il paroît qu'il faut ici placer le commencement du régne de ce Prince, qui étoit Fils d'Afkago Sannokino Cami Nago Udfi, & qui régna vingt-cinq ans.

De J. C.   XCVII. DAIRY. De Syn. Mu.
1337.   QUO MIO.   1997.

Ce Prince étoit Frere puîné de l'Empereur
Kwo Gien , & le quatriéme Fils de Go-Fusimi. Le Nengo Jen Ken, institué par son Prédécesseur, continua la premiere année de son
règne , & fut suivi du Nengo Riakuwo, qui
dura quatre ans. La seconde année de ce régne , le Dairy honora Taka Udsi, Empereur
Cubo-Sama , du titre de Sei Dai Seogun. Les
deux Auteurs, dont Kœmpfer nous asûre qu'il
a tiré ces Annales , ne sont pas d'accord sur
la durée de ce règne ; l'un dit qu'il dura douze ans , l'autre prétend que Quo Mio après
avoir régné deux ans , eut pour Successeur Go-
Murakami , septiéme Fils de l'Empereur Go-
Daigo , lequel n'est pourtant pas compté dans
la Liste des Dairys. Quoiqu'il en soit , après
que le Nengo Riakuwo eut duré quatre ans,
l'Empereur, qui régnoit alors, en institua tout
de suite deux autres, Koo Je , de trois ans ;
& Tewa , de quatre ; vers la fin duquel Siukwo monta sur le Trône. On ne sçait rien de
l'âge de Quo Mio.

De J. C.   XCVIII. DAIRY. De Syn - Mu.
1349.   SIUKWO.   2009.

Ce Prince, dont on n'a point marqué l'âge,
étoit Fils aîné de l'Empereur Kwo Gien. Il
n'institua aucun Nengo la premiere année de
son régne : la seconde année il en institua un
sous le nom de Quano, lequel dura deux ans.
La premiere année la Guerre Siidsio Nawat-

to fut terminée. Siukwo, après avoir régné trois ans, eut pour Succeſſeur ſon Frere puîné.

De J. C. **XCIX. D A I R Y.** De Syn-Mu;
1352. **G O - K w o G i e n.** 2012.

On ne dit rien de l'âge de ce Prince, qui inſtitua les Nengos Bunjvva, de quatre ans; Jen Bun, de cinq, Kooan, d'un an; Teeidſi, de ſix; & Ooan de ſept. La troiſiéme année de ſon régne, Joſi Kaki troiſiéme Fils de l'Empereur Cubo-Sama, vint à la Cour du Dairy, lequel envoya l'année ſuivante le Cubo-Sama même dans la Province d'Omi, pour terminer quelques différents, qui y étoient ſurvenus.

XIII. *Empereur Cubo-Sama.*
Joſi Kaki.

La huitième année, Taka Udſi, Empereur Cubo-Sama, mourut le vingt-neuvième jour du quatriéme mois. Son troiſiéme Fils Joſi Kaki, dont nous venons de parler, lui ſuccéda, & la même année il obtint du Dairy le titre de Sei Dai Seogun. L'onziéme année, ce Prince fut envoyé dans la Province d'Omi, pour y commander l'Armée Impériale.

XIV. *Empereur Cubo-Sama.*
Joſimitz.

La dix-huitième année Joſimitz Fils de Joſi Kaki ſuccéda à ſon Pere, & occupa quarante ans le Trône des Cubo-Samas.

Go-Kvvo Gien régna vingt ans, & eut pour Succeſſeur ſon Fils aîné.

De J. C   C. DAIRY.   De Syn - Mu
1372.   Go-Jenwo , ou Jenjo.   2032.

Le dernier Nengo inſtitué ſous le précédent
règne , continua les· trois premieres années
de celui-ci , & fut ſuivi des Nengos Koora-
ku , qui dura quatre ans , Sei Toku , de deux
ans , & Koowa , de quatre. La huitiéme année il y eut une grande Famine dans le Japon. La même année , il parut une Cométe.
Go-Jenwo régna onze ans , on ne dit rien de
ſon âge. Son Fils aîné lui ſuccéda.

De J. C.   CI. DAIRY.   De Syn - Mu.
1383.   G o k o m a t z.   2043.

La ſeconde année de ce régne , l'Empereur
inſtitua le Nengo Sitoku , qui dura trois·ans ,
& qui fut ſuivi de trois autres : Kakei , de
deux ans , Ikoo O , d'un an , Meetoku , de
quatre , & Oojei , de trente-quatre.
    La neuviéme année de ce régne , il y eut
une Guerre dans le Pays d'Udſii. La quatorziéme année , le dix-ſeptiéme jour de l'onziéme mois , le fameux Temple Kenninſi fut réduit en cendres. La vingtiéme année une Cométe parut au Printems : l'Eté & l'Automne
ſuivans , il y eut une grande ſécherereſſe , & de
furieux tremblements de terre pendant l'Hyver. La vingt-deuxiéme année , une Montagne , qui étoit à Naſno dans la Province de·
Simotski commença à brûler , & à jetter des
pierres & des cendres , mais cela dura peu de
jours. La vingt-cinquième année , l'Automne fut fort pluvieux , ce qui cauſa des mon-

dations en plusieurs lieux. Il y eut ensuite des
tempêtes & des tremblements de Terre. Go-
komatz régna trente ans. On ne dit rien de
son âge. Son Fils lui succéda.

XV. *Empereur Cubo - Sama.*
Josimotz, ou Josimotsi.

Ce Prince, dont le Pere se nommoit Ta
Kamitz, monta sur le Trône des Cubo - Samas en 1410. & l'occupa vingt & un ans.

De J. C. 1413.	CII. DAIRY. Seo Kwo.	De Syn - Mu, 2073.

Le Nengo Oojei commencé sous le précédent régne, continua-jusqu'à la quinzième année de celui - ci. L'Empereur en institua ensuite un sous le nom de Seootsio, qui ne dura
qu'un an.

XVI. *Empereur Cubo - Sama.*
Josi Kassu.

Ce Prince fut associé par son Pere Josi Mot-
si au Trône des Cubo - Samas, & il paroît
qu'il mourut avant lui.
La quatrième année du règne de Seo Kwo,
Usje Suggi se révolta contre cet Empereur.
La neuvième année, le douzième jour du dixiéme mois, il parut deux Soleils.

XVII. *Empereur Cubo - Sama.*
Josi Nori.

La seiziéme année, le dix-huitième jour du

premier mois , Joſi Nori , Empereur Cubo-
Sama mourut. Son ſecond Fils lui ſuccéda,
& régna quatorze ans.

La même année le Dairy mourut , on ne
dit point à quel âge , après avoir régné ſeize
ans. Son Fils lui ſuccéda.

De J. C.   CIII. DAIRY.   De Syn-Mu.
1429.   GOFUNNA SO.   2089.

On ne ſçait point quel âge avoit ce Prince , lorſqu'il monta ſur le Trône. Il inſtitua
les Nengos Jeiko de douze ans ; Kakitz , de
trois , Bunjan , de cinq ; Fotoku , de cinq ;
Koſio , de deux ; Tſiorok , de trois ; & Qua-
nisjo , de ſix. La premiere année de ſon régne , le cinquième jour du huitiéme mois , il
parut une grande & terrible Cométe , & une
autre l'onziéme année , le troiſiéme mois.

XVIII. *Empereur Cubo-Sama.*
Joſi Katz.

La quinzième année, Joſi Katz, Fils aîné
de Joſi Nori , fut aſſocié au Trône des Cubo-
Samas, qu'il n'occupa que trois ans. Il mourut une année après ſon Pere. Son Frere puîné
lui ſuccéda.

XIX. *Empereur Cubo-Sama.*
Joſi Maſſa , ou *Joſimatz.*

La ſeiziéme année, Joſi Maſſa, Empereur
Cubo-Sama , fut honoré du titre de *Sei Dai
Seogun.* La dix-huitième année, le Palais du
Dairy fut réduit en cendres. Les Hiſtoriens

Japonnois remarquent que les sept dernieres
années de ce régne, il parut dans le Ciel des
Phénomènes étranges, qui furent suivis de la
famine, de la pelte, & d'une grande mortalité dans tout l'Empire. Go-Funna So régna
trente-six ans, & laissa l'Empire à son Fils.

CIV. DAIRY:
De J. C.
1465.   Go-Tsutsi Mikaddo.   De Syn- Mu.
2125.

Ce Prince institua les Nengos Bunsio, d'un
an, & qui commença la seconde année de
son règne: Onin, de deux ans; Fum Jo, de
dix-huit, Tsiooko, de deux; Jentoku, de
trois; & Me O, de neuf.

La premiere année, le deuxiéme mois, il
parut une Cométe, dont la queue paroissoit
avoir trois brasses de long: l'année suivante,
il y eut plusieurs tremblements de Terre, &
particuliérement le vingt-neuvième jour du
douziéme mois. La même année, il y eut
une si grande famine dans la Chine, que les
Gens se tuoient les uns les autres pour se
manger (a). La troisiém eannée, il y eut beaucoup de troubles & de Guerres civiles, qui
commencerent le seiziéme jour du cinquième
mois. La cinquiéme année, le dixiéme jour
du neuviéme mois, il parut une autre Cométe, dont la queue sembloit avoir une brasse
de long. La septiéme année, il y eut une
grande mortalité dans tout l'Empire. La même année, le premier jour du douziéme mois,
il parut une troisiéme Cométe, la plus gran-

(a) Le P. Couplet en marque une trente & un
an plus tard, c'est a-dire, en 1496. & dit que les Peres
& les Enfans se mangeoient les uns les autres.

de , qu'on eût jamais vûe : elle avoit , dit l'Auteur Japonnois , la longueur d'une rue La neuvième année, Fotsakavva Katzmotto, Général fameux par son courage & ses exploits, mourut. Après sa mort, il fut honoré du titre de Riu Ans.

X X. Empereur Cubo-Sama.
Josi Navo.

La même année , le titre de Sei Seogun fut donné à Josi Navo, Empereur Cubo-Sama , que son Pere avoit associé au Trône. L'onzième année , le sixième jour du huitième mois, près d'Amagasaki, dans la Province de Setz , des Rivieres grossirent de telle sorte , qu'une partie du Pays fut inondée , & plusieurs Personnes furent noyées. La vingt-cinquième année, Josi Navo mourut un an avant son Pere. On ne dit pas combien de tems il régna.

XXI. Empereur Cubo-Sama.
Josi Tanne.

La vingt-cinquième année, Josi Massa XIX. Empereur Cubo-Sama mourut fort regretté, & laissa la Couronne à Josi Tanne, son Fils puîné.

La vingt-neuvième année, Josi Tanne, Fils de ce dernier, fut honoré du titre de Sei Dai Seogun (a) , & peu de tems après alla

(a) Cela ne prouve pas qu'il fut dès lors Empereur, puisque Josi Tanne son Pere regna dix huit ans , mais il est surprenant que Josi Symmi n'ait reçu le même titre, que plusieurs années apres son Fils. Peut-être y

commander l'Armée dans la Province de Ja-
fiiro. La trentième année, le feptiéme jour
du huitiéme mois, il y eut un grand tremblement de Terre.

L'Empereur Go-Tfutfi Mikaddo après avoir
régné trente-fix ans, mourut âgé de cinquante-neuf, & laiffa la Couronne à fon Fils.

De J. C.	CV. DAIRY.	De Syn-Mu.
1501.	KASIUWABARA.	2161.

Les Nengos inftitués par ce Prince font,
Bunki, de trois ans, Jeefeo, de dix-fept, &
Tei Je, de fept. Ce dernier continua la premiere année du règne de fon Succeffeur. La
quatrième année de celui-ci, il y eut une
grande famine dans le Japon. La fixiéme, le
feptiéme mois, il parut une Cométe. La huitiéme année, le titre de *Sei Seogun* fut donné à Jofi Tanne, Empereur Cubo-Sama. La
dixiéme, il y eut des Guerres fanglantes, &
des tremblements de Terre. La douzième, le
cinquième mois, Jofi Tanne alla faluer le
Dairy. La feiziéme, il y eut encore une grande famine. Kafiuvvabara régna vingt-fix ans;
on ne dit point combien il vécut. Son Fils lui
fuccéda.

XXII. *Empereur Cubo-Sama.*
Jofii Symmi.

Ce Prince commença de régner en 1508.
à moins qu'il n'ait régné avec fon Pere, &

a-t'il ici une tranfpofition, c'eft-à dire, que Jofi Tanne
pourroit bien être le Fils, & non pas le Pere de Jofi
Symmi.

il n'y a même que ce moyen de justifier le calcul de Kœmpfer, qui lui donne quatorze ans de règne, & trente à Josi Far, son Fils & son Successeur.

XXIII. Empereur Cubo-Sama.
Josi Far.

Il est difficile de marquer au juste en quel tems ce Prince monta sur le Trône.

De J. C. 1517.	CVI. DAIRY. GONARA.	De Syn-Mu. 2187.

Ce Prince institua la seconde année de son règne un Nengo, qu'il nomma Koraku, & qui dura quatre ans. Il fut suivi de deux autres, Tembun, de vingt-trois ans, & Koodsi, de trois. Peu de tems après qu'il fut monté sur le Trône, la Guerre finit entre Fosfokawa & Kadsuragawa. Deux ans après, le premier de ces deux Princes se fendit le Ventre.

Pendant le règne de cet Empereur, le Japon souffrit deux fois de la Peste, & trois fois d'une grande mortalité. Les Saisons y furent extrêmement pluvieuses, & les Eaux si grosses, qu'elles inonderent une grande partie du Pays. Il y eut aussi, mais on ne dit pas en quelle année, une tempête si violente, & si générale, qu'elle renversa plusieurs Edifices magnifiques, & entr'autres une partie du Palais Impérial. La cinquième année, le vingt-neuvième jour du sixième mois, il parut une Comète, & on en vit encore une autre le douzième mois de la douzième année. La septième année, le huitième jour du dixième mois, il y eut une Eclipse de Lune.

Découverte du Japon par les Portugais.

La quinziéme année, le Japon fut découvert par les Portugais. Cette année répond à l'année 1542. de J. C. & 2202. de Syn-Mu. Les Auteurs que Kœmpfer a suivis, n'en disent rien, non plus que de tout ce qui regarde les Européens, & la Religion Chrétienne. Il y a bien de l'apparence qu'on aura effacé des Fastes de l'Empire, tout ce qui regarde ces Evénements, afin d'abolir jusqu'au souvenir d'une Religion odieuse aux Japonnois.

XXIV. Empereur Cubo-Sama.
Josi Tir.

La dix-septiéme année, Josi Tir, Fils de Josi Far, Empereur Cubo-Sama, reçut. du Dairy le titre de Sei Dai Seogun, & eut le commandement des Armées, mais il ne monta sur le Trône qu'en 1550. puisqu'il mourut en 1565. selon Kœmpfer, qui s'accorde en cela avec les Lettres des Missionnaires, & qu'il ne régna que quinze ans, peut-être aussi régna-t-il conjointement avec son Pere jusqu'à la mort de celui-ci, arrivée la vingt-quatrième année du règne de Gonara, lequel occupa le Trône trente & un ans ; on ne dit point à quel âge il mourut. Son Fils lui succéda.

CV-II. DAIRY.
OOKIMATZ.

On ne dit point à quel âge ce Prince monta fur le Trône. Il inftitua les Nengos Jeekoku , de douze ans ; Genki, de trois , & Jenfoo , de dix-neuf; celui-ci continua pendant les cinq premieres années du règne fuivant.

La première année de celui-ci , il y eut pendant l'Eté une grande fécherefle , qui fut fuivie d'une extrême famine. La huitiéme année, Jofi Tir mourut de la maniere, qu'on verra dans cette Hiftoire.

XXV. *Empereur Cubo-Sama.*
Jofi Tira , ou Taira.

L'onziéme année Jofi Tira, Fils de Jofi Tir, monta fur le Trône des Cubo-Samas, & fut honoré du titre de Sei Seogun (a).

XXVI. *Empereur Cubo-Sama.*
Jofi Aki.

Ce Prince , felon les Annales publiées par Kœmpfer, étoit Fils de Jofi Tira , & régna cinq ans.

La feiziéme année, on prit au Printems une

(a) Il eft difficile d'accorder ici ces Faftes Chronologiques avec les Lettres des Miffionnaires , qui étoient fur les lieux , & qui ne mettent entre Jofi, Tir & Nobunanga , qu'un feul Cubo-Sama, frere du premier. Nous avons difcuté ce point dans le corps de l'Ouvrage.

Tortuë ,

Tortuë, qui avoit deux têtes. La même année, le troifiéme jour du quatriéme mois,
quelques Scélérats mirent le feu au Kamio,
c'eft-a-dire, à la partie la plus élevée de Meaco, où le Dairy faifoit fa réfidence, & elle fut
touteréduite en cendres. La partie baffe s'appelle Si Mio.

XXVII. *Empereur Cubo-Sama Nobbenaga*, ou *Nobunanga*.

Ce Prince étoit Fils de Oridano Denfio Taira, il régna dix ans, felon les Annaliftes de
Kœmpfer. Le vingt-troifiéme jour du neu-
viême mois, il parut une grande Cométe,
qui ne difparut que l'année fuivante. La vingt
& uniéme année fut très-pluvieufe, & le
douziéme jour du cinquième mois, la plus
grande partie du Pays fut inondée. La vingt-
troifiéme année, il y eut beaucoup de Maladies, & une grande mortalité dans tout l'Empire.

La vingt-cinquième année, le deuxiéme
jour du fixiéme mois, Nobunanga Général
de la Couronne, & fon Fils ainé, furent tués
à Méaco.

XXVIII. *Empereur Cubo-Sama. Fide Nobu.*

Les Annaliftes de Kœmpfer donnent trois
ans de règne à ce Prince, qu'ils font Fils de
Nobu Tada, peut-être veulent-ils parler du
troifiéme Fils de Nobunanga, qui fe trouva
Maitre de l'Empire à la mort de fon Pere,
ou plutôt, du petit-fils du même Nobunanga.

Tome II. d

Taico-Sama fit d'abord femblant de n'être que Régent de l'Empire.

La vingt-fixiéme année du régne d'Ooki-matz, ce Prince reçut une Ambaffade des Ifles de Riuku, autrement appellées les Ifles Liqueios ou Lequios.

XXIX. *Empereur Cubo-Sama. Fide-Jos.*

La vingt-huitième année, Fide Jos plus connu fous le nom de Taico-Sama, fut honoré par le Dairy du titre de Cambacu; c'eft fur-tout depuis ce Prince, que les Dairys ont perdu prefque toute leur autorité dans l'Empire. Cette même année, le vingt-neuviéme jour de l'onziéme mois, il y eut un grand tremblement de Terre, qui continua par des fecouffes répétées, mais moins violentes, prefque une année entiere.

La vingt-neuviéme année, le Dairy abdiqua la Couronne en faveur de fon Petit-fils, & mourut fept ans après, on ne dit point à quel âge.

De J. C. 1587.	CVIII. DAIRY. GO JOSEI.	De Syn-Mu. 2247.

Ce Prince étoit Fils du Prince Héréditaire nommé Jookwo, mort l'année précédente, le feptiéme jour de l'onziéme mois. Go Jo-fei inftitua la fixiéme année de fon régne le Nengo Bunroku, qui dura quatre ans, & fut fuivi d'un autre nommé Keitsjo, qui fut de dix-neuf.

La troifiéme année de ce règne, Fide Tfu-

gu (*a*) neveu de Taico-Sama , Prince cruel
& fanguinaire, tua Fondsjo dans la Province
de Sagami , & extirpa toute fa Famille, con-
formément aux maximes de la Guerre , fuivies dans le Japon , qui veulent que l'on aille
tout d'un coup jufqu'a la racine du mal.

XXX. *Empereur Cubo-Sama.* Fide Tfugu.

Les Annaliftes de Kœmpfer mettent ce
Prince au rang des Empereurs Cubo-Samas ,
parce qu'il fut en quelque façon affocié à
l'Empire par fon Oncle, qui le fit enfuite
mourir. La cinquiéme année, le titre de Cambacu fut donné par le Dairy à ce même Prince. La fixiéme année, Taico-Sama déclara la
Guerre aux Coréens , & envoya contre eux
une nombreufe Armée , difant que par la conquête de cette Péninfule , il vouloit s'ouvrir
un Chemin à celle de la Chine.

La feptiéme année , Ookimatz , Ayeul &
Prédécefleur du Dairy régnant, mourut. L'onziéme année , l'Empereur honora du titre de
Nai Dai Sin le Favori de Taico-Sama , &
fon premier Miniftre d'Etat nommé Jefi Jas
(*a*). La même année , le douziéme jour du
feptiéme mois , il y eut de grands tremblements de Terre, & les fecoufîes continuerent
à diverfes reprifes pendant un mois. La douziéme année , le dix-huitiéme jour du huitié-

(*a*) C'eft le même , que les Lettres des Miffionnaires
nomment Dainangandono.

(*b*) C'eft le même, qui eft nommé ailleurs Jejas,
Geias , & Geiazo , & qui eft plus connu dans les Lettres
des Miffionnaires fous le nom de Dayfu-Sa na.

me mois, Fide-Jos prit le nom de Taico-Sama, qui fignifie *Grand Seigneur*, & mourut
la même année, laiffant l'Empire à fon Fils
unique Fide-Jori, fous la Régence de Jefas
(*a*)

XXXI. *Empereur Cubo-Sama.* Fide Jori.

Ce Prince eut pendant quatorze ans le titre
d'Empereur, mais Jejas fon Tuteur, gouverna toujours fous fon nom.

La quatorziéme année, Jofijda Tfibbu, qui
avoit un Emploi à la Cour de Fide Jori, fe
révolta contre l'Empereur, mais les Rébelles
furent défaits, & leur Chef fut exterminé
avec toute fa Famille (*b*). La dix-feptiéme année, le Titre de Sei Dai Seogun, qui appartenoit à l'Empereur Cubo-Sama, fut donné
à Jefi Jas, Tuteur de Fide Jori. Son Fils fut
honoré la même année de celui de Nai Dai
Sin. La dix-neuviéme année, le titre de Sei
Dai Seogun fut donné à Fide Tadda, Fils
de Jefi Jas. La même année, le quinziéme
jour du douziéme mois, une Montagne fortit de la Mer en une nuit près de l'Ifle Fatfi-
fio. La vingt & uniéme année un Ambaffa-

(*a*) Il y a ici bien des fautes de Chronologie, car
il eft certain par les Lettres des Miffionnaires, que la
douziéme année de Go-Iofei, devoit être l'an 1598. ou
99. de J. C. & que Fide Jos prit le nom de Taico-
Sama en 1591. & mourut en 1598.

(*b*) Il y a bien de l'apparence qu'il s'agit ici de le
Guerre des Régens, que Dayfu-Sama fit paffer pour
une révolte contre l'Empereur fon Pupille, quoiqu'ils
fuffent armez contre lui feul, en faveur de ce jeune
Prince.

deur de l'Empereur de la Chine (*a*) arriva a Sutuga , pour faire compliment à Jeſi Jas , qui étoit dès-lors regardé comme Empereur Cubo-Sama. La vingt-troiſiéme année, ce Prince fit bâtir un Château dans la Province d'Owan. La vingt-quatrième année , les Iſles Riuku furent conquiſes par le Prince de *Sa·xuma*, & elles ſont encore aujourd'hui tributaires de ſes Succeſſeurs.

Go-Joſei régna vingt-cinq ans ; on ne parle point de ſon âge. Son Fils lui ſuccéda (*b*).

De J. C. 1611.	**CIX. DAIRY.** **D A'I S E O K W O.**	De Syn-Mu. 2272.

Le dernier Nengo du régne précédent , continua les trois premieres années de celui-ci. L'Empereur en inſtitua enſuite deux, Geniwa, de neuf ans ; & Quan Je, de vingt. La ſeconde année de ce règne , il plut des Cheveux en pluſieurs endroits , particuliérement pendant l'Automne La troiſiéme année , le vingt-cinquième jour du dixiéme mois, il y eut un furieux tremblement de Terre.

XXXII. Empereur *Cubo-Sama.* Jeſi Jas.

Les Annaliſtes de Kœmpfer donnent quatorze ans de régne à ce Prince ; mais ils y

(*a*) Il eſt étonnant que les Annaliſtes de Kœmpfer ne parlent point de l'Ambaſſade que l'Empereur de la Chine , & avant lui le Roi de Coice , envoyerent à Tayco Sama.

(*b*) De bons Mémoires diſent que ce Prince fut dépoſé par le Cubo Sama , & ſon Fils mis à ſa place.

comprennent une partie du tems qu'il régna
sous le nom de Fide Jori. Ce qui est certain, c'est que ce fut la troisiéme année du
règne de Dai Seokwo, que Fide Jori mourut ou disparut, & que deux ans après, Jesi
Jas mourut aussi, il fut enterré à Nicquo,
& mis au rang des Dieux sous le nom de
Gonsensama.

XXXIII. *Empereur Cubo-Sama.*
Fide Tadda,

Ce Prince étoit le troisiéme Fils de Jesi Jas,
& le Beau-Pere de Fide Jori.
La huitième année, qui revient à l'an 1619.
de J. C. il parut une Cométe fort remarquable. La dixième année, le Dairy épousa une
Fille de Fide Tadda. La douzième année Je-
mitz ou Jiemitzko, Fils de ce Prince, alla à
Meaco saluer le Dairy, de qui il obtint le
Titre de Sei Dai Seogun. La dix-huitième année, Daiseokwo abdiqua la Couronne en faveur de la plus jeune de ses Filles. Il vêcut
encore cinquante ans, après être descendu du
Trône, & mourut âgé de quatre-vingt-huit
ans.

De J. C. 1630.	CX. DAIRY. NIO TE, *ou* SIO TE; *ou*, *selon quelques-uns*, FONIN, *Impératrice.*	De Syn·Mu. 2290.

Le dernier Nengo institué sous le règne
précédent, dura tout le tems de celui-ci.

XXXIV. *Empereur Cubo-Sama.*
Jemitz, ou *Jiemitzko.*

La troifiéme année, le vingt-quatriéme jour du premier mois, Fide Tadda, Empereur Cubo-Sama mourut, il fut mis après fa mort parmi les Dieux fous le nom de Taito Konni, ou de Tinto Kuin Sama.

La cinquième année, Jiemitzko, Empereur Cubo-Sama, alla à la Cour de l'Impératrice. La feptiéme année, le dixième mois, on permit aux Chinois de revenir trafiquer au Japon, ce qui leur avoit été défendu quelque tems auparavant. Le commencement de la fameufe Révolte des Chrétiens à Simabara, dans la Province de Fifen, fe rapporte à l'onziéme mois de la huitième année. L'année fuivante, le fecond mois on fit mourir en un feul jour (douzième d'Avril 1638.) trente-fept mille Chrétiens. Ce Maffacre étouffa tout d'un coup la Rébellion, & abolit entièrement la Religion Chrétienne dans l'Empire.

La douzième année, le cinquième jour du huitième mois, nâquit Jretznako, Fils de l'Empereur Cubo-Sama, & Pere de celui, qui régnoit en 1692. lorfque Kœmpfer quitta le Japon (*a*) ; la même année, il y eut une grande famine & une grande mortalité dans le Japon. Nio Te, après avoir régné quatorze ans, remit le Sceptre à fon Frere puîné. On ne dit point combien elle vêcut.

(*a*) Kœmpfer dit ailleurs en plus d'un endroit, que le dernier Empereur Cubo-Sama, dont il parle ; & qu'il a vû, etoit Frere de fon Predéceffeur.

De J. C. CXI. DAIRY. De Syn-Mu.
1643. Go-Quo Mio. 2303.
  & par corruption, Gotomio.

Ce Prince ne prit poſſeſſion du Trône, que ſa Sœur lui avoit cédé, que le cinquié-me jour de l'onziéme mois, près de deux mois après l'abdication de cette Princeſſe. Il inſtitua les Nengos Seo Fo, de quatre ans; Kie Jan, de pareille durée, & Seoo, de trois ans.

  XXXV. *Empereur Cubo-Sama.*
    Jietznako.

La troiſiéme année de ſon règne, le vingt-troiſiéme jour du quatrième mois, le titre de Seonai Dai Nagon fut donné à Jietzna-ko, Empereur Cubo-Sama (*a*). L'onziéme année, le douzième jour du huitième mois, le feu prit au Palais des Dairys, & en con-ſuma une grande partie avec pluſieurs Tem-ples, & autres Edifices voiſins. La même an-née, de jeunes Garçons de douze à quatorze ans furent mis en Priſon, étant ſoupçonnés d'être les Auteurs de cet incendie.

La dixième année, le ſixiéme jour du ſep-tiéme mois, INGEN Docteur célébre arriva de la Chine au Japon, pour y publier une nou-velle Secte. L'onziéme année, le vingtième jour du neuviéme mois, le Dairy mourut, on ne dit point à quel âge; il fut enterré

(*a*) Si cette datte eſt exacte, il faut que le Prédé-ceſſeur de ce Prince lui ait remis le Gouvernement de l'Etat avant ſa mort, car il ne mourut qu'en 1650.

avec beaucoup de folemnité dans le Temple
de *Sen Ouſi*, le quinziéme jour du mois ſuivant. Son troiſiéme Frere lui ſuccéda.

De J.C.   CXII.   D A I R Y.   De Syn-Mu.
1554.   S i   N i n.   2314.

Ce Prince inſtitua les Nèngos Meiruku &
Bautſi, de trois ans chacun ; & Seowo, ou
ſelon d'autres, Quan Bun, de douze : mais
ce dernier continua juſqu'à l'onziéme année
du règne ſuivant. Quelques Auteurs prétendent que ce fut la premiere année de celui-
ci, qne les Chinois eurent la permiſſion de
trafiquer de nouveau au Japon. La troiſiéme
année, le treizième jour du premier mois, il
y eut un furieux incendie à Jedo, réſidence
de l'Empereur Cubo-Sama ; il continua les
deux jours ſuivants, & réduiſit en cendres la
plus grande partie de cette Ville. La cinquiéme année commença le Rakujo, ou Pélerinage aux trente-trois Temples de Quanwon,
dévotion, qui depuis ce tems-là eſt fort à la
monde. La ſeptiéme année, une grande partie du lieu de la réſidence du Dairy fut auſſi
conſumée par les flammes. La huitième année, le premier jour du cinquième mois, il
y eut un tremblement de Terre ſi terrible,
qu'une Montagne de la Province d'Omi, ſur
la Riviere de Katzira, fut engloutie, ſans qu'il
en reſtât la moindre trace. Si Nin régna huit
ans ; on ne dit point combien il vécut. Le
plus jeune de ſes Freres lui ſuccéda.

De J. C.
1663.

CXIII. DAIRY.
Kinseokwo Tei.
ou Kinsen.

De Syn-Mu.
2323.

Le dernier Nengo du règne précedent continua pendant les dix premieres années de celui-ci. L'Empereur en institua ensuite trois ; Jempo, de huit ant ; Tenwa, de trois ; & Dsiokio, de quatre. La troisiéme année de son règne, le sixiéme mois, il établit un Tribunal dans toutes les Villes & tous les Villages de l'Empire, pour s'informer de quelle Secte étoient tous les Particuliers. La quatriéme année, le quatriéme mois, il ordonna que la Secte Jusja Fuse, qui étoit une Branche de celle de Foquesiu, fût abolie. Ceux de cette Secte avoient des idées si ridicules de leur pureté, & de leur sainteté, qu'ils croyoient que le commerce des autres Hommes les rendoit impurs.

La sixiéme année, le premier jour du second mois, & les quarante jours suivants, la Ville de Jedo souffrit beaucoup par le feu, qui paroissoit y avoir été mis à dessein, & il sembloit que les Incendiaires en vouloient surtout aux Magazins des Marchands, & aux Maisons, où les Soldats étoient logés. La septiéme année, il y eut une grande famine au Japon, causée par une excessive sécheresse de l'année précédente. Le Dairy ordonna que cent jours de suite, à commencer par le vingtiéme jour du premier mois, on distribueroit du Ris boüilli aux Pauvres, & que cette distribution se feroit dans tout l'Empire à ses dépens. La huitième année, il y eut de grandes tempêtes à Ozaca, & dans plusieurs Pro-

vinces maritimes. Elles furent fuivies d'inondations , & d'une grande mortalité fur les
Hommes & fur le Bétail.

La neuviéme année , le quatrième mois , en
nettoyant le Riviere , qui paſſe à Ozaca , on
y trouva une grande quantité d'Or & d'Argent , qui y avoient apparemmeut été jettée
dans le tems des dernieres Guerres civiles.
L'onziéme année , le neuviéme jour du cinquiéme mois , le feu prit à quelques Edifices
de la Cour du Dairy , & fut ſi violent , qu'une
partie conſidérable de la Ville de Meaco fut
réduite en cendres ; & comme pluſieurs Gre-
niers publics avoient été brûlés , le Dairy ordonna qu'on donnât , ou qu'on prêtât trois
Kokus de Ris à toutes les Familles , qui en
avoient befoin , comme il ſe pratique ſouvent
dans les tems de famine.

Récenſement de Meaco.

La douzième année , le ſecond mois , ce
Prince établit un Tribunal à Meaco , pour
faïre le recenſement des Habitants dans cette
Capitale. On trouva que dans les mille huit
cents cinquante Ruës , dont elle eſt compoſée , il y avoit 1050. Perſonnes de la Secte
Ten Dai : 10070. de celle de Singon , 5402.
de celle de Foſſo , 11016. de celle de Sen ,
122044. de celle de Seodo , 9912. de celle de
Rit , 81586. de celle de Jooke , 41586. de
celle de Nis Fonguans , 80112. de Figas Fonguans , 7406. de celle de Takata Monto ,
8306. de celle de Bukvvo , 21080. de celle
de Dainembuds , & 6073. de celle des Jammabos , ce qui fait en tout quatre cents cinq

mille six cents quarante-trois Personnes, (sans
y comprendre la Cour du Dairy) dont 182070.
étoient mâles, & 223572. Femelles.

La même année, le troisiéme jour du quatriéme mois, Ingen, ce fameux Docteur Chinois, dont nous avons déja parlé, mourut
âgé de quatre-vingt-deux ans dans le célèbre
Monastere d'Obaku ; les mois suivants, les
Fruits de la Terre souffrirent beaucoup des
pluyes & de la grêle, ce qui causa une grande famine, & le Dairy donna des ordres
pour distribuer du Ris aux Pauvres dans les
principales Villes. La dix-huitième année, &
la huitième du Nengo Jen Po, le huitième
jour du cinquième mois, ce qui revenoit au
24. Juin 1680. Jjietznako, Empereur Cubo-
Sama, mourut, & fut mis au nombre des
Dieux, sous le nom de Gen-Ju In Den.

XXXVI. *Empereur Cubo-Sama.*
Tsinajosiko, ou *Tsijnaso-Sama.*

On nommoit encore ce Prince Tsijnajosi-
ko, & son nom entier, lorsque le Dairy l'eut
honoré du titre de Sei Dai Seogun, ce qui
arriva l'année suivante, étoit, Sei Séogun,
Nai Dai Sin i Ukon Jeno Tai So : il étoit
Frere puîné de son Prédécesseur, & en 1693.
il étoit âgé de quarante-trois ans.

La vingtième année, & la seconde du Nengo Tenwa, il y eut une grande famine &
une grande mortalité au Japon, particuliérement à Meaco, & aux environs. Le douziéme mois de la même année, il y eut un
incendie à Jedo, & la plus grande partie de
cette grande Ville fut réduite en cendres. La

La vingt-unième année, Tokumatz, Fils unique du nouveau Cubo-Sama, & son héritier présomptif, mourut ; on en porta le Deüil dans tout l'Empire, & il fut défendu de joüer d'aucun Inftrument de Mufique, & de faire aucune Réjoüiffance pendant trois ans. La même année, le cinquième jour du douziéme mois, il y eut encore une Incendie dans Ville de Jedo.

Kinfen après avoir régné vingt-quatre ans, réfigna la Couronne à fon Fils. On ne dit rien de fon âge.

De J. C. CXIV. DAIRY. De Syn-Mu.
1687.   2347.
GO KINSEN. *ou* KINSEOKWO TEI.

Ce Prince inftitua le Nengo Genroku, dont la cinquième année eft l'an 1692. de J. C. Les noms de ces cent quatorze Dairys font tirés d'une Chronique Japonnoife, imprimée dans la Langue Sçavante des Chinois.

SOMMAIRE

DU PREMIER LIVRE.

DÉ C O U V E R T E *du Japon. Aventure
singuliere de Fernand Mendez Pinto à
la Cour du Roi de Bungo. Un Gentilhomme
Japonnois va chercher aux Indes S. François Xavier : ses diverses Aventures. Il y est
baptisé par le Saint avec ses deux Domestiques ; sa ferveur. Le Saint passe au Japon
avec deux autres Jésuites. Vertu de la Croix.
Dangers, que l'on court sur les Mers du Japon. Ce que c'est que les Typhons. Le Saint
arrive au Japon. Comment il y est reçû du
Roi de Saxuma. Il prêche publiquement à
Cangoxima. Conversions, qu'il y fait. Il res-
suscite un Mort. Il est insulté par un Idolâtre, qui en est puni sur le champ. Efforts
inutiles des Bonzes contre lui. Conduite in-
téressée du Roi de Saxuma. Ce Prince fait
publier un Edit contre la Religion Chrétienne.
Effet qu'il produit. Le Saint part de ce Royaume. Ce qui lui arrive dans un Château. Comment il est reçû à Firando. Il part pour Meaco. Temple fameux, & à quelle occasion il fut
bâti. Le Saint arrive à Amanguchi, Capitale
du Royaume de Naugato. Il confond un Bonze en présence du Roi. Il poursuit sa route
vers Meaco. Il prend les devants ; ce qu'il
fait pour ne pas s'égarer. En quel état il
trouve cette Capitale de l'Empire. Il retourne
à Firando, & change son extérieur trop né-*

HISTOIRE
DU
JAPON.

LIVRE PREMIER.

L n'y 'a pas lieu de s'étonner, ce
semble, que des Sauvages errans
dans les Forêts, & contens du peu,
que la Terre leur fournissoit d'elle-
même, ou qu'ils pouvoient se
procurer par la Chasse & la Pêche : des Hommes sans Société, sans Police, sans Arts,
sans Sciences, sans aucun Commerce, sans
Tradition, sans connoissance du passé, sans
prévoyance pour l'avenir, séparez du reste
du Monde par d'affreux Déserts, ou de vastes
Mers, sur lesquelles il ne leur venoit pas à
l'esprit, qu'on pût naviguer au-delà de quelques Isles voisines : il n'est pas, dis-je, surprenant que des Peuples de ce caractere,
ayent ignoré pendant une si longue suite de
siecles, qu'il y eût sur la Terre des Nations,
qui eussent une façon de vivre, des Coutu-

mes & des Mœurs fi différentes des leurs , &
& n'ayent pas même eu la penfée de fe livrer
à l'Océan, qui les bornoit, pour voir s'il ne
leur cachoit pas un autre Monde. Il eft bien
plus étonnant , fans doute , qu'avec l'expérience & les lumieres , qu'avoient nos Ancêtres , ils ayent découvert fi tard la moitié
de la Terre habitée.

Mais qu'une Monarchie floriffante , une
Nation civilifée, hardie, curieufe, entrepre-
nante, avide de gloire plus qu'aucune autre ,
& comptant pour rien les plus grands dangers & la mort même , ait pendant plus de
deux mille ans borné fes découvertes à l'Empire de la Chine, à quelques Provinces de la
Tartarie, & à un petit nombre d'Ifles affez
peu éloignées ; c'eft qu'il n'eft pas aifé de
comprendre , & peut-être n'y-t'il eu que la
difficulté de le croire , qui ait pû faire imaginer
fur de vains rapports de noms , & des étimo-
logies forcées ; qu'une partie de l'Amérique
avoit été peuplée par les Japonnois (a). D'autre part , quelle dût être la furprife de ces
Infulaires , lorfqu'ils apprirent qu'au-delà de
ces Mers , qu'ils avoient regardées comme
l'extrémité du monde, il y avoit une fi prodigieufe étendue de Continent, des Ifles plus
grandes que les leurs , des Royaumes fans
nombre, & de fi vaftes Empires, que ce qu'ils
avoient connu jufques-là de l'Univers , n'é-
toit prefque rien en comparaifon de ce qu'ils
en avoient ignoré ?

(a) Voyez GEORGI HORNI de originibus America-
nis , où l'Auteur fait venir CHIAPPA de JAPON , &
fait defcendre MOTESUMA des Japonnois , fur ce que
ces Infulaires ont plufieurs terminaifons de noms en
SAMA , &c.

xiéme DAIRY, ou Empereur Héréditaire, &
sous le Gouvernement souverain du vingt-
troisiéme CUBO-SAMA, que de purs hazards firent connoître les Isles du Japon aux Européens.

Ce qu'il y a de singulier dans cet Evénement, c'est que deux accidents assez sembla-
bles obligerent deux Navires, l'un Chinois,
& l'autre Portugais, d'aborder à ces Isles, la
même année, à-peu près dans le même tems,
& sans que l'un eût connoissance de l'autre ;
ensorte que les Portugais, qui étoient sur tous
les deux, se crurent également en droit de
s'attribuer l'Honneur de la premiere découverte de ce grand & fameux Archipel ; &
que par le peu de soin, qu'ont eu les uns &
les autres de marquer les dates ; ou par celui, qu'ils prirent de les supprimer, il n'a
jamais été possible de sçavoir au juste à qui
cet Honneur appartenoit. Il paroit même que
dans le tems, où il étoit aisé de s'instruire
de ce fait, on ne s'est pas mis en peine de
s'en informer, par la raison sans doute, que
pendant plusieurs années, on ne parla gueres, que de la découverte du Japon faite par
le Navire Portugais, & il faut convenir, que
le silence de presque tous les Historiens sur
l'Aventure du Navire Chinois, laquelle semble n'avoir été publiée, qu'après que FER-
NAND MENDEZ PINTO eût mis au jour ses
Mémoires ; est un grand préjugé pour la fai-
regarder comme un vrai Roman. Voici donc

en peu de mots ce que rapporte ce Voyageur
dans ſes Mémoires, touchant la découverte,
qu'il pr en avoir faite du Japon (a).

Il ſe trouvoit avec deux autres Portugais,
nommés DIEGO ZEIMOTO, & CHRISTOPHLE
BORRELLO, dégradé à LAMPACAO (b) Port
de la Chine, & fort embaraſſé à trouver une
occaſion pour retourner aux Indes; lorſqu'un
Corſaire Chinois, nommé SAMIPOCHECA,
qui faiſoit la courſe dans ces Mers, arriva
dans ce Port, & leur offrit de les recevoir
dans ſon Bâtiment, qui étoit de ceux, qu'on
appelle JONCS au Japon & à la Chine. Cet
Homme leur avoit donné parole de les conduite aux Iſles LEQUIOS, qui étoient fort
connues des Portugais, mais les vents cou-
traires ne lui permirent pas d'y aborder; &
après qu'il eut long-tems battu la Mer, la
néceſſité de ſe radouber, & de faire de l'eau
& du bois, l'obligea de tourner vers une Iſle
du Japon, appellée TANUXIMAA (c).

Dès qu'on l'y eut découvert, on envoya
deux Barques, pour ſçavoir qui il étoit, & ce
qu'il prétendoit : il répondit qu'il venoit de
la Chine, que ſon Bâtiment étoit chargé de
Marchandiſes, & que ſon deſſein étoit de trafiquer, s'il pouvoit en obtenir la permiſſion.
Celui qui portoit la parole, lui dit que le Seigneur de l'Iſle, nommé NAUTAQUIM, y con-

(a) On a regardé comme fabuleux ce voyage de
Fern-nd Mendez Pinto.

(b) Ce Port eſt le même que Macao.

(c) Il y a tout lieu de croire, que cette Iſle eſt la
même, qu celle de TACUXIMA, au Royaume de
FIRANDO.

sentiroit volontiers , mais à condition qu'il payeroit les droits : & comme il ne fit sur cela aucune difficulté , cet Homme le traita fort poliment, lui montra le Port, & l'y conduisit. Ce Port, que Pinto nomme MIAYGI-MAA (a), étoit fort peuplé , & le Bâtiment Chinois y eut à peine jetté les Ancres, qu'un grand nombre de Barques l'environnerent, & offrirent à l'Equipage toutes sortes de rafraîchissements , qu'il acheta.

Deux heures après , Nautaquim parut avec une suite de plusieurs Gentilshommes , & quelques Marchands. La vûe des trois Portugais le surprit, & il demanda au Capitaine, où il avoit pris ces Etrangers, & de quelle Nation ils étoient. Samipocheca répondit qu'ils venoient d'une grande Ville , nommée MALACA , & qu'ils étoient d'un Royaume de la grande Europe, appellé PORTUGAL. A ces mots, Nautaquim parut interdit , & quelques momens après , se tournant vers ceux, qui l'accompagnoient : » Je veux mourir, leur dit» il, si ce ne sont point là de ces CHINCHI-» COGIS, dont il est écrit dans nos anciens » Livres, que volant sur les Eaux , ils doi-» vent se rendre Maîtres de toutes les Ter-» res, qu'elles environnent, & sur-tout des » Pays, qui possèdent de plus grandes riches-» ses. Nous serons fort heureux, ajoûta-t-il, » s'ils veulent bien se contenter d'être nos » Alliés.

(a) Quoique nous ne connoissions point au Japon de Ville qui porte ce nom, cela ne doit point arrêter le Lecteur , par la raison que les noms des Villes & des Provinces du Japon sont fort diversement rapportez dans les Relations & les Histoires.

Il appella enfuite une femme Lequiene, laquelle lui fervoit d'Interpréte pour la Langue Chinoife, qu'il ne parloit pas aifément, & lui dit de s'informer du Capitaine à quel deffein il avoit amené ces Etrangers au Japon. Celui-ci répondit qu'il les avoit rencontrés a Lampacao, où ils cherchoient une occafion pour s'en retourner aux Indes ; & que fuivant fa coutume de foulager, autant qu'il le pouvoit, ceux qu'il voyoit dans la peine, il leur avoit donné paffage fur fon bord, dans l'efpérance que, fi jamais il fe trouvoit réduit à la même néceffité, les Dieux lui procureroient un pareil fecours. Cette réponfe calma Nautaquim, & il ne fit plus difficulté de pafier fur le Jonc du Chinois, mais il ne voulut pas que tous fes Gens l'y fuiviffent, il ne s'y fit accompagner que de quelques-uns des Principaux. Il vifita fort curieufement tous les coins & les recoins du Navire, il fit quantité de queftions aux Portugais , & les pria de le venir voir chez lui.

Le lendemain de grand matin , il leur envoya un fort beau Régal de Fruits, & le troifiéme jour , eux & le Capitaine Chinois lui rendirent vifite. Ce dernier avoit fait porter avec lui des échantillons de toutes fes Marchandifes : Nautaquim en parut fort content, & il ne le fut pas moins d'un préfent , que lui firent les Portugais. Il commanda enfuite qu'on appellât les plus riches Marchands de la Ville , & ceux-ci ayant examiné les montres des Marchandifes , on convint à l'amiable du prix. Cela fait, il fallut contenter la curiofité du Prince, & Pinto , à qui fes deux Compagnons déférerent l'Honneur de por-

ter la parole, avoüe franchement, qu'en ré-
pondant aux Queſtions, qu'on lui fit, il eut
moins égard à l'exacte vérité, qu'à la néceſſité, où il ſe croyoit, de donner aux Japonnois une grande idée de ſa Nation, & de
la Puiſſance du Roi ſon Maitre. Il ajoûte
qu'un tel aveu, que rien ne l'obligeoit à faire, doit convaincre ſes Lecteurs de ſa ſincérité, & les empêcher d'être trop en garde
contre le merveilleux, qu'ils trouveront dans
ſes Mémoires.

Nautaquim l'interrogea ſur trois choſes,
que des Chinois & des Lequiens lui avoient
dites : la premiere, s'il étoit vrai que le Portugal fut plus grand & plus riche que la
Chine ? la ſeconde, ſi le Roi de Portugal avoit
véritablement conquis la plus grande partie
du Monde ? La troiſiéme, ſi ce Prince avoit
deux mille Maiſons toutes pleines d'Or &
d'Argent ? Pinto lui aſſûra qu'on ne lui avoit
rien dit de trop ſur ces trois Articles, il con-
feſſa néanmoins qu'il n'avoit pas une connoiſſance exacte de tous les Palais du Roi ſon
Souverain, parce qu'il n'avoit jamais crû avoir
beſoin de faire ce compte, difficile d'ailleurs
dans un Empire ſi vaſte. Alors le Prince Japonnois ſe tournant vers les ſiens, « il n'y
» a pas ſur la Terre un Prince heureux, leur
» dit-il, s'il n'eſt pas Vaſſal d'un ſi Puiſſant
» Monarque. Il retint les Portugais juſques
bien avant dans la nuit, & leur fit préparer
un Logis proche de ſon Palais. Il en aſſigna
auſſi un pour le Capitaine Chinois, afin qu'il
y pût faire commodément ſa traite : elle ſe
fit de bonne foi de part & d'autre, & le Corſaire avoüa aux Portugais, que ſa Carguai-

fon , qui ne lui avoit coûté que deux mille
cinq cents Taels , lui en avoit valu trente
mille.

Avanture
singuliere de
Fernand Men-
dez Pinto a
la Cour du
Roi deBungo.
Pendant ce tems-là , Pinto & fes deux Compagnons de Voyage fe divertiſſoient a la chaſ-
fe , & à la pêche : ils viſiterent auſſi les Temples, qui étoient en grand nombre dans la Ville
& aux environs. On leur faiſoit partout de
grandes amitiés, & ils apperçurent dès-lors,
ce que l'on à ſouvent remarqué dans la ſuite , que les Japonnois prennent naturellement
beaucoup de plaiſir à converſer avec les Etrangers. Zeimoto avoit une très-belle Arquebufe , qu'il avoit achetée en Tartarie, nos Inſulaires n'avoient jamais vû d'Armes à feu,
& ils parlerent de celle-ci avec admiration à
leur Seigneur, qui voulut en voir l'effet. Il
en fut ſurpris au-delà de ce qu'on peut dire,
& on n'eut pas de peine à lui perſuader, qu'il
y avoit là quelque choſe de ſurnaturel. Zeimoto fut regardé comme un Homme extraordinaire ; Nautaquim le fit monter ſur un
de ſes Chevaux, voulut qu'il traverſât toute
la Ville précédé d'un Hérault , qui déclarât
à haute voix , que ce Portugais étoit ſon Parent, & devoit déſormais être regardé comme tel. Lui-même l'accompagna dans cette
eſpéce de Triomphe, & lui fit enſuite donner un Appartement dans ſon Palais. Zeimoto répondit à ces marques de diſtinction , en
faiſant au Prince préſent de ſon Arquebuſe,
& Nautaquim lui envoya ſur le champ mille
Taels. Comme les Japonnois ſont fort in-
duſtrieux , ils imiterent bien-tôt ce qu'ils
avoient tant admiré d'abord , & lorſque les
trois Portugais partirent du Japon , où ils demeurerent

meurerent cinq mois, les Arquebuſes étoient déja fort communes dans ce Canton.

Il y avoit un mois que nos Aventuriers étoient à Miaygimaa, & le Corſaire Chinois ſe diſpoſoit à faire voiles, lorſqu'on vit arriver dans ce Port un Bâtiment envoyé par le Roi de Bungo, avec un Gentilhomme chargé d'une Lettre de ce Prince pour Nautaquim; lequel l'ayant lûe, fit appeller les Portugais pour la leur communiquer : Elle étoit conçûe en ces termes.

>> ORIGENDOO *Roi de* BUNGO, *&* de FA-
>> CATAA (a), *Seigneur de la grande Maiſon*
>> *de* FIANZIMA, *de* TOSSA, *& de* BANDAU,
>> *Souverain des petits Rois des Iſles de* GOT-
>> TO, *& de* XIMONOSEKI : Mon cher Fils,
>> qui m'ètes auſſi cher, qu'à celui, dont vous
>> avez reçu le jour, j'ai appris qu'il eſt ar-
>> rivé dans votre Iſle trois Chinchicogis ; que
>> vos Sujets ſont fort charmés de ces Etran-
>> gers, que ce ne ſont point des Marchands
>> venus pour trafiquer, mais des Perſonnes
>> de Condition, d'une grande ſageſſe, & qui
>> n'ont que l'Honneur en recommendation.
>> Je comprends bien par-là qu'il y a d'autres
>> Pays dans le Monde, plus vaſtes que le
>> nôtre, habités par une infinité de Peuples
>> de différentes couleurs, & l'on m'a infor-
>> mé que ces Etrangers vous ont inſtruit de
>> tout ce qui regarde ces vaſtes Régions :
>> c'eſt ce qui m'engage à vous prier, mon

(a) FACATA eſt, ſelon toutes les Relations Portugaiſes, la Capitale du Royaume de CHICUGEN. Ce double A, que Pinto met ici preſque partout aux finales, peut faire juger que les Japonnois prononcent ainſi.

» cher. Fils , de me les envoyer avec Fiin-
» geandono mon Ambaſſadeur , afin qu'ils
» puiſſènt me conſoler dans les maux , que
» je ſouffre , & que vous n'ignorez pas. Si
» vous avez quelque peine à vous en priver,
» je vous donne ma parole royale de vous
» les renvoyer dans peu. Je me remets pour
» le reſte à mon Ambaſſadeur , par lequel
» j'attends avec impatience de vos nouvelles,
» & de celles de ma chere Fille. A Fucheo ,
» le ſeptiéme de la préſente Lune.

Nautaquim, après avoir communiqué cette Lettre aux Portugais , leur dit : « Le Roi
» de Bungo , mes chers Amis , eſt mon Sei-
» gneur & mon Oncle , Frere de ma Mere ;
» je le regarde comme mon Pere , & je ne
» lui donne point d'autre nom : d'ailleurs
» ma Femme eſt ſa propre Fille , & je puis
» dire , qu'il me chérit autant qu'aucun de
» ſes Enfans. Voilà bien des raiſons pour ne
» lui rien refuſer de tout ce qui eſt en mon
» pouvoir ; auſſi je m'eſtimerois Heureux de
» lé pouvoir ſervir aux dépens de tout ce
» que je poſſéde , & même de ma vie. C'en
» eſt aſſez pour vous faire connoître que
» vous m'obligerez ſenſiblement de vouloir
» bien condeſcendre à ce qu'il déſire de vous.
» Je ne prétends pas néanmoins que vous
» faſſiez tous trois le Voyage, il ſuffira qu'un
» de vous aille à Fucheo , & je ne veux point
» que Zeimoto, mon Parent, s'éloigne de moi.
Pinto & Borello prirent auſſi-tôt la parole , &
dirent au Prince, qu'ils étoient ravis de trouver une occaſion de reconnoître les obligations , qu'ils lui avoient , & qu'il pourroit
choiſir celui des deux , qu'il jugeroit à pro-

fois d'envöyer au Roi ſon Oncle & ſon Beau-
Pere. Le Prince fût quelque-tems ſans répondre ; puis montrant Pinto : « Celui-ci ,
» dit-il, qui paroît plus jovial, & moins ſé-
» rieux, conviendra mieux pour ce que ſou-
» haite le Roi, mon Seigneur ; j'eſtime fort
» la gravité de ſon Compagnon, elle le ren-
» droit plus propre aux grandes Affaires ,
» mais elle ne guériroit pas la Mélancholie,
» que cauſe au Roi l'état d'infirmité , où il
» eſt. Il appella enſuite l'Ambaſſadeur , &
lui dit qu'il pouvoit partir , quand il voudroit, & emmener Pinto avec lui. Il fit toucher deux cents Taëls à celui-ci, lequel ayant
pris congé du Prince , & embraſſé ſes Compagnons, s'embarqua ſur le Navire de Bungo.

Arrivé à la Fortereſſe d'Osquri (a), la-
quélle eſt éloignée de ſept lieues de Fucheo ;
il y ſéjourna deux jours , au bout deſquels
l'Ambaſſadeur & lui ſe rendirent par Terre à
la Capitale , où ils arriverent le même jour.
Le Roi ne l'eut pas plutôt appris , qu'il les
envoya complimenter par un de ſes fils, jeune Prince de neuf ou dix ans , auquel l'Ambaſſadeur remit une Lettre , qu'il avoit de
Nautaquim, pour le Roi ſon Pere. Origen-
doo l'ayant lûe, donna ordre qu'on lui amenât le Portugais , & le reçut avec beaucoup
de diſtinction. Il lui demanda , ſi dans les
Pays, où il avoit été, la goutte, qui le tour-
mentoit au point de lui rendre la vie inſup-
portable, étoit connuë, & s il ne ſçavoit point
de reméde contre ce mal ? Pinto lui répondit

(a) Uſuqui, ou Voſuqui.

qu'il n'étoit pas Médecin , mais qu'il avoit
apporté de la Chine d'un Bois , qui avoit la
vertu de faire ceffer les plus vives douleurs ,
& qu'affurément , fi Son Alteffe (a) vouloit
en faire ufage , elle feroit bien-tôt foulagée.
Le Roi envoya auffi-tôt dans l'Ifle de Tanuximaa , pour chercher ce Bois , que Pinto y
avoit laiffé : celui-ci le fit infufer dans l'Eau ,
fit boire de cette Eau au Prince , lequel au
bout de quelques jours ne fentit plus aucune
douleur , & fe leva , ce qu'il n'avoit pû faire
depuis deux ans.

On peut juger des Careffes , qu'une telle
guérifon attira à Pinto , & il n'y eut point de
fortes de divertiffements , qu'on ne cherchât
à lui procurer. On n'avoit pas été moins furpris dans cette Cour , que dans celle de Nautaquim , de l'effet merveilleux des Arquebu-
fes ; mais il arriva à cette occafion un accident , qui penfa coûter cher à Pinto. Le Prince Héritier , qui avoit environ feize à dix-
fept ans , & qui felon toutes les apparences
eft ce même CIVAN , dont nous aurons dans
la fuite tant d'occafions de parler , voulut avoir
le plaifir de tirer quelques coups d'Arquebufe. Pinto s'y oppofa autant qu'il put , en faifant entendre au Prince qu'il y avoit du danger à manier cette Arme , quand on ne la
connoiffoit pas affez. Le Prince infifta , & fe
plaignit même au Roi fon Pere du peu de
complaifance de l'Etranger. Le Roi pria celui-ci d'accorder à fon Fils ce qu'il fouhaitoit :
il fallut fe rendre , & le lendemain , qui étoit

(a) Pinto ne pouvoit pas donner au Roi de Bungo le titre de Majefté , qu'on ne donnoit pas alors aux
Rois de Portugal.

le cinquième d'Août , le jeune Prince alla de grand matin au Logis de Pinto , qui avoit promis de le mener ce jour-là à la Chasse. Il le trouva, qui dormoit encore , & ne voulut point qu'on l'éveillât, mais ayant pris son Arquebuse, il alla dans la Cour du Logis pour s'essayer a tirer. Comme il ne sçavoit pas la mesure de la Poudre, qu'il y falloit mettre , il en mit excessivement, & ayant voulu tirer, l'Arquebuse créva entre ses mains ; il eut le pouce de la main droite presqu'emporté , & un éclat le blessa à la Tête ; il tomba à la renverse, & on le crut mort.

La nouvelle de ce malheur se répandit en un instant dans toute la Ville, & au lieu de s'en prendre a l'indiscrétion du jeune Prince, eu à l'imprudence de ceux , qui l'accompagnoient, on publia que l'Arquebuse enchantée de l'Etranger avoit tué l'Héritier de la Couronne. Ce discours excita un soulevement général contre Pinto, qui réveillé par le bruit, courut, sans sçavoir de quoi il s'agissoit, au lieu, où l'accident étoit arrivé. Le premier objet, qui s'offrit à ses yeux , fut le jeune Prince, qui nâgeoit dans son sang : comme il ignoroit encore la cause de ce malheur, il se jetta tout perdu & hors de lui-même sur ce corps, qu'il croyoit sans vie : le Roi survint dans le moment, porté dans une espéce de Brancard, & demi mort ; la Reine le suivoit à pied fondant en larmes avec ses deux Filles , qui toutes échevelées , jettoient des cris lamentables. Toute la Cour s'y rendit à l'instant, & à la vûe du Prince, qui ne donnoit aucun signe de vie , & de Pinto, qui étoit couché sur lui, & plein de sang, il n'y eut Perfonne, qui ne crût que cet Etranger avoit fait le coup. Deux Soldats coururent auffi-tôt à lui le fabre nu à la Main, & lui en alloient caffer la Tête, lorfque le Roi leur cria d'arrêter, & qu'avant que de faire juftice du Meurtrier, il vouloit fçavoir, qui l'avoit engagé à une action fi noire?

Le Prince parloit ainfi, parce que la veille on avoit exécuté à mort quelques Gentilshommes pour crime de Trahifon, & l'on foupçonnoit leurs Parents d'avoir voulu venger leur mort fur le jeune Prince. Le Roi fit enfuite appeller deux Domeftiques, qui avoient été témoins de ce qui s'étoit paffé, & les interrogea fur ce qu'ils avoient vû. Ils répondirent que l'Arquebufe du Chinchicogi avoit ôté la vie à leur Maitre, & que fans doute elle étoit enforcelée. D'autres, qui avoient auffi été préfents, firent la même réponfe, & tout le Monde s'écria auffi-tôt, que cet Etranger méritoit la mort la plus cruelle, & qu'on ne devoit pas différer fon fupplice. Le Roi dit qu'il falloit entendre le Coupable lui-même, & fit appeller l'Interprète, qui faifi de frayeur s'étoit enfui. On le chercha & on le trouva enfin. Le Roi lui ordonna avec les plus terribles menaces de dire la vérité; on fit venir trois Secrétaires pour écrire les réponfes de Pinto, & cinq Bourreaux parurent le Sabre nu à la Main. On avoit commencé par lier les Mains de l'Accufé, & on le fit mettre à genoux devant le Roi.

Alors un Bonze nommé ASQUERAM TEIXE, qui étoit Préfident du Tribunal Criminel, s'approcha de lui, & d'un ton de voix terrible, lui dit: » Enfant du Diable, qui ne dois

» attendre d'autre fort , que celui de ces
» Malheureux Criminels, renfermés dans la
» profonde Caverne de la nuit , laquelle eſt
» au centre de la Terre , je te conjure de
» ʼne dire qui t'a pouſſé à faire mourir par
» tes Enchantements ce jeune Prince , l'or-
» nement & l'eſpérance de ce Royaume. Pinto ne répondit rien ; il étoit encore ſi troublé , qu'on auroit pû , dit-il, lui donner le
coup de la mort , ſans qu'il l'eût ſenti. Le
Bonze choqué de ſon ſilence, lui déclara d'un
ton encore plus effrayant, que s'il s'obſtinoit
à le garder , on le prendroit pour un aveu
de ſon crime , & qu'il devoit s'attendre à l'ex-
pier par les plus horribles tortures. Pinto n'é-
toit point encore revenu à lui , & ne dit mot :
alors le Bonze lui donna un grand coup en
diſant, *parles donc , & dis-moi qui t'a pouſſé*
à un forfait ſi odieux ! le coup fit ſon effet,
Pinto reprit ſes ſens , & s'écria, *Dieu ſçait*
que je ſuis Innocent de ce qu'on m'impute , &
que je n'ai ſçu ce qui eſt arrivé , qu'après le
coup Fatal , qui a ôté la vie au Prince.

À ces mots toute l'aſſiſtance jetta un cri
de fureur , & pour obliger le prétendu Criminel à confeſſer ſon crime, & à découvrir
ſes Complices, on étala devant lui l'appareil
des tortures, auſquelles on alloit l'appliquer,
s'il perſiſtoit à ne rien dire. Dans ce moment
le Prince revint à ſoi , & voyant le Roi ſon
Pere abîmé dans la douleur, la Reine & les
Princeſſes noyées dans les larmes , les Courtiſans la colere dans les yeux, un grand Peuple furieux, des Bourreaux armés de toutes
ſortes d'Inſtruments de ſupplice , & le Portugais prêt à enſanglanter cette horrible Scé-

A iv

ne, il protesta d'une voix languissante, que
lui seul étoit la cause de son malheur, que
l'Etranger n'y avoit aucune part, & qu'il sup-
plroit le Roi de lui faire délier les Mains. Le
Roi lui accorda sur le champ cette satisfaction, Pinto fut mis en liberté, & quatre Bonzes s'avancerent pour panser le Prince ; mais
ayant vû la profondeur de ses Playes, ils se
retirerent, en disant qu'il n'y avoit point dans
le Monde de Remède, qui pût le guérir. Le
Malade fut saisi de frayeur, en les entendant
parler ainsi, & pria qu'on lui fît venir d'autres Médecins. Quelques Bonzes s'avancerent,
mais ils n'oserent encore mettre la Main à
ses Playes, ils ne lui en témoignerent pourtant rien, mais ils dirent en particulier au
Roi ce qu'ils en pensoient. Le Roi au désef-
poir, demanda si on ne connoissoit point de
Médecins plus habiles que ceux-ci ? & on lui
indiqua un autre Bonze nommé TEIXE AN-
DONO, qui avoit une grande réputation, mais
il demeuroit à FACATA, éloigné de soixante
& dix lieues de FUCHEO. Le Roi concevoit
bien que dans l'état, où étoit son Fils, on
n'avoit pas le tems de faire venir ce Bonze;
le Prince lui-même dit que quand cet Homme le trouveroit en vie, & il étoit si foible, qu'alors le Remède ne pourroit pas opérer; qu'on le laissât seul avec l'Etranger, en
qui il avoit une entiere confiance, & que s'il
avoit à mourir, il aimoit mieux que ce fût
entre les Mains d'un Homme, qui avoit tant
souffert à son occasion, qu'en celle d'un vieux
Charlatan, à qui l'âge avoit ôté la vûë.
  Le Roi ne sçavoit à quoi se résoudre, enfin se tournant vers PINTO, *voyez*, lui dit-

il, fi vous pouvez me rendre mon Fils : vous
m'obligerez à un point, que tout mon Royaume ne suffira point pour vous en marquer ma
reconnoissance. Pinto lui assûra qu'il espéroit
en venir à son honneur, mais qu'il falloit
commencer par écarter la foule, parce que
les cris, qu'elle faisoit, ne lui permettoient
pas de se faire entendre. Le Roi trouva cette
proposition raisonnable : chacun eut ordre de
se retirer, & Pinto ayant visité les Playes du
Prince, remarqua que le crâne n'étoit point
offensé, mais que le pouce ne tenoit presque
plus à la Main. Il ne laissa point de promettre au Roi qu'en moins d'un mois le Prince
seroit guéri ; & il se disposoit à lui mettre le
premier appareil, lorsque les Bonzes protesterent que, si cet Etranger touchoit aux Playes,
le Prince mourroit la nuit suivante. Ils ajoûterent que le plus court étoit d'appaiser au
plutôt les Dieux, en coupant la Tête à un si
dangereux Homme ; sinon, que le Roi auroit le chagrin d'avoir lui-même contribué à
la mort de son Fils. Le Roi plus irrésolu que
jamais, demeura sans parole. La Reine & les
Princesses étoient dans la dernière désolation,
le Prince, qui souffroit les plus violentes douleurs, poussoit des cris, qui auroient fendu
les pierres : les Bonzes faisoient grand bruit,
& vouloient qu'on envoyât chercher leur Con-
frere de Facata, & les Courtisans appuyoient
cet avis, en disant que le Bonze n'auroit
pas plutôt touché les Playes du Malade, qu'il
seroit guéri ; que ce ne seroit pas la premiere
œuvre miraculeuse, que ce saint Homme auroit faite.

Le Roi étoit sur le point de se rendre, lors-

que le Prince recommença à dire, qu'il ne
pouvoit pas attendre plus long-tems, qu'il
souffroit trop, & que certainement le Bonze
le trouveroit mort. Le Roi demanda à quelques-uns des plus Sages de sa Cour, ce qu'ils
en pensoient, & ils répondirent que le Prince avoit raison, & qu'il y avoit moins d'imprudence à tenter les Remédes du Portugais,
qu'à laisser si long-tems le Malade sans soulagement. Alors le Roi prit son parti, fit mille caresses à Pinto, les accompagna des promesses les plus flatteuses, & le conjura de ne
plus différer à panser son Fils. Pinto obéit,
& après s'être recommandé au Seigneur, fit
ce qu'il avoit souvent vû faire en pareilles
occasions, aux Chirurgiens de sa Nation dans
les Indes. Enfin, il eut assez de bonheur pour
réussir, & le Prince fut sur pied en moins de
vingt jours, de sorte qu'il ne lui restoit plus
que les cicatrices, & un peu d'engourdisse-
ment dans le pouce. Il est aisé de comprendre quelle fut la joye de toute la Cour ; le
Roi & la Reine comblèrent l'heureux Médecin de présents, & il convient que cette cure
lui valut quinze cent Taëls.

Sur ces entrefaites, il eut nouvelle que le
Corsaire Chinois se préparoit à appareiller, &
il demanda son congé. On le lui accorda
avec regret, & le Roi lui fit équiper un Bâtiment bien fourni de rafraîchissements, &
lui donna un Gentilhomme pour l'accompagner. Il resta encore quinze jours à MIAY-
GIMAA ; & s'étant enfin embarqué, il alla
prendre terre au Port de LIAMPO dans la
Chine, où ceux de sa Nation faisoient alors
un très-grand Commerce. Au reste, je ne

prétends point garantir toutes les circonstances de ce récit : l'Auteur, à ce qu'il paroît,
aimoit le merveilleux & , l'on a long-tems
été en garde contre sa sincérité ; mais ceux
qui ont été après lui sur les lieux , qu'il a
parcourus , lui ont rendu la même justice ,
que bien des Gens rendent aujourd'hui à XE-
NOPHON, à sçavoir , que s'il a un peu cher-
ché à orner la vérité , il ne l'a point défigu-
rée. Il est surtout bien difficile, ce me semble , de regarder tout ce qu'il dit ici , comme un épisode entiérement Fabuleux ; surtout, si l'on considere qu'il a écrit dans un
tems, où plusieurs Personnes pouvoient le dé-
mentir.

Mais si Pinto en a trop dit sur la découverte du Japon , qu'il prétend avoir faite ,
ceux, à qui seuls on fait communément honneur de cet Evénement , n'en ont point dit
assez ; car tout ce que nous sçavons de leur
Aventure , c'est que trois Portugais nommés
ANTOINE MOTA , FRANÇOIS ZEIMOTO , &
ANTOINE PEXOTA , qui étoient partis de DO-
DRA , au Royaume de CION , dans l'Isle MA-
CAÇAR , pour aller à la Chine , furent jettés
par une tempête sur les Côtes du Japon , &
prirent terre à CANGOXIMA, au Royaume de
SAXUMA , la même année 1542. que Don
MARTIN ALPHONSE DE SOSA , Gouverneur
général des Indes , aborda à GOA , menant
avec lui le P. FRANÇOIS XAVIER , un des dix
premiers Jésuites , & auquel la divine Providence avoit réservé l'Apostolat d'une Nation ,
qui devoit faire tant d'honneur à l'Eglise de
Jesus-Christ.

A vj

Les trois Marchands ne furent pas long-tems a Cangoxima, sans faire des habitudes, qui nouerent assez promptement le Commerce entre deux Peuples, que la conformité du Caractere de leur Génie, porté naturellement au Grand, de la douceur de leurs Mœurs, & d'un extérieur plein d'une gravité bienséante, lia d'une assez étroite amitié, du moment qu'ils se connurent, mais ils firent surtout une connoissance, qui dès-lors, si elle eût été bien ménagée, eût introduit la Religion Chrétienne dans le Japon, & dont le Ciel se servit en effet, quelques années après, pour y faire porter le flambeau de la Foi, de la maniere que nous allons voir. Un Habitant de Cangoxima, nommé ANGEROO, âgé de trente-cinq ans, riche, & d'extraction Noble, ayant pratiqué pendant quelques jours ces Etrangers, les goûta fort, & ils apprirent de lui que le souvenir des déréglements de sa jeunesse lui causoient de violents & de continuels remords de Conscience; que pour les appaiser, il s'étoit retiré dans une Maison de Bonzes, se flattant que les entretiens & les bons avis de ces Ministres des Dieux pourroient mettre fin à ses inquiétudes; mais que ce Remède, bien loin de guérir son mal, l'avoit empiré, & qu'il croissoit de jour en jour.

Ceux à qui il s'ouvroit de la sorte, firent apparemment tout ce qu'ils pûrent pour le soulager, mais ils le quitterent sans y avoir réüssi. Deux ans après, un autre Marchand Portugais nommé ALVARE VAZ, étant allé trafiquer à Cangoxima, Angeroo lui communiqua aussi ses peines intérieures. Vaz, qui

connoiſſoit le P. François Xavier, & qui avoit
conçu une grande idée de ſa ſainteté & de
ſon pouvoir auprès de Dieu, voulut engager
le Gentilhomme Japonnois à l'aller trouver ;
>> c'eſt un Homme chéri du Ciel, lui dit-il,
>> je ne doute nullement que vous ne trou-
>> viez dans les charmes de ſa converſation,
>> & dans la ſageſſe toute divine de ſes con-
>> ſeils, ce que vous cherchez inutilement de-
>> puis tant d'années. << Angeroo ſe ſentit d'a-
bord extrêmement preſſé de faire ce que lui
diſoit le Marchand Portugais ; mais conſidé-
rant qu'il lui falloit abandonner pour long-
tems ſa Famille, & s'expoſer ſur une Mer,
qui de jour en jour devenoit plus fameuſe
par les naufrages, il ne pouvoit ſe réſoudre,
lorſqu'ayant malheureuſement tué un Homme dans une rencontre, la crainte de tomber entre les Mains de la Juſtice, l'obligea
de s'embarquer ſur le premier Navire, qui fit
voiles vers Malaca.

Ce Navire étoit commandé par un très-
honnête Homme, nommé Gᴇᴏʀɢᴇ Aʟᴠᴀʀᴇᴢ,
Ami particulier du P. Xavier. Ses bons exemples, & ſes diſcours édifiants, firent réſoudre Angeroo à ſe faire Chrétien, mais il ne
perſiſta pas long-tems dans cette réſolution ;
car n'ayant point trouvé à Malaca le ſaint
Apôtre, qui en étoit parti peu-de-jours auparavant, le chagrin, qu'il en conçut, lui fit
oublier les raiſons, qui l'avoient contraint
de ſortir du Japon, & il ne ſongea plus qu'à
y retourner. Quelques Mémoires diſent néanmoins qu'il ſouhaita de recevoir le Baptême, avant que de s'embarquer, & qu'il fit
pour cela de grandes inſtances auprès de Dᴀ

Alphonse Martinez, Grand-Vicaire de l'E-
vêque de Goa, mais qu'il ne put obtenir cette
grace. Ce qui eſt certain, c'eſt qu'il partit
pour la Chine, n'ayant pas trouvé de Navire, qui le remenât en droiture dans ſa patrie.

Il fut quelque tems à errer dans ces Mers,
les Vents contraires, & ſes irréſolutions
l'arrêtant, tantôt dans un Port, & tantôt
dans un autre; & il étoit enfin ſur le point
d'arriver à Cangoxima, lorſque Dieu, qui en
vouloit faire le Chef des Prédeſtinés de ſa
Nation, permit qu'une tempête, après l'avoir
mis en grand danger de périr, le força de
rentrer dans le Port de Chincheo, ſur la Côte Orientale de la Chine, d'où il étoit ſorti
peu de jours auparavant. Le péril, qu'il venoit de courir, ranima en lui l'ardeur preſqu'éteinte d'embraſſer le Chriſtianiſme; & un
jour qu'il ſe promenoit ſur le bord de la
Mer, roulant dans ſon eſprit les différentes
penſées, qui l'avoient ſucceſſivement agité depuis plus de deux ans, il fut agréablement
ſurpris de voir paroître Alvare Vaz, qui alloit mettre à la Voile pour s'en retourner
aux Indes.

Ce Marchand lui reprocha doucement ſon
inconſtance, l'obligea de s'embarquer avec lui,
& le remena à Malaca, où le premier Homme, qu'ils rencontrerent en débarquant, fut
George Alvarez, qui leur apprit que le Pere
Xavier étoit dans la Ville. Ils coururent ſur
l'heure le chercher, & les premiers embraſ-
ſemens du Saint produiſirent dans l'Ame
d'Angeroo un effet ſi merveilleux, que ce
Gentilhomme ſe trouva tout changé, & com-

mença de sentir renaître une tranquillité d'esprit, qu'il ne connoissoit presque plus. L'Apôtre de son côté, à la vûe d'un Proselyte venu de si loin, ressentit une joye, dont il n'y a que les cœurs Apostoliques, qui soient bien capables. Il s'imaginoit déja renfermer dans son sein toute cette Nation, dont on publioit depuis quelque tems de grandes choses, & pour laquelle il conçut dès-lors une tendresse, qui alla toujours croissant. Angeroo lui réïtéra ses instances pour être baptisé, & comme il s'exprimoit déja passablement en Portugais, le Saint, qui avoit autant d'empressement que lui, de le voir Chrétien, quitta presque toute autre occupation pour l'instruire ; mais une Affaire de conséquence l'ayant appellé à la Côte de la Pescherie, il envoya Angeroo & deux Domestiques, qui l'avoient accompagné, au Séminaire de Goa, où ils arriverent au commencement de Mars de l'année 1548.

De la maniere, dont ils entrerent d'abord dans toutes les pratiques, qui étoient en usage dans cette sainte Maison, d'où sont sortis depuis une bonne partie des Apôtres & des Martyrs de l'Orient, on s'apperçut bien-tôt que ce n'étoit point là des Indiens, ni des Barbares ; & le P. Xavier, qui ne tarda point à les rejoindre à Goa, fut extrêmement surpris des progrès, qu'ils avoient faits dans le peu de tems, qu'il ne les avoit point vûs. Il crut néanmoins devoir encore différer leur Baptême : il jugea même à propos, que Côme de Torrez, qui de Grand-Vicaire de Goa, venoit de se faire Novice de la Compagnie, leur donnât de nouvelles Instructions. Il

avoit remarqué dans ce nouvel Ouvrier, qui
étoit d'ailleurs un très-habile Homme, des
Qualités font propres à la Miffion du Japon,
qu'il méditoit dès-lors, & il fut bien-aife de
lui procurer les moyens d'apprendre la Langue & les manieres des Japonnois, en lui
donnant occafion de converfer fouvent avec
ceux-ci. Il penfoit-auffi que ce n'étoit pas
affez d'une connoiffance fuperficielle de-nos
Myfteres, & des autres Articles de notre Foi
pour des Hommes auffi fpirituels & auffi éclairés, que l'étoient les trois Catéchuménes,
avant que d'être régénérés dans les Eaux fa-
crées du Baptême.

Il eft baptisé
Sâ fa vœur.

Ils le furent enfin le jour de la Pentecôte
de l'année 1548, par les Mains de l'Evêque
des Indes, Dom JEAN D'ALBUQUERQUE. La
grace du Sacrement fut fenfible dans tous les
trois, mais furtout dans l'Ame d'Angeroo,
où elle établit d'abord cette PAIX, après laquelle il foupiroit depuis tant d'années. Il
fouhaita de porter le nom de FAUL DE STE
FOY en Mémoire de la Maifon, où il avoit
reçu tant de Graces du Ciel, & qu'on appelloit indifféremment le Collége de faint Paul,
& le Séminaire de fainte Foi ; de fes deux Domeftiques, l'un fut nommé JEAN, & l'autre
ANTOINE. Auffi-tôt après leur Baptême, le
P. Xavier, qui trouvoit dans le Maître & dans
les Serviteurs de grandes difpofitions à la
fainteté, leur fit commencer les Exercices fpirituels felon la Méthode de faint Ignace fous
la conduite du Pere de Torrez ; & pendant
cette Retraite, qui dura trente jours, il eft
étonnant avec quelle profufion le Ciel leur
communiqua fes faveurs les plus intimes. Le

Pere Xavier, qui les visitoit souvent, s'exprime sur cela dans ses Lettres en des termes, qui paroîtroient exagérés, s'ils ne partoient pas de la plume d'un Saint. Paul de sainte Foi ne parloit que de Dieu, & il le faisoit en Homme inspiré, on l'entendoit souvent, lorsqu'il étoit seul, témoigner avec ces élans, qui ne peuvent sortir que d'un cœur embrasé d'amour, le désir qu'il avoit de mourir pour son Dieu, & le zèle, dont il étoit dévoré pour le salut de ses Compatriotes. *O Japon, s'écrioit-il, ô ma chere Patrie ! Ouvres les yeux, & reconnois les ténébres, qui t'environnent. Tu adores le Soleil & la Lune, & tu ne vois pas que ce sont des Créatures inanimées, que le Créateur a formées pour le service de l'Homme ! Quelle folie de refuser au Tout-Puissant un Hommage, que tout nous invite à lui rendre, & de le transporter à des Ouvrages de ses Mains, qui naturellement devroient nous porter à le reconnoître & à l'adorer ?*

L'Homme Apostolique leur donnoit tout le tems, qu'il pouvoit soustraire à ses occupations, & pour mieux connoître le génie de ce Peuple, il s'informoit en même tems des Portugais, qui avoient été au Japon, si tous ces Insulaires étoient du caractere de ceux-ci, dont il admiroit la pénétration d'esprit & le bon sens. Tous l'assurerent qu'il n'étoit pas possible de trouver une Nation plus raisonnable & plus ingénieuse, & qu'ils ne doutoient pas que la Foi ne fît en peu de tems de grands progrès dans ces Isles. Paul de sainte Foi lui donnoit les mêmes espérances, & écrivit sur ce ton-là au saint Fondateur de la Compagnie.

de JESUS. Ce Néophyte f̧avoit déja un peṭ
de Latin , & avoit appris par cœur tout l'E
vangile de faint Matthieu. On le voyoit fouvent au milieu des Rues & des Places de Goa
environné d'une Troupe de Chrétiens & d'Infidéles , propofant aux uns des Queftions fort
fubtiles , & tâchant de convaincre les autres
de la vérité de notre fainte Religion. Tout
cela animoit de plus en plus le zèle du Pere
Xavier, qui pr r enfin fa derniere réfolution ,
que , ni les inftances de fes Amis, ni la crainte d'une fi longue & fi périlleufe Navigation, ne pûrent jamais lui faire changer.

S. François
Xavier part
pour le Japon
avec deux au-
tres Jéfuites.
Vertu de la
Croix.

Le jour de fon départ étant fixé, il nomma pour l'accompagner le P. Côme de Tor-
reẑ, & le Frere Jean Fernandeẑ, a qui les
trois Japonnois avoient auffi appris un peu
de leur Langue. Il employa enfuite les derniers mois de cette année, & le commencement de la fuivante à régler fes Affaires, &
s'embarqua au mois d'Avril pour Malaca, où
il arriva le dernier jour de Mai 1549. Il y
apprit des nouvelles du Japon, qui lui cauferent bien de la joye. On lui dit qu'un des
Rois de ces Ifles fe difpofo t à envoyer une
Ambaffade au Vice-Roi des Indes, pour lui
demander des Ouvriers de l'Evangile, & voici comment l'on racontoit ce qui lui en avoit
fait naître la penfée. Des Portugais avoient
pris Terre dans fes Etats, & on les avoit logés par fon ordre dans une Maifon, qu'on
prétendoit être infeftée de malins Efprits ; on
ne fe trompoit pas, difoit la Lettre, les Portugais, qui n'étoient prévenus de rien, y
pafferent deux ou trois nuits fort mauvaifes,
& l'un d'eux fut même très-maltraité, ils en

devinerent bien-tôt la cause, & ils eurent recours au Ciel. Ils firen quantité de prieres,
puis ils peignirent des Croix sur toutes les
Portes & les Murailles du Logis. Dieu bénit
leur Piété & leur Foi, ils ne virent & n'entendirent plus rien. Cela fit du bruit dans la
Ville, & les Idolâtres apprirent avec admiration le moyen, dont ces Etrangers s'étoient
servis, pour chasser le Démon. La nouvelle
en alla jusqu'au Roi, qui fit appeller les Portugais, pour s'afsûrer de la vérité, & s'instruire des circonstances d'un fait si singulier. Il fut frappé du détail, qu'ils lui en firent, & donna ordre sur le champ qu'on
dressât des Croix sur tous les grands Chemins, à tous les Carrefours des Rues, à toutes les Avenues des Villes, & qu'on en pei-
gnit même dans tous les Appartements de
son Palais. Ainsi l'Ennemi de notre salut fut
le premier, qui donna lieu à ce que le Signe adorable de notre Rédemption fût exposé publiquement à la vénération des Peuples dans cette Terre infide'e. Le Roi voulut ensuite sçavoir d'où venoit à la Croix
tant de vertu · & la réponse des Portugais
n'ayant servi qu'à exciter davantage sa curiosité, il forma le dessein de faire venir des
Docteurs de leur Religion ; c'étoit-là l'unique objet de l'Ambassade, dont on parloit.

Il y a bien lieu de s'étonner, qu'aucun
des Historiens de la Vie du Saint, ni aucun
de ceux, qui ont écrit l'Histoire du Japon,
ne nous ait appris la suite de cet Evénement,
ni quel étoit le Roi, dont il est ici parlé, ni
enfin ce qui empêcha le Pere Xavier d'aller
trouver ce Prince, comme il étoit naturel

qu'il fît (a). Ce silence pourroit faire douter, qu'on eût véritablement reçû de pareils
avis, si le témoignage de plusieurs Ecrivains,
tous dignes de foi, qui racontent ce fait,
n'étoit appuyé de l'autorité de l'Apôtre même, qui dans ses Lettres nous en a fait le
détail, que je n'ai fait que copier.

Cependant plusieurs Marchands Portugais
se disposoient à faire le Voyage du Japon,
mais par la seule raison, qu'ils n'y alloient
pas en droiture, ou qu'ils devoient s'arrêter
en Chemin, le P. Xavier leur préféra un petit Bâtiment Chinois, de ceux qu'on appelle
Jongs. On fut d'autant plus surpris de ce
choix, que le Capitaine, qui commandoit ce
Navire, nommé Necéda, étoit le Pirate le
plus fameux de ces Mers, & tellement décrié
pour ses brigandages, qu'on appelloit son Bâtiment le Jonc du Voleur. Ce ne fut donc
pas sans peine, qu'on vit le Serviteur de Dieu,
se livrer à la merci de ce Corsaire, & il
n'est rien, qu'on ne mît en usage pour l'en
dissuader, mais ce fut en vain : toutefois le
Gouverneur de Malaca, Dom Pedro de Sylva, prit pour sa sûreté une précaution, à laquelle vraisemblablement le Ciel attacha la
conservation de cette Troupe Apostolique. Il
fit jurer Necéda, qu'il meneroit les Peres
droit au Japon, & pour s'assûrer encore plus
de sa fidélité, il l'obligea de lui laisser en ôtage quelques-uns de ses Enfants.

(a) Il y a bien de l'apparence que ce Prince
étoit, où le Roi de Saxuma, ou celui de Bungo.
On ne sçait point, que jusqu'alors les Portugais
ayent trafiqué dans les Etats d'aucun autre Roi du
Japon.

Le quatriéme de Juin, le P. Xavier s'embarqua avec ſes deux Compagnons, les trois Japonnois, qu'il avoit amenés de Goa, & quelques Chrétiens, qui devoient lui ſervir de Catéchiſtes. Le même jour le Vent ſe trouva favorable, & on appareilla. Après qu'on eut fait environ cent lieuës, il fallut ſonger à ſe prémunir contre les TYPHONS, & pour cet effet Neceda alla prendre terre à une Iſle voiſine. On appelle Typhon dans les Indes, un Vent de tourbillon, qui ſouffle de tous côtés, & qui domine fort ſur les Mers de la Chine, & du Japon. Un Vaiſſeau ainſi inveſti de toutes parts, ne fait que pirouëtter, & les plus habiles Pilotes y ſont bien-tôt au bout de leur Art. Ce qu'il y a de plus fâcheux, c'eſt que ces tourmentes durent ordinairement pluſieurs jours de ſuite, enſorte qu'il faut qu'un Bâtiment ſoit bon & bien gouverné, pour réſiſter juſqu'à la fin. Par lonheur on peut les prévoir, & ſe mettre en état de n'être pas ſurpris; car on ne manque jamais d'en être averti par un Phénomène aſſez ſingulier. On voit un peu auparavant vers le Nord trois Arcs-en-Ciel concentriques de couleur de pourpre.

Neceda s'étant fortifié contre les Typhons, leva l'Ancre. Il avoit encore ſept cents lieues à faire; néanmoins on s'apperçut qu'il n'alloit point en route. Il s'arrêtoit même à toutes les Iſles, qui ſe trouvoient ſur ſon paſſage, tantôt ſous un prétexte, & tantôt ſous un autre. Le plus ſouvent cela dépendoit d'une Idole, qu'on avoit expoſée ſur la Poupe du Vaiſſeau, & que le Corſaire conſultoit à chaque inſtant. Ainſi les Miſſionnaires avoient

Dangers, que l'on court ſur les Mers du Japon. Ce que c'eſt que les Typhons.

la douleur de ſe voir a la diſcrétion de ces mêmes Puiſſances Infernales, dont ils alloient ruiner l'Empire au Japon : outre cela, on leur faiſoit tous les jours mille avanies, & ils coururent plus d'une fois riſque de la vie ; deux choſes ſurtout y contribuerent.

La premiere fut que Neceda s'aviſa un jour de demander à ſon Idole, ſi ſon Voyage ſeroit heureux ? L'Idole répondit que le Navire arriveroit heureuſement au Japon, mais qu'il ne reverroit jamais Malaca. Le Pirate crut que cela vouloit dire, qu'il périroit au retour du Japon, & il réſolut de chercher à éloigner le plus qu'il pourroit ſon malheureux ſort. Peu de jours après, le Bâtiment étant à l'Ancre vis-à-vis de la Cochinchine, un jeune Chinois Chrétien, de la ſuite des Miſſionnaires tomba dans la ſentine, que par mégarde on avoit laiſſée ouverte ; mais comme il fut promptement ſecouru, il en fut quitte pour une bleſſure aſſez conſidérable à la tête. Tandis qu'on le panſoit, la Fille du Capitaine tomba à la Mer, & quoique tout l'Equipage s'empreſſât pour la ſauver, elle fut engloutie par les vagues à la vûe de ſon Pere. On peut juger quelle fut la douleur de cet Homme ; il s'y abandonna ſans meſure, & l'on eut aſſez de peine à le faire revenir de ſes premiers tranſports. Dès qu'ils furent calmés, il voulut ſçavoir de ſon Idole la cauſe d'un ſi grand malheur, & le Démon fit réponſe, que ſi le jeune Chrétien n'eût pas été retiré de la ſentine, la Fille Idolâtre n'eût pas péri. Alors le Corſaire enragé contre les Chrétiens, entra dans des accès de fureur, qui firent croire, qu'il alloit les immoler aux mânes de sa Fille, mais un bon vent, qu'on attendoit avec impatience, s'étant levé tout-à-coup, on ne songea plus qu'a en profiter, pour se tirer d'un parage, où il ne faisoit pas sûr de rester, & qui n'offroit a l'Esprit, que des idées funestes.

Enfin après bien des détours, Neceda tourna vers la Chine, & entra dans le Port de CANTON, résolu d'y passer l'Hyver; mais à peine y avoit-il jetté l'Ancre, qu'il changea de pensée, & fit dessein d'aller hyverner dans un autre Port. Il n'en étoit pas loin, lorsqu'il eut avis par un Bâtiment Chinois, qu'il rencontra, que toute cette Côte étoit infestée de Forbans. Les Corsaires ne se cherchent point, & n'aiment pas à se rencontrer: Neceda eut bien voulu retourner à Canton; mais le Vent étoit contraire: le seul parti, qui lui restoit a prendre, fut d'entrer, comme il fit, dans la Mer du Japon à la faveur d'un petit Vent, qui le conduisit un peu de jours au Port de CANGOXIMA. Ce fut le quinziéme d'Août, que les Missionnaires aborderent à cette Terre si désirée, après sept semaines de Navigation sur la plus orageuse Mer du Monde, ayant eu pourtant beaucoup moins à souffrir de la fureur de cet Elément, que de la férocité de leurs Conducteurs, & de la malice du Prince des ténèbres.

Ce fut un grand sujet de joye pour la Famille de Paul de Sainte Foy, que de le revoir après une si longue absence, & dans le tems, qu'on le croyoit perdu. Les Missionnaires y prirent part, mais ce qui les combla de consolation, c'est que dès les premiers entretiens de ce fervent Néophyte avec sa Fa-

Arrivée du Saint au Japon.

Il va à la Cour du Roi de Saxuma. Ce qui s'y passe.

mille, fa Femme, une Fille unique qu'il avoit, & la plûpart de fes Parents déclarerent qu'ils vouloient imiter fon exemple. Illes inftruifit lui-même, le P. Xavier les baptifa, & de fi heureux commencements donnant au faint Apôtre tout lieu de croire que fes travaux ne feroient point infructueux dans une Terre fi bien préparée, il s'appliqua férieufement avec fes deux Compagnons à l'Etude de la Langue.

J'ai parlé plus haut de la différence de cette Langue avec la Chinoife; j'ajoute ici, qu'elle eft très-abondante, extrèmement variée, non feulement, parce que chaque Province a fa dialecte particuliere, mais encore, parce que les Caracteres y ont des fignifications différentes, felon la diverfité des Perfonnes, à qui on parle; des fujets, que l'on traite, & du ton, dont on prononce. Elle eft extrèmement énergique; figurée & métaphorique, comme le font prefque toutes celles de l'Afie, mais elle a cela de propre, qu'en peu de mots elle dit beaucoup, & que chaque Caracy fait une phrafe entiere. Les Japonnois fe fervent d'un Pinceau pour écrire, & le font avec une viteffe furprenante. Ils font leurs lignes perpendiculaires, & le P. Xavier en demandant un jour la raifon à Paul de fainte Foy, celui-ci lui répondit, que l'Ecriture étant l'expreffion de la penfée de l'Homme, elle ne pouvoit avoir trop de reffemblance avec l'Homme, qui avoit été fait droit par le Créateur.

J'ai lû dans quelques Mémoires, que ce qui forme le langage fçavant dans cet Empire, n'eft qu'un affez léger changement dans les Caracteres, dont les Japonnois attribuent

l'Invention

l'Invention à un certain CAMBODAXI, que quelques-uns disent les avoir apportés de la Chine : mais cela n'est pas vraisemblable, suivant ce que nous avons dit de la différence des Caractères Chinois, & des Japonnois. Cambodaxi, dit-on encore, faisoit son séjour ordinaire à Sacai, mais étant parvenu à une extrême Vieillesse, il s'enferma dans une Caverne, dont il fit murer l'entrée, & où l'on croit qu'il prie sans cesse les Mains élevées vers le Ciel. Il doit y demeurer dix mille ans dans cette Posture, & il a prédit, qu'après ce tems-la, il reparoîtroit sur la Terre, pour réfuter un faux Docteur nommé MIROZU, qui doit venir Prêcher une nouvelle Doctrine, & entreprendre d'établir une nouvelle Religion. Cette Caverne est, ajoûte-t-on, dans un petit Bourg, appellé COIA, à treize lieues de Sacai, où l'on a bâti un Temple magnifique en l'Honneur du Prophète, & un superbe Monastere. L'Anniversaire de la Retraite de Cambodaxi se Célèbre dans tout le Japon avec beaucoup de solemnité, & de toutes les Parties de l'Empire on va en Pélerinage au Temple de COÏA. Heureux celui, dont les Dents peuvent être enterrées au même lieu ! il est sûr, dit-on, d'aller tout droit en Paradis.

Cependant Paul de sainte Foy se crut obligé d'aller rendre ses devoirs au Roi de Saxuma son Souverain, & lui demander sa grace, pour le meurtre, qui l'avoit obligé à disparoître. Il en fut bien reçu, & il en obtint sans peine ce qu'il souhaitoit. Le Roi lui fit ensuite bien des Questions sur les Aventures de son Voyage, sur le Commerce & la Puissance

des Portugais dans les Indes, & fur la Religion, qu'ils y avoient établie. Il fatisfit le
Prince fur tous ces Articles, & s'étendit beaucoup fur le dernier : comme il s'apperçut
qu'on l'écoutoit avec plaifir, & que la plûpart
des Affiftants étoient même touchés de ce qu'il
venoit de dire, il tira un Tableau, qu'il tenoit caché fous fa Robe, & le fit voir au Roi ;
c'étoit une Vierge très-bien Peinte, & qui
tenoit entre fes bras l'Enfant JESUS. Le Roi
fut fi frappé à cette vûe, que par un mouvement fubit, dont apparemment il ne fut
pas le Maître, il mit les deux Genoux en
Terre pour rendre fes Hommages à la Mere,
& au Fils, dont les Vifages lui parurent ref-
pirer quelque chofe d'Augufte & de Divin. La
Reine fa Mere, à qui il voulut qu'on portât
cette Image, fe trouva faifie du même fentiment de Religion, & fe profterna pareillement avec toutes fes Dames, pour adorer le
Dieu des Chrétiens. Il fallut encore expliquer
à cette Princeffe nos principaux Myfteres ;
elle en fut charmée, & le P. Xavier n'eut
pas plutôt appris ce qui s'étoit paffé à cette
Audience, qu'il en fit demander une pour lui-
même.

Il n'eut pas de peine à l'obtenir, parce que
Paul de fainte Foy avoit fait naître dans cette Cour un grand défir de le voir. Le Saint
fe prépara à cette action par de ferventes
Prieres, & par un redoublement de ferveur.
Il fentoit plus, qu'il n'avoit encore fait, la
difficulté de perfuader à un Peuple fuperfti-
tieux & fuperbe, de changer de Religion, d'o-
bliger des Sçavants accoutumés à fe voir
écoutés comme des Oracles, d'avoüer qu'ils

avoient été trompés dans la chofe du Monde , où il eſt moins pardonnable de l'être ;
enfin de faire adorer la Croix , & d'en faire
reſpecter les opprobres à des Grands , dont
le faſte & l'orgüeïl n'avoient rien d'égal. Il
ajoutoit dans les Lettres , qu'il écrivit alors
aux Indes & en Europe , que les plus grands
obſtacles , qu'il prévoyoit au ſuccès de ſon
Entrepriſe , ſeroient ſans doute de la part des
Bonzes ; qu'il étoit bien réſolu de ſe ménager avec ces faux Prêtres , dont le crédit
étoit grand parmi le Peuple , mais qu'il n'é-
toit pas moins déterminé à faire ſon devoir
dans toute l'étenduë d'un zéle réglé par la
prudence : heureux , s'il y trouvoit l'occaſion
de donner ſa vie pour Jeſus-Chriſt !

Ce fut le vingt-neuviéme de Septembre ,
qu'il ſe rendit à la Cour de Saxuma , après
s'être recommandé à ſaint Michel , & mis le
Japon ſous la protection de ce Chef de la
Milice céleſte. Le Roi & la Reine Mere reçurent l'Apôtre comme un Homme extraordinaire , le jour ne ſuffit pas pour l'entretenir , & on le retint juſques bien avant dans
la nuit. On ne ſe laſſoit pas de l'entendre
parler de la Religion , & l'on trouvoit qu'il
en parloit d'une maniere raviſſante ; mais l'on
ne revenoit point de la ſurpriſe , où jettoit
tout le Monde la vûe d'un Homme , qui avec
tant de mérite avoit renoncé à tout , & entrepris de ſi périlleux Voyages , pour annoncer à des inconnus & à des Etrangers , dont
il n'eſpéroit rien , la connoiſſance du vrai
Dieu. Ce noble déſintéreſſement , & ce courage Héroïque dans les Miſſionnaires , furent
long-tems l'admiration des Japonnois , qui

fçavent eftimer la grandeur d'Ame ; & après
la grace, contribuerent plus, que tout autre
chofe, à perfuader cette Nation de la vérité
d'une Religion, qui infpire de tels fentimens.

Le Roi, qui avoit un grand fens, fit au
P. Xavier des Queftions très-fubtiles, & charmé de fes réponfes, il lui ajoûta, que fi fa
Religion étoit la véritable, il devoit s'attendre que les Démons feroient d'étranges efforts, pour s'oppofer à fon établiffement dans
le Japon. Il lui parla enfuite du deffein, où
on lui avoit dit qu'il étoit, d'aller à Méaco,
& l'avertit que cette Capitale de l'Empire étoit
toute en trouble, & par conféquent peu difpofée à l'écouter : d'ailleurs, que la Saifon
étoit bien avancée, pour entreprendre un
Voyage fi long, & que s'il vouloit différer
fon départ, il l'y feroit conduire par Mer. Ce
qui engageoit ce Prince à parler ainfi, étoit
une vûe d'intérêt ; il vouloit attirer & fixer
le Commerce des Portugais dans fes Etats,
& il fe flattoit d'y réuffir, en y retenant un
Homme fi fort confidéré de ces Marchands.
Pour l'y engager davantage, il le combla de
marques de bonté & de diftinction, & lui
donna un ample pouvoir de Prêcher la Loi
Chrétienne à fes Sujets, ce qu'il confirma peu
de jours après par un Edit.

Il prêche pu-
bliquement a
Cangoxima
& avec quel
fruit.

L'Homme Apoftolique parut fe rendre, &
de retour à Cangoxima, lui & fes Compagnons, qui par leur application à l'Etude de
la Langue, s'étoient déja mis en état de fe
faire entendre, fe montrerent le Crucifix à
la Main dans les Places publiques. La nouveauté du Spectacle, & la réputation, que
les Prédicateurs s'étoient acquife par la fain-

teté de leur vie, & par les Converſations par‑
ticulieres, qu'ils avoient euës avec pluſieurs
Perſonnes de Conſidération, leur attirerent
une foule d'Auditeurs, à qui ils annoncerent
le Royaume de Dieu. On ne ſe contentoit
pas de les entendre en public, on les ſuivoit
chez eux, & on ne leur donnoit pas un mo‑
ment de repos. Ce concours leur cauſoit une
fatigue extrême, mais ils en étoient bien dé‑
dommagés par le plaiſir, qu'ils trouvoient à
traiter avec un Peuple, qui leur paroiſſoit ai‑
mer & chercher ſincérement la vérité, & qui
ne leur objectoit rien, que de ſolide & de
ſenſé.

Dans une Lettre que le P. Xavier écrivit
alors à ſes Freres de Goa, il leur manda qu'ils
n'avoient qu'à ſe préparer tous à venir au Ja‑
pon; ›› mais, ajoûtoit‑il, vous devez‑vous
›› attendre à trouver des Eſprits ſubtils &
›› exercés dans la diſpute. Il faut auſſi comp‑
›› ter de Prêcher d'exemple, autant & plus
›› que de paroles, car les Japonnois, préve‑
›› nus que leurs Bonzes menent une vie fort
›› Auſtere, ſe ſcandaliſeroient, s'ils voyoient
›› les Prédicateurs de l'Evangile moins Péni‑
›› tents que leurs Prêtres. ‹‹ Ce que le ſaint
Apôtre propoſoit aux Religieux de ſa Com‑
pagnie, il le pratiquoit lui‑même, auſſi‑bien
que ſes Compagnons, avec tant de rigueur,
qu'on ne comprenoit pas comment ils pou‑
voient y réſiſter. Après avoir fatigué tout le
jour, ils paſſoient la nuit en Prieres, on ne
les voyoit preſque jamais dormir, & leur
nourriture n'étoit qu'un peu de Légumes à
l'Eau & au Sel. Le Saint écrivit en Europe
dans les mêmes termes, qu'il avoit fait à.

B iij

Goa : il eut même la pensée d'écrire au Souverain Pontife , & d'exhorter par une Lettre
circulaire les plus Célèbres Univerſités de
l'Europe , à ne pas laiſſer perdre une Moiſſon
mûre & abondante , pour s'amuſer à de vaines ſpéculations , & ſe remplir l'Eſprit de connoiſſances ſtériles.

Cependant le Myſtere d'un Dieu en trois
Perſonnes , & celui d'un Dieu incarné & mort
ſur une Croix, furent d'abord d'étranges pa-
radoxes pour un Peuple , qui veut tout réduire aux principes du bon ſens naturel. Quelques-uns , ſans vouloir rien examiner davantage , traiterent les nouveaux Docteurs de vi-
ſionnaires , & leur Doctrine d'extravagante.
D'autres plus raiſonnables ſuſpendirent leur
Jugement, ne pouvant, diſoient-ils, ſe perſuader que des Hommes , d'ailleurs ſi judi-
cieux , euſſent voulu courir tant de riſques
pour leur débiter des Fables ; ils ſe rendirent
même plus aſſidus aux Inſtructions des Miſſionnaires ; & Dieu béniſſant leur zéle à chercher la vérité , ils la trouverent, & s'y ſou-
mirent. Le premier, qui demanda le Baptême , fut un Homme de baſſe naiſſance ; le
P. Xavier lui donna le nom de Bernard , &
ce fervent Néophyte quitta tout , pour ſe mettre à la ſuite des Serviteurs de Dieu.

Un entretien, que le P. Xavier eut avec le
Supérieur des Bonzes de Cangoxima , ſervit
beaucoup à donner du crédit au Chriſtianiſme.
Le Tunde, (a) qui paſſoit pour l'Oracle du
Pays , fut ſurpris de trouver un Homme ,

(a) On appelle ainſi les Supérieurs des Monaſteres
des Bonzes , & ce ſont comme les Evêques de la Religion des Budſoiſtes.

qui en ſçavõit plus que lui, & il ne put s'empêcher d'avoüer, que Perſonne au Monde ne ſurpaſſoit en Science & en Eſprit le Chef des Religieux d'Europe. A l'exemple, & ſur le témoignage de ce Docteur, qui par excellence avoit été ſurnommé NINGIT, c'eſt-à-dire, *le Cœur de la vérité*, tous les Bonzes de Cangoxima parurent faire une eſtime particuliere du Saint, mais le déréglement ſecret de leurs Mœurs, & la crainte de décheoir du haut rang d'eſtime, où ils étoient, les retinrent dans l'Idolâtrie ; il n'y eut parmi tant d'endurcis, que deux Elus, dont la Converſion ne laiſſa pas de faire un grand effet ſur le Peuple.

Les choſes en étoient-là, & le ſaint Apôtre s'attendoit à de nouvelles Conquêtes, lorſque les Bonzes, qui venoient de fermer les yeux à la lumiere, les ouvrirent tout-à-coup ſur leurs intérêts temporels. Ils firent réflexion, que ſi de bonne heure ils ne s'oppoſoient aux progrès de la nouvelle Religion, ne récévant plus les Aumônes, qu'on avoit accoutumé de leur donner, ils n'auroient bien-tôt plus de quoi ſubſiſter ſur quoi ils prirent leur parti. On les vit auſſi-tôt aller de Maiſon en Maiſon, pour décrier les Miſſionnaires ; ils n'aſſiſtoient plus à leurs Inſtructions, que pour les tourner en ridicules, & ils en vinrent juſqu'à les outrager de paroles. Une conduite ſi violente ne leur réuſſit pas ; on comprit aiſément quel en étoit le motif, & on leur en fit de ſanglants reproches, on leur remontra, que c'étoit par de ſolides raiſons, & non par des injures, qu'il falloit combattre leurs Adverſaires, & on leur repréfenta que ceux-ci menoient une vie exemplaire, & pratiquoient des vertus, qui donnoient un grand poids à la Doctrine, qu'ils prêchoient : enfin qu'ils établiſſoient cette doctrine ſur des principes, qu'il n'étoit pas aiſé de renverſer.

Il reſſuſcite Mort. Les Miracles que le P. Xavier fit alors en grand nombre, furent encore plus efficaces, que tout le reſte pour faire taire les Bonzes, ou du moins, pour rendre inutiles leurs invectives. Je n'en rapporterai qu'un ſeul.

Un Homme de Condition venoit de perdre une Fille unique, laquelle faiſoit toute ſa conſolation, & il avoit été frappé de cette perte à un point, qu'on craignit pour ſa vie. Des Néophytes, qui étoient allés chez lui pour le conſoler, touchés de l'état déplorable, où l'avoit réduit ſa douleur, lui conſeillerent de redemander ſa Fille au Dieu des Chrétiens, & d'employer auprès de lui le crédit du grand Docteur des Portugais. Il les crut, alla ſe jetter aux Pieds du Saint, & le conjura les larmes aux yeux de lui rendre ſa Fille. Le Saint ſe trouva ſi attendri à la vûe de cet Homme, à qui l'amertume, dont il avoit le cœur pénétré, ôtoit preſque le jugement & la parole, qu'il ne pût lui-même proférer un ſeul mot. Il ſe retira aſſez bruſquement, en jettant un grand ſoupir, s'enferma dans ſon Oratoire avec Fernandez, & tous deux firent à Dieu une de ces courtes, mais vives Prieres, qui pénétrent les Cieux.

Xavier dans le moment ſe ſentit exaucé (a),

─────────────

(a) C'eſt ce même Miracle que le Pouſſin a voulu repréſenter dans le magnifique Tableau, qu'on voit au grand Autel de l'Egliſe du Noviciat des Jeſuites de Paris, mais il en a changé toutes les circonſtances.

il retourna auſſitôt à l'endroit, où il avoit laiſſé ce Pere affligé, l'aborda d'un air inſpiré, & ne lui dit que ces deux mots : *Alleᴢ, Monſieur, vos vœux ſont accomplis.* Le Gentil-homme, qui ne comprenoit rien à ces manieres, en fut choqué, & ſortit fort mécontent ; mais à peine avoit-il fait quelques pas, qu'il apperçut un de ſes Domeſtiques, qui accouroit vers lui, & qui du plus loin, qu'il le vit, lui cria, que ſa Fille étoit vivante. Il s'arrêta tout interdit, & un moment après il la vit elle-même, qui venoit au-devant de lui. Il doutoit encore, ſi ſes yeux ne le trompoient point, lorſque ſa Fille ſe jetta à ſon cou, & le tint étroitement embraſſé Elle lui raconta enſuite qu'au même inſtant, qu'elle avoit rendu les derniers ſoupirs, deux horribles Démons s'étoient jéttés ſur elle, & l'avoient voulu entraîner dans les Enfers, mais qu'elle avoit été arrachée d'entre leurs griffes par deux Hommes vénérables, qui heureuſement s'étoient rencontrés ſur ſon paſſage, & qu'auſſitôt elle s'étoit trouvée pleine de vie & de ſanté, ſans qu'elle pût dire comment cela s'étoit fait. Le Pere pleuroit de joye, tandis que ſa Fille parloit ; il comprit aiſément, quels étoient les deux Hommes, qui lui avoient rendu ſa Fille, & il l'a mena ſur l'heure au logis des Miſſionnaires. Sitôt qu'elle apperçut le Pere Xavier & Fernandez, elle s'écria que c'étoit-là ſes deux Libérateurs, & courut ſe proſterner à leurs pieds, ſon Pere en fit autant, & l'un & l'autre demanderent dans le moment à être inſtruits & baptiſés.

Tant de merveilles rendirent le S Apôtre cher & reſpectable aux Cangoximains, mais

Il eſt inſulté par un Idolâtre qui en eſt puni ſur le champ.

B v

une chofe, qui arriva dans le même tems, leur fit connoître combien il étoit dangereux de l'offenfer, & jufqu'à quel point le Dieu, qu'il leur annonçoit prenoit fes intérêts. Un Idolâtre lui parla un jour infolemment & avec outrage, le Pere ne lui répondit que ces deux mots: *Mon Ami, Dieu vous conferve la bouche;* & fur le champ ce malheureux fut frappé d'un chancre à la langue, qui en fut toute rongée avec des douleurs intolérables, & avec une infection, que lui-même ne pouvoit fupporter. Il y avoit tout lieu de croire, que des évenemens fi inouis, & des prodiges, dont on ne s'étoit point encore avifé au Japon de croire les Dieux mêmes capables, feroient fuivis de la converfion de toute la Ville, & de tout le Royaume, les Bonzes en jugerent ainfi, & ils fe perfuaderent, qu'il n'y avoit pas un moment à perdre, s'ils vouloient détourner les malheurs, qui les menaçoient.

Efforts inutiles des Bonzes contre lui. Après bien des délibérations fur une affaire de cette importance, ils convinrent qu'il falloit aller trouver le Roi, l'intimider, & l'engager, à quelque prix que ce fut, à abolir dans fes Etats une Religion, qui s'établiffoit vifiblement fur les ruines de leurs Sectes. Ils choifirent les plus diftingués d'entr'eux, & il y a bien de l'apparence qu'il y avoit parmi eux des Docteurs des deux Religions, d'autant plus qu'elles y étoient également intéreffées. Ce qui eft certain, c'eft que les Députés parlerent au nom de toutes les Sectes. Ces Députés s'étant donc préfentés devant le Prince, celui qui portoit la parole, lui dit:

 » Seigneur, nous venons de la part d'A
 » MIDA & de toutes les Divinités, qu'on adore

» dans cet Empire, vous demander ſi vous
» êtes réſolu d'abolir entiérement leur culte,
» & de vous rendre vous-même adorateur
» d'un Dieu crucifié, dont les Miniſtres ſont
» trois miſérables, qui ne trouvant pas de
» quoi vivre aux Indes, en ſont venu cher-
» cher au Japon. Le ſoin de nos Perſonnes
» expoſées tous les jours à la rage d'une Popu-
» lace, que ces Enchanteurs ont ſéduite, n'eſt
» pas ce qui nous fait parler : mais pouvons-
» nous voir ſans douleur les Temples aban-
» donnés, les Autels ſans parfums, & les
» Dieux immortels deshonorés ? Aucun de
» nous, Seigneur, n'a pû encore ſe perſua-
» der, que vous ayez quitté la Religion de
» uos Peres, & qu'il vous ſoit venu ſeule-
» ment à l'eſprit que la Chine & le Japon,
» les deux Nations les plus éclairées de l'Uni-
» vers, ayent été l'eſpace de tant de ſiécles
» dans l'erreur, ſur la choſe du monde, en
» quoi il eſt moins excuſable d'errer. Mais ſi
» vous leur avez ſur cela rendu juſtice, per-
» mettez-nous de vous le dire, vous n'en êtes
» que plus coupable ; vous adorez nos Dieux,
» & vous favoriſez une Doctrine, qui les dé-
» grade : vous reconnoiſſez qu'ils ont des
» foudres en main, & vous protégez des Im-
» pies, qui levent contre eux l'étendart de la
» rébellion ; & que diront les autres Rois,
» que diront nos Empereurs, quand ils ſçau-
» ront que de votre propre autorité, vous
» avez introduit dans cet Empire une Reli-
» ligion, qui en ſappe tous les fondemens ?
» mais, que n'entreprendront pas contre vous
» les zélés Sectateurs des Camis & des Foto-
» ques ; & aſſiſtés du ſecours du Ciel, que

B vj

» n'exécuteront-ils pas ? Attendez-vous, Sei-
» gneur , a voir tous vos Voifins entrer à
» main armée dans vos Etats , & y porter
» partout la défolation. Attendez-vous à voir
» tous ceux de vos Sujets , qui n'ont pas en-
» core fléchi le genouil devant le Dieu des
» Chrétiens, fe joindre a vos Ennemis, per-
» fuadés qu'ils doivent encore plus de fidélité
» aux Dieux tutélaires de la Patrie, qu'à Vous ,
» mortel & Homme comme eux. Tout eft
» permis dans ces rencontres ; & fi les Rois
» n'ont de pouvoir , que ce qu'ils en ont reçu
» des Dieux immortels, du moment qu'ils
» refufent à ces Etres fouverains les homma-
» ges, qui leur font dûs, ils fe dépouillent
» eux-mêmes de tout ce qui les diftinguoit du
» refte des Hommes. Songez donc , Prince à
» profiter de cet avis , que le Ciel vous donne
» par notre bouche , ne nous obligez pas à
» fermer nos Temples, & à nous retirer avec
» nos Dieux ; car alors n'y ayant plus rien dans
» le Saxuma, qui fût capable d'arrêter la co-
» lere divine , nous ne répondrions pas de ce
» qui pourroit en arriver ».

Conduite in-
téreffée du
Roi de Saxu
ma.

Il faut connoître toute la fierté des Prêtres
du Japon , & fçavoir le crédit, qu'ils ont fur
l'efprit des Peuples, pour fe perfuader qu'une
remontrance auffi infolente , & auffi remplie
de maximes féditieufes, ait été faite à un Roi
jaloux de fon autorité au point, que le font
tous les Monarques de l'Afie. Rien n'étoit pourtant plus capable d'établir folidement le Chriftianifme dans ce Royaume, que cette auda-
cieufe démarche des Bonzes, & peut-être de
les perdre eux-mêmes. Le Roi de Saxuma
étoit haut , & quoiqu'il fût du nombre de ces

ret avec fon autorité, en temporifant ; il ne parut pas être choqué du difcours des Bonzes, mais il ne leur fit point une réponfe favorable, & ce qui l'obligea d'en ufer ainfi, c'eft qu'on attendoit de jour en jour des Navires Portugais.

Par malheur on apprit peu de tems après, que ces Navires avoient pris la route de FIRANDO, & l'on fçut bientôt, qu'ils y avoient moüillé l'ancre. La feule commodité du moüillage avoit engagé les Portugais à ce changement, mais il ne fut pas poffible de faire entendre raifon fur cela au Roi. Ce Prince perdoit doublement, car le Roi de Firando, qui étoit fon Ennemi, alloit profiter de ce qui lui échappoit. Il entra en fureur, & les Bonzes jugerent bien, qu'ils n'avoient plus qu'à le laiffer faire. Sa première démarche fut d'appeller le P. Xavier, à qui il fit les reproches les plus fanglans de l'ingratitude des Portugais, qu'il avoit, difoit-il, comblés d'amitié ; & qui de gayeté de cœur, & fans aucun fujet, lui préféroient fon Rival, dans le tems même qu'il protégeoit leur Religion, & qu'il engageoit fes Sujets à l'embraffer. On ne dit point, qu'il ait ordonné au Saint de fortir de fon Royaume, il y a même bien de l'apparence qu'il fe poffeda affez, pour ne pas faire cet affront à un Homme, à qui il avoit rendu de fort grands honneurs, & pour ne pas fe broüiller fans retour avec les Portugais, mais on vit

Son Edit contre la Religion Chrétienne, & l'effet qu'il produit.

bientôt paroître un Edit, qui portoit défense, sous peine de la vie, à tous ses Sujets, de renoncer au culte des Dieux de l'Empire.

Il n'est pas possible d'exprimer avec quelle promptitude on déféra à cet Edit. Tout commerce cessa d'abord avec les Missionnaires de la part de ceux, qui n'étoient pas encore Chrétiens; mais la piété & la ferveur des nouveaux Fidéles consolerent un peu leurs Pasteurs d'une si soudaine révolution. Dans ce petit Troupeau, qui n'étois guéres composé, que de cent personnes, il n'y eut pas un Néophyte, qui ne témoignât une reconnoissance infinie, d'avoir été choisi de Dieu préférablement à tant d'autres, pour lui former un Peuple saint au milieu d'une Nation idolâtre. C'étoit une chose admirable, de voir sur cela les transports de leur zéle; on ne pouvoit les entendre, ni les voir, sans être attendri jusqu'aux larmes, & sans être étonné de l'abondance des graces, dont le Saint-Esprit avoit rempli leurs cœurs. Cependant tout persuadé qu'étoit le P. Xavier, qu'ils donneroient plutôt mille vies, que de renoncer au Christianisme, il ne voulut pas, dans la nécessité, où il se voyoit de les quitter, les laisser sans armes & sans défense au milieu de tant d'Ennemis. Il les assembla plusieurs fois, pour les fortifier dans leurs bons sentimens, & pour les instruire de ce qu'ils devoient répondre à ceux, qui entreprendroient d'ébranler leur foi, & de séduire leur raison. Il s'attacha surtout à leur bien expliquer les principaux Mystéres de la Passion du Sauveur des Hommes, dont les Japonnois ont toujours été extraordinairement touchés.

Enfin il recommanda à Paul de sainte Foy

de veiller à la conservation de cette Eglise naissante, qui alloit être sans Chef & sans guide, exposée à toute la fureur, & aux fausses subtilités des Ministres de l'Idolâtrie. Paul se sentit infiniment honoré de cette Commission, & quitta tout pour vacquer uniquement à un si saint Ministère. Mais Dieu n'avoit pas comblé ce fervent Néophyte de tant de faveurs, pour n'en faire qu'un Chrétien ordinaire. Les Bonzes ne pûrent souffrir que le départ des Missionnaires n'eût ramené au culte de leurs Dieux aucun de ceux, qui l'avoient abandonné. Ils s'en prirent à Paul de sainte Foy, & lui suscitèrent tant d'affaires fâcheuses, qu'ils l'obligèrent à se bannir volontairement de son Pays. Ce petit triomphe fut pourtant le seul fruit, qu'ils retirèrent de leurs véxations, & tous les mouvemens, qu'ils se donnèrent, pour pervertir les Fidéles, furent inutiles. Ceux-ci choisirent un d'entr'eux, pour prendre la place de Paul de sainte Foy; & la bonne odeur, qu'ils répandirent partout, érablement leur nombre en peu de tems, ainsi que nous le verrons dans la suite de cette Histoire.

Cependant le P. Xavier, persuadé que la même raison, qui avoit changé le Roi de Saxuma à son égard, engageroit celui de Firando à le bien recevoir, résolut de l'aller trouver. Il partit de Cangoxima au mois de Septembre de l'année 1550. après treize mois, ou environ de séjour dans ce Royaume, un des plus considérables du Ximo, & même de tout le Japon. A six lieues de la Ville, il se trouva au pied d'un Château, qui appartenoit à un Seigneur nommé EKANDONO,

S. François Xavier part de Cangoxima, ce qui lui arrive dans un Château.

Vaſſal du Roi de Saxuma, & dont l'eſpect le frappa. Il étoit à dix Baſtions revêtus de pierres de Taille environnés d'Eaux, & il n'y avoit de communication de l'un à l'autre, que par des Ponts-Levis. Les Foſſés étoient extraordinairement profonds, quoique creuſés dans le Roc. Le Château même, quoique très-vaſte, ne paroiſſoit guéres qu'un Rocher eſcarpé au milieu de l'Eau-vive. Ces dehors ne promettoient, ce ſemble, rien que d'affreux; mais lorſqu'on avoit paſſé un Chemin étroit, qui conduiſoit au-dedans de la Place, on étoit tout ſurpris de trouver un Palais également ſuperbe & délicieux. Galeries, Portiques, Terraſſes, Jardins, Appartements, tout cauſoit une ſurpriſe, qui n'étoit pas le fruit de la nouveauté ſeule; chaque Piéce étoit travaillée avec un Art & une délicateſſe infinie; & il régnoit dans le tout un goût naturel, qui plaiſoit infiniment.

Le P. Xavier fut invité d'entrer dans ce Château, & il y fut reçu d'une maniere, qu'il n'avoit pas lieu d'eſpérer. Il profita de cet accueïl pour y annoncer Jeſus-Chriſt. Tous les Domeſtiques du Palais, & tous les Soldats de la Garniſon étoient accourus pour le voir; car on ſçavoit les Merveilles, qu'il avoit operées à Cangoxima. Le Saint parla avec tant de force, & Dieu donna tant d'éficace à ſes paroles, qne le même jour il baptiſa dix-ſept Perſonnes. Preſque tous les autres auroient ſuivi cet Exemple, ſi Ekandono, qui craignit qu'on ne lui fît des Affaires à la Cour de Saxuma, ne s'y fût oppoſé. Mais comme il avoit eu lui-même avec le Pere Xavier un Entretien, dont il avoit été

Le faint Apôtre demeura dans ce Château autant de tems, qu'il lui en fallut, pour y donner de la folidité à fon Ouvrage. Il recommanda enfuite ce petit Troupeau à l'Intendant de la Maifon d'Ekandono, Vieillard d'une prudence & d'une vertu finguliere. Il lui laiffa une Copie de fon Catéchifme, qu'il avoit traduit en Japonnois, il régla toutes les Pratiques de piété, qu'il crut convenir à ces Néophytes, & jufqu'aux Exercices de Pénitence, a quoi il voyoit les Japonnois fort portés. Enfin, il continua fa route vers Firando, où il arriva en peu de jours.

Le Royaume de Firando (a) n'a de confidérable, que fa Capitale, fituée vers les trente-trois dégrés, trente ou quarante minutes de latitude Nord, & quelques petites Iſles aſſés peuplées. Ce feroit très-peu de chofe que ce petit Etat, fans la commodité du Port de Firando, & la fûreté du mouillage (b). Le P. Xavier entra dans le Port au bruit de toute l'Artillerie des Vaiſſeaux Portugais, dont

Comment il eft reçu à Firando.

(a) C'eft très-peu de chofe, que ce Royaume, & il ne fait que la quatrié me partie de l'ancien Royaume de Figen, le plus grand des neuf, qui diviferent d'abord l'Ifle de Ximo. De la maniere, dont les Hollandois parlent du Roi de Firando, qu'ils ne nomment jamais, que le Seigneur de Firando, c'étoit un Prince fort pauvre, avant que le Commerce l'eût enrichi.

(b) L'embouchure de ce Port eft fort étroite & dangéreufe pour les Vaiſſeaux, mais le Port eft aſſez large, & les Navires y font à l'abri de toutes fortes de Vents & d'Orages. Le fond eft de Limon, mais l'on y manque quelquefois d'eau.

les Capitaines le menerent enfuite malgré lui comme en triomphe au Palais. Le Roi le reçut avec beaucoup de diftinction. Les Portugais, en le préfentant à ce Prince, lui dirent, qu'il voyoit devant lui l'Homme du Monde, pour qui le Roi leur Maître avoit plus de confidération; puis, comme ils eurent ajoûté, qu'il venoit de Cangoxima, & les raifons pourquoi il en étoit forti, le Roi le careffa beaucoup, & lui donna un plein pouvoir de Prêcher Jefus-Chrift dans fes Etats. Auffi-tôt les Miffionnaires commencerent leurs Inftructions; & le fuccès, dès les premiers jours, ayant furpaffé leur attente, le P. Xavier conçut, que fi la faveur d'un auffi petit Prince pouvoit tant pour la Converfion de ces Peuples, ce feroit encore tout autre chofe, s'il pouvoit avoir la protection des Empereurs.

Il y laiffe laiffe le P. de Torrez & part pour Méaco, Temple fameux, & à quelle occafion il fut bâti.

Il ne lui en fallut pas davantage pour le déterminer au Voyage de Méaco, où le Dairy & le Cubo-Sama faifoient alors leur féjour ordinaire, mais il ne jugea pas à propos d'abandonner entierement fes nouvelles Conquêtes; il laiffa donc à Firando le P. de Torrez, & accompagné de Jean Fernandez, & de deux Chrétiens, dont l'un étoit ce Bernard, qui le premier avoit reçu le Baptême à Cangoxima, il fe mit en Chemin fur la fin d'Octobre. Il gagna par Mer Facata, Capitale du Royaume de Chicugen, & après avoir marché quelque-tems, il fe rembarqua, & fit voiles vers XIMONOSEQUI (a), un des plus célébres Port du Japon, & qui fert d'Embar-

(a) Ou SIMONOSEQUI.

quadaire à AMANGUCHI Capitale du Royaume de NAUGATO, le plus Occidental de tous
ceux de la grande Iſle de NIPON. On voit
dans ce Port un fameux Temple de la Religion des Camis, lequel a été bâti à l'occaſion
que je vais dire. C'eſt un point de l'Ancienne Hiſtoire du Japon, que Kœmpfer a fort
embrouillé, & que je n'ai pû bien éclaircir,
qu'à l'aide d'un Mémoire, qui m'a paru de
bonne main. Il eſt parlé en pluſieurs endroits
de la derniere Hiſtoire du Japon, & dans les
Faſtes Japonnois, des deux Factions, qui
ſous le nom de FEKIS & de GENDZIS, parta-
gerent long-tems tout cet Empire, & produi-
firent enfin la grande révolution, qui lui a
donné deux Maîtres. L'Auteur paroît ſuppoſer en pluſieurs endroits qu'il s'agiſſoit du
Trône Impérial, & donne en effet le nom
d'Empereur au dernier des Fekis, dont la défaite mit fin à la Guerre Civile. Il ſe trompe ; il y a bien de l'apparence, que les Fekis
& les Gendzis étoient deux branches de la
Maiſon Impériale ; mais elles ne ſe firent la
Guerre, que pour avoir le Commandement
général des Troupes, & le Titre de Cubo-
Sama, auquel ce Commandement étoit alors
attaché (a).

Il eſt certain que cette Guerre fut très-lon-
gue & très-ſanglante, les Empereurs faiſant

(a) Le Généralat des Troupes & la direction des
affaires de la Guerre étoient dans les commencemen s
aff.ctez au titre de SEOGUN, ou XOGUN. Il paroît
que dans la ſuite, ce titre devint purement honoraire,
& nous voyons par les Faſtes Chronologiques des Dairys, que ces Princes le conſeroient ordinairement aux
Empereurs CUBO-SAMAS.

pancher la Balance, tantôt en faveur d'un
parti, & tantôt en faveur de l'autre. Enfin
les Fekis fuccomberent par la bonne conduite
de JORITOMO, Chef des Gendzis; il gagna
une Bataille décifive, où le Général ennemi
fut tué, felon Kœmpfer dans fon premier Volume, mais dans le fecond il dit que ce Prince fe fauva à la Chine, où il avoit par avance envoyé fept Navires chargés d'Or & d'Argent, & où après fa mort on bâtit un magnifique Temple en fon Honneur. Il ajoûte
que cet infortuné Feki avoit un Fils âgé de
fept ans, que fa Nourrice voulut auffi fauver par Mer, « mais que fe voyant pourfui-
» vie de près, & jugeant qu'il lui étoit im-
» poffible d'éviter de tomber entre les Mains
» de l'Ennemi, elle embraffa fortement le
» jeune Prince, & avec ce courage, & cette
» réfolution, qui eft fi particuliere à la Na-
» tion Japonnoife, elle fe jetta avec lui dans
» la Mer. Ce fut, dit-il encore, pour con-
ferver la Mémoire de la mort prématurée du
jeune Feki, que fut bâti le Temple de Xi-
monofequi. On le nomme AMADAIS, & le
même Ecrivain rapporte, que l'étant allé vifiter avec le Directeur du Commerce des Hollandois, qu'il accompagnoit à la Cour de Jedo, un jeune Prêtre les reçut à l'entrée, &
les conduifit dans une efpéce de Salle tendue
de crêpe noir, à la façon des Théâtres du Japon, & que le Plancher étoit couvert dans le
milieu d'un Tapis broché d'Argent. On voyoit,
ajoûte-t-il, fur un Autel l'Image du FEKI;
elle repréfentoit un agréable Enfant, qui avoit
de grands Cheveux noirs; a fes deux côtés
étoient les Figures de deux Princes du Sang

Impérial, grands comme nature, & vétus comme on l'eſt à la Cour du Dairy. Le Prêtre qui avoit conduit les Hollandois en ce lieu-là, alluma une Lampe, & fit un Diſcours fort touchant ſur l'infortune du Feki ; puis il les mena dans une autre Chambre, qui joignoit celle-ci, où il leur montra les Portraits de pluſieurs Perſonnes, dont il avoit fait mention dans ſon Diſcours, delà il les fit entrer dans une troiſiéme Chambre fort grande, où le Supérieur de la Maiſon entra avec eux : il étoit vêtu comme les autres CANUSIS (*a*), d'une Robe de crêpe noir, avec un Ruban d'Argent, qui venant de l'Epaule droite, lui pendoit au côté gauche. Une piéce quarrée de même Etofſe, lui pendoit par derriere entre les deux Epaules, & c'étoit la marque de ſa Dignité. Je reviens au Voyage du P. Xavier.

AMANGUCHI, Capitale du NAUGATO, étoit alors une des plus grandes, des plus peuplées, des plus riches, & par conſéquent une des plus débordées Villes du Japon ; & ce qui la rendoit ſi conſidérable, étoit ſon heureuſe ſituation pour le Commerce, car elle étoit comme l'entre-pôt de celui, qui ſe faiſoit alors entre les deux grandes Iſles de NIPON & de XIMO, la fertilité de ſon Terroir, la douceur de ſon Climat, par les trente-quatre dégrés vingt minutes de latitude Nord, & des Mines d'Or & d'Argent, qu'on avoit découvertes dans ſon voiſinage. Le P. Xavier avoit pris ſon Chemin par cette Ville ; mais quoiqu'il n'eût aucun deſſein de s'y arrêter, tou-

Le Saint arrive à Amanguchi, & confond un Bonze en préſence du Roi.

(*a*) Il faut ſe ſouvenir qu'on nomme ainſi les Prêtres de l'ancienne Religion.

tefois au récit, qu'on lui fit, des désordres, qui y régnoient, il ne put retenir son zéle. Il se montra au Peuple le Crucifix à la main, & il parla du Royaume de Dieu avec cette liberté, que le Sauveur du Monde a tant recommandée à ses Apôtres.

Un certain air plus qu'humain, qui paroissoit dans toute sa Personne, les étonnantes vérités qu'il Prêchoit, l'autorité, qu'il sçavoit se concilier, tout cela le fit écouter d'abord ; quelques-uns même goûterent sa Doctrine, qu'ils trouverent fondée en raison. Ils s'informerent qui étoit cet Homme si extraordinaire ; ils apprirent ses Travaux, ses Voyages, la sainteté de sa vie, son courage, son désintéressement, ses Miracles, ils l'admirerent, mais ils s'en tinrent là. Le jour du salut n'étoit point encore venu pour ce Peuple. La Populace même, qui n'examine jamais les choses à fond, & qui juge beaucoup des Hommes par l'extérieur, se moqua du Docteur Etranger, qui étoit pauvrement vêtu, l'outragea de paroles, & alla jusqu'à le poursuivre à coups de pierres. Une Audience, que le Serviteur de Dieu eut d'OXINDONO, Roi de NAUGATO, & dans laquelle il confondit un fameux Bonze en présence de toute la Cour, calma un peu cette fureur ; quelques-uns demanderent le Baptême, mais le nombre de ces Elûs fut très-petit : enfin les Missionnaires, après un mois de séjour dans Amanguchi, poursuivirent leur route vers Méaco.

Il va à Méaco. Particularités de ce voyage. C'étoit sur la fin de Décembre ; les Pluyes, les Vents, les Neiges, les Torrents rendoient les Chemins impraticables, sur-tout les Che-

mins détournés , qu'il falloit prendre pour
éviter de tomber dans des Partis de Guerre,
dont toutes ces Provinces étoient remplies.
A chaque pas nos Voyageurs s'égaroient , &
couroient risque de tomber dans quelque pré-
cipice, ou de se noyer en passant des Rivieres rapides & profondes , ou d'être écrasés
par des glaçons énormes, qui pendoient du
haut des Rochers , sous lesquels il falloit passer. Avec cela leur nourriture n'étoit qu'un
peu de Ris , que Bernard portoit dans un sac.
A seize lieues de Méaco, le P. Xavier tomba
malade ; il manquoit de tout , & néanmoins
il guérit en peu de tems.

A peine la fièvre l'eut-elle quitté , qu'il se
remit en marche ; il étoit fort peu couvert, &
il marchoit ordinairement Pieds nuds ; mais
c'étoit presque une nécessité , à cause des Ruisseaux & des Ravines, qu'il falloit continuellement traverser. Ce qui l'inquiétoit davantage , est qu'il ignoroit les Chemins. Un jour,
qu'il se trouvoit fort embarassé, pour éviter certains endroits dangereux, dont on l'avertit :
(quelques Auteurs disent qu'il s'étoit égaré ;
il apperçut un Cavalier , qui alloit du côté de Méaco ; il courut à lui , le pria de
vouloir bien lui servir de Guide , & s'offrit
à porter sa malle. Le Cavalier accepta l'offre ,
& ne laissa pas d'aller le trot , ce qui dura
presque tout le jour. Si-tôt que les dangers
furent passés, le Pere fut obligé de s'arrêter,
& ses Compagnons , qui avoient eu bien de
la peine à le suivre de fort loin , l'ayant enfin
rejoint , le trouverent dans un état digne de
compassion , les Ronces & les Cailloux lui
avoient déchiré les Pieds , & les Jambes lui

creverent peu de tems après en plusieurs endroits.

Voilà de quelle maniere la plûpart des Historiens du Saint racontent ce fait, mais Fernandez plus croyable que tous, en change
dans ses Lettres plusieurs circonstances, ou
plutôt il en ajoûte, qu'on n'auroit pas dû omettre. Il dit qu'on les avoit avertis que des
Maraudeurs couroient la Campagne, que cet
avis les obligea de prendre un détour, & que
le P. Xavier craignant de s'égarer, se donna
en qualité de Valet à plusieurs Marchands,
qui s'étoient joints ensemble, pour faire plus
sûrement le Voyage de Méaco : qu'un de ces
Marchands, sans considérer, que le saint Homme étoit à pied, & chargé de son propre pa-
quet, lui donna encore sa valise à porter, &
qu'après avoir couru toujours le Galop, pour
éviter les Partis, ils l'obligeoient, tout épuisé
qu'il étoit, à prendre encore soin de leurs
chevaux. Il ne dit point combien de jours
dura cette Marche, ni ce que lui, & les deux
Japonnois, qui l'accompagnoient, devinrent
pendant ce tems-là, il fait seulement entendre, que le Saint n'en fut pas quitte pour un
ou deux jours, & il ajoûte, qu'après une si
excessive fatigue, on ne pût l'engager à se
reposer, & qu'il tiroit tant de force de la Priere, qu'il étoit encore le premier à encourager
ses Compagnons.

Comme il lui fallut passer quelques Bras de
Mer, il y courut le même danger, qu'il avoit
essuyé sur Terre, parce que toutes les Côtes
étoient infestées de Pirates. Outre cela, comme dans les Villes & les Bourgades, où il
passoit, il ne pouvoit s'empêcher de parler

de

de Dieu à ceux , qui s'attroupoient autour
de lui , il ne retiroit point ordinairement d'autre fruit de son zéle, que des insultes. Il fut
même deux fois blessé à coups de fléches , &
dans deux endroits différents il auroit été
accablé sous les pierres , qu'on commençoit à
lui jetter , si à chaque fois des Orages sur-
venus tout-à-coup n'eussent écarté la multitude , dont il étoit investi : il fut pourtant
assez heureux pour baptiser quelques Enfants,
qu'il trouva Moribonds & apparemment ex-
posés dans la Rue, ou sur les Chemins , &
la joye qu'il ressentoit, en procurant ainsi le
Royaume du Ciel a ces petits Innocents, sembloit lui rendre en un moment toute sa force, & lui faire oublier tous ses maux.

Enfin il arriva a Méaco. Cette Ville est
dans la Province de **Jamatsiro** , une des
cinq, qui composent la **Tense**, c'est-à-dire,
le Domaine de l'Empereur. Sa situation n'a
rien de beau ; elle est loin de la Mer , bâtie
dans une plaine stérile , & environnée de
Montagnes fort hautes , sur lesquelles on
voyoit alors quantité de ruines de Monasteres , & qui étant toujours couvertes de Neige
pendant l'Hyver, causent un Froid excessif ,
outre que le seul Vent, qui souffle bien librement entre ces Montagnes ; est celui du Nord.
On prétend que Méaco avoit eu autrefois
vingt milles de long , & neuf de large , & il
paroissoit bien par les ruines des Edifices ,
qu'on voyoit encore tout autour de la Ville,
& fort loin dans la Campagne , qu'elle étoit
véritablement d'une grandeur immense. Aussi
un des noms, qu'on lui donnoit, signifioit ,
chose digne d'être vûe , mais elle n'avoit alors

En quel état
il trouve cette
Capitale.

Tome II.   C

de grand , que fes ruines , & la Guerre , qui
y paroiſſoit plus allumée que jamais , la menaçoit d'une entiere déſolation. Quelques Auteurs diſent qu'on y comptoit pourtant encore cent mille Maiſons , mais en y comprenant les Monaſteres , dont le nombre étoit
prodigieux. D'ailleurs les deux Empereurs y
avoient alors toutes leurs Cours.

Quoiqu'il en ſoit, Méaco tous les jours à
la veille de devenir un Champ de Bataille (a),
n'étoit pas propre à recevoir la lumiere de
l'Evangile , & le P. Xavier ne tarda pas à s'en
appercevoir. Il ne put même obtenir audience, ni des Empereurs, ni du Xaco (b), & il
ſe vit réduit à faire dans les quartiers les
plus fréquentés ce qu'il avoit fait ailleurs ,
c'eſt-à-dire , à Prêcher à la Populace, qui s'aſ-
ſembloit autour de lui par curioſité. Mais comme il ſentit bien-tôt qu'il perdoit ſon tems à
parler à un Peuple tout occupé de Factions &
du tracas des Armes, il reprit , quoiqu'avec
bien du regret , la route de Firando. Il ſe
conſola néanmoins dans la penſée, qu'il avoit
Prêché JESUS-CHRIST dans la Capitale du
Japon , & qu'il avoit beaucoup ſouffert pour
y arriver ; ce qui dans les Hommes Apoſtoliques, eſt un vrai dédommagement du peu
de ſuccès de leurs Entrepriſes. Il lui fut mê-

(a) Kœmpfer dans ſa Suite Chronologique des Dairys , parle d'une Guerre Civile entre deux factions
puiſſantes , qui avoit commencé l'an 1511. & qui finit
vers l'an 1527. Il ajoûte qu'environ l'an 1560 le Cubo-
Sama , qu'il nomme Joſt Tir , ſe fendit le Ventre,
tout ceci s'accorde aſſez mal avec notre Hiſtoire.

(b) C'eſt le Grand Prêtre de la Religion des
Bonzes.

me dit intérieurement, que cette femence divine, qu'il croyoit avoir jettée dans une Terre ingrate, ne feroit pas perdue, mais pro-
portionnée aux fatigues, qu'il avoit effuyées
dans une fi pénible Expédition. Nous ne tar-
derons pas a voir que ce fentiment étoit une
de ces infpirations, dont les Saints fçavent
mieux que les autres faire le difcernement.

    Le faint Apôtre arriva à Firando en affez
bonne fanté, & fans aucun accident fâcheux,
mais il n'y refta qu'autant de tems, qu'il lui
en fallut, pour changer fon extérieur trop
négligé. Il avoit eu le loifir de fe convaincre
de la néceffité de ce changement, & il fçavoit qu'une des premieres Régles d'un Prédicateur de l'Evangile, eft de fe faire tout à
tous, pour gagner tout le Monde a Jefus-
Chrift. Il ne dédaigna pas même de fe char-
ger de quelques raretez d'Europe, que le Vice-Roi des Indes, & le Gouverneur de Malaca lui avoient données, pour faire des préfents
aux Princes Japonnois, & dont il avoit cru
d'abord pouvoir fe paffer, auffi-bien que des
Lettres de recommandation, que ces deux Seigneurs lui avoient encore remifes, & qu'il
jugea alors pouvoir lui être de quelque utilité. Après quelques jours de repos, il partit
pour Amanguchi avec les mêmes Perfonnes,
qui l'avoient accompagné a Méaco. On en
fut furpris à Firando, la maniere dont il
avoit été traité la premiere fois dans cette
Ville, & le peu de difpofition, qu'il y avoit
trouvée à l'écouter, ne devoient pas, ce femble,
l'engager à y retourner; mais les Saints
ont des lumieres, que les autres Hommes
n'ont pas, & la fuite fit voir, que c'étoit l'E-

    *Il retourne
à Firando, &
change fon ex-
terieur trop
négligé.*

C ij

prit de Dieu, qui conduisoit le P. Xavier à Amanguchi.

Il passe à Amanguchi, & est bien reçu du Roi.

Il commença par demander une audience au Roi, & OXINDONO voyant les Missionnaires dans un autre équipage, qu'ils n'avoient paru d'abord, les reçut bien, agréa les présents, que le Saint lui fit, témoigna qu'il auroit égard à la récommandation du Vice-Roi des Indes, & du Gouverneur de Malaca; & le même jour il lui envoya une assez grosse somme d'Argent. Il la refusa, & le Roi charmé d'une vertu si rare, marqua sa surprise en des termes, qui ne plûrent pas aux Bonzes. Dès le lendemain, il accorda aux deux Prédicateurs la permission de publier la Loi du vrai Dieu dans toutes les Terres de son obéïssance, & en fit afficher les Patentes dans les endroits ordinaires. Peu de jours après, sur ce qu'on lui représenta que ces Religieux n'avoient point de demeure fixe, & que souvent même ils ne sçavoient où se retirer, il leur donna une Maison de Bonzes, qui depuis quelque tems n'étoit pas habitée.

Il y fut un grand nombre de Conversions, & de Miracles.

Le P. Xavier & ses Compagnons ne furent pas plutôt logés, & en état de faire commodément les Fonctions de leur ministere, que tout Amanguchi se remua, & que, comme si ce Peuple fût tout-à-coup sorti d'une profonde léthargie, il se fit chez eux un concours, qu'on auroit peine à imaginer. Le P. Xavier écrivit alors au Pere IGNACE de LOYOLA, son Général, & au P. SIMON RODRIGUEZ, que du matin au soir son Logis ne désemplissoit point, & que les Missionnaires, qui viendroient au Japon, devoient s'attendre à de grandes importunitez, surtout

de la part des Perſonnes de Condition ;
qu'on ne leur laiſſeroit pas toujours le tems,
ni de dire la Meſſe, ni de réciter leur Bré-
viaire, encote moins de repoſer & de prendre leurs repas. En effet, dans ces commencements tous venoient chez eux en même-
tems, la plûpart y demeuroient tout le jour;
tous vouloient à la fois qu'on éclaircit leurs
doutes, & qu'on répondit à leurs Queſtions;
de ſorte, qu'on n'entendoit qu'un bruit confus de Gens, qui parloient tous enſemble,
& qui crioient à pleine tête.

Dieu tira ſon Serviteur de cet embarras
par un prodige, peut-être inoüi juſqu'à lui.
On avoit vû renouveller dans les Indes en ſa
faveur le Miracle, qui ſurprit ſi fort Jéruſa-
lem le jour de la Pentecôte, lorſque les Apôtres Prêchant dans leur Langue naturelle, ſe
firent entendre à quantité de Perſonnes dans
la Langue d'un chacun. Ici le Saint étant
interrogé ſur des matieres fort oppoſées entr'elles, il ſatisfaiſoit à pluſieurs Queſtions
d'une ſeule réponſe. D'abord la confuſion empêcha, qu'on ne fît réflexion à une choſe auſſi
merveilleuſe, & bien des Gens mêmes, qui ne
ſongeoient qu'à ce qu'ils avoient dans l'eſprit, ne s'aviſerent jamais de penſer, qu'il y
eût du merveilleux dans la maniere prompte
& préciſe, dont le Docteur Etranger leur répondoit. De-là vient que, comme les Miſſionnaires, qui ſuccéderent au Pere Xavier,
mettoient plus de tems à ſatisfaire ceux, qui
les interrogeoient, on diſoit qu'ils n'avoient
pas autant de ſcience, ni d'eſprit, que lui.
L'Homme Apoſtolique reçut encore à Amanguchi le don des Langues, qui lui avoit été

tant de fois communiqué depuis son arrivée
en Orient, car outre qu'il parloit le Japonnois avec une facilité & une élégance, où les
Naturels même du Pays parviennent rarement, il Prêchoit tous les jours en Chinois
aux Marchands de cette Nation, qui trafi-
quoient dans cette Ville, quoiqu'il n'eût jamais étudié leur Langue.

Ce n'étoit plus seulement le Peuple, qui
vouloit entendre les Docteurs Etrangers, les
Grands les invitoient à venir chez eux, & ce
fut en cette occasion, que le P. Xavier s'ap-
percevant qu'on lui parloit quelquefois avec
trop de hauteur, & un certain air de mépris, qui lui parut rejaillir sur son ministere,
il montra de son côté une grandeur d'Ame,
& même une sainte & noble fierté, qui im-
prima dans l'Ame de ses Auditeurs un profond respect pour le Dieu, qu'il leur annonçoit. Il recommanda la même chose à Fernandez, qui dans ces occasions marquoit trop
de modestie, & peut-être de timidité; & cela réussit: on s'accoutuma à regarder les Prédicateurs de l'Evangile, comme les Envoyés
d'un Dieu Puissant, & on les écouta avec
respect. Ils ne tarderent pas à recueillir les
fruits de tant de travaux, & ce succès leur
donnoit une nouvelle vigueur. » Je suis tout
» blanc, écrivoit alors le Pere Xavier à ses
» Freres en Europe, néanmoins je suis plus
» robuste que jamais. Aussi faut-il convenir,
» que les fatigues, qu'on essuye pour ins-
» truire un Peuple ingénieux, qui aime la vé-
» rité, qui prend la raison pour Guide, &
» qui veut sincérement se sauver, causent
» une joye bien sensible «. Au bout de quel-

que-tems , le Serviteur de Dieu se trouvant
un peu de loisir , entreprit les Bonzes, qui
malgré l'animosité des Sectes , s'étoient tous
réunis contre leur Ennemi commun. Il les
défia plus d'une fois à la dispute : il se tint
plusieurs Conférences publiques, où ces Prêtres Idolâtres furent confondus , & ces victoires achevant ce que l'autorité, que le Saint
s'étoit acquise par sa sainteté & ses Miracles,
avoit heureusement commencé, en moins de
deux mois plus de cinq cents Personnes , la
plûpart Gens de marque, reçurent le Baptême.

On voyoit surtout ceux, qui dans les com-
mencemens avoient paru plus animés contre
la nouvelle Religion, témoigner plus d'empressement à l'embrasser , & travailler ensuite avec plus de zèle à la faire embrasser aux
autres. Ce zele du salut des Ames fut toujours
depuis la vertu favorite des Japonnois convertis ; on eût dit, qu'ils ne se croyoient Chrétiens , qu'autant qu'ils faisoient paroître d'ardeur pour la propagation du Christianisme.

Le plus grand avantage que le P. Xavier
tira de ces premieres saillies de ferveur, ce
fut d'être instruit à fonds des endroits foibles, par où on pouvoit attaquer avec plus de
succès les Ennemis du nom Chrétien , & il en
sçut profiter en habile Homme. Une chose
arrêtoit pourtant encore le progrès de l'Evangile. On avoit eu de la peine à prouver aux
Japonnois que ceux, qui pendant leur vie
n'auroient pas adoré le vrai Dieu, brûleroient
éternellement dans les Enfers. Ils ne pouvoient concilier ce point de Foi avec la bonté
infinie du Seigneur. *Si la Verbe incarné ,* di-

Objections ;
qu'on lui fit ,
& comment il
y répond.

C iv

foient-ils, *est mort pour tous, pourquoi fa
mort n'est-elle pas utile à tous ? S'il condamne
à des supplices éternels tous ceux, qui n'ont
pas embrassé fa Loi, pourquoi a-t-il différé
pendant plus de quinze cents ans à nous la faire annoncer ?* Les Bonzes ne manquoient pas
d'appuyer ces objections, & ajoûtoient, que
les Prêtres des Chrétiens n'étoient bons à rien,
puisqu'ils n'avoient pas le crédit de tirer une
seule Ame des Enfers, comme ils faisoient eux
tous les jours par les mérites de leurs jeûnes
& de leurs prières : que ce Dieu même étoit,
ou bien cruel, s'il ne vouloit pas faire cesser les
peines des Damnés, ou bien impuissant, s'il ne
le pouvoit pas.

Le saint Apôtre ne fut pas fort embarrassé
à répondre à ces difficultez, ausquelles les Peres
de l'Eglise ont répondu tant de fois. Il fit surtout bien sentir que la Religion du vrai Dieu,
qu'il prêchoit, est aussi ancienne que le Monde, & que la Nature même en a gravé tous
les principes dans nos Ames avec des traits
ineffaçables. Il fit convenir les plus Sçavants,
que la Morale de Jesus-Christ étoit en vigueur
au Japon, avant qu'aucune Secte Idolâtre y
eût été introduite ; il persuada à tous que la
seule malice des Hommes en avoit pû obscurcir
la lumière. Il soutint, suivant la Doctrine de
S. Thomas, que tous ceux, qui s'étoient perdus, n'étoient tombés dans ce malheur, qu'a-
près avoir altéré la pureté de cette même Morale, dont il n'étoit pas possible de s'écarter,
sans ressentir au-dedans de soi-même des remords, qui y rappelloient, enfin il conclut
par assûrer que personne ne ressentiroit les
tristes effets de la Justice divine, qui ne fût le

premier à se condamner, & à rendre témoignage à l'équité de l'arrêt, qui l'auroit précipité dans l'abîme ; que ce qu'ils ne comprenoient pas présentement, parce que c'étoit un mystere impénétrable, ils le comprendroient dans l'éternité, où ils verroient avec évidence, & loueroient sans cesse cette Justice souveraine, qu'ils devoient présentement se contenter de croire & d'adorer.

Ils se rendirent à ces raisons, mais si le Saint fut assez heureux pour convaince leurs esprits, il ne vint pas sitôt à bout de calmer leurs cœurs. Les Japonnois aiment tendrement tous ceux, qui leur sont attachés par les liens du sang, & la mémoire de leurs Ancêtres leur est chere & précieuse. Ils ne pouvoient digérer, qu'on les obligât à les regarder comme des Réprouvés : *Quoi donc*, s'écrioient ils fondant en larmes, *nos Peres, nos Enfans, nos Parens, nos Amis seront pendant toute une éternité les malheureuses victimes, & l'objet des vengeances d'un Dieu, qu'ils eussent sans doute adoré, s'ils l'eussent connu? & ce grand Dieu, qu'on nous représente, comme la bonté & l'équité même, n'aura aucun égard à leur ignorance?* Ils fondoient en pleurs en parlant ainsi ; tout retentissoit de leurs sanglots, & des cris, qu'une pensée si touchante leur faisoit pousser vers le Ciel, & les Missionnaires ne pouvoient s'empêcher de mêler leurs larmes avec celles de leurs chers Néophytes.

Une belle action de Fernandez contribua beaucoup alors à déterminer quantité de personnes, qui flottoient encore entre l'erreur & la vérité. Un jour que ce saint Religieux pré-

Belle action de Fernandez son Compagnon, & quel en fut le fruit.

C v.

choit dans une Place publique, un Homme de
la lie du Peuple s'approcha, comme pour lui
dire un mot a l'oreille, le Prédicateur s'arrêta,
se tourna de son côté; & dans le moment ce
Brutal lui couvrit le visage d'un crachat. Il
s'éleva aussitôt quelques éclats de rire; néanmoins presque toute l'assemblée fut indignée;
mais comme on eut vû Fernandez, qui sans
faire paroître la moindre émotion, s'essuyoit,
& continuoit son discours, la sotte joye des
uns, & l'indignation des autres se tournerent
en admiration: chacun se retira plus persuadé
par l'exemple d'une vertu si héroïque, que par
tous les raisonnemens du Prédicateur.

Conversion d'un jeune Docteur, le Saint reçoit dans sa Compagnie un jeune Homme de grande espérance.

Un jeune Docteur, qui avoit une grande
réputation de sçavoir, fut si frappé de cette
action, que dès le lendemain il demanda le
Baptême, & sa conversion fut la source de
plusieurs autres. Entre ces nouveaux Prosélytes, il y en eût un, dont le changement causa
bien du chagrin aux Bonzes, parmi lesquels il
étoit sur le point de s'engager. C'étoit un jeune
Homme de vingt-cinq ans, d'une grande espérance, & d'une naissance distinguée. Il avoit
été toujours fort assidu aux instructions des
deux Religieux: son esprit étoit convaincu, la
patience de Fernandez l'avoit ébranlé, la conversion du jeune Docteur le détermina. Le
P. Xavier lui donna au Baptême le nom de
LAURENT, & peu de tems après le reçut dans
la Compagnie de JESUS. Nous verrons dans la
suite de cette Histoire, qu'il fit honneur au
choix du saint Apôtre.

Vains efforts des Bonzes pour rétablir leur crédit.

Laurent ne fut pas le seul, qui manqua pour
lors aux Bonzes; personne ne prenoit plus parti
parmi eux, & leurs jeunes Gens les quittoient

par troupes. Les Miſſionnaires inſtruits par
ces Transfuges des myſteres d'iniquité, que
ces Impoſteurs cachoient ſous les dehors de la
plus auſtere vertu, les démaſquoient aux yeux
du Peuple ; & comme, en même tems qu'ils
découvroient la corruption de leurs mœurs,
ils faiſoient ſentir la foibleſſe de leurs raiſon-
nements, ils invitoient les Fidèles à entrer en
lice avec eux, ce qui eut un tel ſuccès, qu'on
voyoit tous les jours des Enfans & des Femmes
faire tomber en contradiction les plus fameux
Docteurs. Ceux-ci, pour ſe rétablir dans l'eſprit du Public, tenterent de nouveau la voye
de la diſpute, & propoſerent d'aſſez bonnes
difficultez, mais on y répondit d'une maniere
qui leur ferma la bouche, & ils furent contraints d'abandonner de nouveau cette batterie.

Ils réuſſirent un peu mieux à la Cour par
une intrigue, qu'ils y avoient fait jouer ſecré-
tement, & l'on s'apperçut bientôt, qu'ils
avoient gagné le Roi. Oxindono ne révoqua
point ſes Edits, mais il dépouilla quelques
Néophytes de leurs biens, ce qui ne fit pourtant qu'augmenter le nombre de ceux, qui
demandoient le Baptême, & animer davantage la ferveur de ceux, qui l'avoient reçu ; juſques-là que le P. Xavier ne craignit point de
mander en Europe, que de trois mille Chrétiens, qu'on pouvoit bien compter dans Amanguchi, il n'y en avoit aucun, qui ne fût ſincérement dans la diſpoſition de perdre tout ce
qu'il poſſédoit au monde, & la vie même,
pour conſerver ſa foi. Il arriva même que les
Bonzes ayant écrit de toutes parts, pour décrier les Miſſionnaires, ces Lettres engagerent
les Peuples des Royaumes circonvoiſins à s'in-

Le Roi chan-
gé à l'égard
des Miſſion-
naires.

C vj

former de ce que c'étoit, que ces Docteurs
Etrangers, dont on difoit tant de bien & tant
de mal, & qu'apprenant par des témoignages
non fufpects les grandes chofes, qu'ils faifoient à Amanguchi, leurs noms devinrent
célebres dans tout l'Empire.

S. François
Xavier part
pour le Royau-
me de Bungo.
Des Portugais
vont au de-
vant de lui.

Cependant le P. Xavier fongea tout de bon à
prendre des mefures, pour établir folidement
une Miffion, qui commençoit à prendre un fi
bon train, & réfolut de retourner aux Indes,
afin d'y chercher des Ouvriers tels, qu'il jugeoit
que le Japon en demandoit; laborieux, fça-
vants, humbles fans baffeffe, courageux, fermes, réfolus à tout fouffrir, d'une conduite
irréprochable, maîtres d'eux-mêmes, jufqu'à
ne laiffer entrevoir aucun mouvement de paffion, & fuffifamment verfés dans les contro-
verfes & dans la difpute, pour fe démêler des
fophifmes des Bonzes. Il eut en même tems
nouvelle, qu'un Vaiffeau Portugais commandé par Edouard de GAMA, venoit d'arriver au
Port de FIGI (a), dans le Royaume de BUNGO,
un des plus confidérables du XIMO, & qu'il
ne tarderoit pas à reprendre la route des Indes,
où il apprit par la même voye que fa préfence
étoit néceffaire. Sur cet avis, il fit venir de
Firando le P. de Torrez, l'établit en fa place
à Amanguchi, & partit pour Figi accompagné
feulement de fes deux fidéles Catéchiftes. Il fit
une bonne partie du voyage à pied, quoiqu'il
le pût faire tout entier par Mer; mais il fe
trouva fi mal à une lieue de Figi, qu'il fut
contraint de s'arrêter. Alors fes deux Compagnons prirent les devants, pour avertir les

(a) Quelques Auteurs le nomment Figen, je croi
que c'eft une faute.

Portugais de fa venuë, & Gama monta fur le
champ à cheval avec environ trente Portugais
pour aller au-devant de l'Hómme de Dieu.

Ils le rencontrerent, qui s'étoit déja remis
en chemin , & ils furent affez furpris de le
voir feul, marchant à pied, & portant fa Chapelle fur fon dos. Ils defcendirent de cheval,
dès qu'ils l'apperçurent, & l'ayant joint, ils
le faluerent de la maniere la plus refpectueufe.
Enfuite Gama lui préfenta un cheval, qu'il lui
avoit fait amener ; mais il le preffa inutilement de l'accepter, ce qui l'obligea lui & tous
fes Gens de marcher auffi à pied, & de faire
fuivre leurs Chevaux. Sitôt que l'Apôtre parut
à la vûe du Port, le Navire orné comme dans
les plus grandes cérémonies, & l'Equipage
étant fous les Armes, le falûa de quatre dé-
charges de toute fon Artillèrie. Le bruit du
Canon, qu'on entendit à FUCHEO Capitale de
Bungo, & qui n'eft gueres qu'à une lieue de
Figi, fit craindre au Roi, que les Portugais
ne fuffent attaqués par certains Corfaires, qui
couroient la Côte ; & il leur envoya offrir du
fecours ; mais il fut bien étonné, lorfqu'il
fçut que l'arrivée d'un feul Hómme avoit caufé tout ce fracas, & que les Portugais s'efti-
moient plus heureux de le poffeder, que fi leur
Navire eût été chargé des plus précieufes Marchandifes de l'Orient. Ce Prince a tant de
part à l'Hiftoire que j'écris, que j'ai cru néceffaire d'en tracer ici le Portrait.

CIVAN (a) Roi de Bungo, étoit alors un   Cáractere du
                                            Roi de Bungo.

(a) On ne peut gueres douter que ce Prince ne foit
le jeune Prince de Bungo , dont il eft parlé dans la
Relation que Fernand Mendez Pinto a faite de la découverte de Japon.

Prince âgé d'environ vingt-deux ans ; & dans
une si grande jeuneſſe il n'étoit pas ſeulement
conſidéré , comme un des plus braves & des
plus ſpirituels Monarques du Japon, mais il
paſſoit encore pour un des plus ſages. Il poſſédoit preſque toutes les vertus morales ; ſurtout une grande équité, beaucoup de modération , une prudence conſommée. Il étoit ſo-
bre, libéral , bienfaiſant ; il avoit les inclina-
tions nobles , le naturel heureux , l'eſprit excellent , le ſens droit , il s'attachoit à ſes Amis,
comme auroit pû faire un ſimple particulier ,
& il les combloit de biens en Souverain. En
un mot, on peut dire que le Roi de Bungo
avoit une belle Ame, & une grande Ame, un
cœur vraiment royal , & digne d'un Trône
plus éclatant. On ne lui connoiſſoit qu'un ſeul
foible ; c'étoit la diſſolution, qu'il portoit fort
loin. Il en avoit honte lui-même ; mais il ne
faiſoit que de vains efforts pour ſurmonter une
ſi infame paſſion.

Ce qui lui avoit donné de l'eſtime pour la Religion Chrétienne.

Il y avoit déja quelque tems, que ce Prince
connoiſſoit la Religion Chrétienne, & voici
qu'elle fut l'occaſion, qui la lui fit connoître.
Des Portugais du vivant de ſon Pere avoient
abordé à un Port du Royaume de Bungo ; leur
Navire étoit richement chargé , & quelques
Courtiſans voulurent engager le Roi à s'en
ſaiſir. Ce Prince y étoit preſque réſolu, lorſque Civan également touché de compaſſion
pour des Etrangers, qui n'avoient pas mérité
un traitement ſi injuſte, & chagrin du des-
honneur, qu'une action ſi indigne alloit attirer ſur ſon Pere, l'alla trouver, & lui parla
avec tant de force, qu'il lui fit prendre des
ſentiments plus déſintéreſſés. Les Portugais ap-

prirent bientôt, & le danger, qu'ils avoient
couru, & à qui ils avoient obligation de l'a-
voir échapé. Ils en témoignerent leur reconnoissance au jeune Prince, qui les reçut bien,
leur marqua qu'il les verroit volontiers, &
les engagea par ce favorable accueil à lui faire
souvent leur Cour.

Comme la plûpart de ces Marchands étoient
Gens de bien, leurs bons exemples & leurs
discours édifians touchérent le Prince de Bungo. Il voulut sçavoir quelle étoit la Religion,
que professoient des Personnes si réglées, &
un d'entr'eux nommé Diego Vaz, lui donna
quelque teinture du Christianisme. Depuis ce
tems-là il avoit entendu parler du P. Xavier,
& sans trop s'arrêter à ce que les Bonzes d'A-
manguchi en avoient publié, il le regardoit
comme un Homme favorisé du Ciel, & dési-
roit passionnément de le voir & de l'entretenir. Il apprit avec joye que le Saint devoit
passer par ses Etats ; & dès qu'il le sçut arrivé
à Figi, il lui écrivit la Lettre du monde la
plus aimable & la plus honnête, & la lui envoya par un jeune Prince de sa Maison, à qui
il donna une suite fort leste.

Il invite le Saint à le venir voir.

L'Homme de Dieu reçut la Lettre du Roi
avec les marques du plus profond respect ; mais
il fit paroître dans cette rencontre tant de noblesse & de grandeur d'Ame, que Civan, sur le
rapport de son Ambassadeur, ordonna qu'on
n'omit rien pour faire au grand Docteur
des Portugais la plus magnifique réception.
Edouard de Gama de son côté, entreprit de
persuader au Saint, de quelle importance il
étoit de rendre cette action la plus célebre,
qu'il seroit possible. Il lui représenta, que lui-

même avoir éprouvé en plus d'une occasion ,
combien les Japonnois méprisent la pauvreté :
qu'il étoit nécessaire de les convaincre une
bonne fois que , si les Prédicateurs de l'Evangile n'étoient pas environnés de ce faste , qu'affectoient les Ministres des Dieux du Japon ,
leur pauvreté & leur modestie ne venoient
point d'une indigence forcée , mais du mépris ,
qu'ils faisoient des biens & des honneurs de ce
Monde , qu'il devoit se souvenir qu'il étoit
revêtu du caractére de Légat du S. Siége ; enfin qu'il falloit détromper la Populace , qui au
Japon , plus qu'ailleurs , se prend par les apparences , & lui faire changer les idées extravagantes , que les Bonzes tâchoient de lui donner des Religieux d'Europe.

Comment les
Portugais le
conduisent à
l'audience de
ce Prince.

Quoiqu'il pût dire , il s'apperçut assez , que
son discours n'avoit pas fait impression sur
l'humble Missionnaire , à qui l'exemple des
Apôtres & du Prince même des Apôtres , qui
avoit triomphé de la fierté Romaine par l'humilité de la Croix , fournissoit des réponses à
son raisonnement , qui lui paroissoient sans
réplique ; mais Gama lui déclara qu'il n'en
seroit pas le maître , & aprés avoir concerté
avec ses Gens la maniére , dont ils le mene-
roient à l'audience du Roi , ils travaillerent
toute la nuit aux préparatifs. Dès que le jour
parut , on partit au bruit du Canon sur deux
Barques , & une Chaloupe , toutes couvertes
des plus beaux Tapis de la Chine , & ornées
de Banniéres magnifiques. Dans une des Barques étoient des Trompettes , des Hautbois &
quantité d'autres Instruments , qui annonçoient de fort loin la venue du Serviteur de

Dieu. Quantité de Portugais étoient dans l'autre. Le P. Xavier accompagné d'Edouard de Gama étoit dans la Chaloupe, qui tenoit le milieu. On remonta ainfi lentement une riviére, qui méne de Figi à la Capitale.

Toute la Ville étoit accouru à ce fpectacle, & le Saint fut reçû à la defcente de la Chaloupe par un Corps de Troupes réglées, commandé par un Officier de marque, lequel lui offrit un Norimon, qu'il refufa. Alors les Portugais commencerent à marcher en cet ordre. Edouard de Gama paroiffoit le premier, tête nue, & une canne de Bengale à la main : quatre autres Portugais le fuivoient, portant tous quelque chofe à l'ufage du Pere, qui venoit enfuite, ayant fur une Soutane de camelot, un Surplis & une Etole brodée en Or d'un fort grand prix. Environ trente Portugais marchoient après avec une contenance fort noble, & chacun fuivi de fon Valet. Ils étoient tous fuperbement vêtus, & portoient des Chaînes d'or, qui leur donnoient un fort grand air. Ce Cortége traverfa toute la Ville au fon des Flûtes, des Trompettes, & des Hautbois ; les rues, les fenêtres & les toits mêmes, étoient remplis d'une multitude innombrable de Peuple, & tout retentiffoit des bénédictions, que l'on donnoit à l'Homme Apoftolique, qu'une majefté douce, qui brilloit fur fon vifage, & une modeftie religieufe relevoient infiniment ; de forte que tous les yeux étoient tournés fur lui.

A l'entrée de la place du Palais, il trouva fix cents Gardes richement vêtus, rangés dans un très-bel ordre, & dont les armes brillantes jettoient un éclat, qui éblouiffoit les yeux. A.

Comment il eft reçu.

la vûë du Saint, ces Gardes firent plufieurs
évolutions, & lui rendirent tous les honneurs
militaires, qu'on ne rend qu'à la perfonne du
Roi, puis lui ouvrirent un paffage au milieu
d'eux. Avant que de paffer la porte, par où l'on
entre dans la premiere cour, le Cortége s'arrêta, & les cinq premiers Portugais, s'étant
mis à genoux devant le Pere, Edouard de Gama lui préfenta la Canne de Bengale, un autre
lui chauffa des mules très-précieufes, un troifiéme étendit fur fa tête un magnifique parafol.
Les deux derniers fe rangerent à fes côtés ; l'un
portoit fon Catéchifme dans un fac de fatin
bleu, & l'autre un Tableau de la Vierge, enveloppé d'un voile de damas rouge. Il s'éleva
en même-tems un fort grand bruit de Gens,
qui s'écrioient : *Eft-ce donc-là ce Miférable,
dont les Bonzes d'Amanguchi ont publié que
la vermine, dont il étoit couvert, avoit horreur de fe nourrir d'une chair auffi infecte,
que la fienne ? ont-ils quelqu'un parmi eux, qui
ait cet air de grandeur ? & s'il étoit tel, qu'ils
ont voulu nous perfuader, ces Gens-ci lui ren-
droient-ils tant d'honneurs ?*

Le Pere entra d'abord dans une longue
Galerie, qui le conduifit à une grande
Salle, on un Enfant de fept ans, qu'un véné-
rable Vieillard tenoit par la main, le compli-
menta, & lui dit avec une grace finguliere
des chofes fi relevées, que les Affiftans en parurent furpris. Le Pere, qui ne douta point,
que ce Compliment n'eût été appris par cœur,
répondit à l'Enfant ; felon que le demandoit
fon âge ; mais il trouva dans fes répliques
tant de raifon & de folidité, qu'il crut devoir
changer de ftyle. Il a toujours été perfuadé

depuis que cet Enfant avoit été en ce mo‑
ment inſpiré du Ciel.

De cette premiere Salle , l'Enfant, qui
ſervoit au Pere d'Introducteur, le mena dans
un autre Appartement, qui étoit tout rempli
de Nobleſſe, & dès que le Serviteur de Dieu
parut, tous ſe proſternerent juſqu'à frapper
la Terre du Front , ce qu'ils recommencerent
juſqu'à trois fois. Cette maniere de ſaluer eſt
la plus reſpectueuſe , qui ſoit en uſage au
Japon (a). Enſuite deux jeunes Seigneurs s'a‑
vancerent, & firent au Serviteur de Dieu un
Compliment en Vers, d'un ſtyle extrêmement
figuré. On paſſa de-là ſur une Terraſſe bor‑
dée d'Orangers ; & de la Terraſſe on entra
dans une troiſiéme Salle fort ſpatieuſe ; où
FACARANDONO, Frere unique du Roi , atten‑
doit l'Homme Apoſtolique , accompagné des
principaux Officiers de la Couronne. Alors
l'Enfant ſe retira un peu à l'écart, & le jeu‑
ne Prince fit au Pere toutes les civilités, qu'on
a coûtume de faire aux Perſonnes du premier
rang. Entre pluſieurs choſes obligeantes , qu'il
lui dit, il l'aſſûra, que ce jour étoit pour le
Roi ſon Frere le plus beau de ſa vie , & un
jour de Réjoüiſſance pour toute la Cour, &
pour toute la Ville. Il le conduiſit enſuite à
l'Anti‑Chambre, & lui donna toujours la
main.

Enfin la Chambre du Roi fut ouverte, &
tous les yeux furent éblouïs par l'éclat de l'Or,
qui y brilloit de toutes parts. Ce Prince étoit
debout, & paroiſſoit ſouffrir impatiemment,
que ſa grandeur l'eût arrêtée. Il fit trois ou

(a) Quelques Mémoires la nomment GROMENARE.

quatre pas, dès qu'il vit le Serviteur de Dieu;
fut frappé de je ne fçai quoi de grand ,
qu'il remarqua dans toute fa Perfonne , &
au grand étonnement de tout le monde , il
s'inclina par trois-fois jufqu'à Terre. Le Pere
tout'confus, fe jetta aux pieds du Roi , &
les voulut toucher du Frond , fuivant l'ufage
du Pays ; mais Civan ne le permit pas , &
l'ayant pris par la main , il le fit affeoir à fon
côté. Le Prince fon Frere fut placé au-deffous ,
& les Portugais vis-à-vis, mêlez avec les Courtifans. Le Roi dit d'abord au Pere tout ce qui
fe peut dire d'honnête , & ne l'appella jamais
que fon Ami. Le Saint, après avoir répondu
à tant de marques de bonté par toutes celles
de refpect & de dévouement, qu'il put imaginer , parla de Jefus-Chrift , & le fit en Homme, qui , auffi-bien que S. Paul , fe pouvoit
dire fon Ambaffadeur. Son difcours fut long ,
mais accompagné de tant de graces , de folidité , & d'éloquence, que le Roi charmé, s'é-
cria : *Nos Bonzes ne parlent point comme ce-*
la : il ajoûta quantité de chofes à l'avantage
du Chriftianifme , & retombant fur les Bonzes, il parla vivement contre les Fables , que
ces Impofteurs débitent avec impudence , &
fur les contradictions , où l'on ne manque jamais de les furprendre , pour peu qu'on veuil-
le les fuivre dans leurs raifonnements.

Un Bonze
s'emporte à la
vûe des Hon-
neurs que le
Roi lui fait.
Il y avoit parmi les Courtifans un de ces
Prêtres Idolâtres , nommée FAXIAN DONO,
Homme vain & capable des plus grands em-
portemens. Il prit la liberté de remontrer au
Roi , qu'il ne lui appartenoit pas , mais aux
feuls Miniftres des Dieux, de parler , quand
il s'agiffoit de Religion. Civan d'abord ne fit

ne ; fur les auftéritez, qu'ils pratiquoient, fur
les vifites céleftes. qu'ils recevoient très-fou-
vent ; enfin fur la prééminence de leur pro-
feffion, qui les mettoit en quelque façon au-
deffus des Rois, & des Empeeurs mêmes :
de-là il s'emporta jufqu'à parler avec hauteur
au Roi, qui fans s'émouvoir fit figne au
Prince fon Frere de lui impofer filence, & de
le faire fortir de fa place : il lui ordonna enfuite lui-même de fe retirer, ajoûtant par maniere de raillerie, qu'il avoit fort bien prou-
vé la fainteté des Bonzes; puis prenant un ton
plus férieux : *Allez*, dit-il, *des Hommes comme vous ont plus de commerce avec les Démons, qu'avec les Dieux.* Alors le Bonze
ne fe poffedant plus, dit tout ce que la
fureur lui put infpirer, jufqu'à ce que le Roi
laffé de l'entendre, le fit chaffer. Il fe retira,
mais écumant de rage, & il fe laiffa aller
à de fi grandes extravagances, que fa folie
fit compaffion aux plus fages. Civan fut toujours celui, qui fit paroître plus de fang froid ;
& après que le Bonze fut forti, il continua
jufqu'au diner à s'entretenir familierement
avec le Pere Xavier.

Dès qu'on eut fervi, le Roi fe leva; prit
le Saint Homme par la main, & lui dit :
» Les Souverains dans le Japon ne peuvent
» donner une plus grande marque de dif-
» tinction à ceux, qu'ils veulent honorer,
» qu'en les faifant manger à leur Table, mais

Le Roi fait
manger le Saint
a fa Table.

» pour vous, mon cher Pere, je vous de-
» mande en grace de me faire cet honneur,
» & je vous conjure inſtamment de ne me
» point refuter cettte grace «. Le Pere s'inclina profondément, & dit qu'il prioit le vrai
Dieu de reconnoître pour lui tant de faveurs
en éclairant un ſi grand Prince de ſes plus vives lumieres : *Plaiſe au Maître, & au Seigneur du Ciel & de la Terre*, dit Civan,
d'accomplir vos déſirs ; ce ſont auſſi les miens :
en achevant ces mots, il ſe mit à table.

Jamais au Japon deux Perſonnes ne ſont
aſſiſes à la même Table, chacun a la ſienne ;
elles ſont fort petites & fort baſſes, parce qu'on
eſt aſſis à Terre ſur des Nattes plus ou
moins élevées, ſuivant la condition d'un chacun. On ne les couvre point de Nappes, mais
on les leve à chaque ſervice, & comme elles
ſont verniſſées, & que les Japonnois ſont fort
propres, elles ne ſe gâtent point, ou du moins
on en eſt quitte pour les eſſuyer. Le P. Xavier
mangea ſeul auprès du Roi, & ce Prince fit
toujours les honneurs de ſa Table, tandis que
les Portugais étoient à genoux, & les Gardes
aſſis ſur leurs Talons, ce qui eſt pour eux la
poſture la plus reſpectueuſe, comme je crois
l'avoir déja obſervé.

Succès de ſes
Prédications.

Le repas fini, le P. Xavier prit congé du
Roi, & s'en retourna au logis des Portugais
dans le même ordre & avec les mêmes honneurs, qu'il étoit venu au Palais. Dès le lendemain il prêcha en public, & toute la Ville
accourut pour l'entendre, jamais Homme ne
fut écouté avec plus d'avidité, on le regardoit comme un Prophète envoyé du Ciel pour
confondre l'orgueil des Bonzes, & l'on étoit

perfuadé avant qu'il parlât. Le Saint profita
de cette favorable difpofition , & annonça le
Royaume de Jefus-Chrift avec une autorité,
qu'il ne s'etoit point encore donnée depuis
qu'il étoit au Japon. Cela lui réüffit , & il ne
fe paffoit point de jour , qu'on ne vît quelque converfion d'éclat.

Mais il n'y en eut point , qui fît plus d'honneur à la Religion , que celle d'un Bonze
d'un grand mérite, nommé SACAI-EERAN. Ce
Docteur avoit entrepris de difputer contre le
P. Xavier, & s'étoit fait un point d'honneur
de foutenir la caufe des Dieux. Il défia le P.
Xavier , qui accepta le défi avec joye. A peine
la difpute étoit commencée , que le Prêtre
Idolâtre entrevit la lumiere, il ne fe rendit
pas pour cela, & voulut faire bonne contenance , mais il ne put tenir long-tems contre
la grace , qui agiffoit puiffamment fur fon
cœur. On le vit tout à coup comme un Homme interdit , fans parole & fans mouvement :
un moment après il fe jetta à Genoux , leva
les yeux & les mains vers le Ciel , & d'une
voix forte s'écria : *Je me rends à vous, Jefus-Chrift , Fils unique du Pere Eternel ; Je
confeffe que vous êtes le Dieu Tout-Puiffant ;
vous feul méritez les adorations des Hommes ,
qui font l'ouvrage de vos mains : mes Freres ,
pardonnez-moi , fi jufqu'à préfent je ne vous ai
débité que des menfonges ; j'avois été trompé
le premier.* Il eft plus aifé d'imaginer , que
d'exprimer , combien une action de cet éclat
émut toute la Ville. Plus de cinq cents Perfonnes demandeient avec inftance à être bap-
tifées , mais le P. Xavier n'étoit pas dans un
Pays, où ce fût affez d'un bon mouvement,

& d'une inſtruction légere pour faire des
Chrétiens : il ſçavoit les combats, que les
Prêtres des Idoles livroient aux Néophytes,
& hors le cas d'une véritable néceſſité, il ne
conféroit ordinairement le Baptême a aucun
Adulte, qu'il ne l'eût auparavant bien fortifié contre les chicanes de ces Sophiſtes. Il ne
baptiſa donc le Bonze Proſélyte, qu'après
l'avoir inſtruit ſuffiſamment ; & s'être bien
aſſûré de la ſincérité de ſa converſion.

Il ne ſe paſſoit point de jour, qu'il n'allât
au Palais, & il s'appliquoit avec ſoin à profiter du bon accueil, que lui faiſoit le Roi,
pour ménager la Converſion de ce Prince,
qu'il avoit extrêmement à cœur, & ſur laquelle il avoit fondé de grandes eſpérances.
Il commença par lui inſpirer de l'horreur
pour ſes dérèglements, & s'il ne le rendit
pas tout-à-fait chaſte, il lui donna de l'eſtime pour la chaſteté, & lui fit rompre certains Commerces ſcandaleux, qui le desho-
noroient. Il travailla avec plus de ſuccès encore à le déſabuſer de mille fauſſes opinions,
que les Bonzes ſuggerent avec ſoin, ſurtout aux Grands. Une des plus abſurdes, &
que l'Homme Apoſtolique combattit auſſi
plus vivement ; c'eſt que la pauvreté rend
les Hommes criminels, qu'on péche, en faiſant du bien aux Pauvres, & qu'il y a de la
juſtice à les maltraiter, comme ſi l'on entroit alors dans les vues des Dieux, qui les
ont maudits. Le P. Xavier fit voir ſans peine à Civan le ridicule de cette Doctrine, &
le fit changer de ſentiment & de conduite à
l'égard des Miſérables, pour leſquels il fut
toujours depuis pénétré d'une compaſſion tendre & efficace.   Une

Une suite du principe des Bonzes touchant les Pauvres, étoit, ainsi que nous l'avons remarqué ailleurs, que les·Femmes, qui n'avoient pas assez de bien pour élever de nombreuses Familles, se croyoient en droit d'étouffer, ou d'exposer leurs Enfants, dès qu'ils étoient nés, ou même de se faire avorter. Le Saint s'éleva hautement contre ce désordre, d'où s'ensuivoit un libertinage affreux. Le Roi n'eut aucune peine à entrer sur cela dans ses sentiments, & défendit sous les peines les plus séveres de si énormes abus. Enfin le Serviteur de Dieu trouva pour la réforme de la Cour & de la Ville des facilitez, qu'on ne trouve pas toujours dans les Etats des Princes Chrétiens. Le Roi avouoit qu'il se sentiroit ému jusqu'au fond de l'Ame, dès qu'il le voyoit, & que cette émotion ne manquoit jamais de produire dans son cœur un sentiment d'horreur pour toutes les abominations de sa vie.

Les Bonzes de leur côté ne s'endormoient pas, & comme ils virent que leur crédit tomboit de jour en jour, & qu'ils deviendroient bien-tôt la Fable des Grands & des Petits, s'ils n'y apportoient un prompt reméde, ils mirent tout en usage pour prévenir ce malheur : ils tâcherent, mais en vain, de décrier l'Apôtre dans l'esprit du Public ; ils ne réussirent pas mieux auprès du Roi, qu'ils entreprirent d'intimider. Ils crurent qu'il leur seroit plus facile de soulever la Populace, & ils se flatterent que, dans la confusion d'une émeute populaire, rien ne les empêcheroit de se défaire de leurs Ennemis, mais le Roi informé de leur dessein, donna partout de

Les Bonzes veulent soulever la Populace.

Tome II.   D

si bons ordres, que Personne n'osa remuer.
Ce stratagême réussit mieux aux Bonzes d'A-
manguchi , que le Pere de Torrez ne menoit gueres moins mal , que le P. Xavier faisoit ceux de Fucheo , & il eut des suites bien
funestes pour le Naugato.

Succès du
P. de Torrez
à Amanguchi.
Les Bonzes en-
gagent un Sei-
gneur à se ré-
volter. Le Roi
se tue.

Ces faux Prêtres avoient tenté de confondre le Missionnaire dans la dispute, mais ils
n'en avoient retiré que de la confusion. Ils
essayerent ensuite la voye de la calomnie ,
puis celle des remontrances au Roi, qui n'a-
gissoit pas assez vivement à leur gré contre
les Chrétiens , & qui souffroit les Docteurs
Etrangers dans ses Etats. Comme ils virent
que tout cela étoit inutile , ils engagerent un
Seigneur de la Cour à prendre les Armes.
Celui-ci charmé de trouver une si belle occasion de colorer sa révolte du prétexte de la
Religion , leve des Troupes , & vient brusquement fondre sur Amanguchi. Le Roi pris
au dépourvû , & qui crut le mal bien plus
grand, qu'il n'étoit, s'enferma dans son Palais, ordonna qu'on y mît le feu, poignarda
de sa propre Main son Fils unique, & se fendit lui-même le Ventre. Tel fut le sort déplorable d'Oxindono , qui pour avoir voulu
se ménager entre les Bonzes & les Missionnaires, ne gagna ni les uns , ni les autres,
attira sur lui la colere divine, & fut la mal-
heureuse Victime d'une politique presque toujours funeste, & que l'exemple ne corrige
point.

Une Prin-
cesse Idolâtre
sauve les Mis-
sionnaires.

Aprés la mort de cet infortuné Prince,
les Rébelles , quoiqu'ils ne rencontrassent plus
nulle part de résistance, firent main-basse sur
tout ce qu'ils rencontrerent de Gens Armés ,

égorgerent un nombre confidérable de Perfonnes de tout âge & de tout Sexe, & mirent le feu à plufieurs Quartiers de la Ville.
Ce qu'il y eut de plus furprenant, & ce qui
ne peut guéres s'attribuer qu'à un Miracle de
la Providence de Dieu, c'eft qu'aucun Chrétien ne périt dans ce Maſſacre, & que les
deux Miſſionnaires, qu'on cherchoit partout,
pour les immoler à la haine des Bonzes,
trouverent un afyle chez leurs Ennemis mêmes. Ils en furent redevables a l'eſtime, qu'une
Princeſſe avoit conçue pour eux. Les Bonzes, à qui elle faiſoit beaucoup de bien, s'é-
toient aſſez déclarés qu'ils en vouloient furtout à ces Religieux ; mais elle leur fit dire,
qu'ils lui répondroient de tout ce qui pourroit leur arriver, deforte qu'ils fe virent obligés d'être eux-mêmes les Gardiens de ceux,
contre qui ils avoient excité cette Tempête.
Ils les retirerent d'abord dans un de leurs
Monafteres ; mais comme ils ne s'y étoient
réfolus, qu'après que leur Bienfaictrice les
eut menacé de les faire chaſſer de la Ville,
s'ils le refuſoient, elle ne les crut pas encore aſſez en sûreté entre leurs Mains, & les
fit conduire fous bonne garde dans fon Palais.

Enfin l'Orage ceſſa, comme il avoit commencé, lorſqu'on avoit moins fujet de l'eſpérer. Les Conjurés difparurent, fans qu'on
ait jamais bien fçu, ni ce qui les y avoit contraints, ni ce qu'ils étoient devenus. Alors
les principaux Seigneurs s'aſſemblerent, pour
élire un Roi, & le choix tomba fur TACA-
RANDONO, Frere du Roi de Bungo, jeune
Prince, en qui l'on admiroit une grande

Le Frere du
Roi de Bungo
eft élu Roi de
Naugato.

C ij

douceur , jointe à beaucoup d'esprit &, de courage. La Cour de Civan reçut avec joye les Députés du Naugato, & célébra l'Election du Nouveau Roi avec toute la magnificence possible. Le P. Xavier ne manqua point d'aller féliciter les deux Rois sur un Evénement si heureux, & Facarandono lui donna parole , qu'il ne seroit pas moins favorable aux Chrétiens, que l'étoit le Roi de Bungo son Aîné.

S. François Xavier se dispose a retourner aux Indes. Ce qui se passe entre lui & le Roi de Bungo.

Cependant il y avoit déja plus d'un mois, que le Serviteur de Dieu étoit à Fucheo, attendant que la Saison fût propre pour la Navigation des Indes : enfin le jour du départ fut fixé , & il alla en cérémonie prendre congé du Roi. L'Audience fut longue, & se passa toute en regrets de la part de Civan , lequel témoigna plusieurs fois aux Portugais, qu'il leur portoit envie de ce qu'ils alloient avoir le plaisir de jouïr si long-tems de la compagnie d'un Homme , qu'il s'estimeroit heureux de pouvoir conserver dans sa Cour. Le Pere de son côté, après avoir donné à ce bon Prince toutes les marques de respect & de reconnoissance, qu'il lui devoit, lui remit en peu de mots devant les yeux tout ce qu'il lui avoit dit dans les différents Entretiens, qu'ils avoient eus ensemble. Il insista beaucoup sur la briéveté du tems, & le terme fatal, où aboutissent tous les plaisirs & toutes les Grandeurs de la Terre. Il le pria de réfléchir souvent sur ce qu'étoient devenus tous les Empereurs & tous les Rois du Japon , qui avoient régné jusques-là avec plus de gloire , & avoient mené une vie plus délicieuse, il le conjura de penser , que bien-tôt il

ne feroit plus lui-même, que ce qu'ils étoient,
c'eft-à-dire, un peu de Cendre & de Pouffie-
re, avec cette différence, qu'ayant été inftruit & convaincu des véritez du Salut, il
auroit à rendre à Dieu un terrible compte
d'une grace, qui n'avoit été accordée à aucun d'eux. Le Roi touché jufqu'aux larmes,
l'embraffa tendrement, & fe retira fans lui
rien répondre.

Les Bonzes cependant vouloient abfolument
fe venger & laver la honte de leurs défaites
dans le fang de tous ceux, qu'ils en regardoient comme les Auteurs. Ils ne pouvoient
fe réfoudre à voir tranquillement partir leur
Ennemi couvert de gloire, & pour ainfi dire, la palme à la Main, & ils ne digeroient
point d'être devenus odieux & méprifables à
la Cour & à la Ville. Ils reprirent d'abord
la penfée d'exciter une Sédition, comme
avoient fait leurs Confreres d'Amanguchi : &
à la faveur du tumulte, ils comploterent de
piller le Navire Portugais, d'y mettre le feu,
& de faire paffer au fil de l'Epée tous les Européens & les Chrétiens. Leur deffein étoit
même d'exterminer toute la Famille Royale ;
mais leurs mefures fe trouverent fauffes. Tout
le Peuple avoit pour le P. Xavier une vénération parfaite, & tous les efforts, qu'on fit
pour lui infpirer d'autres fentiments, furent
inutiles. Les Bonzes eurent beau publier, que
le Docteur Etranger étoit un Enchanteur ;
qu'il fe nourriffoit de chair humaine, qu'il
déterroit les Corps pendant la nuit, qu'un
Démon parloit par fa Bouche, que les Dieux
irrités menaçoient de faire un Exemple du
Roi pour tout le Japon, & que pour fe fouf-

Nouveaux efforts des Bonzes contre le Saint.

traîne à la colere du Ciel prête à éclater , il
ne lui restoit qu'un seul moyen , qui étoit de
leur immoler les Sacriléges , qui détruisoient
leur culte , & tous ceux , qui participoient à
leur impiété : ils ne gagnerent rien. Enfin ,
comme les Portugais pressoient leur départ ,
ils craignirent que le Missionnaire ne leur
échappât , avant qu'ils pûssent avoir leur re-
vanche de toutes les Victoires , qu'il avoit
remportées sur eux , & ils résolurent , ne
pouvant faire mieux , de tenter encore une
fois de le confondre dans la dispute.

Il est défié à la dispute par un fameux Docteur. Un jour donc que le Saint étoit retourné à
Palais , pour prendre encore une fois congé
du Roi , on avertit ce Prince , que FUCARAN-
DONO demandoit une audience , & souhaitoit
de l'avoir en présence du Docteur des Portugais. Fucarandono étoit alors un des plus fameux Bonzes du Japon. Il avoit professé trente ans la Théologie de Xaca , & s'étoit ac-
quis une si grande réputation , que ses déci-
sions étoient regardées comme des Oracles ;
c'est un Grade parmi les Bonzes , où peu de
Docteurs parviennent ; & ceux , qui y sont par-
venus , sont censés réellement infaillibles. Les
Bonzes de Fucheo avoient mandé à celui-ci
les progrès du Christianisme , & le danger ,
où se trouvoit le Japon , de voir cette Religion Etrangere s'établir sur les ruines de toutes les Sectes de l'Empire , qu'ils ne connoissoient plus d'autre Remède à un si grand
mal , que de bien faire sentir à ceux , qui s'é-
toient laissez réduire , que leur nouveau Maître étoit un ignorant , mais que lui seul pouvoit désabuser le Peuple prévenu en sa faveur,
venger les Dieux des attentats de cet Impos-

posteur , & ramener les Japonnois au culte ,
qui leur étoit dû ; qu'il vînt donc au plutôt
au secours des Immortels, dont les Temples
étoient sur le point d'être abandonnés. Le
Docteur sans se faire prier, se mit aussi-tôt
en Chemin , & se flattant d'une Victoire, qu'il
croyoit facile, il se hâta de joindre son Adversaire , qu'il apprit être sur le point de s'embarquer.

Au nom de Fucarandono le Roi parut un
peu déconcerté, il comprit d'abord quel étoit
le dessein de ce Bonze , & il a depuis avoüé,
que quelqu'idée, qu'il eût du sçavoir, & de
l'esprit du P. Xavier , il avoit craint de le
commettre avec un Homme , qu'il croyoit
n'avoir point son pareil dans le Monde. Le
Serviteur de Dieu s'apperçut de l'embarras du
Prince, en devina la cause, & le conjura de
faire entrer le Bonze. Civan rassûré par la
résolution, que faisoit paroître le Saint, consentit à ce qu'il souhaitoit. Fucarandono entra ; & après qu'il eut rendu ses devoirs au
Roi, il prit sans façon la Place, que le Pere Xavier lui céda par modestie. Il le regarda ensuite fixement, & lui demanda, s'il
le reconnoissoit ? Le Serviteur de Dieu lui répondit, qu'il ne se souvenoit pas de l'avoir
jamais vû. Alors le Bonze faisant l'étonné ,
cela est il possible, lui dit-il ? » Tu ne te sou-
» viens pas, qu'il y a quinze cents ans, que
» nous trafiquions ensemble à Frenoyama ? «
Je vois bien, ajoûta-t-il , d'un ton moqueur,
& regardant l'Assemblée d'un air triomphant, » je vois bien, que j'aurai bon mar-
» ché de cet Homme-là.

Le Pere comprit aisément que le Docteur

Il accepte le défi , & confond le Docteur.

D v

tenoit la Transmigration des Ames ; pour.
le tirer de ses principes d'une maniere , qui
fût à la portée de ses Auditeurs , il commença par lui demander , s'il n'étoit pas constant
par les Annales du Japon que Frenoyama
n'étoit habité , que depuis environ neuf cents
ans ? Le Bonze se tira mal de cette objec-
tion , qu'il n'avoit pas prévûe de la part d'un
Etranger , & comme pour cacher son embarras , il se fut attaché à prouver que l'oubli
du passé étoit une punition des Dieux , pour.
avoir mal vêcu , il ne s'apperçut pas qu'il
mettoit contre lui toute l'Assistance , & donnoit à son Ennemi un grand avantage sur
lui ; aussi le Pere en sçut-il bien profiter , &
il le rendit muet sur cet Article. Fucarandono ne pouvant donc avancer de ce côté-là ,
fit au Pere quantité de Questions , que la pudeur ne permet point de rapporter. Il espéroit
en se jettant sur cette matiere , se rendre fa-
vorables les Courtisans , qu'il sçavoit être plon-
gés pour le plûpart dans les plus infâmes dé-
bauches ; mais il fut trompé dans son attente.
Il battit ensuite quelque tems la Campagne ,
comme un Homme , qui se perd , & enfin il
s'emporta de telle sorte , que tout le Monde
en fut choqué. On l'avertit de faire réflexion ,
que le Docteur Européen , sans sortir des
bornes de la modération & de la bienséance ,
sans s'échauffer , sans rien dire , qui ne fût
établi sur les principes du bon sens , prouvoit solidement tout ce qu'il avançoit , &
donnoit à tout ce qui lui étoit objecté , des
réponses , qui satisfaisoient ; bien loin de profiter d'un avis si sage , il parla avec tant de
hauteur & d'insolence , que le Roi le fit
chasser.

Il n'en falloit pas tant pour mettre en fu-
reúr tous les Bonzes ; ils ferment les Temples, ils refusent les offrandes du Peuple ,
ils publient, que les Dieux sont irrités, enfin ils viennent à bout d'émouvoir la Populace. Les Portugais , qui virent les esprits
disposés à un soulévement général , ne se
crurent pas en sûreté dans une Ville, où l'autorité du Prince n'étoit plus respectée. Ils
rentrerent dans leur Navire , & s'éloigne-
rent de Terre ; mais un moment après , Gama faisant réflexion que le P. Xavier étoit
resté à Fuchéo , où leur retraite l'exposoit
à la rage des Bonzes & de leurs Suppôts,
il se mit dans sa Chaloupe , & courut le
chercher. Il le trouva dans la Maison d'un
Pauvre Catéchumene, ou quelques Chrétiens
s'étoient assemblés. L'Apôtre les consoloit ,
les animoit au Martyre ; & comme il ne
doutoit point qu'on ne vînt incessamment
pour l'égorger , il bénissoit le Ciel de lui
avoir enfin accordé ; ce qui faisoit depuis si
long-tems toute son Ambition.

Gama n'omit rien pour l'obliger à chercher un asyle dans son bord, mais ce fut en
vain. » Y pensez-vous, lui dit l'Homme
» Apostolique! Quoi ! j'abandonnerois mon
» Troupeau à la merci des Loups ? A Dieu
» ne plaise, que je deshonnore ainsi mon
» ministere , & que les Bonzes puissent se
» vanter de m'avoir contraint de leur céder
» le Champ de Bataille. « . Gama touché
d'une résolution si Héroïque, se retira sans
rien répliquer, rentra dans son Navire , assembla ses Officiers & ses Associés, leur déclara que le Pere Xavier étoit déterminé à

D v

mourir avec ſes Néophytes, leur ajoûta, que lui-même étoit dans le deſſein de ſuivre juſ-qu'au bout la fortune du Serviteur de Dieu; que pour eux, ils pouvoient prendre leur parti, qu'il leur abandonnoit tout ce qui lui revenoit des effets du Navire, & le Navire même, qu'ils avoient de bons Pilotes, & des vivres en abondance ; qu'il ne s'étoit point engagé à les conduire en Perſonne, & qu'il alloit rejoindre le Saint, & mourir avec lui, s'il ne pouvoit pas lui ſauver la vie. Ce diſ-cours attendrit les Portugais; ils eurent hon-te de leur fuite précipitée, ils rapprocherent le Navire, deſcendirent à Terre, & rentre-

minés à tout riſquer pour la conſervation du P. Xavier. Ce retour leur fit honneur ; les Fidéles en furent édifiés, & les Mutins inti-midés ; le tumulte ceſſa, & les Bonzes ſe vi-rent encore une fois réduits à confier leur cauſe au hazard d'une diſputé.

Les diſputes recommen-cent, & quel en fut le ſuc-cès. Ils eurent bien de la peine à en obtenir l'agrément du Roi, qui ne l'accorda, après bien des inſtances, qu'à des conditions fort dures. La principale fut, que ce qui ſeroit une fois décidé à la pluralité des voix, ſeroit regardé comme inconteſtable, & qu'il ne ſe-roit plus permis d'y revenir. Les autres ren-fermoient de fort bons réglements, pour éviter le bruit, & mettre de l'ordre dans les Queſtions & dans les Réponſes. Le lende-main on avertit le Roi de grand matin, que Fucarandono étoit dans la premiere Cour du Palais à la Tête de tous les Bonzes de Fu-cheo, & des environs ; quelques Mémoires en font monter le nombre à trois mille. Ci-

van pour fe défaire de Gens , qui lui fembloient avoir un autre deffein, que de difputer,
leur fit remontrer , qu'il n'étoit , ni raifonnable , ni de leur honneur, , qu'ils fuffent
en fi grand nombre contre un Homme feul ;
il ajoûta , qu'il vouloit bien néanmoins que
Fucarandono amenât avec lui trois ou quatre de fes Confreres , mais qu'il n'en fouffii-
roit pas davantage. Il fallut obéir , l'Armée
des Bonzes fut congédiée , & Fucarandono
étoit à peine entré dans la Salle, où fe devoit tenir la Conférence, que le Pere Xavier
arriva avec encore plus d'appareil , que le
jour de fa premiere audience, les Portugais,
qui l'accompagnoient, ne lui parlant qu'a genoux. Cette efpéce de triomphe du Saint, fit
bien du dépit à fes Ennemis ; les difcours ,
qu'ils entendirent, qu'on tenoit dans l'Affemblée , ne les chagrinerent pas moins , mais
ce qui acheva de les déconcerter, ce fut l'accueil que le Roi fit au Serviteur de Dieu. Ce
Prince s'avança affez loin pour le recevoir,
l'embraffa , le fit affeoir auprès de lui , &
l'entretint quelque - tems en particulier avec
beaucoup de familiarité.

Enfin la Conférence commença , elle roula d'abord fur l'exiftence & l'unité de Dieu.
Le P. Xavier prouva l'une & l'autre d'une
man'ere également folide & fenfible : puis s'é-
tendit fur les principaux Attributs de la Divinité , fur les Myfteres de l'Incarnation du
Verbe , & de la Rédemption des Hommes, &
après avoir répondu à toutes les Objections,
qu'on lui fit fur tous ces points , & qui furent abfolument les mêmes, qui ent été faites aux premiers Apologiftes du Chriftianif-

me : il appuya beaucoup fur le mérite de la
Foi, & fur la néceffité des bonnes œuvres. Il
le faifoit pour détruire certaines Fables, dont
nous avons vû que les Bonzes amufoient les
Peuples, en leur faifant accroire que pour
être heureux en l'autre vie, il fuffifoit de
mourir revêtu de Robes de Papier, ou chargé de Lettres de Change, dont ces Impofteurs
tiroient un gros profit, ce qu'il ne manqua
pas de faire obferver à fes Auditeurs. On en
demeura là dans cette féance ; l'Homme Apoftolique fut fouvent interrompu par les ap-
plaudiffements de toute l'Affiftance, & il leur
paroiffoit qu'on leur ôtoit comme un bandeau de devant les yeux. Ils furent furpris
d'avoir été fi long-tems les Dupes de tant
d'impoftures groffieres, & fur-tout d'avoir
adoré comme des Dieux, des Hommes auffi
foibles qu'eux, & la plûpart plus vicieux encore.

Nous ne fçavons point ce qui fe paffa dans
la féance fuivante ; le Portugais, dont on a
fuivi les Mémoires pour cet endroit de la vie
du Saint, & qui étoit préfent, avoue ingé-
nument, que tout ce qui y avoit été traité
furpaffoit de beaucoup la portée de fon efprit.
Il marque feulement, que le P. Xavier, furpris de la fubtilité de quelques raifonnements,
qu'on lui fit, dit aux Portugais, qu'il avoit
befoin, pour les refuter, d'un fecours extraordinaire du Ciel, & les pria de joindre leurs
Prieres aux fiennes, pour l'obtenir. Cet Homme ajoûta qu'après que le Saint eut ceffé de
parler, les Bonzes mêmes fe confefferent
vaincus, & convinrent, qu'ils n'avoient rien
à lui répliquer pour lors, mais qu'ils tâche-

rent de mettre leur Honneur à couvert, en
faisant entendre qu'ils cédoient plutôt à la
subtilité d'esprit de leur Adversaire, qu'à la
bonté ce sa cause.

Le jour suivant on parla des Pauvres, & les
Bonzes entreprirent de faire voir, que la conduite du Ciel à leur égard, étoit une convic-
tion de la malédiction portée contre eux. Le
Serviteur de Dieu réfuta si aisément, & d'une
maniére si plausible leurs principaux argumens,
que tous les Assistans lui applaudirent. Il s'attacha surtout à montrer par des raisons tirées
de l'expérience, que ce qu'on appelle communément les biens, & les maux de la vie, ne
sont ni de véritables biens, ni des maux réels,
& le silence de ses Adversaires lui donna une
victoire complette. Comme on étoit sur le
point de congédier l'Assemblée, les Bonzes ne
pouvant s'accorder entre eux sur un point de
Doctrine, dont on ne nous a pas instruits, se
querellerent assez vivement, & en alloient
venir aux mains, si on ne les eût fait sortir.

Sur le soir le Roi, qui vouloit finir ces dispu-
tes, alla prendre le P. Xavier à son logis, & le
conduisit au Palais parmi les acclamations du
Peuple, après avoir averti Fucarandono de s'y
rendre. D'abord tout se passa en excuses & en
civilités réciproques; & le Roi charmé de cette
conduite des Bonzes, leur en témoigna beaucoup de satisfaction. Dès que chacun eut pris
sa place, un de ces Religieux Idolâtres demanda au Pere, comment il accordoit le péché
originel & la chute des Anges, avec la bonté
infinie, la suprême sagesse, & la toute-puissan-
ce de Dieu? « Car enfin, ou votre Dieu pré-
» voyoit ces péchés & les terribles suites, qu'ils

» devoient avoir , ou il ne les prévoyoit pas :
» s'il ne les prévoyoit pas , ſes lumiéres ſont
» bornées , & il n'eſt pas tel, que vous le pré-
» tendez. S'il les prévoyoit, pourquoi n'a-t-il
» pas empêché ce qui devoit être la cauſe de
» tant de maux ? » Un autre prit auſſitôt la
parole, & demanda pourquoi Dieu n'avoit pas
racheté le Monde auſſitôt après la déſobéïllan-
ce du premier Homme ? & ce qu'avoient fait
ceux, qui étoient morts avant Jesus-Christ,
pour être fruſtrés d'une Rédemption , qui a
ouvert le Ciel à ceux, qui ſont venus depuis.

L'Apôtre ne fut, ni ſurpris, ni embaraſſé
de ces objections, ſi ſouvent rebattues dans les
premiers ſiécles du Chriſtianiſme. Il n'ignoroit pas ce que diſent les Peres & les Théolo-
giens, à ſçavoir, qu'il importoit à la gloire
de Dieu, qu'il fût ſervi & adoré par des créatures libres & intelligentes ; c'eſt-à-dire, qui
connuſſent le bien, qu'elles devoient pratiquer, & le mal, qu'elles devoient éviter, &
qui puſſent prendre leur parti par une déter-
mination exempte de toute contrainte & de
toute néceſſité, que notre propre intérêt demandoit que cela fût ainſi, puiſque nos mérites croiſſent à meſure, que nous uſons bien de
notre libre arbitre, & que notre bonheur doit
être la récompenſe de nos mérites, auſquels il
faut qu'il ſoit proportionné ; que pour convenir de ces points, il ſuffiſoit de conſulter la
raiſon, & de ſuppoſer, que Dieu eſt équitable :
Que tous les maux, qui ont ſuivi le péché du
premier Homme, & celui des Anges rebelles,
ſont de deux eſpéces : le péché, & les miſéres
de la vie, que Dieu en permettant l'un, & en
nous envoyant les autres, ne faiſoit rien, dont

nous pûffions raifonnablement nous plaindre,
puifqu'il nous donne aſſez de graces, pour éviter le péché, & que les calamitez de la vie pré-
fente, ſi nous les ſouffrons avec patience, &
avec une réſignation parfaite à ſes ordres, font
autant de dégrez, qui nous élevent à la ſouve-
raine félicité.

Quant au délai de la Rédemption, le Pere
fit voir qu'il n'avoit apporté aucun préjudice à
ceux qui ont précédé le Rédempteur ; par la
raiſon qu'on pouvoit avoir part à cet ineſtima-
ble bienfait, avant que l'ouvrage fût confom-
mé. Il prit de-là occaſion de parler des Nations, anſquelles l'Evangile n'avoit pas été
prêché d'abord ; il montra qu'elles étoient
inexcuſables, de n'avoir pas adoré le vrai Dieu;
puifqu'elles avoient la Loi naturelle, qui les
devoit conduire à la connoiſſance de cet Etre
fuprême, & dont l'exacte obſervation leur auroit mérité ſans doute d'être éclairées des plus
eſſentielles véritez de la Religion Chrétienne.
Je ſuppofe donc, continua-t-il, qu'un Infidele
cité au Tribunal de Dieu, & obligé de dire,
pourquoi il n'a pas rendu à ſon Créateur les
hommages ſouverains, qui lui ſont dûs, s'a-
viſe de répondre ? « Seigneur ; je ne ſçavois
» pas ce que c'étoit que ces hommages, que
» vous exigiez de moi. Votre raiſon, lui ré-
» pondra le ſouverain Juge, vous apprenoit
» une partie de vos devoirs ; ſi vous les aviez
» remplis, je vous aurois fait connoître les
» autres ». Qu'aura-t-il à répliquer ? Le Saint
fortifia ce raiſonnement d'un précis exact des
des motifs de crédibilité, ſur quoi ſont ap-
puyées la foi en JESUS-CHRIST, & toutes les
véritès du Chriſtianiſme, & il en conclut, que

la Miſſion du Fils de Dieu, & la réalité de ſa prédication, de ſa Mort & de ſa Réſurrection, étant une fois démontrées, il ne s'agiſſoit plus de vouloir ſonder les Myſtéres impénétrables de la ſageſſe du Créateur, ni la profondeur de ſes jugemens ſecrets ; mais qu'il falloit ſe rendre avec docilité à l'autorité infaillible de ſes decrets ; autorité, qu'il a dépoſée entre les mains de ſes Miniſtres, qui, quoiqu'Hommes ſujets à l'erreur, ont dû être revêtus d'un caractére infaillible, pour être en état de conduire les autres Hommes. Toute l'Aſſemblée ſe récria dès que le Saint eut ceſſé de parler ; & on l'admira d'autant plus, que d'abord on avoit jugé ſans réponſe les difficultez, qui lui avoient été propoſées.

Perſonne ne doutoit qu'à ce coup les Bonzes ne ſe rendiſſent ; mais leur obſtination & l'endurciſſement de leur cœur leur tenant lieu de raiſon, ils parurent plus éloignés que jamais de reconnoitre la vérité, qui ſe découvroit ſous des traits ſi lumineux, & ils tombérent dans des excès, dont on eut honte pour eux. Ils nioient tout, juſqu'aux principes, & ils ne s'appercevoient pas que leur Adverſaire tiroit avantage de ce qu'ils avançoient, & rejettoient inconſidérément, & qu'il les faiſoit tomber dans de continuelles contradictions. Enfin le Roi fatigué leur fit impoſer ſilence. Il s'éleva auſſitôt parmi les Aſſiſtans un petit ſourire accompagné de quelques railleries, dont ces faux Prêtres ſe tinrent étrangement offenſés : ils s'en plaignirent au Roi : *Quoi, Seigneur ;* lui dirent-ils, *vous ſouffrez qu'on nous inſulte en votre préſence !* Alors le P. Xavier prit la parole, & par ſon entremiſe il ſe fit une

efpece d'accommodement, qui engagea tout
de nouveau la difpute.

Un Bonze s'avifa de dire qu'il étoit affez inutile de venir de fi loin annoncer un Paradis,
qui ne convenoit qu'aux Bêtes : que celui des
Hommes étoit fur la Terre, & qu'ils en jouif-
foient pendant la vie, plus ou-moins, fuivant
leurs mérites : que celui, dont le Docteur
étranger parloit, étoit dans le Ciel, mais qu'il
étoit fans doute deftiné pour les Animaux pri-
vés de raifon, qui pendant leur vie n'avoient
que du mal, & qui par conféquent devoient
avoir leur récompenfe dans l'Empirée, fi Dieu
étoit jufte. Il n'étoit pas difficile de renverfer
un fyftême auffi abfurde, & fuivant lequel le
feul Animal raifonnable étoit privée de l'immortalité, qu'on fembloit affurer aux Bêtes.
Auffi le Bonze fut-il univerfellement traité
d'extravagant. Le faint Apôtre n'eut guéres
plus de peine à détruire la prétention d'un autre, qui vouloit prouver, que la différence des
états & des fituations, où fe trouvent les Hommes fur la Terre, ne peut venir que de la diverfité de leurs mérites, mais il prit occafion
de ces abfurdités, pour dire de très-belles chofes fur la nature de nos Ames, fur notre fin
derniére, & fur la fageffe & la providence
de Dieu. Les Bonzes n'y répliquérent rien de
fenfé, & le Roi, qui les vit fur le point de re-
tomber dans leur premier défordre, fe leva
fans dire mot, prit le Serviteur de Dieu par la
main, & le remena chez lui.

Ainfi finirent ces fameufes difputes de Fucheo, dont le bruit fe répandit bientôt par tout
le Japon. La véritable Religion y triompha
d'une maniére bien éclatante ; mais l'Homme

LeSaint re-
tourne aux In-
des.

Apoſtolique n'en recueillit point le fruit, le
Roi ne ſe déclarant point, aucun des Courtiſans ne parla d'embraſſer une Loi, à laquelle
ils venoient tous de donner unanimement la
préférence ſur toutes les Sectes de l'Empire.
Le vingtiéme de Novembre, le P. Xavier alla
dire un dernier adieu au Roi, & fit de nouveau efforts pour engager ce Prince dans les
voyes du ſalut; mais il ne put en tirer que des
promeſſes vagues, & quelques ſoupirs. Il s'embarqua au ſortir du Palais, & dès le même
jour on leva les ancres. Bernard, & ſon Compagnon, qui avoit nom Mathieu, s'embarquerent avec le Saint. Celui-ci mourut preſqu'en arrivant à Goa. Bernard paſſa en Europe, alla juſqu'à Rome, puis s'étant retiré en
Portugal, il entra dans la Compagnie de Jesus,
& finit ſaintement ſes jours au College de Co-
nimbre.

On apprit bientôt aux Indes les grands ſuccès, que le zéle du P. Xavier avoit eu au Japon; & partout on donna des marques publiques de la part qu'on y prenoit; mais celui,
qui fit paroître ſa joye d'une maniére plus éclat-
tante, fut Dom Pedro de Sylva, Gouverneur de Malaca. Ce Seigneur fit rendre à Dieu
de ſolemnelles actions de graces d'une ſi belle
ouverture à l'Evangile chez une Nation, dont
on eſtimoit déja ſi fort la ſageſſe & le courage.
Tous les Ordres de la Ville allerent en Pro-
ceſſion à l'Egliſe de Notre-Dame du Mont, où
le P. Xavier, lorſqu'il étoit à Malaca, avoit
accoutumé de dire la Meſſe, & de faire les
principales fonctions de ſon Miniſtére. Le
Gouverneur y parut lui-même à la tête des
Troupes, qui étoient ſous les armes, & le

Grand-Vicaire de l'Evêque de Goa y chanta la
Grand-Meſſe. Tout le reſte du jour il y eut
de grandes réjouiſſances par toute la Ville, les
rues demeurerent tapiſſées juſqu'au ſoir, &
on y brûla des parfums, qui embaumoient
l'air. Il y eut pendant la nuit des illumina-
tions dans tous les quartiers, & la Fête fut
terminée par le Baptême de quatre Japonnois,
qui étoient venus aux Indes, pour s'inſtruire
par leurs propres yeux, de la vérité de tout ce
qu'on leur avoit dit chez eux touchant la majeſté des Temples du Dieu des Chrétiens, &
la dignité du culte, que les Portugais lui rendoient. Nous verrons bientôt combien il eût
été à ſouhaiter, que Dom Pedro de Sylva n'eût
pas eu ſitôt de Succeſſeur, ou qu'on lui en eût
donné un, qui lui reſſemblât.

Au reſte, il y a bien de l'apparence que le
P. Xavier, quelques preſſantes que fuſſent les
affaires, qui le rappelloient aux Indes, n'eût
pas quitté le Japon, avant que d'avoir pourvû
de Paſteurs les Egliſes qu'il avoit fondées dans
le Bungo, dans le Firando, & même dans le
Saxuma, s'il avoit pû ſe réſoudre à confier à
d'autres le ſoin de choiſir les Ouvriers, qu'il
convenoit d'envoyer dans cette nouvelle Vigne.
Car quoiqu'il fût très-perſuadé que les Bonzes
n'omettroient rien pour pervertir les Fidèles,
& pour gagner ou intimider les Princes, qu'il
n'ignorât point le grand aſcendant, que donnoient à ces faux Prêtres ſur les Peuples & ſur
les Souverains, la réputation de doctrine &
de ſainteté, qu'une longue preſcription ſembloit leur aſſurer; leur éloquence, qu'il n'a-
voit pû s'empêcher d'admirer lui-même, leurs
ſophiſmes, & l'air impoſant, avec lequel ils

débitoient leurs fables ; & la haute naiſſance
de pluſieurs : quoiqu'il dût connoître par plus
d'une expérience, qu'il eſt bien plus difficile
de rétablir une Chrétienté ruinée , que d'en
fonder une nouvelle ; il étoit encore plus convaincu, que le ſuccès d'une Miſſion dépend
ſurtout après la grace de Dieu , du choix des
Miſſionnaires ; que ce choix ſe doit faire ſuivant le caractére des Peuples, qu'on entreprend de convertir , & qu'on y eſt ſouvent
trompé , quand on le fait ſur le rapport d'au-
trui.

Fin du premier Livre.

SOMMAIRE

DU SECOND LIVRE.

CONDUITE du Roi de Bungo après le départ de S. François Xavier. Le Saint
se dispose à passer à la Chine, & pourquoi ?
Nouveaux Missionnaires au Japon. Conversion
de deux Bonzes, qui deviennent de zélés Missionnaires. Révolte dans le Bungo. L'intrépidité d'un Missionnaire sauve le Roi. Pinto engage le Provincial des Jésuites des Indes à
aller au Japon. Révolution dans le Naugato.
Le Roi est tué. Mouvemens dans le Bungo. Le
Provincial est bien reçu du Roi. Il est obligé de
retourner aux Indes. Inconstance de Pinto.
Louis Almeyda se fait Jésuite. Etat florissant
de la Religion dans le Bungo. Le Roi étend
considérablement son Domaine. Conversion d'un
Prince de la Maison Royale de Firando. Son
zèle pour la conversion de ses Sujets. Mort
d'un zélé Missionnaire. Conversions en grand
nombre dans le Firando : les Bonzes s'y opposent inutilement. Indiscrétion des Chrétiens &
ses suites. Premier Martyr du Japon. Le Roi
de Firando devient Tributaire du Roi de Bungo. Facata perdue pour ce Prince par la tra-
hison des Bonzes. Dangers, que courent les
Missionnaires en cette occasion. Leur Maison
& leur Eglise brûlées. Comment ils sont reçus
par les Fideles du Bungo. Description du Lac
a'Oitz & de la Montagne de Jesan. Un Supérieur de Bonzes demande des Missionnai-

re , & ceux , qu'on lui envoit le trouvent mort.
Providence de Dieu fur les Miffionnaires. Le
fucceffeur du Bonze fe déclare Chrétien. Le
P. Vilela obtient la permiffion de prêcher l'E-
vangile par-tout le Japon. Plufieurs Bonzes
fe convertiffent. Orage excité contre le P.
Vilela , & comment il fe diffipe. Grand nombre de converfions. Des Neophiftes publient
un Traité de la fupériorité du Chriftianifme
fur les Sectes du Japon. Trifte exemple de la
foibleffe humaine. Le P. Vilela à Sacai ; defcription de cette Ville. Prodige de Sainteté
dans un Enfant de quatorze ans. Almeyda
vifite les Eglifes du Ximo : en quel état il les
trouve. Defcription de la Principauté d'Omura. Caractere du Prince , qui fe difpofe à fe
faire Chrétien. Il introduit les Portugais dans
fa Principauté. Avantages , qu'il leur offre.
Le Roi de Firando en fait auffi de fort grandes pour le traverfer. Defcription du Port de
Vocoxiura cedé aux Portugais. Le P. de Torrez s'y tranfporte. Il s'y forme une Ville. Le
Prince fe prépare à recevoir le Baptême. Il
gagne à la Religion le Roi d'Arima , fon Frere. Almeyda à Ximabara , & à Cochinotzu ;
en quel difpofition il trouve ces deux Villes
par rapport à la Religion. Zele du Prince d'O-
mura. Il reçoit le Baptême avec trente Gen-
tils-Hommes. Il ruine un Temple , & met une
Idole en pieces. Il gagne une grande Bataille.
Il s'oppofe avec fermeté à fon propre Pere ,
qui perfécutoit les Chrétiens. Converfion de la
Princeffe , fon Epoufe. Violence des Bonzes
de Ximabara.

HISTOIRE
DU
JAPON.

✶✶✶✶✶✶✶✶✶✶✶✶✶✶✶✶✶✶✶

LIVRE SECOND.

POUR peu qu'on foit inftruit de
ce qui s'eft paſſé dans les Indes
pendant tout le cours des Conquêtes, qui en avoient donné
l'Empire aux Portugais, on con-
viendra fans peine, qu'il y avoit beaucoup plus
à craindre, qu'à efpérer, pour le progrès de
la Religion Chrétienne au Japon, des meſures
que cette Nation prenoit pour établir fon commerce dans ces Ifles. La maniére furtout,
dont elle s'étoit comportée à la Chine, d'où la
mauvaiſe conduite de SIMON D'ANDRADE l'a-
voit fait chaffer, pouvoit donner lieu aux Prédicateurs de l'Evangile d'appréhender que
quelqu'accident femblable ne l'exclût du Japon, & qu'elle n'entraînât le Chriftianiſme
dans fa diſgrace. Il ne falloit, en effet, pour

cela qu'une de ces incartades, qui étoient partout ailleurs si fréquentes.

Mais Dieu, qui tient en sa main le cœur
des Particuliers, aussi bien que celui des Rois,
& qui vouloit renouveller dans cette extrémité
de l'Orient, toutes les merveilles, qui ont
étonné l'Univers à la naissance de l'Eglise,
eut soin d'écarter tous les obstacles, que pouvoient mettre à l'exécution de ses desseins
l'ambition & l'avarice de ces nouveaux Con-
quérans de l'Asie, & c'est peut-être là le plus
grand miracle, que le Ciel ait opéré en faveur
des Japonnois. Véritablement ce miracle ne
subsista qu'un certain tems, & avec lui s'éva-
nouirent toutes les espérances, qu'on avoit
conçûes de voir le vrai Dieu adoré seul dans
ce vaste Archipel ; mais il faut croire que les
vûes de la divine Providence sur ces Insulaires étoient alors remplies, & s'abstenir de
sonder la profondeur des Décrets Eternels.

Quoiqu'il en soit, il est certain que ce fut le
commerce des Portugais, qui introduisit la
Religion Chrétienne dans le Japon, mais bien
que pendant plusieurs années leur conduite y
ait été exempte de tout reproche, il eût été
néanmoins à souhaiter, que les Japonnois n'eussent point pratiqué d'autres Européens, que
ceux, qui leur annonçoient le Royaume de
Dieu, c'est ce qui ne paroîtra point douteux,
si l'on fait réflexion que les Provinces de cet
Empire, où le Christianisme a été plus florissant, sont celles, où on les a moins connus.

Il est étonnant que le Royaume de Bungo
ait été une des Provinces du Japon, où l'on ait
moins vû de Navire de Portugal, puisqu'il
n'y en avoit aucun, où ils puissent se flatter d'ê-
tre

tre mieux reçûs. Il y a bien de l'apparence que les Ports n'y font pas auſſi commodes, & auſſi aiſés à aborder, que les autres du Ximo. Mais ce qui ſe paſſa à la Cour de Bungo après le départ du P. Xavier, doit cauſer encore bien plus d'étonnement. Dans la diſpoſition, où l'on avoit cru voir le Roi par rapport à la Religion Chrétienne & aux Sectes du Japon, ſurtout après les Conférences de Fucheo, ceux qui ne jugeoient des choſes, que par les apparences, comme fait ordinairement la Multitude, ne doutoient point que ce Prince n'embraſſât inceſſamment la première, & n'abolît les autres dans ſes Etats. Il n'en étoit pas de même de ceux, qui le connoiſſoient plus particulièrement; ils prévoyoient bien que ſon penchant pour les plaiſirs, ſes paſſions fortifiées par l'habitude, la crainte d'une révolution ſemblable a celle, qui venoit d'arriver dans le Naugato, l'éloquence & le crédit des Bonzes; enfin les préjugés de la naiſſance & de l'éducation, qu'il eſt ſi difficile d'effacer entièrement, & ſi aiſé de faire revivre, ſurtout quand ils ſont d'accord avec le penchant de la Nature, le feroient longtems balancer, & pourroient à la fin reprendre le deſſus dans ſon cœur.

Mais, ni les uns, ni les autres ne ſe feroient jamais aviſé de croire que Civan, qui avoit beaucoup de fermeté d'ame, un eſprit droit, un grand ſens, & qui venoit de confeſſer publiquement la ſupériorité du Chriſtianiſme ſur toutes les Sectes du Japon, fût capable d'une conduite auſſi peu ſuivie, que celle, qu'il tint après le départ du P. Xavier, fondant des Maiſons des Bonzes, ſe déclarant pour une des plus abominables Sectes du Japon, en étu-

De J. C.
1552.

De Syn - Mu.
2212.

diant les principes, en pratiquant les maxi‑
mes ; tandis qu'il appelloit & établiſſoit les
Miſſionnaires dans ſes Etats, qu'il ſe faiſoit
ouvertement le Protecteur des Chrétiens, qu'il
prenoit en main leurs intérêts, & qu'il per‑
mettoit à ſes Enfans d'embraſſer leur Religion.
Malgré cela, Dieu le combla de proſpéritez ; &
ce qui eſt rare, ces proſpéritez ne furent pas
ſa récompenſe en ce monde, & ne l'endurci‑
rent point. Le Seigneur ne le laiſſa pas même
s'égarer trop loin dans la voye de ſon cœur, &
ne dédaigna point de ſe ſervir de lui, dans le
tems qu'il réſiſtoit davantage à ſes graces,
pour l'affermiſſement de ſon culte dans l'Empi‑
re du Japon.

S. François
Xavier ſe diſ‑
poſe a paſſer a
la Chine, &
toutes ſes me‑
ſures ſont
rompues.

D'autre part, l'Apôtre des Indes de retour
à Goa, n'oublioit point les Japonnois, mais ſes
vûes s'étendoient bien plus loin, car ſur l'eſ‑
time, que ces Inſulaires lui avoient paru faire
de la ſageſſe des Chinois, il s'étoit fortement
perſuadé que l'Idolâtrie tomberoit d'elle-même
dans le Japon, s'il pouvoit l'exterminer à la
Chine, & il en forma le deſſein. La première
Perſonne à qui il s'ouvrit ſur cela, fut Jac‑
ques Pereyra ſon Ami, un des plus riches
Négociants, qui fût alors aux Indes, mais qui
avoit le cœur infiniment au-deſſus de ſa fortu‑
ne, & un zéle pour la propagation de la Foi,
qui étoit moins d'un Homme de ſa condition,
que d'un Apôtre. Auſſi le Saint le trouva-t-il
ſi diſpoſé à le ſeconder de tout ſon pouvoir, &
à y employer même, s'il étoit néceſſaire, tout
ſon bien, qu'il le fit nommer Ambaſſadeur du
Vice-Roi auprès de l'Empereur de la Chine.

Pereyra s'épuiſa en équipage pour cette Am‑
baſſade, dont il fit tous les frais, & en pré‑

fents pour le Monarque Chinois , pour les
Princes & pour les principaux Miniftres de
cette Cour. Les préparatifs d'une Expédition ,
fur laquelle le P. Xavier fondoit l'efpérance ,
qu'il avoit conçuë de convertir tout l'Orient à
la Foi , fe firent avec une diligence incroyable , & rien , ce femble , ne devoit faire obftacle à une Entreprife fi digne de la Nation
Portugaife , & fi bien concertée , lorfque la
jaloufie du nouveau Gouverneur de Malaca ,
Dom Alvare d'Atayde , renverfa en un
moment de fi beaux projets , arrêta l'Apôtre
des Indes au milieu de fa courfe , & réduifit
Pereyra prefque à la mendacité. D'Atayde
avoit fouhaité pour lui l'Ambaffade de la Chine , mais il n'en avoit rien témoigné ; il fut
choqué de voir une fi belle Commiffion entre
les mains d'un Marchand , & d'un Homme de
baffe extraction , & ne prenant confeil que de
fa paffion , il confifqua le Navire de Pereyra ,
& l'envoya trafiquer pour fon compte à Sancian , après y avoir mis un Equipage à fa dévotion. Ce fut le premier acte d'autorité , qu'il
fit en qualité de Capitaine général de la Mer ,
que le Pere Xavier lui avoit obténue , & dont
il lui avoit lui-même apporté les Provifions.

En vain le Serviteur de Dieu employa toute fon éloquence , pour le détourner d'une
action , qui devoit le perdre , & qui le perdit
en effet : en vain dans une maladie dange-
reufe , qui fur ces entrefaites furvint à ce Seigneur , s'attacha-t-il , pour le gagner , à lui
rendre les fervices les plus bas & les plus humiliants ; en vain lui remit-il devant les yeux
le terrible compte , qu'il rendroit à Dieu , s'il
s'obftinoit à traverfer une Entreprife , du fuc-

De J. C.
1552.
De Syn - Mu.
2212.

cès de laquelle dépendoit peut-être la conversion d'un grand Empire : il ne gagna rien sur
cet esprit fier & intraitable. Enfin il l'excom-
munia, prédit la terrible veangeance, que
Dieu tireroit de son injustice & de ses violences ;
& ne pouvant faire mieux, il s'embarqua sur
le même Navire, qui venoit d'être enlevé à
Pereyra, auquel il prédit aussi le rétablissement de sa fortune. Il espéroit de rencontrer
à Sancian quelqu'occasion favorable pour la
Chine, mais après avoir vû rompre toutes les
mesures, qu'il avoit prises pour l'exécution de
son projet, il y mourut en peu de jours d'une
fiévre ardente, dans une cabanne ouverte à
tous les vents, & sans presque aucun secours ;
mort d'autant plus digne d'un Apôtre, qu'elle
lui donnoit plus de ressemblance avec celui, de
qui les Apôtres tiennent leur Mission, & qui
les a avertis, que non-feulement il les envoyoit,
comme son Pere l'avoit envoyé lui-même, mais
qu'ils devoient s'attendre à n'être pas mieux
traités que lui.

Nouveaux
Missionnaires
au Japon.

Le Saint, avant que de mettre à la voile
pour Sancian, avoit envoyé au Japon le Pere
BALTHASAR GAGO Portugais, avec deux jeunes Religieux de la même Nation, qui n'é-
toient pas encore Prêtres, dont l'un se nommoit PIERRE D'ALCACEVA, & l'autre, EDOUARD
DE SYLVA. Ces trois Missionnaires prirent
terre à Cangoxima vers la mi-Août de l'année 1552. & furent bien reçûs du Roi de Saxuma, qui s'étoit reconcilié avec les Portugais. Ils ne s'arrêterent pourtant point dans
ce Royaume, & ils se rendirent à la Cour
du Roi de Bungo sur la fin du mois de Septembre. Ils avoient des Lettres & des présens

du Vice-Roi des Indes pour ce Prince, qui regardant cette politesse & ces attentions, comme un effet de l'amitié du Pere Xavier, y parut très-sensible. Il assigna d'abord aux nouveaux Missionnaires un logement commode, il leur fit entendre qu'ils lui feroient plaisir de se fixer dans ses Etats ; il pourvut à leur entretien, & il les assura de toute sa protection. Le Pere Gago lui répondit, que cette invitation étoit pour lui un ordre, auquel il déféreroit d'autant plus volontiers, qu'il étoit conforme à ceux du Pe.e Xavie, son Supérieur.

De J. C.
1552.

De Syn-Mu.
2211.

Quelques jours après, lu & ses deux Compagnons firent, avec la permission, & aux dépens du Roi, qui leur donna même un Domestique pour leur sûreté, le voyage d'Amanguchi. Leur dessein étoit de conférer avec le P. de Torrez sur la maniere de se comporter dans l'exercice de leur ministere, & d'établir partout une conduite uniforme. Dès qu'ils furent arrivez, le P. de Torrez, qui avoit été déclaré par le Pere Xavier, Supérieur Général de la Mission, commença par convoquer une Assemblée des plus distinguez d'entre les Chrétiens d'Amanguchi, afin d'avoir leur avis sur diverses choses, qui ne pouvoient se régler, qu'avec une parfaite connoissance du Pays, & après plusieurs conférences il fut arrêté, qu'on s'attacheroit surtout à soulager les Pauvres sans aucune distinction de Chrétiens & d'Infideles, que pour cet effet on établiroit des Hôpitaux, qu'on en donneroit la direction, & que l'on confieroit la distribution des Aumônes à ceux d'entre les Fidéles, qui par leur rang & leur

Les Missionnaires concertent la maniere de se conduire au Japon.

E iij

crédit, étoient plus en situation de donner du poids à ces bonnes œuvres. Il falloit cela pour ôter aux Bonzes un prétexte de publier, comme ils n'avoient pas manqué de faire d'abord, que la plûpart des nouveaux Convertis n'avoient embrassé le Christianisme, que pour se dispenser de leur faire les Aumônes ordinaires.

La magnificence, avec laquelle nous avons vû que se font les obsèques au Japon, & l'usage des Tables garnies des meilleurs Mets auprès du Buchei, où l'on a brûlé le Corps, ce que le petit Peuple imite aussi sur les Tombeaux de ses Parens, donnerent lieu de régler un cérémonial pour les Enterrements, dans lequel on eut soin d'allier tellement la pompe extérieur avec la piété, que le Peuple, qui veut du spectacle, en fût frappé, & que tout servît à faire respecter la Religion. Outre cela il fut réglé que pendant le mois de Novembre on diroit tous les jours une Messe pour les Morts, & qu'au sortir de cette Messe, on donneroit un grand Repas aux Pauvres. Les Peres firent ensuite en leur particulier des reglemens fort sages, & l'exactitude avec laquelle ils furent observés, produisit partout un concert & une uniformité, qui contribua beaucoup au progrès de la Religion, mais dont on connut encore mieux la nécessité, quand d'autres Missionnaires eurent pris dans la suite des tems une autre conduite.

Le nombre des Chrétiens croissoit tous les jours d'une façon surprenante, mais leur ferveur avoit quelque chose de plus merveilleux encore, que leur nombre. Jamais surprise ne fut égale à celle des nouveaux Ouvriers, lorsqu'après avoir un peu pratiqué les Fidéles d'Amanguchi, ils eurent découvert les tréfors de graces, dont Dieu avoit enrichi cette Chrétienté naiflante. Ils voyoient des Courtifans, qui à peine régénérés dans les eaux du Baptéme, ne confervoient plus rien de cette fierté fi naturelle aux Grands du Japon, & fembloient n'avoir plus d'autre ambition, que de s'abailler au-dellous des plus pauvres. Tous faifoient paroître une piété angélique dans leurs exercices de Religion, & fe portoient à des aufteritez, qu'on avoit peine à modérer : les Religieux les plus dégagés de la chair & du fang, ne font pas plus détachés de leurs Proches, que ces Néophites l'étoient de leurs parens Idolâtres, avec lefquels ils ne vouloient plus avoir de commerce, qu'autant que la bienféance & la charité l'exigeoient. Les biens étoient en quelque façon communs entr'eux, & les Riches ne fe regardoient gueres, que comme les œconomes des Pauvres. Mais ce qui marquoit plus que toute autre chofe combien l'efprit de Dieu pollédoit leurs cœurs, c'eft qu'on admiroit parmi eux une union, une paix, une charité prévenante, qui charmoient les Infidéles mêmes.

Un autre effet de la vie exemplaire, qu'ils menoient, fut qu'elle fit tomber certains difcours, que les Bonzes affectoient de répandre par-tout, & qui eullent pû nuire confidérablement aux progrès de l'Evangile : à fçavoir, que la Religion Chrétienne ne différoit prefque en rien de celle des Fotoques, qu'elles étoient fondées fur les mêmes principes, qu'elles enfeignoient la même Morale, qu'elles prefcrivoient les mêmes devoirs, que

le peu de diverſité, qui ſe trouvoit entre l'une
& l'autre, & qui ſe réduiſoit a un petit nombre de menues pratiques, fort indifférentes
en elles - mêmes, ne valoit pas la peine, qu'on
laiſſât des Etrangers troubler l'Etat, & mettre
la diviſion dans les Familles. La différence de
la conduite des Chrétiens, & de celle des
Idolâtres, ſuffiſoit ſeule, pour détruire ce que
ces diſcours avoient de ſpécieux ; les eſprits
les plus prévenus en étoient frappés, & les
Millionnaires mêmes avoüoient dans leurs Lettres à leurs Freres des Indes & de l'Europe,
qu'ils ne pouvoient pas tenir contre les exemples de vertu, que leur donnoient leurs Néophytes, & qu'ils avoient honte d'être réduits
à ſuivre ſouvent d'aſſez loin les traces, que
leur marquoient dans la carriere de la vertu,
les plus novices dans la Foi, que rien ne les
humilioit davantage, que de voir des Perſonnes de tout âge & de tout ſexe, chercher
au ſortir des Fonts du Baptême, à répandre
leur Sang pour un Dieu, qu'ils ne connoiſſoient, que depuis peu de jours, & d'entendre des Femmes, des Enfans, de pauvres
Artiſans, qui ne pouvoient preſque pas s'expliquer ſur les affaires les plus communes, parler de la Religion d'une maniere raviſſante,
toucher les cœurs les plus endurcis, & faire
des converſions, qui avoient échoüé entre leurs
mains.

Ces conſidérations & la vie pénitente, dont
les Bonzes gardoient au moins les apparences, obligerent ces Religieux à mener eux-
mêmes une vie extrêmement auſtere. Quelques-uns de ceux, qui vinrent dans la ſuite
pour partager leurs travaux, en furent ef-

frayés, il y en eut même, qui avec la meilleure volonté du Monde, ne pureut la soutenir ; & l'on ne doit peut-être pas regarder
comme uue des moindres merveilles, que
Dieu ait operées dans l'Etablissement de la
Chrétienté du Japon ; que ceux, dont il a
bien voulu se servir pour un si grand ouvrage,
ayent pû résister à une austérité de vie, dont
l'excès ne pouvoit être excusé, que par la nécessité, qui les y avoient réduits. Il est vrai aussi,
que rien ne contribua tant, que cette vie pénitente, & les travaux d'une si pénible Mission,
à former ces Héros, qui ont soutenu avec tant
de gloire la plus terrible persécution, qu'ait
jamais essuyé l'Eglise de Jesus-Christ.

Tout étant concerté entre les Missionnaires de la maniere, que j'ai dit, le Pere de
Torrez retint avec lui Edouard de Sylva, &
Laurent, ce jeune Docteur Japonnois, que le
Pere Xavier avoit reçû dans la Compagnie.
Le Pere Gago partit pour Fucheo avéc Fernandez ; & Pierre d'Alcaceva fut renvoyé aux In-
dès, pour informer les Supérieurs du besoin
pressant, qu'on avoit de Missionnaires au Japon. Il est vrai qu'on tiroit un secours infini
des nouveaux Chrétiens, dont la plûpart, ainsi
que je l'ai déja remarqué, étoient Catéchistes,
aussi-tôt que Fidéles, & Dieu donnoit tant de
bénédiction à leur zele, qu'en 1554. on comptoit jusqu'à quinze cents Personnes baptisées
dans le Royaume d'Arima, où aucun Missionnaire n'avoit encore pénétré. Il étoit très-or-
dinaire de voir des Familles entieres recevoir
le Baptême en un même jour. Naytondono,
Gouverneur d'Amanguchi, ayant embrassé le
Christianisme, plus de trois cents Personnes,

E v

De J. C.
1554

De Syn-Mu.
2214.

Converſion
de deux Bon-
zes, qui de
viennent de
zelés Miſſion-
naires.

ſes Alliés, ou ſes Vaſſaux ſuivirent auſſi-tôt
ſon exemple, mais rien ne contribua davantage à faire entrer un grand nombre d'Idolâtres dans le ſein de l'Egliſe, que ce qui arriva
dans ce même tems dans le Bungo à deux
Bonzes fort célebres dans tout l'Empire.

Ils étoient venu exprès de Méaco a Fucheo
pour voir les Docteurs Portugais, dont on parloit fort diverſement dans tout le Japon, &
pour s'aſſurer par eux-mêmes, ſi ce qu'on voit
publié de leur Sainteté & de leur doctrine, n'é-
toit point exaggeré. Ils ſe donnerent tout le
loiſir d'examiner leur conduite, & celle des
nouveaux Chrétiens; ils ſe rendirent très-aſſi-
dus aux Inſtructions, que ces Religieux faiſ-
ſoient tous les jours en public, & comme ils
étoient ſans paſſion & ſans préjugez, & qu'ils
avoient un déſir ſincere de connoître la vérité,
ils conçurent bien-tôt une très-grande eſtime
pour notre Religion. Ils ne laiſſerent pas d'entrer ſouvent en diſpute avec le Pere Gago;
mais ils le firent toujours avec une modération, qui les fit regarder au Miſſionnaire,
comme Gens, qui n'étoient pas éloignés du
Royaume de Dieu : il eſpéra même bien-tôt
qu'ils ſeroient un jour les défenſeurs d'une
Religion, qu'ils ne paroiſſoient combattre,
que pour s'en mieux inſtruire.

Enfin un jour qu'il prêchoit dans une Place
de la Ville, les deux Bonzes vinrent à leur
ordinaire lui propoſer de très-bonnes difficultez; il y répondit d'une maniere, qui les ſatisfit parfaitement; après quoi continuant ſon
diſcours, comme il eut cité un paſſage de S.
Paul, un des deux Docteurs lui demanda,
qui étoit ce PAUL, ſur l'autorité du quel il ap-

puyoit si fort ? Le Pere commença par lui raconter en peu de mots l'Histoire de l'Apôtre
des Gentils ; & il avoit à peine fini, que le
Bonze prenant la parole, & se tournant vers
l'assistance, s'écria : *Écoutez* , *Japonnois* , *je*
suis Chrétien , *& puisque j'ai imité* Paul *en*
combattant contre la Doctrine de JESUS-
CHRIST, *je veux l'imiter en la prêchant aux*
Infidéles : & vous , *mon cher Compagnon* ,
ajoûta - t'il , en s'adressant à l'autre Bonze ,
suivez mon exemple , *& comme nous avons*
enseigné l'erreur de compagnie , *il faut que nous*
allions ensemble annoncer la vérité à ceux ,
qui ne la connoissent pas. Ils se jetterent aussi-
tôt l'un & l'autre aux pieds du Prédicateur ,
& le supplierent de les baptiser au plûtôt. Le
Pere ne crut pas devoir différer de leur accorder cette grace , & il donna au premier le
nom de PAUL , & au second celui de BARNABÉ ,
comme ils l'en avoient eux-mêmes prié.

Ils furent bien-tôt en état de travailler au
salut des Ames , & ils tinrent exactement la
parole, qu'ils en avoient publiquement donnée. Paul sur-tout s'étudia tellement à se former sur son Saint Patron, qu'on peut dire ,
qu'il étoit une copie vivante du Docteur des
Nations. Tout ce que la Pénitence a de plus
austere, n'étoit pas trop rigoureux pour lui ,
on le voyoit sans cesse avec Barnabé, par-
courant les Bourgs & les Villages , & semant
le grain de la parole divine, avec des fruits
d'autant plus adondants , que le Ciel y con-
courut plus d'une fois par des prodiges On peut
bien juger avec quel chagrin les Ennemis de
l'Evangile voyoient ce triomphe de la Foi. Ils
essayerent encore de ruiner le crédit des Mis-

De J. C.
1552.

De Syn - Mu.
2212.

fionnaires par les calomnies les plus atroces ;
& n'y ayant pû réuſſir, ils revinrent à vouloir
perſuader le Public que la morale des Chrétiens ne différoit point de la leur : mais cet
artifice fut encore auſſi inutile que la premiere
fois, qu'ils l'avoient employé.

Révolte dans
le Bungo.

Une révolte, qui fut ſur le point de renverſer l'Etat, & mit le Roi de Bungo en danger
de ſa vie, fit courir un plus grand riſque au
Chriſtianiſme. Le bonheur & la réſolution de
Civan le tirerent de ce mauvais pas. Il marcha contre les Rebelles avec une promptitude,
qui les déconcerta, & il les pouſſa avec une
fermeté, qui leur fit tomber les armes des
mains. Il ſe ſaiſit lui-même des Chefs de la
conſpiration, & les ayant fait punir ſuivant la
rigueur des Loix, la tranquilité fut bientôt
rétablie partout. On accuſa les Bonzes d'a-
voir eu beaucoup de part à ce ſoulevement ;
& cette accuſation, dont ils ne ſe purgerent
pas bien, acheva d'indiſpoſer le Prince contre
eux, & leur fit grand tort dans le public. Le
contre-coup en retomba ſur la cauſe, qu'ils
ſoutenoient, ſur-tout quand on eut fait réflexion a la conduite des Chrétiens, qui témoignerent en cette occaſion une grande fidélité
pour leur Prince. Mais ce qui ſervit encore davantage à augmenter le crédit du Chriſtianiſme, ce fut l'intrépidité ; que fit paroître Fernandez au plus fort du tumulte, & qui ſauva le Royaume.

L'intrépidi-
té d'un Miſ.
ſionnaire ſau
ve le Roi.

Le Roi enfermé, & en quelque façon aſſiégé
dans ſon Palais, ne ſçavoit trop, ſur qui il
devoit compter. Il ne faiſoit pas ſûr pour les
Miſſionnaires de ſe montrer dans une Ville,
où un puiſſant Parti étoit armé autant, & plus

même contr'eux , que contre le Souverain :
toutefois Fernandez perfuadé que le plus grand
fervice qu'on pût r ndre au Roi , étoit de l'inftruire de l'état des chofes , & convaincu que
l'intérêt de la Religion demandoit qu'il s'ex-
pofât à tout pour le falut d'un Prince , qui en-
étoit le Protecteur , paffa généreufement au-
travers des Troupes rébelles , entra dans le
Palais , rendit compte au Roi de ce qui fe
paffoit , & le mit en état d'agir , comme il fit ,
contre les Séditieux. Cette action , & le zele
que les Fidéles firent éclater en cette rencontre pour leur Prince légitime , confirmèrent
Civan dans les fentimens d'eftime & d'affection , où il étoit à l'égard du Chriftianifme.
Il affura même après fa victoire , qu'il croyoit
en être uniquement redevable au Dieu , que le
Pere Xavier lui avoit annoncé , & que dans le
fort du péril il avoit mis en lui toute fa confiance.

Il arriva en cette rencontre une chofe , qui
ne fit pas moins d'impreffion fur le Peuple ,
que la maniere inefpérée , dont le Roi avoit
triomphé de fes Sujets révoltés. Ce Prince
ayant fait mettre le feu aux Maifons des Cou-
pables , un vent impétueux s'éleva tout-à-coup ,
& porta les flammes fi loin , que tout le Quartier furconfumé en un moment , à l'exception
de la Maifon d'un Chrétien ; d'autres difent ,
des Miffionnaires , qui fut confervée feule au
milieu de l'incendie. Le Roi ayant été averti
en même-tems que les Peres avoient tous
les jours à effuyer mille avanies de la part
des Bonzes , fit publier que leurs Voifins lui
répondroient de tout ce qui leur arriveroit de
fâcheux , & cette menace eut fon effet.

De J. C.
1554.
De Syn - M.
2214.

De J. C.
1554.

De Syn - Mu.
2214.

Fernand Men-
dez Pinto en-
gage le P. Nu-
gnez à passer
au Japon , &
ce qui en arri-
ve.

Tandis que ces choses se passoient au Japon, Pierre d'Alcaceva, que le P. de Torrez
avoit renvoyé aux Indes, pour y solliciter un
renfort d'Ouvriers Apostoliques, étoit arrivé
à Malaca avec un Gentilhomme du Roi de
Bungo, qui alloit de la part de son Maître
appuyer la demande du Missionnaire auprès
du Vice-Roi. Il y apprit la mort du P. Xavier, que son Corps enterré deux fois dans
la Chaulx vive, y étoit demeuré sans corruption, & qu'on se disposoit à le transporter à
Goa ; il fut même chargé de l'y conduire
avec Jacques Pereyra, & après qu'il eut remis ce sacré dépôt entre les Mains de ses Supérieurs, il s'acquitta de la Commission, qui
faisoit le sujet de son Voyage. Dom ALPHON-
SE DE NOROGNA , qui gouvernoit alors les
Indes Portugaises, ayant lu les Lettres, que
lui remit l'Envoyé du Roi de Bungo , fut
surpris des avantages , que ce Prince offroit
de faire à la Religion Chrétienne , & le Pere
MELCHIOR NUGNEZ BARRETTO , Vice-Provincial des Jésuites, étant entré dans ce mo-
moment chez lui : >> Que faites-vous aux In-
>> des , mon Pere, lui dit-il ? si l'on peut
>> compter sur ce que le Roi de Bungo me
>> mande : quand tout ce que vous êtes ici
>> de Religieux de votre Compagnie , iriez
>> au Japon, vous ne seriez pas encore assez
>> pour recueillir l'ample Moisson, qui s'y pré-
>> pare. << Rien ne pouvoit être plus au gré
du Pere Nugnez, que cette invitation du Vice-Roi : >> Monseigneur, lui répondit-il, je
>> venois pour consulter Votre Excellence sur
>> ce Voyage, que je me sens fort porté à en-
>> treprendre. << Il y pensoit effectivement ;

Fernand Mendez Pinto , celui-là même ,
dont nous avons parlé au commencement du
Livre précédent , avoit eu de grandes liaifons
d'amitié avec le P. Xavier , & s'étoit trouvé
avec lui à la Cour du Roi de Bungo. Las de
mener une vie errante & toujours agitée , ou
plutôt conduit par une inquiétude d'efprit ,
qui lui étoit naturelle , il fongeoit à repaffer
en Portugal , & croyoit n'avoir point d'autre
vûe en prenant ce parti , que de fe retirer
du tracas des Affaires , pour aller jouir tranquillement dans fa Patrie des grands biens ,
qu'il avoit amaffés dans l'Orient. Avant que
de s'embarquer pour l'Europe , il voulut mettre fa confcience en repos , & fit une Confeffion générale au P. Nugnez. Sa Confeffion
finie , il entretint quelque - tems fon Confef-
feur des grandes chofes , qu'il avoit vû faire
au P. Xavier , & des Miracles , que le Saint
avoit opérés en plufieurs endroits des Indes
& du Japon. C'étoit alors l'entretien de toute la Ville : la vûe du Corps de l'Apôtre ,
qui étoit encore expofé à la vénération publique , & auprès duquel il fe faifoit tous les
jours de nouveaux prodiges , tenoit tout le
Monde en admiration , & ceux qui avoient
eu part à la confidence du Saint , ou qui
étoient en état de faire connoître quelque cir-
conftance de fa vie , qu'on ne fçavoit pas , ne
pouvoient fuffire à contenter fur cela la curiofité des Petits & des Grands , des Fidéles
& des Idolâtres mêmes.

Pinto étoit de ce nombre. Il avoit vû le
P. Xavier en plufieurs endroits de l'Orient ,

De J. C.
1554.

De Syn - Mu.
2214.

& il ne pouvoit fe laffer d'en parler. Aprés qu'il eut long-tems entretenu le P. Nugnez de fon illuftre Ami, il fit tomber la Converfation fur l'éminente fainteté des Chrétiens du Japon, & fur les admirables difpofitions, qu'avoit ce Peuple à embraffer le Chriftianifme; puis, comme il fe fut apperçu que ce difcours faifoit impreffion fur l'efprit du Vice-Provincial, fe fentant lui-même extraordinairement émû; *Ah! mon Pere*, s'écria-il, *feriez-vous Homme à aller au Japon prendre la place du Pere Xavier? je vous y accompagnerois volontiers: & que je m'eftimerois heureux, fi Dieu me faifoit la grace de répandre mon fang pour la gloire de fon Nom!* Le Pere furpris de ce difcours, douta quelque tems, fi Pinto parloit férieufement. Pour s'en éclaircir, il lui exaggéra les difficultés d'une Entretreprife de cette nature, & lui fit comprendre qu'une telle réfolution ne devoit pas fe prendre légerement. Pinto répondit que rien ne l'arrêteroit, qu'il prévoyoit tout, & que c'étoit avec d'autant plus de connoiffance de caufe, qu'il avoit déja été fur les lieux, & qu'il ne pouvoit ignorer à quoi il s'engageoit. Il ajoûta que fon deffein étoit d'envoyer deux mille écus en Portugal à quelques Parents Pauvres, qu'il y avoit; de fonder un Séminaire à Amanguchi, d'où la foi pourroit aifément fe répandre par tout le Japon, & d'employer le refte de fon bien aux frais du Voyage, & en magnifiques préfents pour les Princes du Japon, qui lui paroîtroient les mieux difpofés à favorifer le Chriftianifme.

Le Pere Nugnez, après avoir donné à fon

Pénitent le loisir de réfléchir encore sur ce
qu'il proposoit, & pris les avis de tout ce
qu'il y avoit à Goa de Personnes zélées & pru-
dentes, ne douta plus que Dieu ne l'appellât
au Japon. L'exemple du P. Xavier, dont il
occupoit la place, & qui ne s'étoit jamais arrêté à Goa ; ce que le Saint lui avoit dit un
jour à lui-même, qu'il le croyoit plus propre au Japon, que partout ailleurs, & le sentiment unanime de tous ceux, à qui il devoit, ce semble, s'en rapporter, l'avoient presque déterminé à ce Voyage : le discours du
Vice-Roi leva tout ce qui lui restoit encore de
doute, & dès le même jour il commença à
prendre des mesures pour son départ. Il nomma pour l'accompagner le Pere GASPARD
VILELA, Homme d'un grand mérite, & Ouvrier infatigable, MELCHIOR & ANTOINE
DIAZ, ETIENNE GOEZ, LOUIS FROEZ, qui
n'étoient pas Prêtres, & cinq jeunes Orphe-
lins, du nombre de ceux, qu'on élevoit dans
le Séminaire de Sainte Foy. Il destinoit ces
Enfants à servir de Catéchistes aux Missionnaires, & il vouloit qu'ils apprissent de bonne heure la Langue Japonnoise. Plusieurs Personnes de différents états, des Femmes
mêmes de Qualité voulurent se joindre à
lui, & il eut toutes les peines du Monde à
s'en débarasser. La Mission du Japon étoit le
grand objet de l'attention de tout le Monde,
chacun vouloit avoir part à la Conversion
d'un Peuple si célébre, & qui paroissoit si
propre au Royaume de Dieu, & il n'y eut
pas une Personne aisée dans les Indes, qui
ne voulût au moins y contribuer de ses biens ;
mais les Missionnaires n'avoient garde d'ac-

De J. C.
1554.

De Syn-Mu.
2214.

cepter tes offres pour une Entreprise , dont
le défintéreffement & la pauvreté Evangélique devoient être le principal fondement.

De J. C.
1554.

De Syn-Mu.
2214.

Le Vice-Roi de fon côté nomma Pinto fon
Ambaffadeur auprès du Roi de Bungo , &
lui fit délivrer de fort beaux préfents pour ce
Prince. Toute la Troupe Apoftolique s'embarqua pour Malaca , où elle prit Terre au
mois de Juin de cette année 1554. Divers
incidents , & une grande Maladie, dont le
P. Nugnez y fut attaqué, l'y retinrent onze
mois entiers , & le refte du Voyage ne fut
pas plus heureux. Les Miffionnaires , après
avoir effuyé plufieurs Tempêtes, furent contraints de fe réfugier dans le Port de Sancian , ils fe rendirent enfuite à Macao, Port
de la Chine , où ils demeurerent jufqu'à Pâques de l'année 1556. puis ils pafferent à
Canton , où le P. Nugnez fit plufieurs tentatives inutiles pour introduire la Religion
dans ce vafte Empire. Il entreprit même apparemment pour ce fujet plufieurs Voyages
dans le Pays ; car je trouve dans quelques
Mémoires, qu'il ne courut pas moins de rif-
ques fur Terre, qu'il en avoit couru fur Mer.

De J.C.
1555-56.

De Syn-Mu.
2215-16.

Cependant il avoit reçu pendant fon féjour à Macao des Lettres de Goa , par lefquelles on le preffoit de revenir aux Indes :
on lui en avoit auffi remis une de S. Ignace,
par laquelle le Fondateur de la Compagnie
lui témoignoit n'approuver pas, que les Provinciaux & les Supérieurs Généraux entreprif-
fent de ces longs Voyages , qui les empêchoient de veiller aux Affaires , dont ils
étoient chargés ; & il y a bien de l'apparence que ces Lettres lui auroient fait prendre

le parti de rebrouffer chemin , & de renoncer
à une Expédition, que fon Général n'approu-
voit point , & contre laquelle il lui fembloit
que le Ciel fe déclarât ; mais l'arrivée d'E-
doüard de Gama avec des Lettres de TAQUA
NOMBO , Roi de Firando , le fit encore une
fois changer de réfolution , & l'engagea à
pourfuivre fa route. Taqua Nombo avoit appris que le P. Nugnez étoit en chemin pour
le Japon , on l'avoit informé du grand crédit, que fa naiffance (a) , fon mérite , & fon
Emploi lui donnoient parmi les Portugais ,
& il crut que pour attirer dans fon Port les
Marchands de cette Nation , il falloit engager ce Religieux à faire un Etabliffement dans
fes Etats. Rien n'étoit plus obligeant, que la
Lettre, qu'il lui écrivit, & qu'il chargea Edoüard
de Gama de lui rendre, il y faifoit les offres
les plus avantageufes pour la Religion, il laif-
foit même entrevoir qu'il n'étoit pas éloigné de fe faire Chrétien , & il repréfentoit
au Miffionnaire, de quelle importance il étoit
pour le Chriftianifme , de ne pas négliger
une occafion fi favorable de l'établir folidement dans un Royaume , que fa fituation
rendoit très-propre à le faire pénétrer dans
toutes les Provinces Maritimes du Japon.

Rien n'étoit moins fincere que cette conduite du Roi de Firando , Efprit double & ru-
fé , & que le feul intérêt faifoit mouvoir ;
mais toutes les apparences étoient en fa faveur , ou du moins on pouvoit croire que
les mêmes motifs , qui lui faifoient faire ces
avances, l'engageroient toujours à les foute-

(a) Il étoit de l'illuftre Maifon de BARETTO.

nir. La Lettre de ce Prince détermina donc le P. Nugnez a paſſer outre malgré les Lettres des Jeſuites e Goa, & celle de ſon Saint Patriarche, qu'il crut pouvoir interpréter dans une occaſion, où il lui paroiſſoit, qu'il y avoit tant à gagner, & ſi peu-à riſquer ; elle l'engagea même a prendre la route de Firando. Dès que la Saiſon fut propre à naviger, il partit de Canton: c'étoit au mois de Juin de l'année 1656. mais les Vents contraires ne lui ayant pas permis de gagner le Port, qu'il cherchoit, il voulut tourner du côté du Bungo. Il battit long-tems la Mer, & fut enfin contraint de prendre Terre dans un endroit, qui dépendoit d'un Seigneur actuellement en Guerre contre Civan, dont il étoit Vaſſal.

On lui dit à ſon arrivée que le Bungo étoit dans la derniere déſolation, que les Miſſionnaires y avoie t été maſſacrés, & que le Roi étoit en fuite. Il s'apperçut d'abord qu'il étoit en Pays Ennemi, & quoique le Vent fût toujours contraire, & que la Côte fût ſemée d'écueils, il ſe remit ſur le champ en Mer, & gagna enfin un Port du Bungo, d'où il ſe rendit par Terre à Fucheo. Il y apprit ce qui avoit donné lieu aux bruits, dont nous venons de parler, mais pour raconter par ordre ce qui s'étoit paſſé dans ce Royaume depuis les premiers Troubles, que Civan avoit ſi heureuſement pacifiés, il faut reprendre la choſe de plus haut.

Révolution
dans le Nau-
gato, le Roi
eſt tué.

Il y avoit un peu plus de quatre ans, que Facarandono, Roi de Naugato, gouvernoit ſon Royaume plutôt en Pere, qu'en Souverain. Amanguchi ſous une domination ſi douce, avoit bien-tôt réparé ſes ruines, & cette

ʻorte qu'il y avoit dans l'Etat deux Partis, dont il. étoit aifé de prévoir que l'animofité mutuelle cauferoit tôt ou tard de grands défordres. Ce que l'on avoit appréhendé arriva ; l'Orage, après avoir quelque tems grondé, creva tout-à-coup ; chacun courut aux Armes, & avant que le Roi eût pû pourvoir à la fûreté de la Capitale, il s'y trouva deux Armées prêtes à s'entr'égorger.

Ce Prince, pour qui il n'étoit pas sûr de paroître dans une fi grande confufion, avant que de s'être bien affuré de ceux, qui lui étoient véritablement attachés, fe vit obligé d'attendre dans une Fortereffe, où il eut à peine le tems de fe retirer, quelle feroit l'iffuë de ces premiers mouvements. Elle fut bien funefte, on en vint aux Mains dans toutes les Places, & dans toutes les Ruës de la Ville ; & après que de part & d'autre on fe fût laffé de répandre du fang, quelques Soldats ayant mis le feu en divers Quartiers de la Ville, plus de dix mille Maifons furent réduites en cendres, avant qu'on eût eu le tems d'arrêter l'Incendie. Un Spectacle fi trifte défarma enfin les plus échauffés, & l'on ne fongea plus de part & d'autre, qu'à garantir de l'embrafement ce que les flammes n'avoient point encore confumé.

De J. C.
1555-56.

De Syn - Mu.
2215-16.

Mais Amanguchi n'avoit pas encore expié tous ſes crimes, & la Juſtice divine ne juge pas à propos d'en différer plus long-tems l châtiment. Il n'y avoit guéres qu'un mois que cette Ville avoit recouvré ſa premier tranquillité, lorſque MORENDONO, Princ voiſin du Sacai, jeune, brave, entreprenant, & Parent d'Oxindono, dernier Roi de Naugato, forma le deſſein de profiter de la triſte ſituation, où étoient les Affaires de ce Royaume, pour venger la Mort de ce Prince, qu'il croyoit être l'Ouvrage des Partiſans de Facarandono, & d'enlever à ce jeune Roi, une Couronne, à laquelle il prétendoit avoir plus de droit, que lui. Il eut bien-tôt aſſemblé une Armée, qui ſe trouva fort leſte, & avec laquelle il alla camper à une lieue d'Amanguchi, où il reçut en peu de tems des Renforts conſidérables, que le Roi de Chicugen, & quelques autres Princes du Ximo lui envoyerent.

Il n'y avoit qu'une Victoire, qui pût maintenir Facarandono ſur le Trône, car outre l'état déplorable, où ſa Capitale étoit réduite, on ne ſçait au Japon, ce que c'eſt, que de faire traîner les Guerres en longueur : temporiſer, demeurer dans un Camp des mois entiers, pour attendre une occaſion favorable, faire des marches préciſément pour s'obſerver, ou pour donner le change à l'Ennemi, ſe mettre à couvert derriere des lignes, ouvrir des tranchées, aller à la ſappe, tout cela n'eſt guéres du goût des Japonnois, & s'ils n'ignorent pas abſolument toutes ces ruſes & ces régles de l'Art Militaires, ils les mettent rarement en pratique. Les querelles entre les

Souverains fe terminent à peu près comme les différents entre les Particuliers, & les plus grandes Révolutions font fouvent le fruit d'un coup de Main. Ces prompts & fubits revers de fortune, dont nous verrons tant d'Exemples dans la fuite de cette Hiftoire, viennent encore de ce qu'il n'y a prefque point de Villes fortes dans cet Empire, & de ce que la plûpart des Maifons y font de Bois. Le Vernis & les Peintures, qui rendent celles des Perfonnes aifées fi propres & fi riantes, & qui les confervent contre-les injures de l'air, contribuent auffi beaucoup à ces défolations fréquentes, aufquelles les plus grandes Villes font fi fujettes ; car on peut bien juger, que quand le feu y a une fois pris, il n'eft pas prefque poffible d'en approcher, pour l'éteindre, fur-tout dans le cas d'une irruption de l'Ennemi ; & pour l'ordinaire, dans ces occafions il ne faut qu'une Maifon en feu, pour brûler tout un Quartier, ou même toute une Ville.

De J. C.
1555-56.

De Syn-Mu.
2116.

Le Roi de Naugato comprit donc bien, qu'il ne falloit pas attendre dans une Place plus qu'à demi ruinée, un Ennemi puiffant, qui y avoit de grandes intelligences. Il fe mit à la Tête de ce qu'il put raffembler de Troupes, & alla préfenter la Bataille à Morindono, qui ne la refufa point. Ce Prince avoit une Armée nombreufe, & compofée de vieux Soldats, celle du Roi, formée à la hâte, n'étoit ni difciplinée, ni aguerrie ; auffi fut-elle aifément défaite, & l'infortuné Facarandono perdit dans une feule Action la Couronne & la Vie (a). Morindono profitant de fa Vic-

De J. C.
1556.

De Syn-Mu
2116.

(a) On le crut ainfi d'abord affez communément ;

De J.-C.
1556.

De Syn-Mu.
2216.

toire, entra dans Amanguchi, qui ne fit point
de réfiſtance, en permit le pillage à ſes Soldats, & fit paſſer au fil de l'Epée tout ce qui
s'y trouva les Armes à la Main. Les Chrétiens dans ce Maſſacre furent encore moins
épargnés que les autres, parce qu'on ſçavoit
leur attachement au parti de leur Prince légitime, & les Miſſionnaires eurent bien de la
peine à ſe ſauver dans le Bungo. Ils ne dû-
rent leur ſalut qu'au zéle de quelques-uns de
leurs Néophytes, qui riſquerént tout pour les
ſouſtraire à la fureur des Victorieux.

Mouvemens
dans le Bungo.
Peu s'en fallut, qu'échappés de ce danger,
ils ne retombaſſent dans un autre d'autant
plus grand, que le Bungo étoit leur derniere
reſſource dans le Japon. On eut à peine appris dans ce Royaume ce qui venoit de ſe
paſſer dans le Naugato, que le Feu mal éteint
ce la derniere Conſpiration s'y ralluma tout-
à-coup. Une novuelle Ligue mieux concertée
que la premiere, & formée avec un ſecret
étonnant, éclata, lorſque la Cour ne penſoit
à rien moins, & Fucheo ſe vit attaquée par
une puiſſante Armée, avant que le Roi ſçût
qu'il y avoit des Mécontents dans ſon Royaume. Tout ce qu'il put faire dans une pareille ſurpriſe, fut de ſe ſauver avec ſes Tréſors
dans une Fortereſſe, qu'il avoit à ſix lieues
de-là, ſituée ſur le haut d'un Rocher tout
environné de la Mer. Les Conjurés apprirent
cette fuite avec bien du chagrin : elle rom-
poit toutes leurs meſures ; & comme ils étoient
perſuadés que le Roi, qui étoit fort aimé de

nous verrons néanmoins dans la ſuite que quelques tems
après, il courut un bruit qu'il s'étoit ſauvé, mais ce
bruit ne paroit pas avoir été bien fondé.

les

ſes Sujets , ne tarderoit pas à ſe voir à la
Tête d'une Armée , contre laquelle ils ne ſe
croyoient pas en état de tenir , ils ſe retirerent , & congédierent leurs Troupes.

Selon quelques Mémoires , le P. Nugnez
étoit à peine arrivé dans le Bungo , que le
Roi fut averti d'une Conſpiration, qui ſe tramoit fort ſecrettement contre lui , & qu'on
ſe vit au moment de voir Fucheo ſubir le
ſort d'Amanguchi : mais la préſence d'eſprit
de Civan le tira de ce mauvais pas. Il pré-
vint les Rébelles , tomba ſur eux au moment
qu'ils y penſoient le moins , leur tua ſept
mille Hommes , & alla faire le dégât dans
leurs Terres ; mais après cette Expédition ,
ne ſe croyant pas en ſûreté dans ſa Capitale,
ou voulant s'épargner le chagrin d'en voir
les environs tout en feu , il prit le parti de
ſe retirer dans une Fortereſſe, qui paſſoit pour
imprenable. Il n'y fut pas long-tems ſans
s'appercevoir , qu'il avoit fait ſagement , de
ne pas reſter à Fucheo , il n'avoit pas connu
tous les Mécontents , dont quelques - uns
étoient reſté armés, mais quand ils eurent
appris ſa retraite , ils congédierent leurs
Troupes, & diſparurent.

Quoiqu'il en ſoit , telle étoit à peu près la
ſituation , où ſe trouvoit le Bungo , lorſque
le Pere Nugnez y arriva. Le Roi n'avoit pas
encore jugé à propos de retourner à Fucheo ,
& l'on n'y étoit pas encore trop raſſuré. Ainſi la conjoncture n'étoit nullement favorable
aux deſſeins , qui avoient amené au Japon le
Vice-Provincial. Pinto ne laiſſa pourtant pas
d'aller trouver le Roi dans ſa Fortereſſe. Il lui
remit les Préſents , & les Lettres du Vice-Roi

des Indes, & il en fut parfaitement bien reçû. Civan parut très-sensible aux politesses de Dom Alphonse de Notogna, mais il le fut encore plus à la nouvelle de l'arrivée du Successeur du P. Xavier dans ses Etats, & la joye qu'il en ressentit, lui faisant oublier que sa Capitale n'étoit pas encore une demeure bien sûre pour lui, il y retourna sur le champ, pour y recevoir le Pere Nugnez. Sa présence acheva de remettre l'ordre & la tranquillité dans cette Ville, & le Royaume commença dès-lors à jouir d'une Paix, qui dura long-tems, & qui fut très-avantageuse à la Religion.

Le P. Nu-
grez a la Cour
du Roi de
Bungo, récep
t on, que ce
Prince lui fait.

Le Roi fit ensuite avertir le P. Nugnez, qu'il avoit une grande impatience de le voir, & ce Religieux ne différa pas un moment à se rendre au Palais. Les Portugais, qui se trouvoient à Fucheo, voulurent l'y conduire en cérémonie, & l'on prétend que tout s'y passa avec le même éclat, qu'on avoit vû à la premiere entrée du P. Xavier. On ajoûte que le Vice-Provincial y étoit revêtu du même surplis, avec lequel on avoit enterré le Corps du Saint dans la Chaulx vive, & qui étoit aussi entier, & aussi propre, que s'il n'eût jamais servi. Ce qui est certain, c'est que le Roi lui dit en l'embrassant, qu'il lui sembloit voir le Saint Homme, qu'il avoit aimé comme un autre lui-même. Il le prit ensuite par la Main, & le fit entrer avec Fernandez dans son Cabinet. Ils y furent au moins deux heures, & pendant tout ce tems-là, on n'y parla que de la Religion. Il ne se peut rien de plus fort, que ce que le P. Nugnez dit au Roi par la bouche de son Compagnon, pour l'en-

perſuader au Pere qu'il n'étoit, ni de la prudence, ni même de l'intérêt du Chriſtianiſme, qu'il fît ſitôt une démarche d'un ſi grand éclat. Il proteſta qu'il la feroit, quand il en ſeroit tems, & qu'il ſe tenoit bien aſſuré que Dieu, qui connoiſſoit la droiture & la ſincérité de ſes intentions, diſpoſeroit les choſes de maniere, qu'elles tourneroient à ſa gloire & au bien de la Religion.

Le P. Nugnez ſentit bien qu'il ſeroit inutile Il eſt obligé de retourner aux Indes. d'inſiſter davantage : il prit congé du Roi, & fit enſuite avec Fernandez quelques excurſions dans le Pays, où la ferveur des Chrétiens lui donna bien de la conſolation, mais ſa ſanté altérée par les grandes fatigues, qu'il avoit eſſuyées pendant ſon Voyage, ne lui permit pas de mener plus long-tems la vie dure & auſtere, à laquelle les Miſſionnaires s'étoient réduits. Il vouloit pourtant aller trouver le Roi de Firando, qui l'avoit invité d'une maniere ſi preſſante, mais comme il ſe diſpoſoit à ce Voyage, il tomba dans une langueur, dont il ne lui fut pas poſſible de ſe remettre. Ainſi contraint de retourner à Goa, ſans avoir eu la conſolation de convertir un ſeul Japonnois, il comprit qu'il auroit fait plus ſagement de ſe rendre ſans raiſonner, aux ordres de ſon Supérieur, que d'écouter un zéle, qu'il devoit ſoumettre à l'obéiſſance. Il a depuis fait de grandes choſes

F ij

l'e J. C.
1556.

De Syn Mu.
2216.

dans les Indes ; mais Dieu ne le vouloit pas
au Japon , & ne permit pas même que rien
réüsît de tous les projets, qu'il avoit formés
pour l'accroissement de cette Eglise ; car les
grandes espérances, que Pinto lui avoit données, de se consacrer au salut des Japonnois,
s'en allerent toutes en fumée. Mais pour
achever le récit de ce qui regarde ce fameux
Aventurier , il faut reprendre son Histoire ,
où nous l'avons interrompue.

La nuit, qui précéda son départ de Goa,
le P. Nugnez, & les Religieux, qui devoient
accompagner ce Pere au Japon , s'étant retirés dans une Chapelle consacrée a la Sainte
Vierge , ils y renouvellerent leurs vœux, suivant ce qui se pratique tous les six mois dans
la Compagnie de Jesus. Au milieu de la cérémonie, Pinto, qui avoit voulu y être présent , se trouva tout à coup saisi d'un mouvement de dévotion assez extraordinaire, &
sans se donner le loisir de réfléchir sur les
suites de l'action, qu'il alloit faire, après que
tous les Religieux eurent récité la formule
de leurs vœux , il se mit à la réciter aussi à
haute voix ; quelqu'un voulut l'arrêter, mais
le P. Nugnez fit signe de la Main , qu'on le
laissât achever , & il la pronooça jusqu'au
bout ; puis il ajoûta un quatriéme vœu, de
consacrer sa Personne & ses biens à la Mission du Japon. Quand il eut fini, le P. Nugnez déclara , qu'il recevoit sa Profession :
toutefois comme Pinto étoit nommé Ambassadeur du Vice-Roi, il fut résolu , qu'il ne
changeroit d'Habit, qu'après qu'il se seroit acquitté de sa Commission. Cette facilité du Vice-Provincial parut irréguliere à

quelques-uns, & par malheur pour lui la fuite le condamna. La ferveur du nouveau Religieux ne fe rallentit pourtant pas fitôt, elle dura pendant tout le Voyage, & lui fit faire des Actions vraiement héroïques. Il ne bougeoit des Hôpitaux, & l'on voyoit avec admiration un Homme fi opulent, devenu en un moment Pauvre pour JESUS-CHRIST, s'appliquer avec charité & avec humilité à rendre aux Malades les fervices les plus vils. Les Infidéles mêmes faifoient fur une conduite fi édifiante des réflexions très-avantageufes à la Religion Chrétienne.

De J. C.
1,56.

De Syn-Mu.
2216.

Inconftance de Fernand Mendez Pinto.

Mais Pinto, ainfi qu'il arrive à ceux, qui commençant à goûter Dieu, veulent marcher fans Guide dans la voye de la perfection, avoit pris un mouvement de dévotion fenfible, pour une infpiration célefte, & fans confulter, ni fes forces, ni fon courage, s'étoit impofé des obligations, qu'il n'étoit pas capable de remplir : il foupira bien-tôt après la liberté, dont il avoit fi légerement fait le facrifice : & comme il ne fut pas poffible de lui faire reprendre fes premiers fentimens, il fallut enfin le difpenfer de fes vœux. Il retourna aux Indes avec le Pere Nugnez, & comme il ne pouvoit plus y demeurer avec honneur, après une équipée, qui le faifoit montrer au doigt ; il repaffa bien-tôt après en Portugal. Il y fit imprimer une Relation de fes Voyages, qu'on lit avec bien du plaifir, & qui a été traduite en plufieurs Langues ; mais il s'eft bien gardé d'y apprendre au Public l'Aventure, dont je viens de parler, & que j'ai tirée de Mémoires fort sûrs.

F iij

De J. C.
1556.

De Syn-Mu.
2216.

Louis Al-
meyda entre
dans la Com-
pagnie.

La perte de cet inconstant, si ç'en fut une pour la Compagnie de Jesus, fut bien-tôt avantageusement réparée. Le Pere Nugnez, avant son départ du Japon, reçut parmi les Enfants d'Ignace, & laissa sous la conduite du P. de Torrez, Guillaume & Ruys Pereyra, deux de ces jeunes Séminaristes, qu'il avoit amenés de Goa, & ils ont depuis rendu de très-grands services à cette Eglise. Mais la plus précieuse acquisition, qu'il fit pour son Ordre, fut celle de Louis Almeyda, qui étoit arrivé depuis peu de Firando à Fucheo pour le sujet, que je vais dire.

Edouard de Gama ayant mouillé une seconde fois dans le Port de Firando, & prévoyant qu'il y resteroit quelque tems, souhaita d'avoir un Prêtre, qui administrât les Sacrements à son Equipage. Tous les Missionnaires du Japon étoient alors réunis dans la Capitale du Bungo, ainsi que je l'ai déja remarqué, & l'on compte de Firando à Fucheo quarante-cinq lieuës en droiture, & quatre-vingt dix, en faisant tout le chemin par Mer. Gama proposa ce voyage à Louis Almeyda, qui l'accepta sans peine, & qui n'eut pas lieu de s'en repentir. C'étoit un Gentilhomme Portugais, âgé d'environ trente ans, d'un beau naturel, & d'un bon esprit. Il avoit assez peu d'étude ; mais il s'étoit fort appliqué à la Chirurgie & à la Médecine, & il étoit plus que médiocrement habile dans ces deux Arts. Il sentoit néanmoins depuis quelque tems un grand dégoût pour la vie qu'il menoit, & il voulut profiter de l'occasion, que lui fournissoit son

Capitaine , pour fe mettre l'efprit en repos.
Arrivé a Fucheo , il fit fous la conduite du Pere
Balthafar Gago les Exercices de faint Ignace ,
& pendant fa retraite , il réfolut de quitter le
Monde , & de fe dévoüer tout entier au fervice de Dieu , & au falut des Ames. Avant
que d'exécuter cette réfolution , il employa
cinq mille écus , en quoi confiftoit tout fon
bien , à bâtir dans Fucheo deux Hôpitaux ;
l'un pour les Enfans , que la pauvreté de leurs
Parens expofoit à perdre la vie au moment même , qu'ils commençoient à voir le jour , &
l'autre pour les Lépreux , dont le nombre eft
affez grand au Japon , & qui y font fort abandonnés , & cette charité charma tellement le
Roi de Bungo , qu'il fonda ces mêmes Hôpitaux avec une libéralité digne de fon grand
cœur.

D: J. C.
1556.

De Syn - Ma.
2216.

On peut juger fi avec tant de fecours le
Chriftianifme étoit floriffant dans ce Royaume. Il eft vrai , qu'il ne fe pouvoit rien ajoûter
à l'éclat , que jettoit partout la piété des Fidéles , auffi mériterent-ils que le Ciel confirmât
leur foi par des miracles. Je me contenterai
d'en rapporter deux , fur l'autorité de Fernandez , qui en fut témoin. Un Chrétien voyant
fa Fille prête à mourir d'une maladie , qui venoit de lui enlever fon fils , fut infpiré de s'a-
dreffer à Dieu , pour obtenir de fa bonté ce
qu'il n'efpéroit plus des remedes humains. Il
recommanda à la Malade de mettre toute fa
confiance en la divine Miféricorde , & il joignit fes Prieres à celles de cette Enfant. Elles
furent exaucées , dès le lendemain la petite
Fille fut parfaitement guérie. L'autre miracle
a quelque chofe de plus marqué , parmi les

État floriffant de la Religion dans le Bungo.

De J. C.
1556.

De Syn-Mu.
2216.

Catéchumenes il y en avoit un qui étoit né
aveugle, le Sacrement de la Régénération en
lui décillant les Yeux de l'Ame, lui ouvrit
aussi ceux du Corps.

Cependant pour satisfaire au désir d'Edoüard
de Gama, le Pere de Torrez fit partir pour
Firando le Pere Gago, Jean Fernandez, & le
Bonze Paul, qui sans être lié aux Missionnaires par aucun engagement, n'en étoit pas
moins à leur disposition, & embrassoit avec ardeur toutes les occasions de gagner des Ames à
J. C. Le dessein du Supérieur, en envoyant
de si bons Ouvriers dans ce Royaume, n'étoit
pas seulement qu'ils travaillassent a la sancti-
fication des Portugais, mais il étoit bien aise
de profiter de cette occasion, pour répondre
à l'empressement, que le Roi de Firando avoit
si souvent témoigné, de voir des Prédicateurs
de l'Evangile établis dans ses Etats, d'autant
plus qu'il prévoyoit bien que le Port de Firando
étant un des plus commodes du Japon : il seroit toujours le plus grand abord des Navires
Européens.

De J. C.
1557.

De Syn Mu.
2217.

Les Missionnaires partirent de Fucheo au
commencement de l'année 1557. Taqua Nombo les reçut de la maniere la plus gracieuse;
il leur dit, qu'il ne lui manquoit plus que le
nom de Chrétien, qu'il l'étoit dans le cœur,
qu'ils lui feroient plaisir de convertir tous ses
Sujets, & qu'il ne seroit pas le dernier à recevoir le Baptême. C'étoit trop dire, pour en
être crû, & les Serviteurs de Dieu ne se laisserent point prendre aux discours peu sinceres
de ce Prince intéressé ; mais ils jugerent à
propos de dissimuler leurs soupçons, & de profiter de la disposition favorable, où le met-

tôïent la préfence des Portugais , & le défir
qu'il avoit de fixer leur Commerce dans fes
Etats. D'ailleurs , fes Sujets ne demandoient
qu'à être inftruits , & peu de tems après , on
en baptifa en un jour jufqu'à trois cents. Le
Roi en témoigna une très-grande joye , &
voulut la faire paroître publiquement par une
Fête , qu'il donna aux Miffionnaires , & à tous
les Chrétiens.

Les affaires de la Réligion étoient en cette
fituation , lorfque le Roi de Bungo fe crut fur
le point de voir encore une fois fon Royaume
agité de troubles domeftiques , mais fes craintes fe diffiperent bientôt : il fit fi bonne contenance , & mit fi bon ordre à tout, que ceux,
qui avoient envie de broüiller , ne voyant nulle
apparence de réüffir , ne jugerent pas à propos de fe démafquer. Le Roi de fon côté ne
crut pas qu'il fût de la prudence de faire des
recherches , qui l'engageant à punir des Fac-
tieux cachez , les obligeroient peut-être à lever
le mafque , par la néceffité de fe défendre , &
leur feroient trouver des forces dans leur dé-
fefpoir. Il eut tout lieu de s'applaudir d'une
conduite fi fage , & tout le Monde fe tint
dans le devoir. Alors fe voyant maitre abfolu chez lui , il fongea férieufement à venger
la mort du Roi de Naugato fon Frere.

Il fit fes préparatifs avec une promptitude
extrême , & un fi grand fecret , qu'il parût
en Campagne avec une armée de foxante mille
Hommes , avant qu'on fut informé de fon
deffein dans le Naugato. L'Ufurpateur furpris
pris n'eut pas affez bonne opinion de lui-même , pour croire qu'il pût tenir contre une
fi grande Puiffance. Il fe retira dans les Mon-

F v

De J. C.
1557.

De Syn-Mu.
2217.

L.
Bungo . . .
fon domaine
dans le Ximo.

De J. C.
1557.

De Syn Mu.
2217.

tagnes, où il auroit été facile de l'affamer ; si le Dairy n'eût offert sa médiation pour un accommodement. Elle fut acceptée, & la paix se fit au grand avantage de Civan. Morindono demeura Roi de Naugato, mais il perdit toutes ses autres Terres, & ses Alliés furent dépouillez des leurs. Par-la Civan acquit, ou recouvra quatre Royaume, car en rapprochant ce trait d'Histoire, qui n'est pas bien développé dans les Relations de ce tems-là, de ce que nous avons dit au commencement du Livre précédent, sur l'autorité de Fernand Mendez Pinto, que les Rois de Bungo se prétendoient Souverains de toute cette partie du Ximo, il y a bien de l'apparence que les Princes, qui furent dépouillez de leurs Etats par la Sentence arbitrale du Dairy, étoient, ou des Usurpateurs, ou des Sujets révoltés contre leur Seigneur légitime, qui avoient voulu profiter des troubles du Naugato pour affoiblir la Maison Royale de Bungo, & en se liguant avec Morindono, s'assurer un appui, qui les maintînt dans leur usurpation. Quoiqu'il en soit, la Religion Chrétienne tira un grand avantage d'un événement, qui mettoit le Roi de Bungo en état de donner la Loi à tout le Ximo, & en effet, elle s'étendit bientôt, non-seulement dans les Provinces soumises à Civan, mais encore dans tous les Royaumes voisins.

Les Missionnaires trouvoient toujours dans ce Prince quelque chose de plus qu'une protection puissante, & sur laquelle ils pouvoient compter; il vouloit encore qu'ils le regardassent comme leur Ami, & il agissoit avec eux, comme de Particulier à Particulier. Tous les Chrétiens, de quel-

que condition qu'ils fussent, recevoient aussi
dans toutes les occasions des marques de sa
bonté; il s'en falloit bien qu'il conservât a leur
égard ce faste & ces manieres hautes, dont les
Souverains du Japon se défont si rarement. Il
donroit aux plus Petits un accès facile auprès
de sa Personne ; & ce qui dans ces Isles passe
pour une très-grande marque de considération,
il les appelloit ordinairement tous par leurs
noms. Il reçut vers ce même tems de nouveaux
présents du Vice-Roi des Indes, à qui il en envoya
de son côté d'une richesse & d'une magnificence extraordinaire, & il y joignit des Lettres
très-pressantes à ce Seigneur, pour l'engager
à lui fournir le plus qu'il seroit possible, d'Ouvriers Apostoliques.

De J. C.
1557.
De Syn-Mu.
2217.

Taqua Nombo continuoit aussi à faire bon
visage aux Missionnaires, & à la faveur de
ces démonstrations, la Chrétienté du Firando devint en très-peu de tems une des plus
nombreuses, & des plus ferventes du Japon.
Ce qui avança davantage les affaires de la Religion dans ce Royaume, ce fut la conversion
d'un Prince de la Maison Royale, qui fut baptisé avec la Princesse sa Femme & un de ses
Freres : il reçut au Baptême le nom d'ANTOINE,
& nous le verrons dans toutes les occasions,
qu'il eut de faire éclater sa Foi & son zele, se
comporter en Homme persuadé que Dieu n'a
élevé les Princes au-dessus des autres, que
pour en faire de plus utiles instruments de sa
gloire. Personne n'a fait plus d'honneur à la
Religion dans ces Isles, & n'a peut-être travaillé plus efficacement à y étendre le Christianisme. Il étoit Seigneur des Isles de TACU-

Un Prince de la Maison Royale de Firando reçoit le Baptême. Son zele pour la conversion de ses Vassaux.

F vj.

De J. C.
1557.

De Syn-Mu.
2217.

XIMA & d'IQUISEUQUI; auſſi-tôt aprés ſon Baptême, il y mena un Miſſionnaire, & l'y ſe-
conda ſi bien, prêchant lui-même, & ne dé-
daignant aucune des fonctions du Miniſtere
Evangélique, qu'en moins de deux mois, on
y comptoit juſqu'a quatorze cents Chrétiens, &
pluſieurs Egliſes bâties à ſes frais.

Mort d'un
ze'e Miſſion-
naire.

Le Bonze Paul eut grande part à ces ſuccès, mais il ne ménagea point aſſez ſes forces, & il fut bientôt la victime de ſon zele. Il
tomba malade, & jugeant que Dieu le vouloit appeller à lui, il témoigna, qu'il ſouhaitoit de mourir entre les bras du P. de Toriez.
Il n'y avoit encore, à ce qu'il paroiſſoit, aucun danger à lui accorder cette conſolation,
& il y auroit eu de la dureté a la lui refuſer;
on l'embarqua ſur un Bâtiment., qui alloit à
Fucheo; &. à peine y fut-il arrivé, que les
Médecins l'avertirent, qu'il n'avoit plus que
peu de jours à vivre. Il en témoigna une joye,
qui ne ſe peut exprimer, il reçut les derniers
Sacrements de l'Egliſe avec des tranſports d'a-
mour, dont les Saints ſont ſeuls capables, &
peu de tems aprés, il alla recevoir dans le Ciel
la récompenſe dûe à ſes travaux & à ſon éminente vertu, que Dieu avoit autoriſée par plus
d'un événement miraculeux.

Grand nom-
bre & ferveur
des nouveaux
Chréciens dans
je Firando.

Cette mort & le départ du Pere Gago, qui
avoit été appellé dans le Chicugen, avoient
laiſſé Fernandez ſeul dans le Firando. Le Pere
GASPAR VILELA fut envoyé à ſon ſecours, &
trouva cette Chrétienté dans une ſituation à
faire eſpérer, que le Royaume entier alloit
ſe déclarer pour Jeſus-Chriſt. Tous les Néophytes étoient Catéchiſtes, & l'on ne pouvoit
ſuffire abaptiſer ceux, qu'ils gagnoient à l'E-

vangile. Le Pere Vilela paſſant un jour dans
une rue de Firando, apperçut un Enfant, qui
accouroit pour lui parler; il l'attendit, & dès
que l'Enfant fut à portée de ſe faire entendre,
il demanda le Baptême : le Pere lui répondit,
qu'il le baptiſeroit dès qu'il ſeroit ſuffiſamment inſtruit. *Ce ſera donc tout à l'heure,*
reprit l'Enfant, car je ſçai tout ce qu'il faut
ſçavoir pour cela. Le Pere l'interrogea, &
trouva qu'il diſoit vrai; il vouloit pourtant le
remettre au lendemain, mais l'Enfant proteſta, qu'il ne bougeroit point de la place, qu'il
n'eût obtenu ce qu'il ſouhaitoit, & il fallut le
contenter. Quelques jours après le Pere Vilela fut fort étonné de voir ſon petit Néophyte,
qui lui amenoit ſon Pere, ſa Mere, ſes Freres,
& ſes Sœurs, qu'il avoit convertis, & parfaitement inſtruits de nos Myſteres.

De J. C.
1557.

De Syn-Mu.
2217.

Les Bonzes de Firando voyoient avec le chagrin, qu'on peut bien imaginer, ces progrès
de la Religion, & la prévention du Peuple en
faveur des Miſſionnaires; ils crurent d'abord,
comme avoient fait ceux de Fucheo, & d'A-
manguchi, qu'il n'y avoit point de remede
plus efficace contre un ſi grand mal, que de
convaincre une bonne fois les Docteurs étrangers dans une diſpute réglée; mais comme ils
ne ſe tirerent pas avec honneur des premieres
Conférences, ils jugerent que le plus court
étoit de décrier les mœurs & la conduite de
ceux, dont ils étoient eux-mêmes forcés de
publier le ſçavoir. Ce ſecond expédient n'ayant
point encore eu le ſuccès, qu'ils en attendoient, ils entrerent en fureur : ils la déchar-
gerent d'abord ſur une Croix, au pied de laquelle les Fidéles avoient accoutumé de faire

De J. C.
1558.

De Syn Mu-
2218.

Efforts inu-
tiles des Bon-
zes pour arrê-
ter le Progrès
de la Religion.

Dé J. C.
1558,

De Syn-Mu.
2218.

Indiscrétion
des Chrétiens
& ses suites.

leurs prieres, & ils la firent abbattre pendant la nuit.

Le Ciel ne laissa point une telle impiété sans châtiment, néanmoins par l'indiscrétion des Fidéles cette action eut des suites fâcheuses pour la Religion, quelques Néophytes suivant avec trop de chaleur le premier mouvement, qui les saisit à la vûe de leur Croix renversée, allerent mettre le feu à une Maison de Bonzes, tirerent les Idoles d'un Temple, qui en étoit proche, en brûlerent une partie, & jetterent les autres à la Mer. Les Bonzes accoutumés à voir les Chrétiens souffrir patiemment les plus grandes injures, ne s'étoient point attendu à ces marques de leur ressentiment ; ils n'en furent pourtant pas aussi fâchés, qu'ils feignirent de l'être, & ils se promirent bien d'en tirer un grand avantage. Après avoir délibéré entr'eux sur ce qu'il convenoit de faire en cette rencontre, ils prirent le parti d'aller trouver le Roi, & lui firent demander une audience, ils l'obtinrent, & après lui avoir fait une peinture très-vive de l'Entreprise des Chrétiens, ils le conjurerent de venger les Dieux & leurs Ministres, & demanderent que le Pere Vilela fût banni pour toujours du Royaume.

Le Roi, qui appréhenda, ou feignit d'appréhender quelque trouble, les assuta qu'ils seroient contents, & dès qu'il les eut congédiés, il fit prier le Pere Vilela de s'absenter pour quelque tems, de crainte qu'il ne lui arrivât quelque chose de fâcheux, dont il ne pourroit pas le garantir, ajoutant qu'il seroit le maître de revenir, dès que les esprits ne seroient plus si échauffés. Le Missionnaire, qui connoissoit ce

Prince, & le ſçavoit au moins très-éloigné de
faire un coup d'autorité en ſa faveur, vouloit
partir ſur l'heure même, mais le Prince Antoine ne put ſouffrir cette eſpéce de triomphe
de ceux, qui avoient eu le premier tort. Il va
trouver le Roi, lui demande s'il y a bien pen-
ſé de faire ſortir de ſes Etats un Homme de
mérite, que lui-même y avoit appellé, & cela
pour ſatisfaire le reſſentiment d'une Troupe de
Prêtres ſéditieux, qui ont contrevenu aux ordres de leur Souverain, en inſultant des Etrangers, qu'il avoit pris ſous ſa protection. Il tâ-
cha ſurtout de piquer le Roi d'honneur, en
lui faiſant comprendre juſqu'à quel point les
Bonzes porteroient leur inſolence, dès qu'ils
auroient compris qu'il les craignoit, mais il
ne ſçavoit pas que Taqua Nombo ſe trouvoit dans des circonſtances, où il lui importoit
de ménager ces Religieux idolâtres.

Un Seigneur, Parent, ou Allié de ce Prince, avoit fait la guerre au Roi de Bungo, &
s'étoit vû contraint de ſubir la Loi du Vainqueur,
qui l'avoit dépouillé de ſes Etats. Civan, informé que le Firandois avoit ſous main donné
du ſecours à ſon Ennemi, ſe préparoit à entrer en armes dans le Firando, Taqua Nombo
avoit beſoin de toutes ſes forces pour ſoutenir
la guerre contre un Prince puiſſant & victorieux, & il crut que c'étoit-là une aſſez bonne
raiſon pour ne pas mécontenter des gens auſſi
accrédités, & auſſi ſéditieux que les Bonzes. Dans le même tems, le Pere Villela reçut
une Lettre du Roi de Bungo, par laquelle
ce Prince lui mandoit de ſortir inceſſamment
de Firando, il ne lui en marquoit pas la raiſon,
mais le Miſſionnaire l'apprit peu de jours

De J. C.
1558.

De Syn-Mu.
2218.

De J. C.
1558.

De Syn-Mu.
2218.

après du Pere de Torrez : c'étoit la même que nous venons de rapporter ; il fut donc obligé d'abandonner son Église ; il la confia à Fernandez, que le Prince Antoine retira dans ses Isles. Il parut bien dans la suite aux traitements, que le Roi de Firando fit aux Chrétiens, qu'il n'avoit jamais aimé leur Religion, mais ils demeurerent inébranlables dans la Foi, & leur constance leur mérita la gloire de donner à l'Eglise le premier Martyr, qui ait arrosé le Japon de son sang.

Premier Martyr du Japon.

Ils avoient dressé une nouvelle Croix à quelque distance d'une des Portes de la Ville, & ils y alloient tous en commun fa re leurs prieres à certaines heures. Une femme esclave, dont le Maître étoit Idolâtre zélé, y alloit fort réguliérement, quoique son Maître le lui eût défendu. Un jour, qu'il apprit qu'elle y étoit retournée, il s'emporta fort contre elle, & lui jura qu'il lui en coûteroit la vie, si elle continuoit dans sa désobéissance ; elle lui répondit, que la mort ne faisoit pas peur aux Chrétiens, qu'elle continueroit à le servir avec la même fidélité, dont elle lui avoit donné jusques-là des preuves certaines ; mais qu'elle ne devoit pas manquer à ce qu'elle devoit a Dieu, qui étoit son premier Maitre, & dès le lendemain elle se rendit comme les autres à la Croix. L'Idolâtre entra en fureur, dès qu'il le sçut, & courut après elle, il n'étoit pas encore bien loin, qu'il l'apperçut qui revenoit, il tira aussi-tôt son sabre, & l'attendit. La généreuse Chrétienne s'approcha de lui sans s'émouvoir, se mit à genoux, & lui presenta sa Tête, que le Barbare lui abbattit d'un seul coup. Les Chrétiens enleverent son corps, & lui donnerent

tribut à fon Ennemi, lequel étendoit infenfi-
blement fa domination, & répandoit la ter-
reur de fes armes jufqu'à l'extrémité occidentale du Japon, mais il perdit bientôt plus qu'il
ne venoit d'acquérir. Le Pere Vilela étoit à
peine arrivé à Fucheo, où le Pere de Torrez
l'avoit rappellé, qu'il y fut joint par le Pere
Gago, lequel fut obligé de fe fauver de Facata,
pour les raifons, & de la maniére que je vais
dire. Ce Miffionnaire, affifté de Guillaume Pereyra, prêchoit avec fuccès l'Evangile dans le
Chicugen, dont Facata eft la Capitale, & cela
par la protection du Roi de Bungo, à qui nous
avons vû, que ce Royaume avoit été cédé par
le Traité d'Amanguchi. Ce n'étoit pas la moindre des nouvelles acquifitions de Civan. Le
Chicugen fitué dans la partie feptentrionale
du Ximo, eft une des plus riches contrées de
cette grande Ifle, & Facata bâtie à l'entrée
d'une grande plaine fur le bord de la Mer, a
un affez bon Port, & des plus fréquentés du
Japon, éloigné d'environ vingt lieues de Firando, & de cinquante du Bungo.

Civan avoit donné à ce Royaume un Gou- Le Roi de
verneur, qui y rend t bientôt la nouvelle do- Bungo perd
mination odieufe, & comme les fautes des Offi- Facata par la
ciers & des Miniftres, quand elles ne font, trahifon des
ni punies, ni réparées, deviennent celles des Bouzes.

Princes, un des meilleurs Rois, qu'ait jamais
eu le Japon, paſſoit dans le Chicugen pour un
Tyran. Le Prince, qui avoit été dépouillé de
cet Etat, fut bientôt informé du mécontentement des Peuples, & lorſqu'on y penſoit le
moins, aſſiſté de Morindono, dont l'alliance
lui avoit été juſques-là ſi funeſte, il entra dans
le Chicugen avec une aſſez bonne Armée, &
vint inſulter Facata. Le Commandant, quoique ſurpris, fit ſi bonne contenance, & ſçut ſi
bien retenir les Habitans dans le devoir, en
leur repréſentant les horreurs, où eſt expoſée
une Ville forcée, que l'Ennemi ayant voulu
tenter l'eſcalade, fut repouſſé partout.

La Place étoit conſervée au Roi de Bungo,
ſi le Gouverneur avoit connu tous ceux, dont
il devoit ſe défier, & s'il s'étoit ſurtout mis en
garde contre les entrepriſes des Bonzes: mais
la nuit ſuivante, ces Prêtres Idolâtres, qui ne
pouvoient ſouffrir la domination d'un Prince
Protecteur déclaré du Chriſtianiſme, ouvrirent les portes de Facata, & y introduiſirent
leur ancien Roi, qui y entra comme dans une
Ville priſe d'aſſaut, & en donna le pillage à ſes
Troupes. Le Gouverneur ſe ſauva dans la Citadelle, où il fut forcé, & paſſé au fil de l'épée,
avec tous ceux, qui l'y avoient ſuivi. Alors
toute l'attention des Bonzes fut à empêcher
que les Millionnaires ne leur échapaſſent, & à
animer le Peuple & les Soldats contr'eux. Ils
faiſoient obſerver à tout le monde que dans
tous les endroits, où ces Docteurs Etrangers
avoient voulu établir leur Religion, la guerre & la
déſolation les y avoient ſuivis: Amanguchi deux
fois pris & brûlé, Fucheo nâgeant dans le ſang
de ſes Citoyens, le Firando plein de troubles

qu'on ne devoit les attribuer , qu'à la haine ,
qu'ils portoient au Chriſtianiſme, ou plutôt à
leur jalouſie,à laquelle ils comptoient pour rien
de ſacrifier l'Etat.

Cette réflexion étoit pourtant ici d'autant
plus aiſée à faire , que la perte & la déſolation
de Ficata étoient viſiblement leur ouvrage.
Mais on ne la fit point, & il n'eſt pas aiſé de
comprendre , combien leurs diſcours irriterent
toute la Ville contre les Miniſtres de l'Evangile. On courut ſur l'heure mettre le feu à
leur logis, qui fut en moins de rien réduit
en cendres avec leur Egliſe , on porta la
fureur juſqu'a combler un puits , qui leur
avoit fourni de l'eau, & juſqu'à enlever la
terre du lieu, qu'ils avoient occupé ; comme
ſi elle eût été maudite, & profanée par leur
ſéjour. Un Gentilhomme, qui avoit tout quitté pour ne vacquer qu'à Dieu & à ſon ſalut, &
qui s'étoit retiré chez eux, où il menoit une
vie plus Angélique qu'humaine, fut cruelle-
ment maſſacré, & ils auroient ſubi le même
ſort, ſi de bonne heure ils ne s'étoient ſouſ-
traits a l'orage, qu'ils avoient prévû quelque
tems avant qu'il crevât.

Le Pere Gago avoit fait embarquer à la faveur
des ténébres Jean Fernandez, qui l'étoit venu
joindre depuis peu , avec tous les ornemens

qu'ils s'apperçurent bien eux-mêmes du danger, auquel ils exposoient ceux, qui les avoient
retirés, ils se virent contraints de passer dans
un second Navire, qui étoit mouillé à une
demie heue de la Ville. Ils y furent reçus d'u-
ne maniere a leur faire juger qu'ils n'y seroient
pas plus en sûreté, que dans la Ville même. Il
n'est sorte d'insultes, & de mauvais traitements,
qu'ils n'eurent à essuyer de tous ceux, qui com-
posoient l'Equipage, & cela dura quatre jours.

On apprit enfin à Facata qu'ils étoient dans
ce Navire, & on y envoya trois Barques char-
gées de Soldats, pour les prendre. Il s'étoit
répandu un bruit qu'ils avoient de grandes
richesses, & l'espérance de tirer d'eux une grosse rançon, étoit la seule raison, qui avoit empêché le Patron du Navire de les immoler
d'abord à la fureur du Peuple. Cette même
opinion fut encore ici leur salut. Les Soldats
leur demanderent où étoit leur argent? ils
répondirent qu'ils n'en avoient point, & qu'on
ne leur avoient laissé, que ce qu'ils avoient sur
le corps. Effectivement le Capitaine du Navire
leur avoit enlevé tout ce qu'ils avoient, qui se
réduisoit à très-peu de chose. Les Soldats de
Facata se le firent donner par force, puis re-

ques, où le Pere Gago fut reconnu par un Japonnois de ſes Amis, qui lui donna dequoi ſe couvrir : du reſte ils reçûrent toutes ſortes de mauvais traitements de ceux, qui les gardoient. Ce fut bien pis encore, quand ils furent à terre ; les Soldats, qui ſe rencontrerent ſur le Port, voulurent avoir leur part de la dépoüille, & les Serviteurs de Dieu faillirent à être les victimes de la querelle, qui s'éleva à ce ſujet, ils en furent pourtant quittes pour être mis encore tout à faits nuds, & pour bien des inſultes & des menaces.

La Canaille s'étoit attroupée autour d'eux, & ils s'attendoient à tout moment à être égorgez, mais Sylveſtre ayant trouvé le moyen de s'échapper, alla avertir un Chrétien fort accrédité dans la Ville, du danger, où les Miſſionnaires ſe trouvoient ; celui-ci ne perdit point de tems, il leur porta des Habits, fit retirer tout le monde, & les mena chez lui. Il alla enſuite chez le Commandant, de qui il obtint à force de préſents la permiſſion de les garder. Pereyra avoit été emmené par un Soldat, le généreux Chrétien le fit chercher, & l'ayant trouvé, il donna vingt écus au Soldat, qui le lui remit entre les mains. Les Priſonniers reſterent quelques jours dans cette maiſon, où l'on n'omit rien pour les refaire de tant de fatigues, & de mauvais traitements, leur Hôte les confia enſuite à un de ſes Amis, dont la Maiſon étoit encore plus ſûre, que la ſienne, & ils y demeurerent deux mois. Après

De J. C.
1559.

De Syn-Mu.
2219.

tout, tant qu'ils reſtoient à Facata, ils ne pouvoient compter ſur rien, mais la difficulté étoit
d'en ſortir. Le Pere Gago écrivit au Pere de
Torrez, pour lui apprendre ſa ſituation, & le
prier de lui envoyer des Chevaux dans un endroit, qu'il lui marqua. Cela fut exécuté dans
le moment, & lorſque le Pere Gago eut avis
que les Chevaux étoient au rendez-vous, il
s'y tranſpoita enveloppé, auſſi-bien que ſes
Compagnons, dans des eſpeces de Cappes,
dont les Femmes uſent quelquefois en ce Pays-
là, ils paſſerent ainſi ſans être reconnus, &
rencontrerent les Chevaux conduits & eſcortés
par un grand nombre de Chrétiens, réſolus
d'aller, s'il étoit néceſſaire, juſqu'à Facata,
& d'enlever de force les Serviteurs de Dieu,
ou de périr à la peine.

Comment
ils ſont reçus
par les Fidéles
de Bungo.

Leur joye fut grande, lorſqu'ils les apperçû-
rent, ils avoient apporté avec eux quantité
de rafraîchiſſemens, & cette précaution ne
fut pas inutile. Quand les Miſſionnaires furent
a cinq ou ſix lieues de Fucheo, ils commencerent à rencontrer des Troupes nombreuſes
de Fidéles, qui venoient au-devant d'eux, &
à chaque fois il falloit entrer dans des Tentes, que ces bonnes Gens avoient dreſſées à
côté du grand Chemin, & s'y rafraîchir, ou
s'y repoſer. Plus ils approchoient, & plus la
foule groſſiſſoit, on auroit dit qu'il n'étoit reſté
perſonne dans la Ville,& toutes les Campagnes
retentiſſoient de cris de joye, & d'actions de
graces au Seigneur Dieu, qui ſçait délivrer ſes
Serviteurs des plus grands dangers par des
voyes, qui ne ſont connues que de lui. Les
Miſſionnaires entrerent ainſi dans Fucheo comme en triomphe; & parce qu'on ſçavoit qu'ils

avoient tout perdu , il n'y eut pas un Chrétien , qui ne leur offrît fon préfent. Les uns
leur apportoient de l'Argent , les fautres de
l'Etoffe & du Linge , ceux-ci de la Vaiſſelle de
Porcelaine , ceux-là de petits Meubles a leur
uſage ; il n'eſt pas concevable , juſqu'où on porta l'attention , mais rien ne les touchoit au
prix de l'affection , avec laquelle tout cela ſe
faiſoit.

Cependant la Révolution du Chicugen , &
les brouïlleries du Firando , ayant encore une
fois réuni dans le Bungo tout ce qu'il y avoit
au Japon d'Ouvriers Apoſtoliques , le P. de
Toriez fongea férieuſement à exécuter un
deſſein , qu'il avoit fort à cœur depuis quelque tems : voici de quoi il s'agiſſoit. A trois
lieuës de Méaco , en fuivant le grand Chemin , qui conduit de cette Capitale à Jedo ,
on trouve la petite Ville d'Oitz , à l'entrée du
Royaume d'Omi , elle eſt compoſée d'une rue,
qui tourne en forme d'Arc , & de quelques
autres plus petites , qui y aboutiſſent à droit
& à gauche , elle peut avoir environ mille
Maiſons , & elle eſt du Domaine Impérial.
Elle eſt ſituée ſur le bord d'un Lac , qu'on
appelle quelquefois le Lac d'Omi , & plus
communément le Lac d'Oitz. Ce Lac , diſent
les Annales du Japon , ſe forma en une nuit ;
le Terrein , dont il occupe la Place , ayant
été englouti par un tremblement de Terre. Il
n'a pas beaucoup de largeur , mais il s'étend
au Nord près de ſoixante lieues juſqu'au
Royaume de CANGA. Il eſt très-poiſſonneux,
il a ſurtout une grande quantité de Sau-
mons , qui ſont excellents , & tous ſes bords
ſont couverts de Canards ſauvages , il ſe dé-

Defcription
du Lac d'Oitz
& de la Mon-
tagne de jefan

De J C.
1559.

De Syn-Mu.
2229.

charge dans deux Rivieres, dont l'une def-
cend à Méaco, qu'elle traverfe, & l'autre paf-
fe à JODO & à OZACA.

Affez près de ce Lac, environ à fix lieues
de Méaco, & fur la gauche en allant a Jodo,
eft une Montagne très-haute, donr la vûë eft
charmante, & qui fe nomme JESAN, ou JIO-
SAN; différence, qui n'eft apparemment, que
dans la prononciation, comme il arrive à la
plûpart des noms, qu'on trouve fi diverfement
écrits dans prefque toutes nos Relations. JE-
SAN veut dire *belle Montagne*. Les Ecrivains
Portugais la nomment FRENOXAMA, & ont
été fuivis par tous ceux, qui ont travaillé fur
leurs Mémoires; mais comme ce nom fignifie *Montagne*, il eft vraifemblable, qu'ils ne
s'en font fervi, que parce que les Japonnois
l'ont nommé par excellence le Mont JESAN.
Il a huit lieues de long, & l'on y compte encore aujourd'hui jufqu'à trois mille Temples
(en y comprenant fans doute les Chapelles),
plufieurs Villages, & un très-grand nombre
de Monafteres. Sa fituation, & p'us encore la
prétendue fainteté du lieu, en avoient fait un
azile pour les Habitants de Méaco pendant
les Guerres Civiles, toutefois ce prétendu Sanctuaire n'avoit pas toujours été bien épargné,
& au tems, dont je parle, le nombre des Temples, qui avoit été avant les Troubles auffi
grand pour le moins, qu'il l'eft aujourd'hui,
étoit réduit à fix cents, celui des Monafteres
étoit a peu près égal. Ce lieu au refte eft délicieux; on n'y voit que Vallées entrecoupées
de Ruiffeaux & de Fontaines, qui vont fe perdre dans de petits Bois très-agréables. De
loin la Montagne ne paroît qu'une épaiffe Forêt,

rêt, parce que les Arbres y font d'une hauteur furprenante.

Parmi le nombre infini de Bonzes, qui ha-
bitoient ce beau Pays, il y avoit un Tunde,
qui ayant beaucoup entendu parler du Chriftianifme, fouhaitoit paffionnément de fçavoir
ce que c'étoit, que cette Religion Etrangere.
Il écrivit pour cet effet au P. de Torrez, lui
manda que fans fon grand âge il eût été
le trouver ; mais que la chofe ne lui étant
pas poffible, il le prioit de fe tranfporter jufqu'à Jefan, ou d'y envoyer quelqu'un de fes
Réligieux. ›› Vous avez paffé bien des Pays,
›› lui difoit-il, à la fin de fa Lettre, traver-
›› fé bien des Mers, & couru bien des rif-
›› ques, pour procurer de la gloire a votre
›› Dieu, refuferez-vous de venir fur cette
›› Montagne, où vous avez un fi grand in-
›› térêt d'établir votre Religion ? ‹‹ Le P. de
Torrez, lorfqu'il reçut cette Lettre, n'avoit
auprès de lui aucun Miffionnaire, dont il pût
difpofer, & fa préfence étoit néceffaire dans
le Bungo ; il répondit au Bonze, qu'il lui en-
voyeroit le premier de fes Inférieurs, qui fe
trouveroit libre, & qu'en attendant, il le
prioit de lire attentivement un petit Ecrit,
qu'on lui préfenteroit de fa part. C'étoit un
Abrégé de la Doctrine, & des principaux
devoirs du Chriftianifme, qu'il avoit compofé, & qui étoit très-bien fait. Peu de tems
après le P. Vilela, & enfuite le Pere Gago
arriverent à Fucheo, pour les raifons, que j'ai
dites ; auffi-tôt le Supérieur Général fongea à
tenir au Bonze de Jefan la parole, qu'il lui
avoit donnée, & il lui envoya le P. Vilela,
Laurent, & un jeune Japonnois, qui devoit

De J. C.
1559.

De Syn Mu.
2219.

UnSupérieur
de Bonzes de-
mande unMif-
fionnaire.

Tome II.   G

servir de Catéchiste aux deux Missionnaires.

D Syn-Mu
2219.

Le P. Vilela
y est envoyé,
ce qu'il eut à
souffrir dans
ce voyage.

Le P. Vilela , avant que de partir , se fit raser les Cheveux & la Barbe , & s'habilla à peu près comme les Bonzes , pour faire voir qu'il étoit Docteur dans sa Loi , & parce qu'on l'avertit que sans cela il auroit de la peine à être reçu à Jesan. Il paroît pourtant, que dans la suite on s'est accoutumé à voir les Docteurs Européens dans leurs habits ordinaires , mais je ne trouve rien de bien certain sur cet Article. Les Missionnaires s'embarquerent au mois de Septembre sur un petit Bâtiment , qui faisoit voiles vers Sacai , & ce Voyage fut pour eux un tissu de croix, sous le poids desquelles un courage moins ferme , que le leur , eût cent fois succombé. Tout l'Equipage du Navire étoit Idolâtre & fort superstitieux , les calmes survinrent, qu'on étoit encore presqu'à la vûe du Port, d'où l'on étoit parti , & pour obtenir un Vent favorable , il fut résolu de faire quelqu'offrande à un des Dieux de la Mer : il fallut pour cela faire une Quête , & celui qui en fut chargé , s'adressa au P. Vilela , comme aux autres , l'Homme Apostolique répondit que ce n'étoit pas à des Dieux sourds & impuissants , mais au seul Créateur du Ciel & de la Terre , qu'il falloit s'adresser pour obtenir de pareilles graces , nul autre que lui , n'ayant droit de commander à la Nature. A ces mots on le reconnut pour ce qu'il étoit , & les Matelots se mirent fortement dans la Tête que c'étoit lui & ses Compagnons , qui étoient cause de la bonace ; & comme elle continua encore quelque tems , & qu'ensuite il s'éleva un vent contraire , il ne se peut dire combien d'outra-

De J. C.
1559.
De Syn Mu.
2219.

ges les Missionnaires reçûrent de ces Barbares, qui ne s'en tinrent pas même aux injures, car ils les frapperent souvent comme des Esclaves, ils les laissoient plusieurs jours de suite sans leur donner à manger, & ils furent plus d'une fois sur le point de les jetter à la Mer.

Une vision, ou si l'on veut, un songe, qu'eut le P. Vilela, & dans lequel il lui sembla, que l'Apôtre des Indes lui promettoit de l'assister, & lui recommandoit d'avoir bon courage, le fortifia beaucoup, & il eut soin d'animer ses Compagnons. Enfin on les abandonna dans un Port, où l'on avoit pris Terre, & l'on avertit tous les Patrons des Navires, qui s'y rencontrerent, que ces Etrangers étoient les Ennemis des Dieux, & qu'on ne pouvoit, sans se rendre criminel, avoir aucun Commerce avec eux. Par-là les Serviteurs de Dieu se virent réduits à une petite Barque assez mauvaise, sur laquelle on voulut bien leur donner passage, mais le Ciel prit leur cause en Main, & récompensa d'une maniere éclatante la charité de celui, qui les avoit reçûs. Tous les Navires, qui leur avoient refusé le passage, & celui, qui les avoit amenés jusques-là, ou périrent par la Tempête, ou furent la Proye des Corsaires, tandis que la seule Barque, où ils étoient, continua sa route sans aucun accident.

Providence de Dieu sur les Missionnaires.

De Sacai, où la Barque s'arrêta, les Missionnaires prirent leur Chemin par Terre, & gagnerent SACOMOTO, petite Bourgade, qui est au Pied du Mont Jesan. Le P. Vilela s'y arrêta, & envoya Laurent avertir de son arrivée le Bonze, à l'occasion duquel il avoit

Le Bonze, qui les avoit invités meurt avant leur arrivée, dans de très-bons sentiments.

entrepris ce Voyage. Laurent ne le trouva
plus, il y avoit peu de jours qu'il étoit mort;
mais son Succelleur au Gouvernement de son
Monaftere, nommé DAIZEMBO, confola le
Millionnaire, en lui afsu.ant que le Défunt
avoit proteflé, avant que d'expirer, qu'il croioit
fermement tous les Articles contenus dans
l'Ecrit, que le P. de Torrez lui avoit envoyé.
Il ajoûta, que lui même, & dix de ses Inférieurs, souhaitoient fort d'entendre un Docteur Européen, & qu'il n'étoit pas éloigné ces
fentiments, dans lesquels il avoit vû mourir
son Prédécelleur. Laurent retourna en diligence
donner ces nouvelles au P. Vilela, qui sur le
champ se transporta au Monaftere de Daizembo.

Le Bonze, & les autres, dont celui-ci avoit
parlé à Laurent, furent merveilleufement fa-
fatisfaits des Entretiens, qu'ils eurent avec le
Millonnaire, mais aucun n'ofa fe déclarer
pcur le Dieu des Chrétiens. Daizembo dit
même en fecret au P. Vilela qu'il étoit perfuadé de la vérité de tout ce qu'il venoit de
lui enfeigner, mais qu'il craignoit qu'on ne
le fit mourir, s'il renonçoit a la Religion
du Pays: d'autres l'avertirent, qu'avant que
de faire aucune démarche dans une Affaire
auffi importante, que celle de Prêcher une
nouvelle Religion, il falloit avoir l'approba-
tion du X A C O, qui étoit alors à Jefan, &
qu'ils lui confeilloient d'aller voir ce Chef de
leur Religion. Le Pere eût bien souhaité en
effet d'avoir un entretien avec le Xaco, mais
il ne lui fut jamais poffible de parvenir jufqu'a lui, & comme il ne vit plus aucune ap-
perence de rien faire a Jefan, il prit le parti

d'aller à Méaco, où il arriva le dernier jour de Novembre.

Il se retira d'abord dans une Maison, qui tomboit en ruine, il y demeura plusieurs jours avec son Compagnon & son Catéchiste, & ils s'y préparerent par la Priere & par la Pénitence a la grande œuvre, qu'ils alloient entreprendre. Leur Retraite finie, le P. Vilela, qui trouva moyen de saluer l'Empereur Cubo-Sama, dont il fut parfaitement bien reçû, & qui lui permit de Prêcher sa Religion, se montra dans les Quartiers les plus fréquentés de la Ville le Crucifix à la Main. Méaco étoit alors assez tranquille, & la singularité du Spectacle assembla d'abord autour du Prédicateur toutes sortes de Personnes, à qui il annonça le Royaume de Dieu ; mais la plûpart le traiterent de Visionnaire : les Bonzes se mirent de la partie, & ayant débité parmi le Peuple tout ce que leurs Confreres d'Amanguchi & du Ximo avoient imaginé, pour rendre odieux & méprisables les Docteurs Portugais, ceux-ci ne pouvoient plus paroître nulle part, qu'ils n'essuyassent des huées, & qu'on ne les appellât mangeurs de chair humaine.

Ils eurent même bien-tôt sujet de craindre quelque chose de pis, l'animosité du Peuple contr'eux devint extrême, & ils ne se regardetent plus que comme des Victimes destinées à la mort. Un Habitant fort aisé les avoit reçûs chez lui, il appréhenda qu'on ne lui en fît une Affaire, il leur dit assez doucement de se retirer ailleurs ; & comme le Pere Vilela ne se pressoit point de sortir, ce Barbare leva le Sabre sur lui, & peu s'en fal-

De J. C. 1559.

De Syn-Mu. 2219.

Le Pere Vilela a Méaco, où il obtient du Cubo-Sama la permission de prêcher l'Evangile.

De J. C.
1559.
De Syn Mu.
2219.

lut qu'il ne le lui déchargeât fur la Tête. Le Miſſionnaire fut contraint de ſe réfugier dans une Cabanne, où il n'avoit qu'un peu de Paille pour ſe coucher , & où il ſouffrit beaucoup de la faim , du froid , & de l'humidité , tout cela néanmoins ne fit qu'enflammer ſon zéle ; il continua ſes Prédications, comme ſi elles euſſent été reçûes avec applaudiſſement , & cette intrépidité le fit enfin eſtimer de tous ceux , qui ſçurent ſe mettre au-deſſus de la prévention , ou que la paſſion n'aveugloit pas. On ſe rendit plus attentif à ſes diſcours , & pluſieurs commencerent à goûter ſa Doctrine.

Un Seigneur de la Cour lui fut obtenir des Patentes de l'Empereur. Pluſieurs Bonzes ſe font Chrétiens.

Il ſembloit néanmoins, que Perſonne n'oſoit ſe déclarer , & il paroiſſoit qu'on craignoit les Bonzes & la Cour. Enfin un Gentilhomme d'Amanguchi , que les uns nomment ALQUIMEXA , & les autres ICHIMARA , fut le premier, qui rompit la glace Il ſe fit baptiſer avec deux de ſes Amis , & leur exemple fut bien-tôt ſuivi de pluſieurs Perſonnes de conſidération. La faveur de MIOXINDONO contribua beaucoup à ce ſuccès, mit en honneur la Religion Chrétienne , & fit reſpecter ſes Miniſtres. Ce Seigneur , dont nous parlerons beaucoup dans la ſuite, étoit favori du Cubo-Sama , que nous entendrons toujours déformais ſous le nom d'Empereur, & le Pere Vilela , qui étoit d'un caractere fort aimable , & avoit des manieres très-inſinuantes , avoit trouvé de l'accès auprès de lui. Il obtint par ſon crédit une ſeconde audience de l'Empereur, qui lui accorda des Patentes en bonne forme, & fit défenſe ſous peine de la vie, de l'inquiéter dans ſes fonctions. Tout

cela produisit un grand effet, les Bonzes n'o-
serent plus rien entreprendre contre des Gens,
que le Souverain prenoit sous sa protection,
& pour qui le Favori s'étoit déclaré. Il y eut
même plus, car on vit alors, ce qui ne s'é-
toit point encore vû ailleurs, les plus considérables de ces Religieux Idolâtres embrasser
comme a l'envi le Christianisme.

Celui, dont la Conversion fit plus de bruit,
& qui donna l'exemple aux autres, fut un
nommé QUENXU. De la maniere, dont on
parle de ce Docteur dans toutes les Relations,
que j'ai vûes, c'étoit encore toute autre chose, que Fucarandono : dans la vérité Quenxu
étoit un de ces sages Payens, qu'une profonde étude de la Nature conduit insensiblement
à une connoissance superficielle, mais stérile
de son Auteur. Sa Chambre étoit parée dEm-
blêmes & de Sentences, qui contenoiẽt une
Morale fort saine, & qui marquoient assez
que quarante ans de solitude qu'il avoit em-
ployez à contempler les Mysteres de sa Secte,
n'avoient point effacé en lui l'idée d'un Premier Etre sans commencement & sans fin.
On y voyoit entr'autres un Tableau, qui pas-
soît pour une Piéce fort rare, il représentoit
un Arbre sec au milieu d'une belle Prairie,
& le Bonze avoit mis au bas ces deux Dystri-
ques, qu'un de nos Auteurs (a) a ainsi tra-
duits en notre Langue.

Conversion
d'un fameux
Docteur.

Arbre sec & sans Fruit, sans Feuille & sans
verdure,
Dis-moi, si tu le sçais, qui t'a mis en ce lieu ?

(a) Le P. Grasset.

C'eſt le DieuTout-puiſſant, Auteur de la Nature,
Sans lequel je ne ſuis qu'un bois à mettre au feu.

Que l'Homme eſt compoſé d'une nature étrange !
　　　Ce n'eſt qu'un pur mélange ,
De l'Etre & du Néant , qui vit & ne vit pas ,
Il n'eſt jamais content , & le veut toujours être.
　　　Si-tôt qu'il vient à naitre ,
Il court à tous momens de la vie au trépas.

Le Docte Bonze, dès qu'il entendit parler
du Pere Vilela , eut envie de le connoître ,
moins pourtant par curioſité , que par vanité.
Il l'alla trouver, & d'un air de ſuffiſance accompagné de mépris , il lui dit , qu'il ne venoit pas pour apprendre de lui quelque choſe , mais qu'il ne ſeroit pas fâché de l'entendre parler de ſa Religion. Le Pere le reçut
avec cette modeſtie , qu'inſpire la vérité , puis
entrant en matiere , il voulut établir l'exiſtence d'un premier Principe. A peine avoit-il
commencé ſon diſcours , que l'Eſprit Saint
toucha le cœur du Religieux Idolâtre ; il lui
parut qu'on lui ôtoit un Bandeau de devant
les yeux. Le Miſſionnaire s'apperçut , qu'il pâ-
liſſoit de tems en tems , que ſon attention devenoit plus ſérieuſe , enfin qu'il ſe paſſoit en
lui quelque choſe d'extraordinaire.

Encouragé par ce changement , dont il au-
guroit bien , il s'étendit fort ſur la conformité , qu'ont les principes de la Morale Chrétienne avec les lumieres de la raiſon , & fit voir
combien au contraire les Sectes du Japon ſont
oppoſées au bon ſens. Le Bonze immobile ,
comme un Homme interdit , jettoit de momens à autres de profonds ſoupirs , & ne ré-

pondoit rien. Enfin la grace prit le deſſus, &
il fallut ſe rendre. *Je ſuis Chrétien*, s'écria-
t-il tout d'un coup , *je ſuis Chrétien, bapti-
ſés-moi.* Le Miſſionnaire ne ſe fit point prier ,
l'Opération Céleſte dans l'Ame de ce Proſélyte étoit trop ſenſible, pour en pouvoir douter un moment. Quenxu fut baptiſé à l'heure
même , & le bruit d'un Evénement ſi ſingulier s'étant répandu d'abord , il y eut juſqu'à
quinze Bonzes des plus diſtingués , qui demanderent le Baptême. Parmi ces illuſtres
Néophytes, il y en avoit un, à qui l'innocence & l'auſtérité de ſa vie avoient ſans doute
préparé les voyes à la grace de ſa Converſion. Il eſt vrai qu'il n'y avoit rien de ſi dur,
que la maniere, dont il vivoit. Le déſir qu'il
avoit d'aller au Ciel , lui avoit fait faire vœu
d'enſeigner gratuitement le Foquekio toute
ſa vie. Huit ans avant que le P. Vilela vînt à
Méaco , le Bonze ſongea une nuit, que des
Prêtres venus de l'Occident, lui montroient le
Chemin du Ciel , & le lendemain il apprit,
qu'il en étoit arrivé deux à Amanguchi. Il
fut des premiers à entendre les Prédications
du P. Vilela , & il vint exprès de Farima ,
où il demeuroit. Il en fut fort ſatisfait, mais
ce fut la Converſion de Quenxu, qui acheva
de le déterminer.

De J. C.
1560.

De Syn - Mu.
2210.

De ſi heureux commencements ſembloient
répondre au Miſſionnaire d'une abondante récolte, lorſque les Bonzes exciterent contre lui
un orage d'autant plus dangereux, que le
Xaco ſe mit à leur Tête : la partie fut liée
avec tant de ſecret , qu'avant que les Chrétiens euſſent le vent de ce qui ſe tramoit ,
les meſures étoient priſes pour perdre leur

Orage excité contre le Pere Vilela, & comment il ſe diſſipe.

De J. C.
1560.
De Syn-Mu,
2220.

Pasteur. Le Gouverneur de Méaco, gagné par une grosse somme d'Argent, promit à leurs Ennemis de le chasser de la Ville ; & il ne s'agissoit plus, que de trouver un prétexte pour le faire, sans contrevenir aux Ordonnances de l'Empereur. Le Pere fut averti de ce qui se tramoit contre lui, par Mioxindono, qui lui conseilla de se retirer dans une de ses Forteresses, & d'y rester, jusqu'à ce qu'il pût parer le coup, qu'on se disposoit à lui porter. Il déféra à cet avis, & il ne pouvoit guéres s'en dispenser, mais il connut bientôt, qu'on avoit eu tort de le lui donner. Il fut informé que sa retraite étoit regardée comme une fuite, & que les Infidéles en triomphoient, il retourna donc sur le champ à Méaco, & résolu à tout Evénement, il parut dans cette Capitale avec plus d'assurance, que jamais. Dieu bénit son courage, les Bonzes furent étonnez, Mioxindono parla à l'Empereur, & ce Prince défendit par un nouvel Edit de troubler les Prêtres Européens dans l'exercice de leur Ministere.

Grand nombre de conversions. Des Néophytes composent un Traité de la supériorité de la Religion Chrétienne sur les Sectes du Japon.

Cet avantage remporté sur les Ministres des Idoles, & la faveur déclarée de la Cour Impériale, disposerent admirablement les esprits en faveur du Christianisme, de sorte que les deux Religieux commencerent à recueillir avec joye ce qu'ils avoient semé avec tant de fatigues. On venoit de toutes parts leur demander le Baptême, & bien-tôt leur plus grand embarras fut de trouver du tems pour satisfaire tous ceux, qui vouloient être instruits. La ferveur des Fidèles s'accrut avec leur nombre, & comme ils brûloient du désir de faire adorer le Dieu, qu'ils venoient de connoître,

les plus Sçavants d'entr'eux compoſerent un
petit Traité en forme de Lettre adreſſé aux
Chrétiens du Bungo, où ils oppoſoient la Loi
de Jesus-Christ aux différentes Sectes du
Japon, & faiſoient voir combien elle leur eſt
ſupérieure. Il n'eſt pas croyable de combien
de Converſions ce petit Ouvrage fut l'occaſion, ou l'inſtrument.

De la maniere, dont les Eſprits paroiſſoient
partout diſpoſez à recevoir l'Evangile, il eſt
conſtant qu'il ne manquoit que des Ouvriers
pour l'annoncer. On en demandoit de pluſieurs Provinces au P. de Torrez, mais il ne
lui en venoit point des Indes, & pour comble de chagrin, il fut encore obligé de ſe priver du ſeul Prêtre, qu'il eût avec lui dans le
Ximo. Mais ce fut bien moins cette perte,
qui le toucha, que le principe, qui la cauſa,
& les circonſtances, dont elle fut accompagnée. Un des premiers Miſſionnaires, ſur qui
l'Apôtre des Indes avoit jetté les yeux pour la
Miſſion du Japon, après qu'il eut reconnu que
cette Nation demandoit des Prédicateurs d'un
grand mérite & d'une vertu peu commune,
fut le Pere Balthazar Gago; & rien ne doit
donner une plus grande idée de ce Religieux,
que la préférence, qui lui fut donnée par un
ſi bon Juge, ſur tant de Saints & de grands
Hommes, qui firent alors changer toute l'A-
ſie de face, & parmi leſquels il y a eu tant
d'Apôtres & de Martyrs.

Le P. Gago fit d'abord honneur au choix
de ſon Supérieur. Il apprit ſi aiſément la Langue Japonnoiſe, qu'en très-peu de tems il
fut en état de la parler avec facilité, & même avec élégance. Il fit dans le Bungo, dans

G vj

De J. C.
1561.
De Syn-Mu.
2221.

Triſte exem-
ple de la fu-
bleſſe humai-
ne dans un
Miſſionnaire

le Firando, & dans le Chicugen des Converfions innombrables ; fa vertu, & la douceur
de fes manieres lui avoient tellement gagné
le cœur de tous fes Néophytes, que leur attachement à fa Perfonne alloit jufqu'à une
véritable tendrefle. Enfin les Miracles, que
Dieu opéra plus d'une fois par fon Miniftere,
& fur-tout le pouvoir, qu'il avoit reçu de
chafler les Démons. répandirent fort loin fa
réputation. Ce qu'il fouffrit dans la prife de
Facata avoit achevé de le rendre infiniment
cher & précieux à toute cette Eglife naiffan-
te. Mais ce Géant s'arrêta malheureufement
au milieu de fa courfe, & par un fecret Jugement de Dieu, qui voulut fans doute apprendre à tant d'Hommes Apoftoliques, que quoiqu'ils euffent fait & fouffert pour fon Nom,
ils ne pouvoient avoir trop de défiance d'eux
mêmes, un des plus faints, des plus zélez, &
des plus infatigables Ouvriers, qui fuffent alors
dans l'Orient, fut du nombre de ceux, qui
après avoir mis la Main à la charrue, regar-
dent lâchement derriere eux.

Il n'y avoit pas long-tems, que le P. Gago
étoit revenu de Facata, qu'on apperçut en lui
un grand changement, cet Homme, à qui
jufques-là rien n'avoit paru difficile, trouvoit
alors tout impoffible. Enfin il déclara que fes
infirmitez ne lui permettoient pas de demeurer plus long-tems au Japon. Il y a bien de
l'apparence que la violente fituation, où il
s'étoit trouvé à la prife de Facata, lui avoit
affoibli l'efprit, car depuis ce tems-là il parut
bien différent de lui-même. Le P. de Torrez,
qui le remarqua, & qui jugea fort fagement,
qu'un Millionnaire en cet état ne feroit plus

déformais fort utile à la Million du Japon,
confentit, quoiqu'avec bien du regret, à fon
départ; & la nouvelle ne s'en fut pas plutôt
répanduè, que la défolation fut extrême parmi tous les Fidèles. Mais, ni la douleur du
Supérieur de la Million, ni les larmes des
Néophytes, ne pûrent faire changer de réfolution au Pere Gago, qui pour cacher fa foi.
bleffè au Publrc, ou plutôt pour fe tirer des
Mains de ces nouveaux Chrétiens, fit courir
le bruit, qu'il alloit chercher aux Indes un
renfort de Prédicateurs. Il s'embarqua le feptiéme jour d'Octobre de l'année 1561. fur le
Vaiffeau d'EMMANUEL DE MENDOZE, qui faifoit voiles vers Malaca.

De J. C.
1561.
De Syn-Mu.
2221.

Il n'alla pas bien loin, fans reconnoître,
que Dieu le pourfuivoit comme un autre Jo-
nas; car après quelques jours d'une Navigation affez tranquille, le Navire, où il étoit,
fut affailli d'une des plus rudes tourmentes,
qu'on eût peut-être vûes dans ces Mers. Alors.
le Millionnaire fugitif fentit tout le poids de
la colere du Ciel. Il fe reprocha cent fois fon
infidélité, & il s'offrit en facrifice, pour le falut d'un Equipage, fur lequel il crut avoir at-
tiré cette tempête; il refufa même une place, qu'on lui préfenta dans l'efquif, où plufieurs fongeoient déja à fe jetter, & pendant
quinze jours, que dura la tourmente, il fit
tout ce qu'on eût pû attendre de lui dans le
tems de fa plus grande ferveur. Enfin le Navire alla fe brifer dans un Port de l'Ifle de
HAINAN, ou quoiqu'il abordât tout defagréé,
tout le monde eut le tems de fe fauver. Le P.
Gago fe rendit enfuite à Goa, & ne laiffa pas
de rendre encore quelques fervices dans les

Indes à la Compagnie & à l'Eglise ; mais ce ne fut, ni avec le même zele, ni avec le même succès , que dans ses premieres années : sa conduite étoit d'ailleurs fort réglée , & dans le fonds on le plaignit beaucoup plus, qu'on ne le blâma. Il parut même sur la fin de ses jours reprendre une nouvelle vigueur, & l'on vit renaître en lui quelqu'étincelle de ce feu divin, dont il avoit si long-tems brûlé ; cependant il n'atteignit jamais au dégré de sainteté, dont il étoit déchû. Mais revenons à des objets plus consolants, quoique moins instructifs peut-être pour plusieurs de ceux , qui liront cette Histoire.

La réputation du Pere Vilela n'étoit plus renfermée dans l'enceinte de Meaco, ni même bornée aux environs de cette Capitale de l'Empire. Il fut appellée à Sacai par un des principaux de la Ville. Sacai aujourd'hui Ville Impériale , & située dans la Province d'Izumi , étoit au tems dont nous parlons , une des plus opulentes, & des plus fortes Villes du Japon. Elle est au Nord de Meaco par les trente-cinq dégrez trente minutes de latitude septentrionale , baignée de la Mer à l'Occident, & du reste environnée d'un Fossé fort large , & toujours rempli d'eau. Elle ne reconnoissoit alors aucun Prince particulier, le Gouvernement y étoit Républiquain, & quelques Relations assurent, qu'il différoit fort peu de celui de Venise. La Police y étoit admirable ; les moindres fautes contre le bon ordre & la tranquilité publique , y étoient sévérement punies , & l'on y avoit joüi d'une paix profonde , tandis que toutes les Provinces circonvoisines étoient dans le trouble & dans l'agitation ; mais cette Ville riche , puissante , plongée dans les délices , qu'attire toujours l'abondance , & fiere de sa prospérité , n'étoit pas disposée à recevoir l'Evangile , & la Foi n'y a jamais fait de grands progrès.

De J. C. 1561.
De Syn-Mu. 2221.

Le Pere Vilela y baptise toute une Famille. Prodige de sainteté dans un Enfant de quatorze ans.

Parmi tant d'endurcis , il y avoit une Famille prédestinée , le Pere Vilela fut reçû comme un Ange du Ciel par le Gentilhomme , qui l'avoit fait venir , & dont il baptisa en peu de tems toute la Maison. Ce Missionnaire a écrit des choses merveilleuses de cette Famille , qui étoit une des plus puissantes de tout le Pays , surtout d'un Enfant de quatorze ans , qui ne respiroit que le Martyre. En effet il avoit été rempli dans le Baptême d'une si grande abondance de graces , qu'il sembloit un Séraphin tout embrasé de l'amour de Dieu. Après le départ du Pere Vilela , il obtint de ses Parens la permission d'aller à Fucheo , pour y joüir de l'entretien des Missionnaires , qui y étoient toujours en plus grand nombre qu'ailleurs , & voici ce que Louis Almeyda , qui étoit pour lors dans cette Ville , en a écrit dans ses Lettres. « Il ne se voit rien de » plus parfait dans l'ordre de la Nature , ni » dans celui de la Grace , qu'un jeune Hom- » me , qui nous est venu de Sacai. Il approche » tous les huit jours du Sacrement de l'Au- » tel , & c'est ordinairement avec une abon- » dance de larmes , qui inspireroit de la dévo- » tion aux cœurs les plus durs. Rien n'est plus » humble , on voit avec étonnement un En- » fant de condition aimer à se confondre avec » les plus Pauvres. Il s'est même fait entiere- » raser la Tête , pour n'avoir plus aucune » marque de Noblesse ; ses Habits sont sim-

» ples, & fa nourriture eft des plus groſſie-
» res, auſſi paroît-il réſolu à renoncer entie-
» rement au Monde, quand il aura atteint
» l'âge néceſſaire pour cela ». Apiès que
cet admirable Enfant eut reſté quelque tems
à Fucheo, ſes Parens le redemanderent, & le
Pere de Torrez le reconduiſit par Terre juſqu'au Port de Vocoxiura, qui eſt de la Principauté d'Omura, où il devoit s'embarquer;
il y trouva un Navire, qui chemin faiſant s'arrêta dans le Port de Firando. Vincent, c'é-
toit le nom du jeune Chrétien de Sacai, y
voulut rendre viſite à la Femme du Prince Antoine, qu'il apprit être alors dans la Ville, &
comme il la trouva qui ſe diſpoſoit à la Con-
feſſion avec tous ſes Domeſtiques, il leur fit
un diſcours ſi pathétique, ſur la Pénitence
Chrétienne, qu'on auroit dit que le Saint Efprit parloit par ſa bouche. C'étoit aſſez l'u-
ſage dans cette nouvelle Egliſe, d'accoutu-
mer les Enfans à parler en public, ſur les Points
principaux de la Religion & de la Morale Chrétienne, & ils s'en acquittoient avec une grace
nompareille, & avec un ſuccès, qui paſſe tout
ce qu'on en peut dire, mais il y avoit dans
celui-ci quelque choſe d'extraordinaire, &
qui ſembloit ſurnaturel. Vincent avoit une
Sœur nommée Monique, dont nous aurons
bientôt occaſion de dire des choſes auſſi merveilleuſes, que ce que nous venons de voir de
ſon Frere.

Loüis Almei-
da viſite les
Egliſes du Xi-
mo, en quel
état il les trou
ve. Ce qui le

Le Pere Vilela demeura fort peu de tems
à Sacai, où il s'apperçut bien-tôt, qu'il ne devoit pas compter de faire beaucoup de fruit,
& il retourna à Meaco, où le nombre des Pro-
ſélytes croiſſoit tous les jours. Mais tandis

que ce grand Ouvrier établissoit si solidement
le Christianisme dans le centre de l'Empire,
Louis Almeyda, qu'une constante application
à l'étude de nos Mysteres, & de la Langue Japonnoise, jointe a une vertu héroïque, avoit
rendu très-capable d'être employé au Miniftere Evangélique, visitoit les Eglife du Ximo,
qui étoient destituées de Pasteurs, guérissant
en même-tems les Corps & les Ames, & il
commença par le Firando. Il trouvoit dans
tous les lieux de son passage de nouveaux sujets d'adorer la bonté libérale de Dieu, qui
sembloit n'avoir point de réserve pour les Japonnois, mais deux choses le frapperent plus,
que tout le reste, ainsi que lui-même s'en explique dans une de ses Lettres aux Jéfuites des
Indes. La premiere étoit l'esprit de pénitence,
qui régnoit parmi ces nouveaux Fidèles à un
point, qu'on avoit toutes les peines du monde
à les retenir dans les bornes de la discrétion.
La seconde est, qu'aussi-tôt qu'un Infidéle avoit
reçû le Baptême, quelque grossier, & quelqu'ignorant qu'il fût d'ailleurs, il devenoit
formidable aux Bonzes. Le Missionnaire cite
plusieurs traits de ces deux merveilles, & il
ajoûte en particulier par rapport à la seconde,
qu'on voyoit tous les jours les plus vils Arti-
fans, des Femmes, & des Enfans, faire aux
plus célebres Docteurs des questions, & leur
proposer des difficultez, ausquelles ils ne pouvoient répondre, & les jetter dans des embarras, d'où ils ne se tiroient point.

Ce qui contribuoit encore plus à conserver
& à augmenter la ferveur primitive dans cette
Chrétienté, c'est l'union étroite, qu'on avoit
trouvé le secret d'établir, & qu'on avoit grand

De J. C.
1561.
De Syn - Mu.
2221.

surprend da-
vantage.Fruits
de sa visite.

De J. C.
1561.
De Syn - Mu.
2221.

foin d'entretenir, non-feulement entre les Particuliers de chaque Eglife, mais auffi entre toutes les Eglifes, ce qui y caufoit une fainte émulation, dont les fruits fe rendoient de jour en jour plus fenfibles. Elles s'écrivoient mutuellement pour fe confoler dans les perfécutions, qu'on leur fufcitoit, pour s'animer à la fainteté; pour s'exciter a la perfévérance; & pour fe communiquer ce qui fe paffoit de plus édifiant dans chacune : auffi pouvoit-on dire des Fidéles du Japon, ce que S. Luc rapporte des premiers Fidéles, qu'ils n'avoient tous qu'un Cœur & qu'une Ame. Il arrivoit encore de ce petit commerce de piété que les exemples de vertu, que donnoient les Particuliers, étoient connus partout, & que le fruit n'en étoit pas renfermé dans l'enceinte d'une Ville, ou d'une Bourgade.

Mais ce qui fervoit principalement à donner de la ftabilité à tout le bien, qui fe faifoit dans l'Eglife du Japon, c'eft le foin extraordinaire, qu'on y prenoit de l'éducation de la feuneffe. Non feulement il y avoit dans chaque Million une Fcole publique, où l'on enfeignoit la Doctrine Chrétienne, quelques principes des Belles-Lettres, le Chant de l'Eglife, & même un peu de Mufique, mais les Millionnaires prenoient chez eux ceux d'entre les Enfans, en qui ils remarquoient de meilleures difpofitions, & plus de talens. C'étoit furtout ceux-là, qu'on exerçoit à parler en public de la maniére, que j'ai dit. On les accoutumoit auffi peu à peu à l'Oraifon mentale, & aux autres exercices établis dans les Séminaires. Ces Enfans entroient dans tout avec une facilité & une affection furprenantes, on leur voyoit pratiquer des vertus, qui auroient fait honneur aux Religieux les plus confommés, plufieurs ne pouvoient entendre parler de la Paffion du Sauveur des Hommes, fans fondre en larmes, & ils s'exprimoient fur ce fujet de maniére a faire comprendre qu'ils fentoient parfaitement ce qu'ils difóient.

Tous les Vendredis ils s'affembloient dans l'Eglife, d'où ils alloient proceffionnellement vers une Repréfentation du faint Sépulchre, vêtus en Pénitens, & portant chacun un inftrument de la Paffion. On les voyoit marcher avec une modeftie, & une piété, qui ne fe fentoient point de leur âge, & ils paroiffoient pénétrés de la grandeur, & de la fainteté du Myftére, qu'ils repréfentoient. A mefure qu'ils arrivoient au terme de la Station, ils fe profternoient contre terre, & formoient à haute voix des actes, & des afpirations conformes aux inftrumens, dont ils étoient chargés, & ils les terminoient toujours par demander avec larmes la grace du Martyre. Quand tous avoient fini, pour faire voir combien ils étoient difpofés a répandre leur fang pour Jefus-Chrift, ils fe découvroient les épaules, & prenoient tous enfemble une rude difcipline à la vûe de leurs Peres & de leurs Meres, & de tout le Peuple, à qui la ferveur de ces petits Innocens faifoient pouffer des foupirs & des fanglots, dont tout retentiffoit. Que ceux, qui regarderont ces détails comme des minucies, fouffrent que je m'y arrête quelquefois, en faveur de ceux, qui en feront édifiés, & qui ne me pardonneroient peut-être pas de les avoir retranchés abfolument dans un Ouvrage de la nature de celui-ci, où je dois écrire pour tout le mon-

De J. C.
1561.
De Syi - Mu.
2221.

de. D'ailleurs ce font ces particularitez, qui font mieux connoître le génie d'une Nation ; puifqu'il eft certain que la Grace, lors même qu'elle agit plus fouverainement fur les cœurs, fe conforme prefque toujours au caractere dominant de ceux, dont elle triomphe.

Cependant une Chrétienté établie fur de tels fondemens ne pouvoit pas manquer de produire ces exemples merveilleux de vertus, qui ont étonné l'Univers, & qui ne trouveroi nt peut-être point croyance parmi nous, fi ceux mêmes, qui avoient le plus d'intérêt a les enfevelir dans le filence, ne les avoient auffi hautement publiés, que les Catholiques. Mais fi ces grands fuccès adouciffoient les travaux des Miffionnaires, & leur rendoient leurs Néophites bien chers, il n'eft pas moins vrai que l'excès de ces travaux, les mauvais traitements des Bonzes, & le courage, avec lequel ces Religie x s'expofoient fans ceffe à toutes fortes de périls pour gagner des Ames à Jefus Chrift, infpiroient aux Fidèles un attachement incroyable pour leurs perfonnes Cela paroiffoit en toute occafion, mais principalement, lorfqu'il arrivoit quel ue nouvel Ouvrier au Japon. Dès qu'ils le fçavoient proche, prefq ie tous alloient au-devant de lui, marchant deux à deux, & chantant des Pfeaumes, ou q iel-que Motet, dont les paroles étoient tirées de l'Ecriture, & accommodées au fujet. Au moment que le Miffionnaire paroiffoit, ces Néophytes faifis de joye, & les yeux baignés de pleurs, ne pouvoient plus que puffer des cris entrecoupés de fanglots · ils couroient en cet état, & fans ordre fe jetter à fes pieds, & demeuroient quelque tems en cette pofture autour

de lui, les bras élevés vers le Ciel, comme
s'ils euſſent vû un Ange, qui en fût deſcendu,
pour les y conduire. Ils éclatoieut enſùite en
actions de graces, qu'ils rendoient a Dieu de
leur avoir envoyé un nouveau Paſteur : puis ils
le conduiſoient a l'Egliſe, où ils chantoient le
Te Deum.

De! J. C.
1561.

De Syn. Mu,
2221.

Leur charité mutuelle entr'eux n'étoit pas
moins admirable. Il n'arrivoit aucun Chrétien
d'une autre Egliſe, qu'on n'envoyât quelqu'un
pour le recevoir, quand on étoit averti de ſa
venuë, l'Egliſe étoit toujours le lieu, où on le
conduiſoit d'abord, & jamais on ne le laiſſoit
aller à l'auberge. tout l'embarras de ce Voyageur, & encore plus des Miſſionnaires, étoit
pour ſe déterminer entre tous ceux, qui vouloient les poſſéder. C'eſt Louis Almeyda, qui
nous inſtruit de tous ces faits, dont il avoit
une connoiſſance d'autant plus parfaite, qu'aucun Miſſionnaire n'a plus ſouvent que lui par-
couru tous les endroits du Japon, où l'Evangile a pénétré de ſon tems. Les Lettres, par
leſquelles il rend compte à ſes Supérieurs de
l'état, où il trouvoit les Egliſes qu'il viſitoit,
ſont remplies d'un grand nombre de traits,
que je ſupprime avec regret, mais il m'a paru
néceſſaire de le ſuivre dans ſon voyage.

De Firando, ce Miſſionnaire entra dans le
Saxuma, & paſſa par la Fortereſſe d'EKAN-
DONO, où il avoit reçû dans ſa route un ordre
précis de ſe rendre inceſſamment. C'étoit au
cœur de l'Hyver, & il trouva en quelques endroits les chemins tellement bouchés, que pour
avancer, il lui falloit ſouvent abatre la neige
avec des pics, comme on fait en quelques endroits des Alpes. Il fut ſurpris de voir la mai-

En quelle
diſpoſition il
trouve le Roi
de Saxuma.

son d'Ekandono presque toute Chrétienne ; mais il ne s'y arrêta point pour lors , parce qu'il étoit pressé de se rendre à Cangoxima. Il apprit, en arrivant dans cette Ville , que le Roi de Saxuma y étoit , & il alla le trouver , pour lui rendre une Lettre du Pere de Torrez. Ce Prince reçut la Lettre avec toutes les marques d'une parfaite estime pour la Personne du Supérieur, & fit beaucoup d'amitié à Almeyda. Le Missionnaire voulut profiter de ce favorable accueil , pour inspirer au Roi des pensées de salut , mais il s'apperçut bientôt qu'il parloit en vain , & que ce Prince pouvoit, s'il étoit bien ménagé , devenir favorable au Christianisme, mais qu'il ne seroit jamais Chrétien.

De Cangoxima , Louis Almeyda passa à un autre Port nommé TOMARIN , où le Navire d'Emmanuel de Mendoze étoit encore mouillé, & il remit à ce Capitaine deux Lettres, dont le Roi de Saxuma l'avoit chargé. L'une étoit pour le Vice-Roi des Indes , & l'autre pour le Provincial des Jésuites Il prioit l'un & l'autre de choisir ses Etats pour y établir le Commerce des Portugais, & il leur offroit une Maison , pour y fixer le séjour ordinaire du Supérieur de la Mission. De Tomarin , Almeyda retourna à Cangoxima , où il visita tous les Chrétiens, & les trouva tels pour la ferveur, mais en bien plus grand nombre , que l'Apôtre des Indes ne les avoit laissés. De leur côté , ils profiterent de la présence du Missionnaire en Gens, qui avoient une faim extrême du pain de la divine parole, & Almeyda baptisa un grand nombre de personnes , parmi lesquelles il y avoit deux Seigneurs, parents ou alliés du Roi , avec toutes leurs fami-

les. Enfin, avant que de partir de ce Port, il
eut la confolation d y voir une Eglife bâtie au
vrai Dieu.

De J. C.
1561 62.
De Syn - Mu.
2221-22.

La patience, la fidélité, la vertu, & le zéle
de ces Chrétiens pour le fervice de leur Souverain, dont ils lui avoient donné plufieurs
preuves éclatantes, avoient charmé ce Prince,
& lui faifoient fouhaiter que tous fes Sujets
embraffaffent une Religion fi fainte. Almeyda
eut le bonheur de recueillir les fruits de cette
bonne volonté du Roi, & ne trouva aucun
obftacle aux deffeins, qu'il forma pour rendre
de plus en plus cette Chrétienté florillante. Il
vifita auffi les Bonzes qui furent charmés de
fes bonnes maniéres, & une cure confidérable, qu'il fit fur la Perfonne d'un de leurs
Tundes, acheva de les lui gagner tous : quelques-uns même demanderent le Batème ;
mais comme ils déclarerent, qu'ils ne pourroient fe difpenfer d'affifter aux Funérailles du
Prince, s'il venoit à mourir, & d'y faire leurs
fonctions, il ne les baptifa point. Enfin rien
ne l'arrêtant plus à Cangoxima, il retourna
chez Ekandono, comme il s'y étoit engagé, &
il apprit en y arrivant la mort du Vieillard,
que le Pere Xavier avoit chargé du foin des
Chrétiens de ce Château.

Avant que de fonger a lui donner un Succeffeur, il voulut connoître par lui-même tous
ceux qui compofoient ce petit Troupeau, &
quelque prévenu, qu'il fût en leur faveur fur
le bruit public, il trouva qu'on n'en difoit pas
encore affez. Il voyoit des Femmes, des Enfans, des Soldats, des Domeftiques, qui n'a-
voient jamais vû de Prêtre, qu'une feule fois
en paffant, dans l'exercice familier des plus

sublimes vertus du Christianisme : tous s'a-
donnoient à l'Oraison, à la Pénitence, & à
toutes les bonnes œuvres, dont ils pouvoient
trouver l'occasion ; ils se retiroient le plus souvent qu'il leur étoit possible, dans une forêt
voisine, & y restoient plusieurs jours de suite
uniquement occupés de Dieu & de leur salut,
d'où il étoit aisé de conclure, que le Saint Esprit, au défaut des Hommes, avoit été leur
Maître dans la Science divine. L'éclat d'une si
grande sainteté avoit fait presqu'autant de
Prosélytes, qu'il étoit resté d'Infidéles dans
cette Forteresse après le départ du Pere Xavier, & Almeyda les trouva si bien instruits,
qu'il les baptisa tous. Il nomma ensuite pour
présider aux Exercices de Religion, le Fils du
Seigneur même, & il lui associa un jeune
Homme, en qui il avoit remarqué un grand
esprit, & beaucoup plus encore de ferveur.

Ce Néophyte composa peu de tems après un
fort bel Ouvrage, qui fut d'une grande utilité
à toute l'Eglise du Japon. C'étoit un abrégé
de l'Histoire Sainte, depuis la création du Monde, jusqu'à la Résurrection de Jesus-Christ.
Les souffrances & les opprobres de la Passion
de l'Homme-Dieu y étoient surtout représen-
tées d'une maniére fort touchante, aussi ne
pouvoit-on entendre l'Auteur parler sur cette
matiere, qu'on ne le sentît le cœur embrasé
des flammes de l'amour céleste. Un jour que
Almeyda, après lui avoir raconté les persécu-
tions, que l'Eglise avoit souffertes a sa naissance, lui demandoit ce qu'il feroit, supposé que
le Roi son Souverain lui ordonnât d'abjurer le
Christianisme, « Voici, dit-il, ce que je lui
» répondrois. Seigneur, voulez-vous que je
» vous

» vous fois fidéle, & que j'aye toujours toute
» la foumiſſion, qu'il convient à un Sujet
» d'avoir pour fon Roi ? voulez-vous que je
» témoigne du zele pour votre ſervice dans
» les occaſions, où je pourrois vous être utile,
» & qu'aucun intérêt particulier ne me faſſe
» jamais oublier ce que je vous dois ? voulez-
» vous que je ſois doux, modéré, complai-
» ſant, plein de charité envers mes égaux;
» que je ſouffre avec patience tous les mau-
» vais traitements qu'on me fera ? ordonnez-
» moi donc de demeurer Chrétien, car il n'y
» a que d'un Chrétien, qu'on puiſſe raiſon-
» nablement attendre tout cela.

De J. C.
1561-62.

De Syn-Mu-
2221-22.

Parmi tant de ſujets de conſolation, une
choſe affligeoit ſenſiblement le Miſſionnaire.
Ekandono ne pouvoit ſe déterminer à ſe faire
Chrétien, quoiqu'il fût perſuadé de la vérité
du Chriſtianiſme, qu'il l'aimât, & qu'il prît
un plaiſir ſingulier à en entendre parler. Almeyda n'omit rien pour le toucher, mais un
jour, qu'il le preſſoit extraordinairement, il
en reçut cette réponſe. « Le Dieu du Ciel, que
» vous me prêchez, & que je reconnois pour
» le ſeul vrai Dieu, m'eſt témoin que mon
» cœur l'adore, & que ſa Loi y eſt gravée;
» & ſans cela aurois-je permis à ma Famille,
» & même au moindre de mes Sujets de l'em-
» braſſer ? mais vous ne ſçavez pas les meſu-
» res, que je ſuis obligé de prendre avec la
» Cour de Saxuma. Vous croyez, parce que
» le Roi vous fait bon viſage, qu'il voit de
» bon œil le progrès de votre Doctrine: vous
» vous trompez : ce Prince ne s'embarraſſe
» pas beaucoup de ce que fait le Peuple, parce
» que ſes démarches ne tirent pas à conſé-

Tome II. H

» quence , & que son attachement à votre Re-
» ligion peut attirer les Portugais dans ses
» Ports : ainsi il la tolere , & fait même sem-
» blant d'être bien aise qu'elle s'établisse parmi
» les Gens du commun, mais il s'en faut beau-
» coup qu'il soit dans les mêmes dispositions
» par rapport à la Noblesse. J'espere toute-
» fois de la Bonté divine , qu'elle fera naître
» le moment favorable , auquel je pourrai ,
» sans aucun risque , ne rien déguiser de mes
» véritables sentiments ». Le Missionnaire vit
bien par ce discours , qu'il étoit inutile d'in-
sister davantage. Il prit congé de ce Seigneur ,
& partit pour le Pays d'Omura , où il venoit
de recevoir un ordre du Pere de Torrez de se
rendre incessamment. Nos Relations ne disent
plus rien depuis ce tems-là du Seigneur d'E-
kandono.

Description
de la Princi-
pauté d'Omu-
ra.

La partie la plus occidentale du Ximo se
divise en quatre pointes, qui avancent considérablement dans la Mer, & peuvent être regardées comme quatre Péninsules. Celle qui
regarde le Nord, & plusieurs petites Isles, qui
en sont fort proches, composent la Principauté d'Omura, dont la Capitale, qui porte
le même nom , & qui vraisemblablement le
lui a donné, est située dans le fonds d'une
Baye, sur le bord de la Mer, où il y a un
très-bon Port, dont nous parlerons bientôt,
& qui n'étoit pas alors fort connu. Ce petit
Etat est de la Province de Figen, aussi bien
que le Tacacu, ou le Royaume d'Arima,
celui de Firando , & celui de Gotto : il a
même toujours relevé du premier de ces Royaumes, qui est le plus considérable des trois.
Aussi les Princes d'Omura n'ont-ils jamais pris

le titre de Roi, pas même dans le tems, que
plusieurs conquêtes assez considérables, & l'é-
tablissement du Port de Nangazaqui, dont ils
étoient les Maîtres, les eurent rendu aussi riches, & aussi puissans, que la plûpart de ceux,
qui le portoient; & c'est a tort que quelques
Auteurs le leur ont donné, puisqu'il est certain, qu'ils n'ont jamais cessé d'être Vassaux
des Rois d'Arima.

De J. C.
1562.
De Syn - Mu.
2222.

SUMITANDA, qui gouvernoit alors ce petit
Pays, étoit fils puîné de XENGANDONO Roi
d'Arima, & avoit reçu de la nature toutes les
qualitez, qui attirent le respect & l'amour des
Peuples. Comme il n'avoit pas été élevé dans
l'espérance de régner, il n'avoit paru d'abord
en lui qu'un Sujet soumis, non-seulement aux
volontez du Roi son Pere, mais encore à l'é-
gard de son Frere aîné, après que Xengandono eut abdiqué la Couronne en faveur de
ce jeune Prince, comme cela se pratique assez
souvent au Japon. La valeur de Sumitanda
faisoit le soutien du Royaume, & ne donnoit
point d'ombrage, sa bonne mine, une certaine popularité noble, son humeur douce &
bienfaisante, ses manieres & son air affables
le rendoient les délices du Peuple, & ne causoient point de jalousie au Souverain. Un Prince de ce caractere n'étoit pas né pour être toujours sujet. Le Seigneur d'Omura, qui étoit
proche parent du Roi d'Arima, mourut sans
laisser d'autre Enfant, qu'un Fils naturel, qui
fut jugé incapable de lui succéder. La Princesse veuve adopta Sumitanda, & au grand
contentement de tous ses Sujets le déclara
Prince d'Omura. Le changement de sa fortune n'en fit aucun dans sa Personne, il soutint

Caractere du
Prince.

H ij

dans fa nouvelle dignité l'opinion, qu'on avoit conçue de fon mérite, & il gouverna avec tant de bonté & de grandeur, que difficilement on auroit pû trouver un Prince, qui aimât plus fes Sujets, ni des Sujets, qui fuffent plus affectionnés à leur Prince.

Il y avoit environ douze ans, que Snmitanda étoit Prince d'Omura, lorfqu'il lui tomba par hazard entre les Mains un Livre compofé par le P. Vilela, où la vérité de la Religion Chrétienne étoit nettement expliquée, & folidement prouvée. Il le lut avec attention, & fe fentit fortement porté à embraffer le Chriftianifme. Pour ne point agir avec précipitation dans une Affaire de cette importance, il fouhaita de conférer avec quelqu'un des Religieux Européens, & comme il ne vouloit point découvrir fon deffein, il propofa à fon Confeil d'attirer dans fes Ports les Vaiffeaux Portugais. Il exaggéra l'utilité, que fes Etats pourroient tirer de ce Commerce, & ajoûta, que le meilleur moyen d'engager ces Marchands à lui donner la préférence fur tous les autres Princes du Japon, étoit de leur offrir de plus grands avantages, qu'on ne leur en faifoit ailleurs, & furtout de donner aux Miniftres de leur Religion un Etabliffement dans fes Terres.

Ce projet fut univerfellement applaudi, & le Prince en donna auffi-tôt avis au Pere de Torrez, lui manda que le Port de Vocoxiura feroit ouvert aux Vaiffeaux Portugais, qu'ils y feroient exempts de tous Droits, qu'il leur céderoit toutes les Terres, qui font à deux lieües à la ronde ; qu'il y auroit une Maifon pour les Miffionnaires, & qu'aucun

Idolâtre ne pourroit s'y établir sans leur consentement. Le Supérieur n'avoit garde de négliger une si belle occasion d'étendre le Royaume de Dieu. Il n'eut pas plutôt reçu la Lettre du Prince, qu'il écrivit à Almeyda de se
transporta à Omura, & lui envoya toutes les
instructions, dont il avoit besoin, pour traiter avec Sumitanda. Ce fut ce qui obligea ce
Religieux à quitter plutôt, qu'il n'auroit souhaité, le Royaume de Saxuma.

Cependant le Roi de Firando eut le vent
de ce qui se projettoit à Omura, & résolut
de ne rien omettre pour en traverser l'exécution. Dans cette vûe, il écrivit une Lettre
très-obligeante au P. de Torrez, il le prioit
d'oublier le passé, d'être bien persuadé que
tout ce qui étoit arrivé, s'étoit fait malgré
lui, qu'il étoit toujours dans les mêmes sentiments à l'égard du Christianisme, où il
avoit paru d'abord ; que la seule nécessité des
Affaires l'avoit obligé de les dissimuler pour
un tems, & que s'il vouloit lui envoyer quelqu'un de ses Religieux, il connoîtroit par la
maniere, dont il en useroit avec lui, combien sincerement il estimoit la Religion Chrétienne, & le cas qu'il faisoit de ceux, qui la
prêchoient. Le Supérieur n'étoit pas en état
de faire ce que souhaitoit ce Prince, auquel
il ne croyoit pas d'ailleurs devoir beaucoup
se fier : il lui fit néanmoins une Réponse honnête, & l'assura, qu'aussi-tôt qu'il auroit reçû
un renfort de Missionnaires, qu'il attendoit
des Indes, il feroit tout son possible pour le
satisfaire.

Je ne sçais ce qui étoit arrivé dans le Chicugen, depuis la Révolution, qui avoit fait

De J. C.
1562.
De Syn-Mu.
2222.

Le Roi de
Firando, pour
traverser ce
projet, fait de
grands offices
au P. de Tor-
rez.

perdre ce Royaume au Roi de Bungo , mais a peu près dans le tems , dont je parle, la Ville de Facata députa au P. de Torrez, pour le conjurer de lui envoyer un Missionnaire. Le Supérieur n'avoit alors auprès de lui qu'un jeune Jésuite nommé Damien. Il le fit partir sur le champ avec un Catéchiste pour Facata, & ils y furent très-bien reçûs. Damien avoit du talent pour gagner les cœurs , en moins de deux mois il baptisa plus de cent Personnes de marque , & un très-grand nombre de Gens du commun. Il auroit même poussé ses Conquêtes plus loin , si la disette d'Ouvriers eût permis au P. de Torrez de le laisser plus long-tems dans cette Ville.

[Description
u Port de
ocoxiura.

Pendant toutes ces Négociations & ces mouvements, Almeyda se rendit à Vocoxiura , & visita ce Port, dont il fut extrêmement satisfait ; c'est en effet un des plus beaux & des plus grands du Japon ; il a deux lieuës de circuit, & dans cette grande étendue il y a quantité de pointes de Terre , & de Rochers, qui forment un grand nombre de petits Havres , tous à l'abri des Vents , outre qu'à l'entrée du Port il y a une petite Isle, qui en garantit les Navires, & qui rompt les vagues de la Mer. On avoit assuré au Missionnaire que le Prince d'Omura étoit dans ce Port , mais il ne l'y trouva point , & au lieu de l'aller chercher à sa Capitale, où il y avoit toute apparence qu'il étoit , il jugea plus à propos de pousser jusqu'à Fucheo, pour s'y aboucher avec le P. de Torrez, qui sur le champ le renvoya dans la Principauté d'Omura avec Fernandez.

Almeida est Les deux Missionnaires partirent de Fucheo le cinquième de Juillet de l'année 1562. & arriverent en peu de jours à Facata , où Fernandez resta quelque tems. Le vent étant bon pour aller à Vocoxiura , Almeyda s'y rendit en peu de tems, mais il n'y trouva point le Prince , lequel étoit à quinze lieues de cette Ville. Il l'y alla chercher , & il en fut reçu avec une bonté, dont il crut se devoir tout promettre. Ce Prince le fit asseoir à son côté , & l'invita deux fois à manger avec lui. Il donna aussitôt ses ordres pour faire dresser les Patentes de la Concession du Port de Vocoxiura sur le pied, qu'il l'avoit proposé, & recommanda expressément, qu'on n'y mît rien , qui ne fut approuvé par le Missionnaire, lequel de son côté ne voulut rien faire de son chef, & envoya le Projet au P. de Torrez.

Le Prince eut ensuite quelques Conférences avec lui sur la Religion , & lui proposa quelques difficultez, qui lui étoient survenues en lisant l'Ecrit du P. Vilela. Almeyda lui leva d'autant plus aisément tous ses doutes , qu'il avoit affaire à un Prince, dont le cœur étoit touché , & qui avoit l'esprit droit. Cela fait , il partit pour Vocoxiura , & Sumitanda lui donna un Gentilhomme Chrétien , Frere du Gouverneur d'Omura, pour l'accompagner & l'aider à commencer l'Etablissement, dont on étoit convenu. Dès qu'ils y furent arrivez , ils mirent les Ouvriers en œuvre, & l'on eut bientôt dressé une Chapelle propre , & une Maison de Bois de Cédre, qui est fort commun en ce Pays-là. Almeyda se disposoit à y faire ses Fonctions , lorsqu'il fut fort surpris de voir arriver le P. de Torrez ; voici quelle fut l'occasion de ce Voyage.

De J. C.
1562.

De Syn - Mu.
2212.

bien reçû du Prince d'Omura, qui fait aux Portugais une concession du Port de Vocoxiura.

Le Prince y donne aussi une Maison & une Eglise aux Jesuites.

H iv

De J. C.
1562.

De Syn-Mu
2222.

Le P. de
Torrez arrive
dans ce Port.
Sujet de fon
voyage.

Le Roi de Firando eut à peine fait au Supérieur Général les offres , que nous avons
vûes , qu'un Navire Portugais étant venu
moüiller dans fon Port, il fe repentit de fes
avances , & dit publiquement qu'il n'étoit
point en peine d'avoir les Vaiffeaux d'Europe dans fes Etats , que fon Port étant le plus
commode du Japon pour eux , ils le préfé-
reroient toujours aux autres, de quelque maniere qu'il en ufât avec les Chrétiens , que
ce n'étoit point à cela , que regardoient les
Marchands de Portugal , puifque , fi cette
confidération eût eu quelque pouvoir fur eux ,
on n'auroit dû les voir jufques-là, que dans
les Ports du Roi de Bungo , Protecteur déclaré de leur Religion , où on ne les voyoit
pourtant prefque jamais.

Ces difcours, qui furent rapportez au Pere
de Torrez , & même à la Cour de Bungo ,
acheverent de faire connoître ce Prince , &
le démafquerent plutôt, qu'il n'auroit fouhaité. On jugea donc que pour l'Honneur de
la Religion , & pour celui de la Nation Portugaife , il falloit engager le Capitaine du Navire , qui étoit dans le Port de Firando , à fe
retirer ailleurs , & le P. de Torrez partit fur
le champ , pour faire exécuter lui-même cette réfolution. Le Roi de Firando fut furpris
des Honneurs , que le Capitaine rendit au
Miffionnaire a fon arrivée fur fon bord, mais
il le fut bien plus encore , quand il apprit
que le Vaiffeau avoit levé les Ancres , & que
le Capitaine avoit déclaré en partant qu'il
ne pouvoit demeurer dans un Pays , où l'on
maltraitoit ceux, qui profeffoient la même Religion que lui. Il prit en effet le Chemin de

Vocoxiura, qui n'est éloigné de Firando, que de huit lieues par Mer, & où il arriva en peu d'heures.

De J. C. 1562.

De Syn. Mu. 2222.

Quantité de Chrétiens de Firando suivirent de près le Supérieur à Vocoxiura, & tous les jours il en arrivoit de bien d'autres endroits, même des Royaumes les plus éloignés, & plusieurs s'y fixerent dans l'espérance que ce Port alloit devenir le centre du Commerce, & le principal Etablissement des Missionnaires. Par-là Vocoxiura, qui peu de mois auparavant n'avoit que quelques Cabannes de Pêcheurs, prit la forme d'une johe Ville, & le P. de Torrez, qui avoit envoyé Almeyda tenir sa place à Fucheo, fut obligé d'appeller Fernandez à son secours. Quelques Affaires le contraignirent peu de tems après de faire un Voyage dans le Bungo, & il visita chemin faisant plusieurs endroits, où il y avoit des Chrétiens & des Proselytes en grand nombre, qui soupiroient après le Baptême: il l'administra à plusieurs, & ayant réglé les Affaires, qui lui avoient fait quitter Vocoxiura, il retourna dans ce Port, auquel il donna le nom de *Notre-Dame de Délivrance.*

Il se forme une Ville dans le Port de Vocoxiura.

Le Prince d'Omura étoit toujours à l'extrémité de ses Etats, où des Affaires importantes demandoient sa présence. Enfin la seconde semaine du Carême, il se rendit à Vocoxiura avec un très-grand train. Dès que le P. de Torrez en fut averti, il alla en cérémonie lui rendre ses devoirs accompagné des principaux Portugais, & le pria de lui faire l'honneur, que le Roi de Bungo lui faisoit tous les ans, de venir manger chez lui le jour, qui lui seroit plus commode. Sumitan-

H v

De J. C.
1562.

De Syn Mu.
2222.

da lui répondit, que ce feroit pour le lendemain. Tout s'y paſſa de maniere, qu'on ne
douta point que ce Prince ne fût Chrétien
dans le cœur. Il fut ſervi à Table par les
Officiers Portugais, & ſuivant le Cérémonial
de la Cour de Portugal. Après le Repas il
voulut avoir un entretien en particulier avec
le P. de Torrez, qui le conduiſit à l'Egliſe,
& ils y demeurerent long-tems enfermés,
n'y ayant avec eux, que le ſeul Fernandez.

Le Prince
d'Omura dé-
terminé à re-
cevoir le Bap-
tême, ce qui
le fait différer.

Le Prince leur dit d'abord, « je ſuis venu
» ici, mes Peres, pour vous entendre par-
» ler de votre Religion. Regardez, je vous
» prie, mon cœur, comme une Terre bien
» préparée, ne craignez point d'y répandre
» la ſemence de la parole Divine, j'eſpere,
» qu'avec le ſecours du Ciel elle y fructifie-
» ra. Au reſte mon intention n'eſt pas d'en
» borner les fruits à moi ſeul, je compte
» bien de les étendre à tous mes Sujets. «
On peut juger de la joye, que cauſa aux
Miſſionnaires une déclaration ſi préciſe. Le
P. de Torrez pria le Prince de trouver bon
que Fernandez, qui parloit beaucoup plus aiſément que lui la Langue Japonnoiſe, lui
expliquât nos principaux Myſteres, & Sumitanda y conſentit. Fernandez fit un diſcours,
qui, quoique fort long, fut écouté du Prince avec beaucoup de plaiſir & d'attention, il
ne fut interrompu, que par la nuit, qui ſurvint; mais un Tableau de la Vierge tenant
ſon Fils entre ſes Bras, qu'on avoit mis ſur
l'Autel, l'occupa encore quelque tems, & lui
donna occaſion de faire pluſieurs Queſtions
ſur les Myſteres de l'Incarnation du Verbe,
& de la Rédemption des Hommes. Il ne

pouvoit détourner ſes yeux de deſſus cette
Peinture, & il lui ſembloit que le célelte Enfant lui tenoit au cœur un langage , qu'il
n'entendoit pas encore bien ; mais qui le
rempliſſoit néanmoins d'une véritable joye.
Un Eventail, que le P. de Torrez prit la liberté de lui préſenter, & ſur lequel il y avoit
une Figure de Notre-Seigneur, & plûſieurs
Repréſentations des Myſteres de ſa Vie, donnerent encore lieu à bien des demandes, &
les réponſes, que lui fit Fernandez, le ſatis-
firent parfaitement. Enfin il étoit minuit ,
lorſque le Prince ſortit.

D: J. C.
1561.

De Syn Mu.
2222.

Le lendemain il envoya au P. de Torrez
le Frere du Gouverneur d'Omura , pour lui
dire de ſa part qu'il ne lui reſtoit plus aucune difficulté ſur tout ce que Fernandez lui
avoit expliqué , qu'il étoit Chrétien dans le
cœur, & qu'auſſi-tôt que Dieu lui auroit donné un Fils, il ſe feroit baptiſer ; mais que
s'il faiſoit une démarche d'un ſi grand éclat,
avant que d'avoir un Héritier, elle pourroit
exciter de grands Troubles dans ſes Etats ;
que cependant il le prioit de trouver bon
qu'il portât une Croix ſur ſa poitrine. Cette
action n'étoit guéres moins capable de produire le mauvais effet , que ce Prince craignoit, s'il recevoit le Baptéme; mais ſon cœur
étoit pris, & il n'étoit plus le Maître de ſes
mouvements. Ce Prince partit peu de jours
après pour Omura, où il fit faire une Croix
d'or , & non-ſeulement il parut en public
avec ce ſigne adorable de notre Salut, mais
il ſe montra même en cet équipage à la
Cour du Roi d'Arima ſon Frere. Ce Prince
lui demanda s'il étoit Chrétien ? il répondit

H vj

qu'il ne l'étoit pas encore, mais qu'il le fe-
roit, dès que le Ciel lui auroit donné un Fils.
Il lui parla enfuite avec tant de force de la
Loi du Dieu des Chrétiens, qu'il lui fit naî-
tre le defir d'avoir des Miffionnaires dans fes
Etats.

Il gagne le
Roi d'Arima,
fon frere, qui
demande des
Miffionnaires.

En effet peu de jours après deux Gentilshommes arriverent à Vocoxiura avec des
Lettres du Roi d'Arima pour le P. de Torrez, par lefquelles ce Prince le conjuroit de
lui envoyer un Miffionnaire. Le Supérieur
vouloit y aller lui-même, d'autant plus que
le Roi lui offroit dans le Port de Cochinotzu un Etabliffement pareil à celui de Vocoxiura ; mais fa fanté ne lui permit pas de
faire ce Voyage, & Almeyda, qu'il avoit rappellé depuis peu de Fucheo, eut ordre de partir pour la Cour d'Arima. Le Miffionnaire
ne perdit point de tems, mais il trouva tout
le Royaume en Armes, & le Roi fur le point
de fe mettre a la Tête de fes Troupes. Il
eut néanmoins quelques converfations avec
ce Prince, qui lui parut bien difpofé, & très-
docile : il en obtint toutes les Patentes né-
ceffaires pour l'Etabliffement de Cochinotzu,
& des ordres au Gouverneur, pour y faire
bâtir une Eglife au vrai Dieu, & une Maifon
aux Miffionnaires.

Almeyda à
Ximabara, ou
il trouve tout
le monde dif-
pofé a fe faire
Chretien.

Muni de ces piéces, il prit congé du Roi,
& partit pour Cochinotzu. Le P. de Torrez
lui avoit fort recommandé de paffer par Xi-
MABARA, Place forte, qui appartenoit à un
Prince Vaffal & Beau-Frere du Roi d'Arima.
Ce Prince n'avoit pû apprendre les changemens prodigieux, qu'opéroit partout la Religion Chrétienne, fans concevoir un très-grand

deſir de s'en inſtruire : il en écrivit au P.
de Torrez, qui chargea Almeyda de lui
rendre viſite, en allant à Cochinotzu. Almeyda
alla deſcendre au Palais, où il fut retenu à
ſouper. Après la Table on le mena dans une
grande Salle toute remplie de Nobleſſe, &
quoiqu'il fût extrêmement fatigué du Voyage, il fallut qu'il parlât juſques bien avant
dans la nuit. Le fruit de ce premier diſcours
fut un Reſcrit du Prince, qui exhortoit ſon
Peuple à ſe faire inſtruire de la Religion Chrétienne, & à l'embraſſer. Le Miſſionnaire trouva les Sujets auſſi-bien diſpoſés que leur Seigneur, & quoiqu'il parlât trois fois par jour
en public, il ne pouvoit encore contenter
tous ceux, qui vouloient l'entendre en particulier. Ses travaux ne furent pas infructueux ;
quantité de Gens de tout âge & de toute Condition ſe déclarerent Chrétiens, ſurtout après
que la Fille unique du Prince, laquelle n'avoit
encore que quatre ans, eût été baptiſée avec
toute ſa Maiſon.

De J. C.
1562.
De Syn - Mu.
221

Almeyda eût bien ſouhaité, qu'il lui fût
permis de faire un plus long ſéjour à Ximabara ; mais il apprit qu'on étoit fort inquiet
à Cochinotzu, de ce qu'il tardoit ſi long-tems
à s'y rendre : il s'y rendit donc, le Gouverneur le logea chez lui, & fit auſſi-tôt publier
un ordre de la part du Roi, par lequel il
étoit enjoint à tout le Monde d'aſſiſter aux
Inſtructions publiques, qu'on alloit commencer. On obéit avec joye. Le Miſſionnaire &
ſon Catéchiſte prêchoient tous les jours, l'un
le matin, l'autre le ſoir : outre cela, ils ex-
pliquoient au ſortir du dîner la Doctrine Chrétienne aux Enfants. Jamais peut-être la Pa-

Il trouve la
Ville de Co-
chinotzu dans
les mêmes diſ-
poſitions.

De J. C.
1562.

De Syn Mu.
2222.

role de Dieu ne fut reçûë avec plus d'avidité, & ne fructifia davantage. En moins de quinze jours, le Gouverneur, sa Femme, ses Enfants, & plus de deux cents cinquante Personnes furent baptisés, & au bout d'un mois toute la Ville étoit Chrétienne, ou se disposoit à l'être. La suite fera voir que des conversions si promptes n'avoient point été précipitées. Cochinotzu est un lieu délicieux, la Cour y passoit en ce tems-là une bonne partie de l'année, ce qui y attiroit beaucoup de Noblesse, & la plûpart des nouveaux Chrétiens étoient des plus considérables du Pays. Les Personnes de ce rang se déterminent avec plus de précaution à faire une démarche de cette importance, & sçavent aussi bien mieux la soutenir, après l'avoir faite.

Zele du Prince d'Omura pour la conversion de ses Sujets.

Vers ce même tems, c'est-à-dire, pendant la Semaine sainte, le Prince d'Omura revint à Vocoxiura, & eut envie d'y faire bâtir un Palais pour lui, mais comme s'il n'eût plus été le Maître d'un lieu, qu'il avoit consacré à la Religion, il voulut en avoir l'agrément du P. de Torrez, & il le lui envoya demander par son fidéle L o u i s, c'étoit le nom qu'avoit reçu au Baptême le Frere du Gouverneur d'Omura. Le Supérieur de son côté pria le Prince de faire publier dans ses Etats plusieurs Réglements de Police, qu'il jugeoit nécessaires, & non-seulement il obtint ce qu'il demandoit, mais il fut ordonné à tous les Infidéles, qui demeuroient à une certaine distance de Vocoxiura, de venir dans la Ville à certains jours, qui furent marqués, pour se faire instruire de nos divins Mystéres. Vers la Fête de l'Ascension le Pere de

Torrez fit le Voyage d'Omura, où il n'avoit point encore été, & qui n'eſt qu'à dix lieuës de Vocoxiura : il y fut reçu par ordre du Prince avec de grands Honneurs, & il y obtint un emplacement pour bâtir une Egliſe.

Peu de tems après la Princeſſe d'Omura parut enceinte, & alors Sumitanda crut devoir dégager la parole, qu'il avoit donnée de recevoir le Baptême, dès qu'il ſe croiroit aſſuré d'un Succeſſeur. Il en écrivit au P. de Torrez, mais il l'avertit, que comme il vouloit bien vivre avec le Roi d'Arima, ſon Frere, il ſouhaitoit d'avoir ſon agrément. Il ajoûta qu'il ne pouvoit pas entreprendre ſitôt de détruire entiérement le culte des Idoles dans ſes Etats, & que les Bonzes, qui y étoient fort puiſſants, devoient être ménagés avec beaucoup de prudence ; que du reſte, il ne négligeroit rien pour faire adorer partout, où il ſeroit le Maître, le ſeul Dieu, qui a créé le Ciel & la Terre, & devant qui toutes les Créatures intelligentes doivent fléchir le genoüil. Le Pere de Torrez lui fit dire, qu'il ne pouvoit être dans de meilleures diſpoſitions, & le Prince n'eut pas plutôt reçû cette réponſe, qu'il partit pour Vocoxiura avec trente Gentilshommes, qu'il avoit gagnés à Jeſus-Chriſt.

Le Supérieur averti de ſon arrivée ; alla lui rendre ſes devoirs, & eut avec lui dans ſon Cabinet une converſation, qui dura toute la nuit. Tout le jour ſuivant fut employé à voir, ſi les trente Gentilshommes étoient ſuffiſamment inſtruits ; car, pour ce qui eſt de leur ſincérité, le Prince en avoit répondu ; & ſur le ſoir, tous ſe rendirent à l'Egli-

De J. C. 1562.

De Syn - Mu. 2222.

Baptême de ce Prince & de trente Gentilshommes.

De J. C.
1562.

De Syn - Mu.
2222.

se. Le Prince en y entrant se prosterna devant l'Autel, les trente Prosélytes en firent autant à son exemple, & formerent comme un cercle autour de lui. Après qu'ils y eurent demeuré quelque tems en Priere, le Missionnaire leur fit un petit discours sur les suites de l'engagement, qu'ils alloient prendre avec Dieu, & le termina par une courte récapitulation des principaux devoirs d'un Chrétien. Il leur fit ensuite réciter à haute voix l'un après l'autre leur Profession de foi ; enfin ils leverent tous les Mains au Ciel, & en cette posture, ils reçurent le Sacrement de la régénération avec des sentimens de piété, qui tirerent les larmes des yeux de toute l'Assistance. Le P. de Torrez donna au Prince le nom de BARTHELEMI, & il n'est plus connu depuis ce tems-là dans les Relations Portugaises, que sous le nom de *Dom Barthélemi.*

Le Prince
met une Idole
en piéces &
détruit son
Temple.

Dès le lendemain il fut obligé de partir, pour aller joindre l'Armée du Roi d'Arima, son Frere, qui l'attendoit, & malgré les résolutions, qu'il avoit prises de ménager son zele, il éprouva bientôt qu'un cœur possédé de l'Esprit de Dieu n'écoute plus rien, quand il s'agit des intérêts du Ciel. C'est une coutume en ce Pays-là, de ne point se mettre en Campagne, sans avoir rendu ses hommages à une célebre Idole nommée MANSTEM (a), qui y est regardée comme le Dieu de la Guerre. Lorsque les Troupes sont assemblées, elles vont au Temple, où cette prétendue Divinité est adorée sous la figure d'un Géant armé, le

(a) Quelques Relations le nomment MORISTEM, d'autres MANSTITEM.

De J. C,
1562.
De Syn-Muͦ
2222.

Cafque en tête, & pour Cimier, un Coq déployé, qui couvre prefqu'entierement le Cafque de fes ailes. En approchant du Temple, on déploye les Enfeignes, on met bas les Armes, & on pratique plufieurs autres Cérémonies militaires mêlées de fuperftitions.

Sumitanda prit à l'ordinaire le chemin de la Pagode ; on en fut furpris, car tout le monde fçavoit qu'il avoit été baptifé la veille, mais l'étonnement changea bientôt d'objet. Le Prince marcha jufqu'à la porte du Temple fans rien témoigner de fon deffein : puis s'arrêtant tout à coup, il met le Cimeterre à la main, fait figne aux Troupes de n'avancer pas davantage, & entre feul avec fes Gardes dans le Temple. Là il commande, qu'on jette l'Idole par terre, & qu'on la tire dehors la corde au col, il fort lui-même, & à grands coups de *Sabre* il met la Statue en piéces, en difant : *Combien de fois , Dieu fourd & impuiffant , m'as-tu trompé ?* Il fit enfuite réduire en cendres le Temple & planter une Croix fur fes ruines. Ce fut un fpectacle bien nouveau, & bien confolant pour les Fidéles, de voir un Prince Néophyte, au fortir des facrés Fonts du Baptême, portant le faint Nom de Jefus, & le Signe adorable de notre Rédemption fur fes Armes & fur fes habits, plus femblable au Chef d'une Religion Militaire, qu'au Général d'une Armée d'Infidéles, brûler les Temples, & abattre les Statues de ces mêmes Dieux, dont il avoit fouvent encenfé les Autels.

Sumitanda ne borna point fon zele à ce coup d'éclat, il entreprit la converfion de toutes fes Troupes ; & l'on voyoit avec admiration ce Prince au milieu du tumulte d'un Camp, occupé à inftruire lui-même fes Officiers, & juf-

Il gagne une grande victoire.

De J. C.
1562.

De Syn - Mu.
2222.

qu'aux moindres Soldats , des vérités de notre
Religion. Mais tandis qu'il faisoit l'office de
Missionnaire, il ne négligeoit point le devoir de Général, & le Ciel combattant d'un
côté pour lui, tandis que de l'autre il se-
condoit son zele, il fit triompher la Religion,
de l'Idolâtrie dans ses Etats, & Dieu le fit
triompher de ses Ennemis. De retour chez
lui après la fin de la guerre, qui fut terminée
par un accommodement, dont le Roi de Bungo fut l'arbitre, il ne voulut plus garder aucune mesure avec les Infidéles, & son propre
Pere fut le premier, a qui il jugea à propos
de faire connoître cette résolution.

Il s'oppose
avec fermeté
à son Pere,
qui persecutoit
les Chrétiens.

Ce Prince haïssoit la Religion Chrétienne,
& n'avoit vû qu'avec un extrême regret un de
ses Fils l'embrasser, & un autre l'établir dans
son Royaume. Le parti qu'il prit pour contenter sa haine, fut de maltraiter ceux des Chrétiens du Pays d'Omura, qui tomberent sous
sa main. Sumitanda résolu de ne le pas souffrir, tenta d'abord toutes les voyes, que sa
prudence lui put fournir, & que sa tendresse
& son respect pour un Pere, qui avoit été son
Roi, lui suggérerent, pour lui faire prendre
d'autres sentiments, mais quand il vit ses prieres
& ses raisons également inutiles, il parla plus
ferme, & déclara à son Pere, que les Chrétiens d'Omura étoient ses Sujets, qu'il sçavoit
ce qu'il leur devoit, & l'obligea enfin à les
laisser tranquilles. Il profita ensuite du repos,
que lui donna la paix, pour faire régner le
vrai Dieu dans sa principauté. Ses industries,
pour gagner des Ames à Jesus-Christ, étoient
infinies ; mais les exemples admirables, qu'il
donnoit de toutes les Vertus Chrétiennes,
étoient encore plus efficaces, que ses discours

& tous ſes ſoins. Pour montrer à ſes Sujets, juſqu'à quel point il faut honorer les Miniſtres du Dieu vivant, il ne parloit jamais au Pere de Torrez, qu'auparavant il n'eût quitté ſes Armes. Il continua juſqu'à la mort à porter une Croix ſur ſa poitrine, & toute ſa Cour imita ſon exemple en ce point. Chaque jour il donnoit à manger à cinq ou ſix mille pauvres, & il ſe croyoit honoré de les ſervir lui-même ; d'autant plus grand en s'abaiſſant ainſi, que jamais Prince n'eut le cœur naturellement plus haut, & n'a ſçû mieux ſe faire rendre ce qui lui étoit dû.

De J. C.
1562.

De Syn-Mu.
2222.

Une choſe manquoit encore à ſon bonheur ; la Princeſſe ſa Femme, appellée CAMIZAMA (a), l'avoit vû avec bien du regret quitter la Religion de ſes Peres, & ſouffroit fort impatiemment tout ce qu'il faiſoit en faveur du Chriſtianiſme, mais comme elle avoit un très-bon eſprit, Sumitanda ne déſeſpéra point de la gagner ; il ſe chargea lui-même de l'inſtruire de nos Myſteres, & Dieu donna tant d'efficace à ſes paroles, que la Princeſſe demanda le Baptême. Il fut ſi peu maître de la joye, qu'il en reſſentit, qu'il partit auſſitôt, pour en aller porter la nouvelle au Pere de Torrez, lequel en rendit ſur le champ de ſolemnelles actions de graces au Seigneur. Le Serviteur de Dieu étoit bien perſuadé que le Prince d'Omura étoit ſincérement Chrétien, & ſolidement vertueux, mais il ſçavoit l'empire, que prend une Femme ſur l'eſprit d'un Mari, qui l'aime tendrement ; & l'exemple du Roi de Bungo, que la

Converſion de la Princeſſe ſa Femme.

(a) J'ai obſervé ailleurs, que ce nom pouvoit bien n'être pas un nom propre, mais un Titre d'honneur.

De J. C.
1562.

De Syn Mu.
2222.

Violence des
Bonzes de Xi-
mabara.

sienne retenoit dans l'Idolâtrie, le faifoit
trembler.

Cependant Almeyda étoit retourné à Ximabara, & cette Ville continuoit à donner de
grandes efpérances, que bientôt elle feroit toute Chrétienne. Les Bonzes furpris des rapides
progrès, qu'y faifoit la Religion, députerent
au Palais les principaux d'entr'eux, qui avoient
à leur tête un oncle du Prince, pour lui repré-
fenter le tort, qu'il fe faifoit, & le danger,
où il expofoit fon Etat, en y introduifant une
Loi nouvelle. Cette démarche fut fans effet,
& ils en firent paroître un reffentiment, qui
auroit pû les porter à quelque extrémité fâ-
cheufe, fi le Prince n'eût pris le parti de diffi-
muler. D'un autre côté, une conduite fi peu
ferme, fit d'abord appréhender à Almeyda,
que ce Prince ne fe réfroidît à l'égard du
Chriftianifme, mais il reconnut bientôt que
fa crainte étoit vaine, & que les Bonzes n'a-
voient ni gagné, ni intimidé perfonne. Ils
s'en étoient apperçus les premiers; & n'efpérant plus aucune juftice, s'ils ne fe la faifoient
eux-mêmes, ils abbattirent un jour toutes les
Croix, que les Fideles avoient dreffées en divers lieux, & firent à ces Néophytes toutes les
avanies, dont ils purent s'avifer.

Ceux-ci peu fenfibles à leurs propres injures,
fe crurent dans l'obligation de venger fur ces
impies la Majefté divine, qu'ils avoient outra-
gée, mais Almeyda les défabufa, & leur perfuada de n'oppofer aux infultes & aux facrilé-
ges entreprifes de leurs Ennemis, qu'une inal-
térable patience. Le Prince, qui vouloit prévenir jufqu'aux moindres prétextes de révolte,
fe joignit à lui pour calmer les Chrétiens, auf-

quels il donna fa parole qu'il puniroit d'une maniere éclatante tous ces attentats, dès qu'il le pourroit faire fans trop rifquer. Ils fe continrent donc, les Bonzes en devinrent d'abord plus infolents ; mais comme ils virent, qu'ils ne gagnoient rien, que le Miffionnaire alloit toujours fon train, que les converfions étoient de jour en jour plus fréquentes, & que le Prince n'en paroiffoit pas moins attaché au Chriftianifme, ils comprirent que le plus sûr pour eux étoit de fe tenir en repos, & que s'il y avoit quelque chofe à efpérer encore, ils ne le devoient attendre que du tems, & des occafions.

De J. C.
1562.
De Syn-Mu.
2222.

Alors le Prince fe déclara plus hautement, qu'il n'avoit encore fait ; & comme les Fideles n'avoient point d'Eglife, il leur céda un terrein très-avantageux & très-agréable, pour en bâtir une, à laquelle il affigna un revenu confidérable ; elle fut bientôt achevée, parce qu'il n'y eut aucun Chrétien, qui ne voulût mettre la main à l'œuvre, & le Seigneur ne dédaigna pas de témoigner par un miracle évident qu'il agréoit leur fervice, & qu'il avoit choifi ce lieu pour y être particuliérement honoré. A peine l'Eglife étoit achevée, qu'on y porta un Enfant moribond, pour y être baptifé ; la Cérémonie ne fut pas plutôt finie, que ce petit Innocent, qui ne faifoit que de naître, levant les mains au Ciel, prononça diftinctement ces paroles, qui furent ouïes d'un grand Peuple : *Je m'en vais jouir de Dieu ;* après quoi il expira.

Fin du Livre fecond.

SOMMAIRE
DU TROISIE'ME LIVRE.

me , & un Frere de ce Prince font mis à
mort. Les Chefs de la Révolte épargnent un
autre Frere de l'Empereur. Leurs violences.
Fautes, qu'ils font. Les Missionnaires fortent
de Meaco. Edit contre la Religion. Zèle du
Roi de Bungo. Mort d'un jeune Missionnaire.
Le Prince Antoine de Firando perfécuté à
caufe de fa Religion. Violence du Roi de
Firando. Il attaque le Prince d'Omura. Sa
flotte eft battue par les Portugais. Mort de
Jean Fernandez , & fon éloge. Deux Jéfuites
font naufrage en allant au Japon. Mort du
Prince Antoine de Firando. Animal fingu-
lier. Religion & caractere des Habitans du
Gotto. Le Roi demande des Missionnaires , &
comment il les reçoit. Il tombe malade. Les
Bonzes entreprennent de le guérir , & ne
réuffiffent pas. Louis Almeyda eft plus heureux.
Nouvel accident , qui met la Religion en

danger dans ce Royaume. Almeyda en ſort.
Une Tempéte l'oblige à y retourner , & le
Roi en témoigne une grande joye. Progrès de
la Religion dans ce Royaume. Guerre entre
le Firando & le Gotto. Belle action du Gou-
verneur d'Ocica. Protection de Dieu ſur les
Chrétiens. Fermeté de ceux de Ximabara.
Progrès de la Religion dans le Ximo. Action
de vigueur du Prince d'Omura. Martyrs dans
le Firando.

HISTOIRE

HISTOIRE
DU
JAPON.

LIVRE TROISIÉME.

E Japon s'ouvroit ainſi tous les jours de plus en plus à l'Evangile ; mais la diſette d'Ouvriers empê- choit qu'on ne donnât a ces nou- veaux Etabliſſements une certaine ſolidité, & qu'on ne profitât de la diſpoſition favorable, où étoient les Peuples, pour avan- cer l'Œuvre de Dieu. Enfin le ſeptiéme de Juil- let 1563. il en arriva trois fort à propos, deux Prêtres, à ſçavoir, les Peres LOUIS FROEZ, Portugais, & JEAN-BAPTISTE MONTI, Ferra- rois ; le troiſiéme, qui n'étoit pas Prêtre, ſe nommoit JACQUES GONZALÉZ. Le P. Froez s'étoit embarqué à Goa pluſieurs années aupa- ravant avec le Pere Nugnez, pour paſſer au Japon, ainſi que nous l'avons dit en parlant de l'Expédition du Vice-Provincial, mais ce- lui-ci avoit été obligé de le laiſſer à Malaca, pour y faire une Claſſe. Quelque tems après

De J. C. 1563.

De Svn-Mu. 2223.

Arrivée de trois nou- veaux Miſſion- naires.

Tome II.   I

De J. C.
1563.

e Syn Mu
2223.

il reçut les Ordres facrés, & comme il eut été
une feconde fois deftiné à la Million du Japon, il profita, pour s'y rendre, de la premiere occafion, qui fe préfenta. Perfonne n'a
rendu de plus grands fervices à cette Eglife que
ce Religieux, auquel nous fommes encore redevables d'une bonne partie des Mémoires,
fur lefquels ont travaillé ceux, qui en ont
écrit l'Hiftoire.

Ferveur des
hretiens du
ungo.

Quelques jours avant l'arrivée de ce nouveau renfort, le Pere de Torrez avoit encore
rappellé Almeyda à Vocoxiura : c'étoit pour
l'envoyer dans le Royaume de Bungo, où les
Fidèles étoient fans aucun fecours fpirituel
depuis plus de fix mois. Ces fervens Néophytes, qui pendant tout ce tems-là n'avoient
pû fe confeffer, & qui craignoient d'oublier
leurs péchez, les avoient mis par écrit.
Ils firent plus encore ; car les trois Religieux, dont je viens de parler, étant débarqués
fur ces entrefaites, & le Pere Monti ayant eu
ordre d'aller avec Almeyda dans le Bungo,
dès qu'on eut appris a Fucheo fon arrivée, il
n'y eut pas un Chrétien, qui ne voulût fe confeffer à lui, quoiqu'il ne pût les entendre, que
par le moyen d'un Interprete. Leur candeur,
leur fimplicité, la vive douleur, dont ils étoient
pénétrés pour les fautes les plus légeres, &
l'efprit de pénitence, qui régnoit parmi eux,
tout cela parut au nouveau Millionnaire quelque chofe de fi merveilleux, qu'il avoit de la
peine à en croire fes yeux.

Accueil que
le Roi de Bun-
go fait a deux
Millionnaires.

Le Roi de Bungo faifoit alors prefque toujours fa réfidence à Vosuqui, & il s'y étoit
formé une jolie Ville, qui devint encore plus
confidérable dans la fuite. Le Pere Monti &

Almeyda y allerent lui rendre leurs devoirs, & Civan leur fit l'accueil, qu'il avoit accoutumé de faire aux Ministres de l'Evangile. Ce Prince sçavoit déja en général ce qui s'étoit passé au sujet de la Religion & des Portugais dans la Principauté d'Omura, & les progrès de la Foi dans les Provinces circonvoisines, & voulut en apprendre toutes les circonstances, il fut touché du récit, que lui en fit Almeyda.

De J. C. 1563.

De Syn-Mu. 2223.

A l'exemple du Souverain, tous les Courtisans donnerent aux deux Religieux de grandes marques de considération, mais aucun ne parloit de se faire Chrétien, parce que le Roi, qui étoit le Protecteur déclaré du Christianisme, & qui s'intéressoit à son établissement, autant que pouvoient faire les Missionnaires mêmes, s'en tenoit là, & ne donnoit aucun signe, qu'il pensât a aller plus loin. Les deux Religieux n'ayant donc plus rien, qui les arrêtât à la Cour, retournerent à Fucheo, où le Roi les suivit de près. Ils le prierent alors de vouloir bien honorer leur Maison de sa présence, comme il avoit fait toutes les années précédentes, & non-seulement il le leur promit, mais il ajoûta qu'il y meneroit un Ambassadeur, que le Cubo Sama venoit de lui envoyer, « & vous m'obligerez, leur dit-il, de » lui faire les mêmes honneurs, qu'à ma » propre Personne, afin de l'engager par-là, » a favoriser votre sainte Loi dans les occa- » sions, où vous pourriez avoir besoin de pro- » tection à la Cour de l'Empereur.

Jusqu'à quel point il s'intéresse au progres de la Religion.

Sur ces entrefaites ce Prince reçut une Lettre du Pere de Torrez, qui lui mandoit, que sans une fâcheuse Guerre, où le Roi d'Arima & le Prince d'Omura son Frere étoient engagés

Il termine comme Mediateur une guerre, qui le retardoit.

Dé J. C.
1563,

De Syn-Mu.
2223.

contre un puissant Voisin nommé RIOZOGI, leur Parent, les Etats de ces deux Princes, seroient bientôt tous Chrétiens, & qu'il étoit de la gloire d'un grand Roi comme lui, de terminer ce différend par une bonne paix, ainsi qu'il avoit déja fait l'année précédente dans une pareille occasion. Civan entra avec joye dans ce que lui proposoit le Supérieur, il écrivit aux trois Princes, pour leur offrir de nouveau sa médiation. Elle fut encore acceptée, on conclut une suspension d'Armes, qui fut bientôt suivie d'un Traité, où tous les Partis trouverent leur avantage ; & le Prince d'Omura de retour chez lui, & débarrassé de toute autre occupation, ne songea plus qu'à faire la guerre à l'Idolâtrie.

Zèle du Prince d'Omura.

L'abolition d'une Fête pleine de folie & de superstition, qui se célébroit tous les ans dans ses Etats en l'honneur des Morts, & qui est précisément la même que j'ai décrite plus haut (a), fut le premier effet de son zele, mais parce que dans ces occasions on faisoit de grandes aumônes aux Bonzes, pour ôter à ces faux Prêtres tout prétexte de publier que c'étoit par avarice, qu'on abolissoit ces pratiques, il fit distribuer aux Pauvres autant, & plus encore qu'on n'avoit accoutumé d'y dépenser. Tout réussissoit dans ce que ce Prince entreprenoit pour la gloire du nom de Dieu, & la Princesse se disposoit tout de bon à recevoir le Baptême avec toute sa maison ; mais la vertu de Sunitanda étoit déja assez solidement établie pour être mise aux plus rudes épreuves, & Dieu ne voulut pas priver plus longtems l'E-

(a) Voyez le Livre Préliminaire, Chap. XIV.

glise du Japon de la gloire, qui pouvoit lui
revenir des grands exemples de fermeté,
qu'un Prince si accompli devoit donner à
tout l'Empire dans les plus grands revers de
fortune.

Le Conseil de Sumitanda étoit composé de
douze Gentilhommes, dont, ni par caresses,
ni par raisons, il n'avoit encore pû engager
aucun à suivre son exemple. Ces Conseillers trouvoient même fort mauvais que le
Prince travaillât avec tant d'ardeur à la des-
truction de l'ancienne Religion de l'Empire ;
& après avoir inutilement tenté la voye de la
représentation, pour lui faire prendre au moins
une conduite plus modérée, ils résolurent enfin de pousser les choses aux dernieres extrémitez, déterminés à le perdre, s'ils ne pouvoient le réduire à ce qu'ils souhaitoient. Pour
mieux cacher leur dessein, & pour s'assurer
de Vocoxiura, ils feignirent d'être gagnés par
les persuasions du Prince, & ils lui demanderent la permission d'aller dans ce Port, pour
s'y faire instruire par le Pere de Torrez. Une
résolution si subite, & qui paroissoit si concertée, lui fit naître des soupçons, & il se défia
que c'étoit un piége qu'on lui tendoit, il accorda néanmoins ce qu'on lui demandoit ;
mais il fit avertir le Pere de Torrez de ne pas
trop compter sur la sincérité des Prosélytes,
qui alloient le trouver, & de les bien éprou-
ver, avant que de les recevoir au saint Baptême. Il eut encore fait plus sagement, s'il se
fût tenu lui-même un peu plus sur ses gardes.
Quant au Pere de Torrez, il n'eût pas la peine
d'examiner les Conseillers du Prince, ils n'al-
lérent point à Vocoxiura, parce qu'ils trouve-

De J. C.
1563.
De Syn Mu.
2223.

Conspiration
continuel.

De J. C.
1563

De Syn-Mu.
2223.

rent plutôt qu'ils ne penſoient, une occaſion d'éclater & de ſe ſaiſir de la Capitale même, voici ce qui y donna lieu.

C'étoit une coutume inviolable dans ce Pays, que tous les ans, à certain jour, le Prince ſe rendoit en grand cortége dans un Temple, où étoit la Statue de ſon Prédéceſſeur, lui offroit de l'encens, & pratiquoit en ſon honneur pluſieurs autres cérémonies, qui approchoient beaucoup d'un Culte religieux. Le jour marqué étant venu, Sumitanda, qui ne ménageoit plus rien, alla au Temple, en fit tirer la Statue du Prince, & ne la regardant plus que comme une Idole, qui avoit reçu les honneurs divins, il ſe crut dans l'obligation de venger ſur elle la Majeſté de Dieu, & la fit jetter au feu. Il n'en falloit pas tant pour révolter tout ce qu'il y avoit encore à Omura d'Idolâtres zélés. Traiter de la ſorte ſon Parent, ſon Prédéceſſeur, faire cet affront à ſa Bienfaictrice, à ſa Mere d'adoption, en deshonorant la mémoire de ſon Epoux, ce ne fut rien moins dans leur eſprit, qu'un attentat, qui rendoit indigne de l'autorité ſuprême, un Prince aſſez dénaturé, pour oublier à qui il avoit obligation de ce qu'il étoit.

Sa perte eſt auſſitôt jurée; on prend des meſures pour faire ſoulever la Ville, on donne avis de tout à ce Fils illégitime du feu Prince, qui avoit été jugé incapable d'occuper ſa place, & on l'invite à venir au plutôt venger l'injure faite à ſon Pere, & à ſe montrer digne d'un rang, dont on l'avoit injuſtement exclu. Ce Seigneur poſſédoit ſans ambition quelques Terres dans le Royaume de GOTTO, mais l'éclat d'une ſi haute fortune l'éblouït, & il ſe laiſſa perſuader qu'il n'avoit qu'a paroître, pour être reconnu Prince d'Omura.

Ce premier pas fait, les Conſeillers d'Etat engagerent RIOZOGI à reprendre les Armes & à attaquer le Roi d'Arima, lequel pris au dépourvû, ne pourroit pas être en état de faire beaucoup de réſiſtance; ce qui les déli-vreroit de la crainte d'une diverſion de la part de ce Prince. Les Rebelles ainſi aſſurez du de-dans & du dehors, ſongerent d'abord à faire venir à la Capitale le Pere de Torrez, qui devoit être la premiere victime immolée à leur reſſentiment. Pour empêcher qu'il ne leur échappât, quelques-uns des moins ſuſpects repréſenterent au Prince, qu'il différoit trop le Baptême de la Princeſſe ſa Femme, & qu'il étoit de ſa Dignité que la Cérémonie s'en fît dans Omura même, à la vûe de tout le Peu-ple, qu'un tel exemple diſpoſeroit plus que toute autre choſe à embraſſer le Chriſtianiſme. Sumitanda fut charmé de ce diſcours, il lui faiſoit trop de plaiſir, pour qu'il ne le crût pas ſincere; il commença à ſe perſuader, que ceux, qui lui parloient de la ſorte n'étoient pas eux-mêmes éloignés du Royaume de Dieu, & ſur le champ, il dépêcha au Pere de Tor-rez un Gentilhomme nommé Louis, qui étoit frere du Gouverneur d'Omura, & dont nous avons déja parlé plus d'une fois, pour le prier de venir inceſſamment le trouver.

Loüis arriva à Vocoxiura le treiziéme d'Août, & trouva le Pere de Torrez occupé d'une affaire, qu'il ne pouvoit gueres différer. D'ailleurs, ce Religieux ne ſe portoit pas bien. Il répondit néanmoins à l'Envoyé du Prince, qu'il partiroit le lendemain de l'Aſſomption

de la Vierge , pour fe rendre à fes ordres.
Cette réponfe ne fatisfit pas le Prince , & in-
quiéta fort les Conjurez , qui craignoient
que ce retardement ne leur fît manquer leur
coup ; ils engagerent Sumitanda à faire de
nouvelles inftances , & Loüis fut renvoyé fur
le champ à Vocoxiura , où il arriva le quatorze
fort tard. Il eut beau dire , le Supérieur , à
qui ces empreffements donnoient apparemment à penfer , ne crut pas que la chofe preffât
tellement , qu'il fallut fe mettre en chemin ,
& abandonner fon Troupeau le jour de la
Fête. Le feizième , il dit la Meffe de grand
matin , réfolu de partir auffi-tôt après ; mais
comme il faifoit fon action de graces , & qu'il
recommandoit à Dieu avec beaucoup de ferveur le fuccès de fon voyage , il fe fentit tout
à coup infpiré d'attendre encore de nouveaux
ordres du Prince , avant que de quitter Vocoxiura , & il lui manda les raifons qui le dé-
terminoient à y refter.

Loüis , fort furpris de cette réfolution , qu'il
ne fçavoit à quoi attribuer , reprit un peu
chagrin la route d'Omura. Il n'avoit pas encore fait beaucoup de chemin , lorfque FARIBA ,
un des Chefs des Conjurez , tomba fur lui avec
un détachement de Soldats , lui demanda , où
il avoit laiffé le Miffionnaire ? & fans attendre
fa réponfe , le tailla en pieces avec tous ceux ,
qui l'accompagnoient , puis alla rejoindre les
Rebelles. Ceux-ci avoient déja mis le feu au
Palais & à la Ville , & le Bâtard d'Omura
avoit été folemnellement proclamé Prince. Sumitanda dans une fi grande extrémité , fe
voyant environné de flammes,qui confumoient
fon Palais , & affailli par des Ennemis furieux ,

dont le nombre croilloit à chaque inſtant, ne perdit pourtant point courage. Il arma tout ce qui étoit reſté autour de lui de Sujets fidéles, il ſe mit à leur tête avec le Gouverneur d'Omura, qui avoit en même-tems à ſauver ſon Prince, & à venger ſon Frere, palla ſur le Ventre a tout ce qui ſe mit en devoir de l'arrêter, & gagna un petit bois, où il jugea à propos de ſe tenir caché, juſqu'à ce qu'il ſe vît aſſez de forces pour faire tête aux Séditienx ; mais les proviſions lui manquerent bientôt, & il auroit péri de faim, ſi un Chinois, qui étoit à ſon ſervice, n'avoit trouvé le ſecret de lui porter des vivres ſans être apperçu. Enfin ſa Troupe s'étant un peu groſſie., il ſe retira dans une Fortereſſe, qui étoit très-bien munie, & en état de défenſe.

De J. C.
1563.
De Syn -Mu.
2223.

Les Conjurez, après l'avoir ainſi manqué, ſe diviſerent en deux Bandes. Le Bâtard d'Omura avec la premiere, alla s'aſſûrer du Port de Vocoxiura, qu'il réduiſit en cendres, mais il n'y trouva perſonne, parce qu'au prem'er bruit de ce qui ſe paſſoit, la plûpart des Habitans, & les Miſſionnaires s'étoient réfugiés ſur les Navires, qui étoient en rade. La ſeconde Troupe s'attacha au Prince, & le tint aſſiégé, dans l'eſpérance de le réduire au moins par la famine. Juſques-là Sumitanda ſe doutoit bien, que ſa Religion étoit le motif d'un ſoulevement ſi général. Il en eut bien-tôt toute la certitude, qu'il ſouhaitoit pour ſa conſolation, car ſes Sujets lui firent déclarer, qu'ils mettroient bas les Armes, s'il vouloit adorer les Dieux de ſes Peres, & rétablir leur culte, qu'il avoit aboli. Il n'eût pas accepté cette offre, quand il y eût trouvé toutes ſes

Ils réduiſent en cendres la Ville de Voco. xiura.

I v.

De J C.
1553.

De Syn-Mu.
2223.

Ils fuſcitent
une 'Guerre
au Roi d'A-
rima pour
l'empêcher de
ſecourir ſon
Frere.

ſûretez, ainſi ſans s'amuſer à écouter des Rebelles, qui prétendoient lui faire la Loi, il ne
ſongea qu'à ſe bien défendre, & il le fit avec
une vigueur, qui les étonna.

Tandis que ces choſes ſe paſſoient dans la
Principauté d'Omura, Riozogi étoit entré dans
le Royaume d'Arima, & il y tenoit la Campagne, le Roi, qui avoit été ſurpris, s'étant
vû auſſi obligé de s'enfermer dans une de ſes
meilleures Places, alors Xengandono voyant
ſes deux Fils à la veille d'être détrônés, aſſem-
bla quelques Vaſſaux de ſa Maiſon, qui lui
étoient reſtez affectionnés, entra dans le Royaume d'Arima, & ſon Armée groſſiſſant à meſure qu'il avançoit, il contraignit bientôt Riozogi de ſe retirer. Il reprit enſuite les rênes
du Gouvernement, & non content d'ôter à
ſon Fils aîné le Sceptre, qu'il crut que ſon
incapacité, ou plutôt ſon inclination pour les
Chrétiens l'avoit mis en danger de perdre, il
l'éloigna de ſa Cour. Il y a bien de l'apparence
qu'il auroit traité de la même maniere Sumitanda ſon Cadet, ſi ce brave Prince eût eu
beſoin de ſon ſecours, pour ſe tirer du mauvais pas, où il ſe trouvoit, mais il avoit pour
lui le Dieu des Armées, qui dès le commencement de cette révolte lui avoit donné des
aſſûrances de la victoire, non-ſeulement en
lui inſpirant une confiance, qui le ſoutint au
plus fort du danger, mais encore en lui montrant comme à Conſtantin le Signe du ſalut
dans l'air, & en lui faiſant connoître, comme autrefois à ce premier Empereur Chrétien;
qu'il combattroit pour lui.

Victoire mi-
raculeuſe.

Toutefois ce Prince, pour ne manquer à
rien de ce que la prudence demandoit de lui,

ayant ſçû que de puiſſants Voiſins armoient par Terre & par Mer en faveur des Rebelles , ne crut pas devoir demeurer plus long tems dans un endroit , où il étoit facile à ſes Ennemis de l'affamer. Il prit donc le parti d'en ſortir , & il le fit en plein jour, força un Quartier des Aſſiégeans , & tint la Campagne. Il s'approcha enſuite d'Omura , & demeura campé à la vûë de cette Capitale. Il apprit peu de jours après que Fariba , le Roi de Gotto , & celui de Firando étoient débarqués avec de nombreuſes Troupes , & marchoient à lui , alors ſentant renouveller ſa confiance en Dieu, dont il ſoutenoit la cauſe, il décampa, & s'avança vers les Ennemis , pour leur épargner la moitié du Chemin , & malgré l'extreme inégalité de ſes forces, il eût à peine reconnu leur Armée qu'il fit ſonner la charge. C'étoit le quatrième d'Octobre , ſa petite Troupe toute compoſée de Chrétiens, entra dans les premiers Bataillons, en criant *vive Sumitanda* , les culbuta , & les renverſa ſur ceux , qui ſuivoient ſans ordre , parce qu'ils n'avoient pas eu le tems de ſe mettre en bataille , & en un moment cette formidable Armée ſe trouva dans un déſordre, dont il ne lui fut pas poſſible de ſe remettre.

Les Chrétiens ne ceſſerent de tuer, que quand la laſſitude leur fit tomber les armes des mains, & jamais Victoire ne fut plus complette & ne coûta ſi peu. Auſſi perſonne ne douta que le Dieu de Sumitanda n'eût vaincu pour lui. Ceux des Alliez, qui échapperent au Carnage , aſſurerent qu'ils n'avoient pû ſoutenir l'éclat, qui ſortoit des Croix , que les Soldats Chrétiens portoient ſur leurs Habits : pluſieurs mêmes

De J. C.
1563.
De Syn-Mu.
2223.

ajoûterent qu'ils en avoient vû une en l'air
toute rayonnante de lumiere, & semblable à
celle, qui étoit dans le grand Etendart du Prince. Enfin il sembloit que tous les Elémens se
fussent armés pour une cause si juste, car tandis qu'on se battoit sur Terre, une horrible
tempête dissipa la Flotte Ennemie : aussi le Roi
de Firando avoit-il accoutumé de dire depuis,
que le Prince d'Omura étoit si bien sorti d'une si
fâcheuse affaire, parce qu'il étoit bon Chrétien;
témoignage, que le Tout-Puissant arrache de
tems en tems de la bouche de ceux mêmes,
qui s'obstinent le plus à le méconnoître.

La joye d'un succès si peu attendu fut pourtant mêlée de quelqu'amertume ; tout le Pays
étoit dans un état déplorable, & Xengandono
Ennemi mortel de notre sainte Foi, à laquelle
il attribuoit le malheur de sa Famille, ne pouvoit souffrir la moindre marque de Christianisme. Les Princes ses Fils n'étoient pas dans
une situation, qui leur permît de prendre la
défense de la Religion contre un Pere, qui
régnoit, & se trouvoit à la tête d'une grande
Armée, & Sumitanda tout vainqueur qu'il
étoit lui-même, crut devoir se ménager avec
lui. Ce Prince étoit surtout inconsolable de la
ruine de Vocoxiura, où il ne restoit pas un
seul Habitant, ni une Maison sur pied.

Le Pere de
Torrez refuse
un Asil, qu'on
lui offre. Dan-
gers, qu'il
court avec
d'autres Mis-
sionnaires.

Le Père de Torrez étoit toujours dans cette
rade, dont il n'avoit pû se résoudre à s'éloigner, quoique le Prince Antoine de Firando
lui eût dès le commencement de la révolte envoyé des Bâtimens bien armés, pour le transporter dans ses Isles, il s'étoit contenté d'y
envoyer Fernandez avec les Vases sacrez & les
Ornemens de l'Eglise, & résolu de périr plu-

tôt, que d'abandonner ſes chers Néophytes,
qui s'étoient réfugiés auprès de lui, il avoit
voulu attendre avec eux quel ſeroit le ſuccès
de cette guerre. Il apprit des premiers la victoire du Prince d'Omura, mais il ſçut en même tems que les Chrétiens d'Arima étoient
dans l'oppreſſion, que Damien avoit couru de
grands riſques à Ximabara, & Paul ſon Catéchiſte à Cochinotzu ; mais que les Fidéles
les avoient fait évader, & les conduiſoient par
des Chemins ſûrs à Vocoxiura, où ils arriverent en effet ſans aucun accident fâcheux.

D'autre part le P. Monti, ſur les premieres nouvelles, qui s'étoient répandues dans le
Bungo de la Conſpiration, avoit envoyé Louis
Almeyda ſur les lieux pour s'informer de ce
qu'étoient devenus les Miſſionnaires, & lui
avoit donné ordre de viſiter les Egliſes, ſur
leſquelles l'Orage étoit tombé. Ce Religieux
prit ſa route par Ximabara, & quoiqu'on l'aſ-
ſurât dans tous les lieux de ſon paſſage, qu'il
ne trouveroit plus nulle part, ni Miſſionnaires, ni aucun veſtige de Chriſtianiſme, &
qu'il riſquoit tout en ſe montrant dans un
Pays, où le nom Chrétien étoit en exécra-
tion, il s'approcha ſans rien craindre du Port
du Ximabara. A peine eut-on appris dans la
Ville qu'il étoit dans le Voiſinage, qu'il ſe vit
en un moment environné de Chaloupes remplies de Chrétiens, qui lui apportoient toutes
ſortes de rafraîchiſſements. Ils lui raconte-
rent les maux, qu'ils avoient ſoufferts de la
part des Infidéles, & lui jurerent une fidélité
inviolable au ſervice du vrai Dieu. Il les conſola le mieux qu'il lui fut poſſible, & leur
promit tous les ſecours, qui dépendroient de

I vj

De J. C.
1563.

De Syn - Mu.
2223.

lui ; mais il n'entra point dans ce Port, parce que les Fidèles l'avertirent qu'il ne faisoit
pas sûr pour lui d'y paroitre.

Il passa donc à Cochinotzu , où il ne fut
pas moins édifié de la ferveur des Chrétiens.
Xengandono avoit mis dans ce Port un Commandant, qui les maltraitoit beaucoup & les
veilloit de près. Ils ne laisserent pas d'être instruits d'abord de l'arrivée d'Almeyda , &
deux d'entr'eux oserent bien se mettre en
plein jour dans une Chaloupe, pour lui porter les complimens, & lui faire les excuses
de tous les autres. La nuit suivante une Troupe des plus considérables le visiterent à son
bord, & lui firent les larmes aux yeux mille
protestations de ne jamais chanceler dans la
Foi, qu'il leur avoit prêchée le premier. Eh !
quelle Religion embrasserions-nous, disoient-
ils, *si nous renoncions à celle de Jesus-Christ ?*
A qui dans nos peines & dans nos dangers
aurions - nous recours , si nous étions assez
Malheureux , pour abandonner notre Dieu ?
Ah ! quelque rigueur qu'il paroisse exercer sur
ses Enfants , il leur fait bien sentir , qu'il est
le meilleur de tous les Peres ? aussi a - t - il
gravé son Amour dans nos cœurs avec des
traits , que rien ne pourra jamais effacer.

Les Chefs
des Révoltés
sont pris &
décapités.

De Cochinotzu le Missionnaire , qui avoit
appris que le P. de Torrez étoit sur les Navires Portugais dans la Rade de Vocoxiura,
l'y alla trouver, il y arriva le vingtiéme de
Septembre, & le rencontra avec le P. Loüis
Froez & Jacques Gonzalez , qui ne l'avoient
point quitté. Le quatrième d'Octobre la Bataille se donna, comme nous l'avons dit, &
le Prince Victorieux en envoya sur le champ

donner avis au P. de Torrez. Les Portugais
la célébrerent auffi-tôt par plufieurs déchar-
ges de toute leur Artillerie , & par tout ce
qu'ils pûrent imaginer de témoignages d'une
joye fincere. Le Supérieur vouloit aller d'a-
bord complimenter Sumitanda , & le Roi d'A-
rima fon Frere , qui étoient à Omura ; mais
on ne jugea pas que ce Voyage fût encore à
propos , & le Pere fe contenta d'écrire aux
deux Princes. Peu de tems après on eut nouvelle qu'ils s'étoient mis aux trouffes de Fariba & du Bâtard d'Omura , qui tomberent tous
deux entre leurs Mains , & payerent leur rébellion de leur Tête ; après quoi Sumitanda
réunit toutes leurs Terres à fon Domaine.

De J. C.
1564.
De Syn-Mu.
2224.

Sur ces entrefaites , la Saifon étant propre
pour la Navigation des Indes , les Portugais
fe preparerent à mettre à la Voile ; & le Pere
de Torrez , qui ne jugeoit pas fa préfence fort
utile dans la Principauté d'Omura , fongea à
retourner dans le Bungo. Il commença par
envoyer le P. Froes au Prince Antoine de Firando. Ce Prince avoit déja Fernandez dans
fes Ifles , ainfi que je l'ai dit , mais la Princeffe ELISABETH fon Epoufe fcuhaitoit fort
d'avoir un Prêtre , & avoit écrit au Supérieur
des Miffions , que s'il étoit néceffaire pour
obtenir cette grace , de lui envoyer fes Enfants la lui demander à genoux , elle les feroit partir fur l'heure. Le P. de Torrez s'embarqua enfuite avec Almeyda & Gonzalez fur
un petit Bâtiment , que les Chrétiens de Ximabara lui avoient envoyé.

On comptoit huit cents Chrétiens dans cette Ville , mais il y avoit peu d'efpérance d'en
augmenter fitôt le nombre , parce que la

De J. C.
1564.

De Syn-Mu.
2224.

crainte du vieux Roi d'Arima paroiſſoit avoir
beaucoup refroidi l'affection du Prince de Xi-
mabara pour le Chriſtianiſme. On ne conſeilla pas même aux Miſſionnaires de s'arêter
long-tems dans ce Port, dont le Gouverneur
nommé Leon, les avoit reçus chez lui, malgré des défenſes de Xengandono. Ils ſe rembarquerent donc, & ſe rendirent à l'Iſle de
Tacaxi, qui n'en eſt qu'à deux lieues, &
qui eſt le commencement du Royaume de
Bungo de ce côté-là : ils y arriverent au commencement du mois de Février de l'année
1564. & le P. de Torrez y fixa pour quelque
tems ſa demeure, parce qu'il y étoit à portée
de ſecourir toutes les Egliſes du Ximo, qui
pouvoient avoir beſoin de ſon miniſtere. Il
envoya de-là Loüis Almeyda à Fucheo, avec
ordre d'en faire partir Damien, & un Gaté-
chiſte nommé Augustin pour Meaco.

A peine Almeyda avoit mis à la Voile,
qu'Edoüard de Sylva, qui depuis la Révolution du Naugato, n'avoit point quitté le Royaume de Bungo, arriva pour complimenter le
P. de Torrez de la part du Roi, & lui marquer la joye, qu'il avoit de le poſſéder de
nouveau dans ſes Etats. Il étoit de plus chargé d'une Lettre de ce Prince pour le Commandant de l'Iſle, par laquelle il lui étoit enjoint de faire ſçavoir à tous les Habitants,
qu'ils pouvoient librement embraſſer la Religion Chrétienne, & de punir ſévérement quiconque moleſteroit en aucune façon ceux,
qui la prêcheroient, ou l'embraſſeroient.
Edoüard de Sylva s'étant acquitté de ſa Com-
miſſion, paſſa à l'Iſle de Cavaxiri, Voiſine
de Tacaxi, avec de ſemblables recommanda-

d'y refter.

Tandis que ces chofes fe paffoient dans le Ximo, la Foi s'établiffoit folidement dans le centre de l'Empire, mais ce n'étoit pas fans de grandes traverfes. Nous avons vû que le P. Vilela avoit fait une excurfion à Sacaï. Il y étoit arrivé au mois d'Août 1561. accompagné de Laurent ; il y demeura un mois entier, mais excepté le Gentilhomme, qui l'y avoit appellé, & fa Famille, il n'y avoit baptifé perfonne : auffi fe difpofoit-il à en partir pour retourner à Meaco, lorfqu'il apprit des nouvelles de la Capitale, qui retarderent de quelques jours fon départ. Morindono, Roi de Naugato, & quelques autres Princes des plus puiffants de l'Empire, mécontents du Cubo Sama, avoient mis fur pied une Armée de quarante mille Hommes, & le Roi de Naugato la mena en Perfonne dans la Tenfe. Les Bonzes Negores, à qui la Cour Impériale avoit auffi donné quelque fujet de mécontentement, n'eurent pas plutôt appris cette nouvelle, qu'ils armerent de leur côté avec une promptitude incroyable, & joignirent Morindono, avant que l'Empereur fût même inftruit qu'il y eût des Armées en Campagne contre lui. Par-là le Roi de Naugato fe trouva en état d'entreprendre le Siége de la Capitale, il y marcha fur le champ, & fe préfenta devant la Ville, qui fe trouva fans munitions, fans provifions, & prefque fans Troupes.

Le Cubo-Sama ainfi pris au dépourvû, couroit rifque de fucconiber fous de fi grandes forces, s'il n'avoit pas trouvé le moyen de

Le Roi de Naugato affie-ge l'Empereur dans Meaco.

La Ville eft forcée.

De J. C.
1561-64.

De Syn-Mu.
2221-24.

faire avertir un de ſes Oncles & ſon Beau-Frere de l'extrêmité, où il étoit réduit. Ces deux Princes ne perdirent point de tems, aſſemblerent leurs Vaſſaux, & s'approchèrent de Meaco avec des forces ſuffiſantes, pour faire lever le Siége, & le Roi de Naugato l'auroit en effet levé ſans les Négores, qui eurent l'adreſſe d'attirer l'Oncle de l'Empereur du côté de Sacai, où ils lui taillerent en piéces la meilleure partie de ſes Troupes. Cette Victoire releva le courage abbatu de Morindono. Ce Prince donna un aſſaut a Meaco, qu'il força, & dont il donna le pillage à ſes Soldats. C'étoit fait de l'Empereur qui s'étoit réfugié dans la Citadelle, ſans aucune eſpérance d'y être ſecouru, ſi ſes Ennemis euſſent agi de concert, mais les Negores ne ſongeant qu'à pourſuivre l'Oncle de l'Empereur, qu'ils avoient battu, & qui s'étoit retiré dans des lieux ſûrs, ne firent pas attention, qu'ils ſe mettoient hors d'état de ſecourir le Roi de Naugato, ou d'en être eux-mêmes ſecourus, en cas que les uns ou les autres fuſſent attaqués, comme ils le furent en effet preſqu'en même tems.

Victoire de l'Empereur. Car l'Empereur ayant fait ſecrettement lever vingt mille Hommes de bonnes Troupes, ſortit de la Citadelle ſans être aperçû, traverſa la Riviere de Meaco, & alla bruſquement tomber ſur les Negores, qui furent preſque tous taillés en piéces. Le reſte fut entiérement diſſipé. L'Armée victorieuſe renforcée par celle, qu'elle venoit de délivrer des Negores, marcha enſuite vers Meaco, tout fuyant devant elle. Morindono vit bien alors qu'il étoit perdu, s'il ne s'accommodoit

viennent que pendant ces Troubles, les Chrétiens de la Capitale, que Laurent eut le courage de visiter au fort du péril, se compor-
terent en Sujets fidéles, & que les Bonzes,
qui s'étoient emparés de leur Eglise, furent
obligés de l'abandonner, dès que le Cubo-Sama fut rentré triomphant dans la Ville. Le
P. Vilela ne tarda pas ensuite à y retourner,
& y arriva sur la fin de 1562. ou au commencement de l'année suivante ; mais avant
que de raconter le succès, qu'eurent ses Prédications dans cette grande Ville, où nous
allons dans peu voir la plus florissante Chrétienté du Japon ; il est bon de dire ici en
quel état se trouvoit alors cette Capitale de
l'Empire Japonnois, & d'en donner une Description exacte.

MEACO, ou MIACO (a) signifie Ville, &
celle-ci est ainsi nommée par excellence, comme Athènes & Rome l'ont été au tems de
leur plus grande splendeur. J'ai déja dit qu'elle est située dans la Province de JAMATSIRO,
une des cinq, qui composent le GOKINAI ou

En quel état
étoit alors la
Capitale de
l'Empire.

(a) On le nomme aussi KIO.

De J. C.
1561-64.

De Syu-Mu.
2222 24.

la TENSE, & fur les deux bords d'une gran‑
de Riviere, qui coule dans une Plaine fort
vafte. Elle eft divifée en haute & baffe Ville.
Sa longueur du Nord au Sud , eft de trois
quarts de lieuë d'Allemagne , & fa largeur
de l'Eft à l'Oueft, d'une demi lieue. Elle eft
environnée d'agréables Collines, & de plu‑
fieurs Montagnes , d'où découlent un grand
nombre de Ruiffeaux, & de très-belles Fon‑
taines , fans quoi le Pays feroit tout à fait
ftérile, le Terrein y étant naturellement fort
aride, ainfi que nous l'avons déja remarqué.
Du côté de l'Eft, la Ville eft bornée par une
Colline bien boifée , & toute femée de Mo‑
nafteres , de Temples & de Chapelles , qui
font une Perfpective charmante , mais c'eft
encore toute autre chofe, quand on les voit
de près. Tous ces Edifices ont quelque
chofe de fingulier, leur fituation eft des plus
agréables , le tout fait un lieu enchanté ,
& tel que l'imagination la plus vive peut à
peine fe le figurer. Nous avons déja des
principaux Temples, qui font dans fon Ter‑
ritoire , & nous les avons repréfenté tels,
qu'ils étoient alors , & comme ils ont été
pour la plûpart ruinés par les Guerres Civi‑
les, dont nous parlerons dans la fuite, il eft
bon d'avertir que c'eft dans l'état où ils font
aujourd'hui que nous les avons repréfentés,
dans le Livre Préliminaire.

La Riviere de Meaco fort du Lac d'Oïtz :
deux autres Rivieres, qui ne font guéres que
des Torrents,   dans la Ville du
même côté, o   dans les Monta‑
gnes voifines. Ces trois Rivieres fe réuniffent
dans le centre de la Ville , où l'on voit un

Pont de deux cents pas de longueur : de-là
toutes ces Eaux rassemblées coulent à l'Ouest.

Les Rues de Meaco étoient étroites, mais
régulieres & très-longues , & toutes se cou-
poient à Angles droits, les unes allant du Nord
au Sud , & les autres de l'Est à l'Ouest. Tout
le Nord étoit occupé par la Cour du Dairy ,
& le Château , où demeuroit alors le Cubo-
Sama , & où il entretient encore aujourd'hui
une forte Garnison , étoit à l'Ouest de ces
deux Quartiers , qui étoient très-vastes , le
premier est environné de murs & de fos-
fés , & il consiste en douze ou treize Rues.
Le Château, qui est bâti de Pierres de taille ,
est aussi environné d'un Fossé rempli d'Eau ,
revêtu d'un mur , & précédé d'un premier
Fossé sec. Les Maisons de Meaco sont générale-
lement parlant étroites, & n'ont jamais plus
de deux Etages, y compris le Rez-de-Chauf-
fée , elles sont bâties de Bois , de Chaulx , &
d'argile , & les toits en sont couverts de bar-
deaux. Cette Ville a toujours eu une grande
incommodité , c'est la poussiere, qu'y excite la
multitude prodigieuse de Peuple, qui remplit
les Rues à toute heure.

Sur la fin du dernier siécle elle avoit encore , suivant le recensement, qui en fut fait
alors , cinq cents vingt-neuf mille sept cents
vingt-six Habitants , outre les Etrangers, qui
y étoient en grand nombre , & la Cour du
Dairy , qui forme comme une seconde Ville.
Il est hors de doute , qu'avant que les Cubo-
Samas eussent transporté leur Cour à Jedo,
elle étoit beaucoup plus peuplée. Il est certain aussi qu'elle est encore présentement le
grand Magazin des Manufactures du Japon,

& le centre de tout le Commerce de l'Empire. On y porte presque toutes les Marchandises , qui viennent des Pays Etrangers , & mêmes des Provinces du Japon , la plûpart des Marchands, s'y assemblent, pour acheter les unes & les autres , à peine y voit-on une Maison , où il n'y ait quelque chose à vendre. C'est-là, qu'on rafine le Cuivre , que l'on bat la plus grande partie de la Monnoye, que l'on imprime les Livres , & que l'on fait au métier ces riches Etoffes à fleurs d'Or & d'Argent , qui se transportent dans les Pays Etrangers (a) : les meilleures Teintures, les ciselures les plus exquises , les Instrumens de Musique de toutes les especes , les Cabinets vernissés , les Ouvrages en Or & dans les autres Métaux , surtout en Acier , enfin les lames de la meilleure trempe, & les autres Armes se travaillent à Méaco dans une grande perfection , aussi-bien que les Bijoux de toutes les fortes. Je reviens au Pere Vilela.

Les choses étoient si favorablement disposées pour la Religion apres les Troubles , dont nous avons parlé , que le P. Vilela s'attendoit à faire dans cette Capitale une abondante Récolte : les succès de ses travaux passerent encore de beaucoup ses espérances. Les Mémoires détaillés, que nous en avons dans les Lettres , & dans celles des autres Missionnaires , qui étoient alors au Japon , ne contiennent rien d'inferieur à ce qu'on lit de plus merveilleux dans les Annales des plus

_____

(a) Nous avons remarqué ailleurs , que celles , qui se fabriquent dans les Isles de Fatsisio & de Kamakura , ne sortent point du Pays.

heureux siécles de l'Eglise. Mais ce qui donnoit surtout une grande idée de la sainteté
des Chrétiens de Meaco, c'étoit de voir avec
quel soin ils s'appliquoient à la pratique des
vertus, qui devoient leur couter davantage.
Plusieurs d'entr'eux étoient de la plus haute
Noblesse, c'est-à-dire, naturellement les plus
fiers des Hommes : d'ailleurs nous avons vû
combien la compassion envers les Pauvres est
éloignée de paroître une vertu aux Grands
du Japon, puisqu'ils se font même un devoir
de Religion de leur dureté envers les Miséra-
bles. Cependant c'étoit principalement dans
les exercices d'humilité & de charité, que ces
Fidéles aimoient à s'employer, & on voyoit
souvent les plus Riches se réduire au pur nécessaire, qui n'étoit pas même toujours réglé
par la discrétion, pour enrichir les Hôpitaux.

De J. C.
1563 64.1.1
De Syn-Mu.
2222.23.

　　L'Homme Apostolique continuoit d'avoir
beaucoup d'accès auprès de l'Empereur, & ce
Prince fit voir dans une occasion assez importante combien il l'estimoit. Ce Religieux
fut informé, que Morindono maltraitoit fort
les Chrétiens d'Amanguchi, il en porta sa
Plainte au Cubo-Sama, qui voulut bien se
faire l'Intercesseur de 　Fidéles persécutés
auprès de leur Souverain : il lui envoya un
Gentilhomme, pour le prier de laisser ses Sujets en liberté de suivre la Religion, que prêchoient les Religieux d'Europe. Mais une démarche de cet éclat pensa être funeste à ces
Missionnaires, & leur attira un Orage, auquel
ils n'échapperent, que par un de ces coups du
Ciel, qui font sentir combien Dieu est le Maître des cœurs. Les Bonzes ne purent voir sans
frémir les suites, que devoit naturellement

Crédit du P.
Vilela auprès
de l'Empereur.
Effort inutile
des Bonzes
pour faire a-
bolir la Reli-
gionChretien-
ne.

De J. C.
1563 64.

De Syn Mu.
2223.24.

avoir une si puissante protection, & toujours
appuyés de leur Grand Prêtre, résolurent de
mettre tout en œuvre pour faire chasser les
Docteurs Etrangers de Meaco, & s'ils le pouvoient, de tout l'Empire. Ils s'adressèrent à
DAXANDONO, qui avoit la principale autorité
dans la Ville Impériale, où il rendoit la Justice au nom de l'Empereur, & ils mirent
tout en œuvre pour l'engager à publier un
Edit contre la nouvelle Religion.

Daxandono répondit à ceux, qui lui furent
députés à ce sujet, que pour faire consentir
la Cour à ce qu'ils demandoient, il falloit la
bien persuader que la Religion Chrétienne
étoit aussi mauvaise, qu'ils le prétendoient;
& que tout ce qu'il pouvoit leur accorder,
étoit de la faire examiner par des Personnes
capables d'en juger. Rien n'étoit plus à dési-
rer pour la bonne cause, que cet examen,
supposé que les Examinateurs fussent bien choi-
sis, mais ils le furent très-mal. On mit cette
Affaire entre les Mains de deux Bonzes, dont
l'un se nommoit XIMAXIDONO, & l'autre CI-
CONDONO. Le premier étoit le Confident &
le principal Conseil de Mioxindono, le plus
puissant Particulier de l'Empire, le second
avoit été Précepteur du Cubo-Sama, & tous
les deux étoient des plus animés contre les
Missionnaires. Aussi ce choix persuada tout le
Monde que c'étoit fait du Christianisme, &
il n'y eut pas un seul des Amis du P. Vilela,
qui ne fût d'avis qu'il se retirât au moins
pour un tems. Il les crut, & partit avec Laurent pour Sacai. Il n'eut pas lieu de se repentir d'avoir ainsi cédé au tems, son absence
ralentit d'abord un peu cette chaleur, avec
laquelle

laquelle on le pouſſoit. Enfin le Seigneur prit
en main ſa défenſe , & le ſalut vint d'où il
y avoit plus à craindre. Voici comment la
choſe ſe paſſa.

Un pauvre Chrétien de la Campagne nommé JACQUES étoit al'é demander juſtice à Daxandono contre un Idolâtre , à qui il avoit
prêté une ſomme d'Argent , & qui refuſoit
de la lui rendre. Ximaxidono un des deux
Commiſſaires pour l'examen de la Religion
Chrétienne , entra dans le moment , que ce
bon Homme plaidoit lui-même ſa cauſe , & le
reconnoiſſant pour Chrétien à un Chapelet,
qu'il portoit ſur lui , *Tu es donc* , lui dit-il
en l'interrompant, *de la Religion des Européens ? Oui graces au Ciel* , répond le Payſan,
j'en ſuis : & qu'enſeigne de bon votre Loi ,
reprend le Bonze ! *je ne ſuis pas aſſez Sçavant
pour vous le dire* , replique le Chrétien, *mais
je puis bien vous aſſurer qu'elle n'enſeigne
rien que de bon.* Ximaxidono ne laiſſa pas
de le queſtionner ſur bien des Articles , & le
Seigneur, qui dénoue, quand il lui plaît, la
langue des Enfants, pour en tirer ſa gloire,
éclaira tel'ement en cette occaſion le Villa-
geois, qu'il parla ſur l'exiſtence & les Attributs de Dieu , ſur le Culte qu'il exige des
Hommes, ſur l'Immortalité de nos Ames, &
ſur nos divins Myſteres, d'une maniere ſi élo-
quente , & même en ſi bons termes , qu'il
ravit tous les Aſſiſtants en admiration.

Le Bonze ſurtout l'écouta fort attentivement , il fut enſuite quelque tems ſans rien
dire : puis , comme s'il ſe fût éveillé d'un
profond ſommeil: *Allez* , dit-il , au Chrétien, *faites-moi venir votre Docteur ; ſi les*

De J. C.
1563-64.

De Syn-Mu.
2·23·24.

Converſion
de deux puiſ-
ſants Bonzes,
& d'un Si-
gneur de la
Cour.

De J. C.
1563-64.
De Syn-Mu.
2223-24.

Difciples, ajouta-t-il, font fi Sçavants, que fera-ce du Maître? Jacques ne perdit pas un moment, & fans fonger davantage à l'Affaire, pour laquelle il étoit venu à Meaco, il courut à Sacai, où racontant la chofe comme il l'avoit conçuë, il dit au P. Vilela que le Bonze Commiffaire éto't converti, & qu'il le demandoit pour le baptifer. Le fait étoit trop fingulier, pour être cru fur le témoignage d'un Homme, qui pouvoit être trompé, & tous les Chrétiens de Sacai s'accorderent à foutenir, qu'il ne feroit pas prudent au Pere de s'expofer fur cet avis. Il vouloit partir néanmoins, dans la penfée que, fi c'étoit une feinte pour l'attirer a Meaco, il auroit apparemment le bonheur de donner fon fang pour Jefus-Chrift. Mais on l'arrêta de force, & tout ce qu'il put obtenir, fut que Laurent iroit voir de quoi il s'agiffoit.

Laurent partit fans différer d'un moment, & les Fidéles commencerent à faire des Prieres pour l'heureux fuccès de fon Voyage. On lui avoit recommandé de revenir, dès qu'il feroit inftruit de ce qu'on vouloit fçavoir, & on lui avoit ajoûté, que s'il étoit plus de quatre jours abfent, on le croiroit mort ou Prifonnier. Il tarda pourtant un peu plus, & on le pleuroit déja, lorfque fon retour combla de joye tous les Fidéles; car non-feulement il confirma tout ce qu'avoit dit le Payfan, mais il affura de plus que Cicondono avoit été converti par fon Collégue, & que tous deux vouloient recevoir le Baptême de la Main du P. Vilela. Il n'y avoit plus à délibérer, & le Pere partit fur l'heure. Ceci fe paffoit les derniers jours d'Avril, & au commencement de Mai. Le Missionnaire en arrivant dans la Capitale trouva ses deux Prosélytes, qui avoient encore gagné à Jesus-Christ un Grand Seigneur nommé XICAIDONO, Parent de MIOXINDONO, fort estimé pour son érudition, qui passoit pour un des plus beaux Esprits de la Cour, & qui étoit Gouverneur d'une Place forte nommée IMORI, à huit lieues de MÉACO ; ils étoient d'ailleurs tous trois si bien instruits, & tellement pénétrés des grandes vérités du Salut, que le Pere Vilela ne crut pas devoir différer à les baptiser.

Dès le lendemain Xicaidono, qui fut nommé SANCHE au Baptême, mena Laurent à Imory, & il eut la consolation d'y voir baptiser en peu de tems jusqu'à soixante & dix Personnes de la premiere Noblesse du Pays, & cinq cents Habitants. Le zéle des deux Bonzes ne fut, ni moins vif, ni moins efficace, ils composerent ensemble un Traité de la Religion Chrétienne, qui produisit partout des effets merveilleux ; mais le plus grand avantage, que la Religion tira de cet heureux Evénement, fut la Conversion d'un Seigneur nommé TACAYAMA, grand Homme de Guerre, d'une probité peu commune, fort instruit des Mysteres de toutes les Sectes du Japon, & très-attaché au culte de ses Dieux : Le Baptême des deux Bonzes ayant fait du bruit, & jetté toute la Cour dans l'étonnement, Tacayama dit un jour, qu'il en étoit d'autant plus surpris, qu'il ne croyoit pas fort difficile de réduire le Prédicateur Etranger au silence, & pour montrer qu'il ne parloit pas en l'air, comme il eut appris que le P. Vi-

De J. C.
1563-64.

De Syn-Mu.
2223-24.

Conversion singuliere d'un autre Seigneur.

De J. C.
1563-64.
Le Syn-Mu.
2223.24.

la prêchoit dans une Place de Méaco : il l'alla entendre, & le Sermon fini , il entreprit de réfuter tout ce que le Miffionnaire avoit avancé. Ce Religieux comprit d'abord, qu'il avoit affaire à un Homme d'efprit , & qui en fçavoit bien autant que les plus habiles Bonzes , il répondit néanmoins fans peine à tout ce qu'il lui objecta, & parla d'une manière fi fenfée & fi folide, que fon Adverfaire n'eut rien à lui repliquer.

Mais ce qui furprit davantage Tacayama , ce fut de voir en un moment non feulement fon efprit convaincu, mais fon cœur même changé de telle forte , qu'il ne fe reconnoiffoit plus. Il comprit alors que celui-là feul eft Dieu, qui fçait fe rendre maître des cœurs, & avec cette franchife, & cette bonne foi, qui eft la meilleure marque d'un bon efprit, il confeffa fes erreurs & fon ignorance. Il ne donna enfuite au Pere Vilela aucun repos, qu'il ne l'eût engagé à le fuivre dans fes Terres, où l'Homme Apoftolique le baptifa avec fa femme & fix de fes Enfans. Le Pere fut nommé DARIE, la Mere eut nom MARIE, & l'aîné des Fils fut appellé JUSTE. C'eft ce fameux JUSTE UCONDONO, fi célebre dans les Relations Portugaifes & Efpagnoles de ce tems-là , illuftre par fes grandes actions, qui lui ont donné une place diftinguée parmi les Héros du Japon, plus illuftre encore par fes vertus, & par fes fouffrances pour la caufe de Dieu, & qui eût fait l'ornement de fa Patrie, fi l'ingratitude de fa Nation n'eût pas forcé d'aller mourir dans une terre étrangere, un Homme qu'elle eût dû envier à fes Voifins, fi le Ciel l'eût fait naître parmi eux.

Tacayama avoit deux freres aînés, tous deux d'un grand mérite : le premier dont je n'ai pas trouvé le nom, étoit Seigneur de SAVA, & dans une si grande considération auprès de l'Empereur, que ce Prince se reposoit sur lui de tout ce qui regardoît la Police & le bon ordre à Méaco. Le second se nommoit VATA-DONO, & nous aurons souvent occasion d'en parler dans la suite.

De J. C. 1563-64.

D. Sju- l I. 2223-24.

Quelques Mémoires paroissent confondre le Seigneur de Sava avec Daxandono, & le font répondre à un Manifeste des Bonzes de Jesan contre la Doctrine Chrétienne, où ces Religieux Idolâtres concluoient à abolir cette nouvelle Religion, & à chasser du Japon ceux, qui la prêchoient, ils lui font, dis-je, répondre, qu'il falloit écouter les Docteurs Etrangers, avant que de les condamner, & que si leur Loi se trouvoit véritablement pernicieuse, il ne falloit pas les chasser, mais les punir de mort, comme les Séducteurs du Peuple, les Destructeurs du Culte des Dieux, & les Perturbateurs du repos public. Mais quoique ceci s'accorde assez avec la réponse, que fit Daxandono aux Députés des Bonzes & du Xaco, nous verrons bientôt, qu'assurément Daxandono n'étoit pas frere de Vatadono, & ne fut jamais Chrétien.

Les affaires de la Religion alloient aussi toujours de mieux en mieux dans les Royaumes Occidentaux, principalement dans celui de Firando, où quoique le Pere Froez, & Jean Fernandez n'eussent pas la Cour favorable, ils ne pouvoient suffire à instruire, & à baptiser ceux, qui se présentoient. Le Prince Antoine étoit toujours l'ornement & le soutien de cette

Ferveur des Chrétiens du Firando.

K iij

Chrétienté naiſſante, où l'on pratiquoit les Vertus les plus ſublimes avec une ferveur, dont les Infidéles mêmes étoient touchés. Les Portugais, qui en étoient ſouvent les témoins, s'exprimoient ſur cela à leur retour aux Indes, & dans leurs Lettres en Europe, en des termes, qui auroient paru exagérés, ſi tous n'euſſent pas tenu le même langage ; & il y en eut plus d'un, qui ne pouvant réſiſter à la force des grands exemples de détachement, d'humilité, & de pénitence, qu'ils admiroient dans ces Néophytes, abandonnerent généreuſement de grands biens, & renoncerent aux eſpérances les mieux fondées, pour embraſſer la Pauvreté Evangélique.

L'union & la charité, qui régnoient parmi ces fervens Chrétiens, n'avoient rien de moins frappant que leurs autres vertus, il n'arrivoit point de diſgrace à aucun Particulier, qu'auſſitôt elle ne fut réparée à frais communs. Le feu prit la nuit de Noel, de l'année 1564. à la Sacriſtie, dans l'Iſle de Tacuxima, & les flammes portées par un vent très-violent, réduiſirent en cendres l'Egliſe, la Maiſon des Miſſionnaires, & environ quinze autres, avant qu'on eût pû arrêter l'incendie. Il faiſoit un froid très-piquant, & les Maiſons brûlées appartenoient à de pauvres gens, qui par cette perte, ſe trouverent dans la plus affreuſe indigence, expoſés à toute la rigueur de la Saiſon mais ils n'y furent pas longtems, les plus aiſés les recueillerent d'abord, & le bruit de cet accident ne ſe fut pas plutôt répandu dans l'Iſle voiſine d'Iquizeuqui & à Firando, que les Fidéles accoururent de toutes parts au ſecours de leurs Freres.

Les Maisons furent rebâties & meublées avec une diligence incroyable, on pourvut aux autres besoins de ces Malheureux avec profusion, ensorte qu'ils se trouverent plus à leur aise après leur disgrace, qu'ils ne l'étoient auparavant; il en arriva autant à Firando peu de jours après, & la charité des Fideles n'y parut pas avec moins d'éclat.

Sur ces entrefaites le Pere Froez eut avis, que deux Navires Portugais paroissoient à la hauteur de Firando, & peu de tems après, il reçut des assurances de ceux, qui les commandoient, qu'ils n'entreroient point dans le Port sans son agrément. Le Roi instruit de cette démarche des Capitaines, envoya sur le champ faire des excuses au Pere, de ce qu'il ne l'avoit pas encore rétabli dans l'ancienne demeure des Missionnaires, & lui donna sa parole qu'il le feroit incessamment. Le Pere sur cette promesse, se hâta un peu trop d'écrire aux Commandants des Navires Portugais, qu'ils pouvoient mouiller à Firando, mais s'étant apperçu, que le Roi ne se pressoit point d'exécuter ce qu'il avoit promis, il prit une Chaloupe, alla au-devant d'un troisiéme Navire nommé la SAINTE CROIX, qui suivoit de près les deux premiers, & persuada sans peine à PIERRE ALMEYDA, qui le montoit, de se tenir au large, jusqu'a ce que ce Prince eût dégagé sa parole. Enfin Taqua Nombo fit d'assez mauvaise grace ce qu'on souhaitoit de lui, & Almeyda entra aussitôt dans le Port,

Le Christianisme étoit aussi toujours sur un très-bon pied dans le Bungo, mais il devenoit de jour en jour plus florissant dans le Royaume d'Arima, & dans la Principauté d'Omura.

De J. C.
1564.

De Syn Mu.
2224.

Fermeté des Chrétiens de Ximabara. Les Bonzes font empoisonner I. Gouverneur.

De J. C.
1564.

De Syn - Mu.
2224.

Xengandono venoit de mourir, le Prince son
Fils aîné étoit remonté sur le Trône, mieux
disposé que jamais à l'égard des Chrétiens, &
les Victoires de Sumitanda faisoient taire les
Bonzes, & les retenoient dans le devoir. Il y
eut alors quelque commencement de persécution à Ximabara, où le nombre des Fideles
s'étoit accru de moitié depuis les troubles. Le
Prince voulut les contraindre à prendre part a
une Cérémonie, qui se pratiquoit tous les ans
en son honneur, & où il entroit de la superstition : ils le refuserent : il les menaça, mais
ils répondirent, qu'ils ne craignoient point la
mort : & que quand il voudroit leur procurer
l'honneur du Martyre, il les trouveroit à l'E-
glise sans armes, & dans l'impatience de répandre leur sang pour une si belle cause. Il leur
fit dire, qu'il ne demandoit d'eux, qu'une sim-
ple démonstration d'obéissance, ils furent inébranlables ; & comme il estimoit dans le fonds
leur Religion, il cessa de les molester, & ne
put même refuser a leur constance les Eloges
qu'elle méritoit. Les Bonzes ne firent point
paroître la même équité, mais comme ils n'o-
serent s'en prendre a la Multitude, ils déchar-
gerent leur chagrin sur le Gouverneur LEON,
qu'ils regardoient avec justice comme le plus
ferme appui, & le Chef de ces braves Chrétiens, & ils le firent empoisonner.

Le Po de
Portugal écrit
au Prince d'O-
moura.

Ce qui soutenoit si fort la Religion dans ces
quartiers-là, c'étoit la présence du Pere de
Torrez, qui malgré son grand âge, & ses infirmitez, ne se refusoit à rien. Dès qu'il eut
appris la mort de Xengandono, il accourut à
Cochinotzu, où il ne lui coûta presque rien
pour rendre à cette Chrétienté, si longtems

opprimée, tout fon premier luftre. Son deffein étoit d'aller enfuite à Omura , mais l'ab-
fence du Prince, occupé à pourfuivre quelque
refte de Conjurés , lui fit remettre ce voyage à
un tems plus favorable. D'ailleurs Sumitanda
avoit les armes à la main , & les Ennemis des
Chrétiens n'ofoient remuer. Ce Prince reçut
dans le même tems des Lettres de Dom SEBAS-
TIEN , Roi de Portugal, qui le félicitoit fur fa
converfion au Chriftianifme , & fur fon zele
à procurer le même bonheur à fes Sujets , &
qui lui juroit une amitié éternelle. Il fut extrêmement fenfible à cette attention d'un fi
puiffant Monarque , mais il n'avoit pas befoin
d'aiguillon ; & s'il y avoit quelque chofe à
défirer dans fa conduite , c'étoit qu'il fe mé-
nageât un peu plus , furtout avec les Bonzes ,
qui pour être foumis en apparence, n'en étoient
pas moins à craindre , & qui ne lui avoient
pas encore porté tous les coups, dont ils étoient
capables.

Cependant la Sainte Croix avoit amené au
Japon trois nouveaux Ouvriers, à fçavoir les
PP. MELCHIOR DE FIGUEREDO , JEAN CABRAL,
& BALTHAZAR ACOSTA , ce qui donna moyen
au Supérieur Général d'envoyer du fecours au
Pere Vilela , qui en avoit un preffant befoin , il
lui deftina le Pere Louis Froez , qu'il fit remplacer dans le Firando par le Pere Acofta ; &
il lui joignit Louis Almeyda , mais celui-ci ne
devoit point refter a Méaco. Le Pere Cabral
fut envoyé à l'Ifle de Tacux ma , & le Pere de
Figueredo demeura avec le Supérieur à Cochinotzu. Le fujet du voyage d'Almeyda étoit ,
que le Pere de Torrez vouloit être inftruit par
un Témoin oculaire de l'état de la Religion

K v.

De J. C.
1565.

De Syn Mu.
2225.

Particulari-
tez du Voyage
du P. Froez &
de Louis Al-
meida à Mea-
co.

dans la Capitale de l'Empire, & des difpofitions où étoient les Provinces circonvoifines à
recevoir l'Evangile ; & perfonne n'étoit plus
propre qu'Almeyda à lui rendre un compte
exact de tout ce qu'il lui importoit de fçavoir.

Les deux Miffionnaires fe joignirent à Fucheo, d'où ils partirent enfemble le dernier
jour de Décembre 1564. Ils s'embarquerent
dans un des Ports du Bungo, fur un petit Navire exceffivement rempli de Monde, & ils
y effuyerent de très-violentes tempêtes. Il y en
eut une furtout, qui fit périr prefque fous leurs
yeux un Batiment, dont les débris qu'ils apperçurent autour de leur Vaiffeau, donnerent
beaucoup de frayeur à l'Equipage, aux & Paffa-
gers, mais ce qui inquietoit le plus ces Religieux, c'eft qu'il n'y avoit avec eux que des
Idolâtres, qui nuit & jour offroient des vœux
au Soleil, à la Lune, aux Cerfs, & à plufieurs
autres fortes d'Animaux. Enfin ils aborderent
à une Ville, appellée FARA, où ils apprirent,
que fix Hommes, & deux Femmes s'étoient
tout récemment précipités dans les eaux, en
invoquant Amida. Toute la Ville étoit encore
en rumeur à ce fujet ; on avoit érigé aux prétendus Martyrs un petit Temple affez près du
Rivage, & l'on y avoit ajoûté huit Colonnes,
une pour chacun de ces Défefpérés. Le toit du
Temple étoit hériffé de bâtons, d'où pendoient
des efpeces de banderolles de papier, & toutes
les murailles étoient couvertes d'Infcriptions
en Vers, où le mérite d'une Action fi héroïque étoit relevé en des termes magnifiques.
L'ufage eft de brûler la Barque, qui a fervi à
porter ces Fanatiques, quand ils ne l'ont pas
fait couler à fonds avec eux, & qu'ils fe font

jettés de deſſus ſes bords, comme avoient fait
ceux-ci. La curioſité porta les Miſſionnaires à
examiner de près le Temple, ils s'en approcherent, & ils apperçurent une Troupe de
vieilles Femmes, qui en ſortoient elles avoient
toutes une eſpece de Chapelet à la main, &
elles furent extrêmement ſcandaliſées de voir
que ces Etrangers ne donnoient aucune marque de reſpect à un lieu ſi ſaint ſelon elles ?
d'autres ſe contenterent de plaindre leur prétendu aveuglement. Au reſte, le Temple étoit
ſans ornement, & les Miſſionnaires n'y re-
marquerent rien de fort particulier.

De Fara, les Serviteurs de Dieu pourſuivi-
rent leur route vers l'Iſle d'Hiu, où ils arriverent en huit jours. Cette Iſle, a, dit-on,
cent lieues de circuit : elle n'eſt marquée ſous
ce nom dans aucune Carte, que j'aye vûe ;
mais on ne peut gueres douter que ce ne ſoit
l'Iſle de Xicoco, dont une des Provinces
porte le nom de Royaume d'Yo, d'autant plus,
qu'Almeyda ajoûte, que l'Iſle d'Hiu ſe diviſe
en quatre Provinces, ce qui eſt vrai de l'Iſle
de Xigogo. Le Pere Froez & Almeyda y rencontrerent quelques Chrétiens, qui avoient
reçu le Baptême à Méaco, & qui étoient établis dans cette Iſle. Un des plus conſidérables
leur rendit viſite, & les entretint ſur la Religion d'une maniere, qui les ſatisfit beaucoup.
Ces Inſulaires étoient fort polis, & parloient
très-bien leur Langue, auſſi les Miſſionnaires
commencerent-ils la à connoître la différence
qu'il y a entre les Japonnois du centre de
l'Empire, qui ſe ſentent du voiſinage des deux
Cours Impériales, & qui ont des Académies
fondées pour l'inſtruction de la jeuneſſe, & la

K vj

De J. C.
1565.

De Syn - Mu.
2225.

De J. C.
1565.

De Sy - Mu.
2225.

perfection des Arts & des Sciences, d'avec
ceux du Ximo, où ces avantages font plus
rares. Ils féjournerent huit jours dans l'Ifle,
& ils eurent la confolation d'y baptifer fix Perfonnes, puis ils fe rembarquerent, & gagnerent en fix jours le Port de Ximaquimo, qui
eft a peu près à moitié chemin de Fucheo à
Sacai.

On étoit inftruit dans cette derniere Ville
de leur voyage, & dès qu'ils en furent proche,
un Homme de qualité nommé Sanche, celui-
là même, qui le premier y avoit appellé le
Pere Vilela, leur envoya un Bâtiment plus
grand, & plus fûr que celui, où ils étoient,
avec des rafraîchiffements, dont ils avoient un
extrême befoin. Il comptoit bien de les retenir quelque tems chez lui, mais dès le lendemain de leur arrivée le Pere Froez voulut
partir, & Sanche n'ayant pû venir à bout de
lui faire changer de réfolution, engagea plufieurs Chrétiens à l'accompagner jufqu'au terme de fon voyage. Pour Almeyda, qui étoit
chargé de vifiter tous les endroits, où il y
avoit des Chrétiens, il ne put refufer à Sanche
de faire quelque féjour à Sacai, après quoi,
comme il fe difpofoit à en partir, il tomba
dans une très-grande maladie, caufée par le
froid exceffif, qu'il avoit fouffert dans fa route.

Le Pere Froez au fortir de Sacai, alla coucher à Ozaca, qui n'en eft qu'à trois lieues, &
cette nuit-là même, le feu prit à un quartier
de cette grande Ville, dont il confuma jufqu'à neuf cents Maifons. Ozaca étoit alors au
pouvoir d'un Bonze, qui s'en étoit emparé, &
y régnoit en Tyran; & comme avant l'arrivée du Miffionnaire, on y avoit été inftruit de

son voyage, & que les Bonzes avoit eu soin de
publier que les Docteurs Européens ne manquoient presque jamais d'attirer quelque grand
malheur après eux, la Maison, où il s'étoit
retiré, fut d'abord investie d'une multitude
de Peuple, qui le vouloit mettre en pieces ;
mais les Conducteurs, & son Hôte, qui étoit
Chrétien, le firent heureusement évader. Il
eut encore beaucoup à souffrir pendant le reste
de son voyage, & il y courut de grands risques.
Sans doute, que Dieu, qui le destinoit à de
grandes choses, l'y voulut disposer par ces
traverses, qu'on a toujours regardées dans les
Hommes Apostoliques, comme des assurances
infaillibles de grands succès. Enfin il arriva en
bonne santé à Méaco.

De J. G.
1564.
De Syn Mu.
2224.

Almeyda de son côté, après trois semaines
de douleurs très-vives, se trouva si affoibli,
qu'il fut obligé de s'arrêter assez long-tems a
Sacai, mais son séjour dans cette Ville n'y fut
pas inutile à l'Œuvre de Dieu. Tout infirme
qu'il étoit, il prêchoit tous les jours, & le reste
du tems, il l'employoit à des Instructions particulieres, dont il retiroit de grands fruits.
J'ai dit ailleurs que son Hôte avoit un Fils &
une Fille, qui furent baptisés avec lui. La
Fille, qui avoit reçu au Baptême le nom de
MONIQUE, étoit alors âgée d'environ quinze
ans, & sa ferveur croissoit avec le nombre de
ses années. Elle vint trouver un jour le Missionnaire en particulier, suivie d'une Femme,
qui avoit été sa Gouvernante, & commença
par se jetter à genoux devant une Image de
la Mere de Dieu, qu'Almeyda portoit partout
avec lui dans ses voyages. Dans cette posture,
qu'elle ne voulut point quitter, quelqu'instan-

Ferveur d'u-
ne jeune De-
moiselle Ch é
tienne de Sa-
cai, & de son
frere.

ce que lui en fit le Missionnaire, elle lui parla
ainsi : « Vous sçavez, mon Pere, que je suis
» Chrétienne, la bonté infinie du Dieu que
» j'adore, m'a encore fait une autre grace,
» il m'a inspiré le desir de n'avoir point d'au-
» tré Epoux, que lui : je reconnois que je suis
» redevable de cette insigne faveur a la pro-
» tection toute puissante de la Reine des Vier-
» ges, au service de laquelle je me suis dé-
» vouée pour le reste de mes jours, & pour
» tâcher de m'en rendre plus digne en imitant
» sa vie retirée, son humilité, son mépris du
» Monde, & son application continuelle à la
» priere, mon dessein est de me faire couper
» les cheveux, puis de supplier mon Pere de
» me mettre au rang de ses Esclaves, & de
» m'employer aux plus vils Ministeres de la
» Maison. Cependant, continua-t-elle, les
» larmes aux yeux, j'apprends avec bien de la
» douleur qu'on pense sérieusement à me
» faire épouser un Frere de ma Mere, le-
» quel, non-seulement n'est pas Chrétien,
» mais est un des Hommes du Monde, qui
» porte plus loin la superstition, & l'attache-
» ment au Culte des faux Dieux. Vous voyez
» à quel péril je suis exposée, ce sont sans
» doute mes péchés, qui obligent l'Epoux sa-
» cré des Vierges à me rejetter; mais je ne
» désespere pas encore de le regagner, & je
» vous conjure par tout le zele que ce grand
» Dieu vous inspire, pour le salut de nos
» Ames, de m'aider à vaincre les obstacles,
» qui s'opposent à mon bonheur, & d'em-
» ployer votre crédit auprès de ceux, de qui
» je dépends, pour les engager à rompre une
» alliance, dont je me sens beaucoup plus

55 d'horreur, que de la mort même.

L'Homme Apoſtolique loua fort le généreux deſſein de la jeune Demoiſelle, mais il
l'avertit que le genre de vie, qu'elle méditoit,
avoit ſes difficultez & ſes écueils, il les lui expoſa, ſans lui en rien déguiſer : il lui dit que
le Mariage étoit un Etat ſanctifié par la grace
du Sacrement, & què ſes Parens avoient ſans
doute jugé que le deſir de la poſſéder pourroit peut-être changer le cœur de l'Epoux,
qu'ils lui deſtinoient; il lui ajoûta, que ſi après
s'être bien conſultée, elle ne ſe ſentoit pas
toute la force, dont elle auroit beſoin, pour
fournir la rude & épineuſe carriere, où elle
vouloit s'engager, elle feroit ſagement de
n'y point entrer, & de laiſſer à ceux, qui lui
avoient donné le jour, tout le ſoin de diſpoſer de ſon ſort, mais qu'elle feroit fort bien
de ne jamais conſentir a l'Alliance, qu'on lui
propoſoit, ſurtout, ſi ſon Oncle s'obſtinoit à
demeurér Infidéle. Elle lui répliqua, qu'elle
connoiſſoit toute ſa foibleſſe, mais qu'elle avoit
mis en Dieu ſa confiance, & qu'elle eſpéroit,
qu'il lui donneroit la force de triompher d'elle-
même, & de tout ce qui pourroit s'oppoſer à
un deſſein, qui ne pouvoit venir que de lui;
qu'elle en avoit eu une eſpece d'aſſurance dans
une épreuve, qu'elle avoit faite d'un jeûne de
trois jours, ſans rien boire, ni rien manger;
que jamais elle ne s'étoit ſentie ſi forte, & que
ces jours avoient été pour elle un avant-goût
de joyes du Paradis; qu'elle eſpéroit que celui,
qui l'avoit ainſi ſoutenue & conſolée dans cette
occaſion, ne l'abandonneroit pas dans l'exécution d'un projet, dont elle avoit tout ſujet
de croire qu'il étoit l'Auteur.

De J. C.
1565.
De Syn. Mu.
2225.

L'Esprit de Dieu étoit trop senfible fur cette vertueuse Fille, pour laiffer aucun doute au Miffionnaire, que Dieu ne l'eût fufcitée, pour être une de ces Epoufes choifies, qu'il prend plaifir à favorifer de fes plus intimes communications. Il lui promit de ne rien omettre pour faire changer de réfolution à fa famille, & il la renvoya fort fatisfaite. Le lendemain il alla trouver Sanche, & lui repréfenta que le Mariage, qu'il méditoit pour fa Fille, ne convenoit en aucune maniere, que la Loi de Dieu ne permettoit pas à une Niece d'époufer fon Oncle, hors le cas d'une grande néceffité, & qu'il n'édifieroit pas les Fideles, s'il donnoit pour Epoux à fa Fille un Idolâtre entêté, qui pourroit la féduire, où la maltraiter enfin que Monique avoit une averfion infurmontable pour cet état, & qu'il lui fembloit que le Seigneur vouloit poffeder fon cœur fans partage.

A ces raifons Sanche répondit, que fi fa Fille n'époufoit pas celui, fur lequel il avoit jetté les yeux, elle ne trouveroit pas dans toute la Ville un parti, qui lui convînt pour la naiffance, que ce Mariage lui avoit paru le moyen le plus fûr de gagner à Jefus Chrift un des plus déclarés Ennemis du Chriftianifme, qu'il étoit engagé de maniere à ne pouvoir reculer avec honneur, & fans choquer un Homme puiffant, qui aimoit éperdûment fa Fille. *Pour ce qui eft de la derniere raifon, que vous m'apportez, dit-il, je n'ai rien à y répliquer, fi elle eft auffi réelle, que vous le croyez.* Il protefta qu'il ne vouloit rien faire en cela, non plus qu'en tout le refte, qui pût tant foit peu bleffer fa confcience, & qu'après lui avoir re-

préſenté la ſituation, où il ſe trouvoit, il s'en
remettroit abſolument à ſa déciſion. En effet,
comme il vit qu'Almeyda ne goûtoit point ſes
raiſons, il rompit l'affaire, ſans ſe mettre en
peine des ſuites. Tout le tems que le Miſſionnaire reſta encore a Sacai, il s'appliqua fort à
donner à la pieuſe Monique des regles de conduite, pour le genre de vie, qu'elle vouloit
embraſſer, mais il avoit compris d'abord,
qu'elle recevoit des leçons d'un plus grand
Maitre que lui, & il ne craint point d'aſſûrer
dans ſes Lettres, qu'il ne pouvoit la voir ſans
être pénétré d'une véritable vénération pour
ſa vertu, & ſans ſe repréſenter ces illuſtres
Epouſes de Jeſus-Chriſt, que l'Egliſe a placées
ſur les Autels.

Le jeune Frere de cette ſainte Fille, nommé
VINCENT, dont nous avons déja rapporté les
premieres ferveurs, n'étoit, ni moins prévenu
des bénédictions céleſtes, ni moins docile à
l'Eſprit Saint, qui s'étoit emparé de ſon cœur.
Almeyda lui demanda un jour, juſqu'à quel
point il aimoit Jeſus-Chriſt ſon ſouverain Seigneur & ſon Maitre : *Juſqu'à donner tout mon
ſang pour lui*, répondit-il : *ô que je ſerois heureux*, ajoûta-t-il, *ſi je me voyois hacher en
piéces pour ſon amour ! mon cœur me dit, ce
me ſemble, que Dieu me feroit la grace de lui
être fidéle juſqu'au dernier ſoupir.*

Il y avoit auprès de Sacai un Seigneur ami
de Sanche, & fort connu à la Cour de l'Empereur, Almeyda lui rendit viſite, & il paroît
même que ce Seigneur l'avoit invité à le venir
voir : du moins le Miſſionnaire n'eut-il pas lieu
de regretter le tems, qu'il employa à le viſiter, ayant eu le bonheur de faire dans ſa mai-

De J. C.
1565.
De Syn Mu.
225,

De J. C.
1565.
De Syn. Ma.
2225.

fon & parmi fes Vaffaux, plufieurs Profélytes
de conféquence. Il quitta enfin ce Pays-là, &
comme il eut appris que le Pere Vilela étoit
à Imory, qui n'eft qu'à fix lieues de Sacaï, il
fe difpofa à l'y aller trouver. Mais fon Hôte,
avant que de le laiffer partir, voulut lui donner un repas de cérémonie, & j'ai cru, que je
ferois plaifir à mes Lecteurs de mettre ici ce
qu'il en a rapporté dans fes Lettres. On y verra
quelques particularitez affez curieufes touchant
les Maifons, les Ameublements, & le Cérémonial des Japonnois.

De la Chambre de Sanche, Almeyda fut
conduit par une Porte affez étroite dans une
Galerie, au bout de laquelle on lui fit monter
un Efcalier de Cédre d'une ftruéture admirable ; & fi propre, qu'il fembloit, que perfonne
n'y avoit encore marché. Cet Efcalier menoit
à un petit veftibule, d'où, par un paffage auffi étroit que la premiere Porte, il entra dans
la Salle du Feftin. Ces fortes de Salles ne fervent jamais a d'autre ufage. Tout étoit dans
celle-ci d'une propreté, qui enchantoit, & fi
bien travaillé, qu'on ne peut rien imaginer de
plus fini. Tout un côté étoit garni d'Armoi-
res faites comme les nôtres. Il y avoit à une
des extrémités de la Salle un Foyer ifolé, tel à
peu près, que ceux, dont j'ai parlé ailleurs ;
il n'avoit pas plus d'une aulne de circuit. Il
étoit conftruit d'une Terre glaife fort noire,
mais fi luifante, que les plus belles glaces ne
le font pas davantage, on voyoit fur ce Foyer
un Trépied d'un très-beau travail, & fur ce
Trépied il y avoit une Chaudiere de fer, qui
avoit coûté fix cens écus d'or à Sanche, lequel
comptoit encore de l'avoir eu pour rien. On fe

mit à table, & Almeyda, fans entrer dans aucun détail, fe contente de dire, qu'on y fervit
de tout ce que le Pays produit, cependant il
ajoûte, qu'il n'y avoit pas de quoi y faire d'excès, mais en récompenfe l'ordre, le filence,
la propreté, la modeftie, la gravité, qui régnoient dans ce repas, le charmerent, & il
afîure, qu'il faut l'avoir vû pour s'en former
une idée, qui foit jufte.

De J. C.
1565.

De Syn Mu
2225.

A la fin on apporta le Thé fuivant la coûtume,
& le Maître du logis fit étaler devant fon Hôte
tout ce qui fert à le préparer. Il faut être connoiffeur, & connoiffeur dans le goût des Japonnois, pour prifer ces chofes. Almeyda remarqua
un Trépied de fer, qui à force d'avoir fervi,
avoit eu befoin d'être plufieurs fois raccommo-
dé, & n'étoit plus qu'un compofé d'un grand
nombre de piéces; il ne fervoit qu'à foutenir
le couvercle de la chaudiere, quand on la découvroit. Sanche prétendoit néanmoins que
ce Trépied n'avoit point de prix, ni fon pareil dans tout le Japon. Il lui avoit coûté
mille écus d'or, & il ne l'auroit pas donné pour
beaucoup plus. Tous ces Uftenciles avoient
chacun leur enveloppe de foye, & fe confervoient dans des Etuits précieux, Le Thé,
qu'on fervit à Almeyda, étoit en poudre :
c'eft-à-dire, que c'étoit du Thé Impérial.

Almeyda trouva le Pere Vilela à Imory, dont
Mioxindono étoit le Maître : ce Seigneur y
étoit lui-même, & y avoit une Cour, qui ne
le cédoit, qu'à celle de l'Empereur. Plufieurs
de fes Courtifans étoient Chrétiens, & ils traitoient le Pere Vilela avec les mêmes refpects,
qu'on rendoit au Prince même, jufques-là,
qu'en public ils ne lui parloient qu'à genoux.

Honneur!
que fait a de
Miffionnai
le plus gra
Seigneur de
Cour Imp
riai.

Dès qu'Almeyda fut arrivé, ils le menerent à l'audience de Mioxindono. Le Pere Vilela voulut l'y accompagner, & ce Seigneur voyant ces deux Réligieux prosternés à ses pieds, se prosterna aussi de son côté. On en fut extrèmement surpris, car ce Seigneur étoit regardé comme le Dieu de l'Empereur, qui ne faisoit rien que par son canal, ce qui le rendoit l'Homme de l'Empire le plus puissant. Il leur fit ensuite présenter du Thé, & tout le tems qu'ils resterent à Imory, il les traita avec une distinction, qui ne se ressentoit, ni de sa fortune, ni de son humeur, car il étoit le plus fier des Hommes. Les deux Missionnaires prirent enfin congé de lui, & allerent visiter Xicaidono, ce Seigneur Chrétien, qui avoit reçu le Baptême avec les deux Bonzes Commissaires, dont nous avons parlé, il n'y a pas longtems, & qui étoit Gouverneur d'Imory, mais il étoit alors dàns l'Isle de CANGA, dont il étoit Seigneur, & où il avoit fait bâtir une fort belle Eglise. Le Pere Vilela y baptisa plusieurs Idolâtres, & Xicaidono, en congédiant les Missionnaires, leur donna une somme considérable pour bâtir une Eglise toute semblable à Sacai. L'Isle de Canga est dans l'embouchure d'une Rivière, qui se décharge dans la Mer assez près de Sacai, a cinq lieues de circuit, & elle est fort peuplée. Elle fut bientôt toute Chrétienne par les soins du Seigneur, & pendant les troubles, dont nous parlerons bientôt, elle servit de retraite aux Missionnaires, & à un très-grand nombre de Fidèles, qui ne se trouvoient point en sûreté a Méaco, ni dans le Royaume d'Izumi.

Peu de jours après Almeyda retomba ma-

lade , & le Pere Vilela le fit tranfporter a
Méaco, où il ne guérit qu'au bout de deux
mois. Dès qu'il put marcher , il reprit la vifite,
dont il étoit chargé , & il commença par Nara,
qui n'eft qu'à une journée de Méaco. Daxandono, qui en étoit Seigneur, y avoit un magnifique Château , & plufieurs Gentilshommes,
qui s'étoient attachés à fa Fortune , y avoient
bâti de fort belles Maifons à plufieurs étages ,
& dans un goût d'Architecture , qui approc-
choit fort de de la nôtre. Les Toits en étoient
extrêmement minces , & d'une propreté achevée. Les Murs de la Ville & les Tours en
avoient de femblables , & le Millionnaire affure que tout cela faifoit un coup d'œil fort
fingulier , & qu'il ne fe fouvenoit pas d'avoir
rien vû de fi beau. Il remarque encore , que
dans le mortier , dont on fe fervoit en ce
Pays-là, ce n'étoit pas du Sable, qu'on mêloit
avec la Chaulx , mais une efpece de Papier
fort blanc. Les Tuiles, dont les Toits étoient
couverts en quelques endroits, avoient deux
doigts d'épaiffeur, le fonds en étoit d'un très-
beau noir, & elles étoient ornées de figures ,
qui produifoient une variété charmante. On
prétend que les couleurs , qu'on y avoit répandues , confervent leur éclat plus de cinquante ans.

Les dedans des plus belles Maifons étoient
boifez & lambriffez de Cedre , & les pièces en
étoient unies avec tant d'art , qu'on n'en appercevoit pas les jointures. On voyoit partout des bas reliefs de même maniere , qui
repréfentoient les plus beaux traits de l'Hiftoire du Japon , & le tour étoit varié par

De J. C.
1565.

De Syn Mu.
2225.

Defcription
de la Ville de
Nara.

des compartimens , où l'or & le vernis n'é-
toient point épargnez. Mais rien n'étoit com-
parable au travail des Colomnes ; elles étoient
aussi de Cedre , & d'une seule piéce, quoiqu'extrêmement hautes. Les Bazes & les Chapiteaux étoient de Cuivre doré , & l'on avoit
sculpté sur les Colonnes des Feüillages & des
Fleurs , qui faisoient un très-bel effet. Ce qui
surprit davantage Almeida , ce fut un petit
Cabinet, qu'on lui fit voir , il avoit quatre
brasses & demie en quarré , & il étoit fait
d'un bois précieux de couleur de Safran , on-
dé & nuancé avec des couleurs si vives , qu'il
ne put se persuader qu'elles fussent naturelles.
L'aménité des Jardins répondoit parfaitement
à cette magnificence , il ne se pouvoit rien
voir de plus délicieux , & l'odorat n'y étoit
pas moins charmé que la vûe.

Le Missionnaire vit encore dans ce voyage
un Temple dédié à Xaca , & nommé CUBUCUI ,
dont il fut encore plus frappé , que de tout
ce que nous venons de dire. Avant que d'y entrer , il lui fallut passer trois grands Portiques,
soutenus de très-belles Colonnes. On montoit
au premier par un Escalier de Pierre bien travaillé , & la Porte en étoit flanquée de deux
Statues Colossales , qui avoit une Massue à la
Main. Du troisiéme Portique , on montoit au
Temple par un second Escalier , qui ne le cédoit
point au premier , & deux Lions d'une grandeur énorme en gardoient l'entrée. La Statuë
de Xaca étoit au milieu du Temple : ce Dieu
étoit assis , & avoit ses deux Fils à ses côtez.
Ces trois figures avoient chacune sept coudées
de haut. Tout le Pavé étoit de grandes Pierres

De J. C.
1565.

De Syn Mu.
2225.

Description
de trois Tem-
ples.

quarrées; les Murailles & les Colonnes, qui régnoient autour du Temple, étoient peintes en rouge, & les Colonnes, qui étoient de Cedre, avoient coûté chacune cinq mille écus d'or. Almeyda ne garantit pourtant point ce fait, mais il dit que cela étoit marqué dans les Archives du Temple. Le Toit, couvert de ces belles Tuiles, dont j'ai parlé, avoit quatre braffes de saillie, & l'on ne comprenoit pas ce qui pouvoit foutenir en l'air un fi énorme poids. Le Miffionnaire ne marque point de quelle matiere étoient les trois Statues de Xaca & de fes deux Fils.

A côté de ce Temple il y avoit un Réfectoire pour les Bonzes, bâti à peu près dans le même goût. Il avoit quarante braffes de long & douze de large, il étoit joint à un corps de logis, où il y avoit deux rangées de Cellules de quatre-vingt-dix chacune; plufieurs autres Appartemens magnifiques, une très-belle Bibliotheque, foutenue fur vingt-quatre Colonnes d'une braffe & demie de circonféience, des Bains, toutes fortes de commoditez ménagées avec art, & furtout une Cuifine, qui fe faifoit remarquer par fon extrême propreté, & par un Ruiffeau d'une eau très-pure, qui couloit au milieu. Almeyda y apperçut une Chaudiere de Cuivre de deux doigts d'épais, laquelle fervoit à faire bouillir le Thé pour l'ufage ordinaire. Il y avoit fix cents ans que le Temple étoit bâti. Il avoit en face un Etang de deux cent cinquante pieds de diamètre, rempli de Poiffons, aufquels il étoit défendu fous de groffes peines de toucher.

De-là on conduifit le Millionnaire au Tem-

De J. C.
1565.
De Syn-Mu.
2225.

ple de COSANGA, où l'on adoroit une Divinité, à laquelle on ne demandoit que des prospéritez temporelles. Avant que d'y arriver, il lui fallut passer une très-belle Prairie, d'où il entra dans un Bois fort épais, au milieu duquel on avoit coupé une Allée d'environ mille pas de longs ; vers le milieu de cette Allée le terrein s'élevoit un peu, & pour monter plus aisément, on y avoit fait des dégrez de Pierre. L'Allée étoit bordée de deux rangées de Pins & de Cedres entremêlés, qui faisoient une fort belle symétrie, & dont les têtes se joignoient tellement, que le Soleil n'y pouvoit percer.

Almeyda assûre qu'il y vit des Cedres, dont le Tronc, d'une rondeur parfaite, avoit cinq brasses de circuit. Un petit Ruisseau couloit le long de cette Avenuë, & achevoit d'en faire un lieu délicieux. En approchant du Temple, on appercevoit deux rangées de Pilastres de Pierre quarrées, sur lesquels étoient posées des Lanternes d'un bois noir avec leurs bazes, le tout enrichi d'ornemens de Cuivre doré d'un grand travail. Chacune de ces Lanternes étoit surmontée d'un Chapiteau de Pierre en forme de Cone, qui la couvroit assez, pour la défendre de la Pluye & des vents. Ces premieres Lanternes étoient suivies d'autres d'un Métal doré, d'une magnificence extraordinaire ; on en comptoit en tout cinquante : elles étoient allumées toutes les nuits, & les noms de ceux, qui les avoient fondées, étoient écrits en Lettres d'Or sur les Pilastres, qui les soutenoient.

On découvroit ensuite un somptueux Monastere de Filles, qui s'étoient consacrées au
service

faire, qu'à l'âge de quarante-cinq ans. Leur habillement étoit fort propre, on ne manquoit point de trouver fur elles abondament de quoi défaltérer les Pélerins, dont le concours eſt toujours fort grand en ce lieu-là. Quand on avoit paſié ce Monaſtere, on entroit dans un très-beau Portique, lequel fe terminoit au Temple, où les feuls Prêtres avoient droit d'entrer. Almeyda y en apperçut quelques-uns, qui étoient aſſis, ils avoient de longues Robes de Soye, & fur la Tête des Chapeaux d'une palme de haut. Les Pélerins jettoient dans le Portique ce qu'ils vouloient donner à ces Prêtres. Le Miſſionnaire n'a pas voulu hazarder la Defcription de ce Temple, où il ne put entrer, n'ofant le faire fur les Mémoires qu'on lui en donna. Il en vit au même endroit pluſieurs autres, & partout il remarqua une ſomptuoſité, un goût, une délicateſſe de travail, qu'il ne pouvoit fe laſſer d'admirer. Mais il s'eſt furtout appliqué à bien décrire le DAIBUT (a); on fera peut-être bien-aiſe de fçavoir en quel état il étoit alors, avant que de voir comme il eſt aujourd'hui.

Le Frontiſpice avoit trois Portes, toutes trois d'une hauteur prodigieuſe. Le Temple étoit au milieu d'un Portique, dont tous les côtés avoient foixante braſſes de long. Il n'en avoit que quarante de long, & trente de large. Les dégrés pour y monter, & tout le pavé étoient de grandes pierres quarrées. En entrant par la grande Porte, on voyoit d'a-

(a) Ou DAIBODS.

De J. C.
1565.

De Syn Mu.
2225.

difoit , qu'ils préfidoient chacun à un Ciel , & ils avoient auffi chacun un Démon fous les pieds. Au milieu du Temple on voyoit le Dieu XACA entre fes deux Fils CANON & XIXI; Canon eft pourtant regardé ordinairement comme le Fils d'Amida ; la Statuë de Xaca étoit de Cuivre : elle étoit affife fur une Rofe, & le tout avoit quatorze aunes de large ; les deux autres n'en avoient que neuf ; ces deux dernieres étoient de bois, mais fi bien dorées, & elles avoient à la Tête des Rayons d'un fi grand éclat, qu'on n'en pouvoit foutenir la vûe. Derriere étoient deux autres Statuës , femblables aux deux Collatérales , dont j'ai parlé. Leurs noms étoient HOMOCONDIS & ZOIALIS. Ces Dieux ont auffi leurs Cieux , où ils préfident. Une efpéce de Tribune ré-gnoit tout le long de chaque côté du Tem-ple , on y entroit par quatre Portes, & cha-que Tribune étoit divifée en deux Chambres, dont les Murailles avoient deux braffes de haut : une Chambre toute femblable à celles-ci, étoit dans le Temple même, & on y voyoit une Chaire magnifique. Une petite Galerie bien travaillée, large de vingt-fept pouces, environnoit ces Tribunes. Le Lambris du Temple étoit foutenu de quatre-vingt-dix-huit Colonnes d'une hauteur prodigieufe , parfai-tement rondes , de trois braffes & demie de circonférence, & toutes de Cedre, il n'y avoit alors, que foixante & dix ans, que ce Temple avoit été achevé pour la premiere fois, & l'on avoit été vingt ans à le bâtir, trente ans après il fut brûlé & rebâti, mais avec moins de magnificence, ce qui paroissoit surtout à quelques Bazes des anciennes Colonnes, qui étoient encore sur pied, & par où l'on jugeoit que ces Colonnes surpassoient beaucoup en grandeur celles, que vit Almeyda. Une Tour de bois solidement bâtie joignoit presque le Temple, elle étoit soutenuë sur trente Piliers, & elle portoit une Cloche, qui ayant été mesurée par un Chrétien en présence du Missionnaire, fut trouvée avoir deux brasses de diametre à son ouverture, six brasses de circonférence, & trois & demie de haut, son épaisseur étoit de treize pouces & demi; elle rendoit un son très-agréable, & qu'on entendoit de fort loin. Les Cerfs & les Pigeons sont consacrés au Dieu Xaca, qu'on adore dans ce Temple; & à deux milles aux environs de la Ville de Nara, il n'étoit pas permis de leur faire le moindre mal, aussi y étoient-ils très-familiers, & en très-grande quantité.

De Nara l'Homme Apostolique se rendit à Toki, petite Ville, qui n'en est éloignée que de cinq lieues, & où il y avoit plusieurs un Missionnaire n'y eût jamais paru. Almeyda les trouva parfaitement instruits, & remplis de ferveur & de zéle. De Toki il alla à Sava, Place forte, située sur une Montagne assez haute à six lieues de Toki, & à vingt lieues de Méaco du côté de l'Orient. Le Seigneur de Sava avoit suivi de près l'exemple de Tacayama son Frete, il y avoit près d'un an qu'il étoit baptisé, & il

Zéle d'un Seigneur Chrétien.

avoit reçû au Baptême le nom de FRANÇOIS. Almeyda dit qu'il n'avoit point vû de Japonnois d'une plus grande taille, il avoit l'air aimable, & il étoit grand Homme de Guerre. Une bonne partie de ses Vassaux étoient déja Chrétiens, quoique le P. Vilela ne lui eût encore rendu qu'une assez courte visite, mais ce Seigneur étoit lui-même l'Apôtre de sa Place. Almeyda, qui trouva le secret de l'entendre parler de la Religion à ses Domestiques, sans être apperçu, assure qu'il leur dit les choses du Monde les plus touchantes, & finit son discours en leur déclarant, que désormais il ne pourroît plus se fier à quiconque n'adoreroit pas le vrai Dieu, qui est celui des Chrétiens, & qu'il ne mettoit pas même au nombre des Hommes ceux, qui fléchissoient le genoux devant les Idoles du Japon.

La présence du Missionnaire n'étoit pas fort nécessaire dans un lieu, dont le Seigneur étoit lui-même si zélé Prédicateur de l'Evangile ; Almeyda le quitta donc, quoiqu'avec bien du regret, & reprit la route de Sacai, où il devoit s'embarquer pour retourner dans le Ximo. Il apprit en arrivant dans cette Ville, que la vertueuse Monique venoit encore de refuser un Parti très-avantageux, qui s'étoit présenté pour elle à Méaco, & qu'elle étoit résolue plus que jamais à servir le Seigneur dans la Retraite & dans la Pénitence. Cependant on fut surpris à Sacai d'y voir arriver Mioxindono avec une très-grande suite de Gentilshommes, uniquement pour y rendre visite au Missionnaire, dont il avoit appris le retour, & le départ prochain pour

les Royaumes Occidentaux, & il faut avoüer
qu'une bonne partie des progrès, que faisoit
la Foi dans les Provinces, qui environnent la
Capitale, & dans la Capitale même, étoit en
partie le fruit de la protection de ce Favori, qui peu de tems auparavant avoit été déclaré Roi d'Imory & de Cavaxi. Ce Prince
avoit un Secrétaire Chrétien, dont la fidélité
& le désintéressement avoient contribué plus
que toute autre chose à lui donner une grande idée du Christianisme.

Daxandono étoit aussi alors dans un grand
crédit auprès du Cubo-Sama, & depuis la
conversion des deux Bonzes, à qui il avoit
donné commission d'examiner la Religion
Chrétienne, il s'étoit déclaré le Protecteur
des Missionnaires. C'étoit la disposition, où le
P. Froez, qui s'étoit rendu à Méaco le dernier jour de l'année 1565. y avoit trouvé les
esprits par rapport au Christianisme. Naytadono Roi de Tamba, jeune Prince fort con-
sidéré à la Cour Impériale, venoit de recevoir le Baptême, & bien des Personnes du
premier Rang paroissoient ébranlées par un si
grand exemple. Tant d'illustres conversions
produisirent l'effet, qu'elles devoient naturellement produire, & malgré le secours, qui venoit d'arriver au P. Vilela, il se trouvoit
tous les jours accablé par le travail, surtout
apiès que le P. Froez & lui eurent été admis
publiquement à l'Audience de l'Empereur
avec tous les Grands de l'Empire, qui suivant
la coutume, venoient rendre leurs Hommages
à ce Prince au commencement de l'année (a).

(a) Il faut se souvenir que l'année Japonnoise commen-
ce vers le cinq ou le six de Février.　　L iij

De J. C.
1565.

De Sin Mu.
2225.

Conversions
éclatantes. La
Religion en
grand crédit
à Méaco. Les
PP. Vilela &
Froez sont ad-
mis à l'Au-
dience de
l'Empereur.

De J. C.
1565.

De Syn-Mu.
2225.

De quelle
maniere se
donne cette
Audience, &
ce qu'on y
voit.

C'est une cérémonie, qui avoit quelque chose de bien auguste de la maniere, dont elle
se pratiquoit alors. L'Empereur assis à la maniere des Orientaux sur une Estrade élevée
& fort spacieuse, dans une Salle, où l'or brilloit de toutes parts, voyoit devant lui d'un
coup d'œil presternés contre Terre tous ses
grands Vassaux, Rois, Princes, & grands
Officiers de la Couronne, les uns plus près
de sa Personne, les autres plus éloignés, chacun selon son rang, & tous un présent à la
main ; car c'est un crime au Japon, que de
paroître les Mains vuides devant son Supérieur. Un petit geste du Souverain, une inclination de Tête, baisser, en regardant quelqu'un, l'Eventail, que selon la Coutume du
Pays il tient à la Main, tout cela est estimé
une grande faveur. Le Monarque ne laisse
pas après l'Audience de s'entretenir assez fa-
miliérement avec ceux, qu'il admet à sa confidence. Les deux Missionnaires furent cette
fois-ci de ce nombre, & l'on vit avec une
surprise extrême deux pauvres Religieux fort
simplement vêtus, honorés de la conversation de ce Prince aux yeux d'un très-grand
nombre de Seigneurs, & des Premiers de la
Cour, sur qui il daignoit à peine jetter quelques regards. On apporta ensuite le Thé, &
l'Empereur en fit présenter aux deux Peres.

Ils sont aussi
admis à l'Au-
dience de
l'Impératrice.

La Mere du Cubo-Sama, qui voulut bien
aussi recevoir leur visite, non-seulement leur
fit les mêmes Honneurs, mais elle leur donna
de sa propre Main certains Fruits, qu'on appelle Zacanas, & qui se salent, comme on
fait en Europe les Olives. Le Pere Froez dit
dans ses Lettres qu'il trouva cette Princesse

au milieu d'un cercle de Dames, affife vis-à-vis d'un Oratoire très-propre, confacré a AMIDA, qui y étoit reprélenté fous la Figure d'un Enfant, le Diadème en Tête, & couronné de Rayons ; qu'il régnoit dans tout cet Appartement une modeftie, un filence, & un air de piété, qui le charmerent, & qu'il eut bien du regret que cette Cour, où l'on vivoit d'ailleurs dans une grande innocence, ne fût pas Chrétienne.

D. J C. 1565.

De Syn Me. 2225.

Ce jour fut le plus beau, qui eût encore luî fur l'Eglife du Japon, & aucun nuage n'empêchoit d'efpérer que cette férénité ne fût durable : tout concouroit même à faire juger que le Chriftianifme alloit dominer dans la Capitale de l'Empire, & jufques dans le Palais de l'Empereur ; mais de fi belles apparences s'évanoüirent en un inftant, & la Chrétienté de Méaco fauvée de tant de dangers, établie fur des fondements fi folides, & cultivée avec tant de foins, étoit prefque à la veille de fe voir enfevelie fous les ruines de l'Etat par une des plus étranges Révolutions, qui fe lifent dans l'Hiftoire. Mais avant que de raconter les caufes & les circonftances d'un Evénement fi trifte, il eft bon de faire connoître en quelle fituation les Affaires de la Religion fe trouvoient alors dans les Provinces voifines de Méaco.

Pour fatisfaire tous ceux, qui dans cette Capitale vouloient traiter avec les Miffionnaires, il auroit fallu y envoyer tous les Religieux, qui étoient alors au Japon ; cependant on les invitoit de toutes les Villes des environs, & même de plufieurs Royaumes affez éloignés. Le véritable zéle ne fe refufe à rien, & entre-

En quel état fe trouvoit alors la Religion dans cet Empire.

L iv

prend fouvent jufqu'à ce qui paroît impoffible ;
fuivant toutes les lumieres de la prudence
Humaine. Depuis quelque tems le P. Vilela
avoit eu la précaution de bien inftruire des
Myftéres de notre fainte Religion de jeunes
Gens de bon efprit, & de les exercer à la difpute contre les Bonzes, en leur affignant à
chacun une Secte particuliere, dont ils étu-
dioient le foible, & qu'ils combattoient enfuite avec un fort grand fuccès. Pour eux, ils
étoient prefque toujours en courfe, & comme les occupations de leur Miniftere ne les
empêchoient pas d'obferver tout ce qu'ils rencontroient fur leur paflage, qui paroiffoit mé-
riter quelque attention, j'ai cru qu'on ne me
fçauroit pas mauvais gré de rapporter dans
l'occafion, ce que je trouverois dans leurs Mémoires de plus capable de fatisfaire la curiofité de mes Lecteurs.

    A quatre lieuès de Méaco le P. Froez vifita
un Temple bâti par d'anciens Dairys en l'honneur d'Amida, & fouvent renouvellé par leurs
Succeffeurs. Il avoit alors environ fept cents
quarante braffes de long, les Portes en étoient
d'une hauteur prodigieufe, & prefque à l'entrée on appercevoit une Statue d'Amida, vêtu comme le font les Brachmanes aux Indes :
il étoit affis, avoit la Tête rafée, auffi-bien que
la Barbe, & les oreilles percées : quantité de
petites Clochettes lui pendoient fur la Tête,
& tout autour de lui il y avoit trente Figures
de Soldats armés de dards : d'autres repréfentoient des Ethiopiens en pofture de Danfeurs,
des Vieilles, qui paroiffoient de vrayes Sor-
cieres, & des Démons.

    Les Vents & le Tonnerre avoient auffi leur

repréſentation, & celle du Tonnerre ſurtout avoit quelque choſe d'épouvantable : les deux côtés du Temple s'élevoient en Amphithéâtre, & l'on y montoit par un dégré de ſept marches, qui régnoit dans toute la longueur de l'Edifice. Sur ces dégrés étoient rangées en bel ordre mille Statues, cinq cents de chaque côté, toutes jettées au moule, & repréſentant le Dieu Canon Fils d'Amida. Ce Dieu avoit le Viſage fort beau, & trente Bras fort petits, à la réſerve de quatre, qui étoient proportionnés au reſte du Corps, & dont deux étoient poſés ſur les Reins, & les deux autres portoient des javelots. Il avoit ſur la Poitrine ſept Faces d'Homme toutes couronnées & environnées de Rayons. Les Statuës, les Clochettes, & les Chaînes, qui les ſoutenoient, étoient d'Or fin, parfaitement bien travaillées. Tout ce Temple jettoit un éclat, que la vûe avoit de la peine à ſupporter.

A deux milles de-là s'éléve une petite Colline, au pied de laquelle on voyoit pluſieurs Monaſtéres bâtis dans la plus agréable ſituation du Monde, & pluſieurs Temples, qui avoient chacun un goût particulier d'Architecture, & tous quelque choſe de ſomptueux. Les Démons étoient adorés dans quelques-uns ſous des Figures encore plus horribles & plus hideuſes, que celles, que nous leur donnons. Un de ces Temples attira ſurtout les regards du P. Froez : il étoit dédié au LEZARD, qui eſt reconnu au Japon pour le Dieu des Sciences. C'eſt-là que les Jeunes Etudiants vont prendre leurs Grades, & l'on y voit ſur une Eſtrade élevée de trois marches, la Chaire du Docteur, qui eſt chargé d'examiner les Can-

De J. C.
1565.
De Syn-ſiu.
221).

L v

De J. C
1565.

De Syn . Mu.
2225.

didats , avec un Siége bas , où ceux-ci font affis pendant leur Examen. Une Figure énorme de Lézard , dont la Queue repliée en rond faifoit plufieurs tours , occupoit prefque tout le Plat-fonds , & la raifon , pour laquelle on l'a placée en cet endroit , c'eft afin que les Etudiants s'accoutument, en invoquant la Divinité , à lever les yeux vers le Ciel.

La Maifon de Campagne de l'Empereur , fes Jardins, la beauté de Méaco & de fes Environs, la richelle de fon Commerce , la magnificence des Temples & des Palais au dedans & au dehors , tout cela étoit alors au-delfus de ce qu'on peut imaginer. Les chofes ont bien changé depuis , non-feulement parce que ce Pays a prefque toujours été le Théâtre des Guerres civiles, mais encore parce que les Empereurs ont tranfporté ailleurs leur Cour. Ce qu'il y avoit de plus frappant alors , étoit le nombre & la fomptuofité des Monaftéres. Dans un Bois affez proche de la Ville le P. Froez en compta jufqu'à cinquante , qu'on lui affura avoir été bâtis pour des Fils de Rois & d'Empereurs, quand ils fe faifoient Bonzes : en parlant d'un de ces Monaftéres, voici ce qu'il en dit. ›› J'entrai par ›› une Porte luifante comme le verre , tant ›› le vernis en étoit beau , dans une Cour ›› vafte & fpacieufe, & pavée de Pierres fort ›› noires. Tout à l'entour régnoit une Galerie , dont il fembloit que les murailles fuf- ›› fent de Criftal. De-là je paffai dans un ›› Jardin , qui me parut comme enchanté , ›› tout y étoit extraordinaire : il y avoit d'ef- ›› pace en efpace de petits Tertres tous plan- ›› tés de jeunes Arbres, & l'on alloit de l'un.

» à l'autre par de petits Ponts fort propres.
» Les Allées du Jardin étoient d'un gros fa-
» ble luifant, & de cailloux noirs comme du
» Geai, on y voyoit des Fleurs de tant de
» fortes, qu'il s'en trouvoit tous les jours
» de l'année de fort belles, & en grand nom-
» bre, ainfi il régnoit dans ces beaux Lieux
» un Printems perpétuel.

De J C.
1565

De Syn. Mu.
222).

Le Miffionnaire vit dans le même Bois un
Temple dédié au Roi des Démons. Sa Statue, qui étoit effroyable, & qui tenoit un
Sceptre en main, étoit efcortée de deux autres, qui ne lui cédoient point en laideur.
Celui qui étoit à gauche, fembloit écrire les
péchés des Hommes, & l'autre lire ce qui
étoit écrit, autour du Temple étoient repréfentés les différents tourments, que fouffrent
les Méchants dans l'Enfer. Mais comme les
Bonzes ont perfuadé ces Peuples qu'on peut
fe racheter de ces peines par des offrandes
au Souverain des Enfers, il y avoit peu de
Temples plus fréquentés, que l'étoit celui-ci,
& où l'on apportoit plus d'Argent. On montra auffi au Miffionnaire dans un autre Temple une Machine de bois faite en maniere de
Tour, avec un artifice admirable, & peinte
des plus belles couleurs. Elle contenoit tous
les Livres qu'à compofé Xaca. Nous avons
déja obfervé, que le nombre en eft prodigieux,
& il n'eft pas poffible de croire qu'un feul
Homme ait pû les écrire tous, eût-il vécu
plufieurs fiécles.

Temple du
Roi des De-
mons.

Le Miffionnaire avoit fort envie d'entendre
prêcher un Bonze, mais ceux qui l'accompagnoient, lui dirent d'abord, que la chofe n'é-
toit prefque pas poffible, & que fi le Prédi-

cateur s'appercevoit qu'un Docteur Européen fût dans son Auditoire, il descendroit sur le champ de Chaire. On trouva pourtant moyen à la fin de le placer dans un endroit, où il ne pouvoit pas être vû, & voici ce qu'il nous apprend de cette action dans une de ses Lettres.

Maniere dont les Bonzes prèchent.

L'Auditoire étoit composé au moins de cinq mille personnes, & ce qui attire une si grande foule de monde à ces Discours, ce n'est pas précisément la réputation de l'Orateur, mais la persuasion, où sont ces Peuples, qu'en y assistant, ils obtiennent la rémission de leurs péchez. Aussi quelque prodigieux que soit partout le nombre des Temples, on prêche dans la plûpart, & tous sont remplis à chaque fois qu'on y prêche : il y en a, où le même Bonze prêche cent jours de suite. Une heure avant que le Sermon commençât, toute l'Assemblée se mit à genoux au son d'une petite Cloche, & demeura tout le tems en cette posture, un Chapelet à la main, & les bras élevés vers le Ciel, répétant sans cesse d'un ton harmonieux, *Amida, sauvez-nous*. Les Bonzes Budsoïstes ont tellement mis dans la tête à ceux, qui ont embrassé leur Religion, que pour être heureux dans l'autre vie, il suffit d'invoquer sincérement & de cœur le Dieu Amida, que ces bonnes gens ont sans cesse à la bouche ces paroles, *Amida, sauvez-nous*, & que c'est toujours au nom d'Amida, que les Pauvres demandent l'aumône.

L'heure de la Priere étant écoulée, on sonna une plus grosse Cloche, que la premiere, & il se fit un profond silence. « Alors, dit le » Pere Froez, je vis paroître un bel Homme

>> revêtu d'une Robe de foye traînante, de
>> couleur de pourpre, doublée de blanc, il
>> s'affit fur un Siége fort élevé, & tellement
>> placé, que tout le monde le pouvoit aifé-
>> ment voir. Il avoit devant lui une table, &
>> fur cette table un Livre ouvert (c'étoit le
>> Foquekio de Xaca) il en lut quelques lignes
>> d'un ton grave & d'un air d'autorité, le
>> referma, & commença fon difcours >>. Le
Miffionnaire ajoûte, qu'il parla avec une grace, une force, une nobleffe de penfées, des
termes fi propres & fi choifis, que depuis ce
tems-là il ne fut plus étonné, ni des mouvements que ces Sermons excitent dans l'ame de
ce Peuple, ni de la vénération & du crédit,
où font de pareils Prédicateurs.

Le Peie Froez étant de retour a Méaco
le Pere Vilela en partit à fon tour, pour fe
rendre dans le Royaume de Mino, où il avoit
conçu de grandes efpérances d'introduire le
Chriftianifme, mais il n'étoit pas encore bien
loin, lorfqu'il fut rappellé à la Capitale, où
l'on jugeoit fa préfence néceffaire, parce qu'on
y commençoit à fentir les premieres fecouffes
des Mouvements, qui ébranlerent bientôt l'Empire jufques dans fes fondements, & dont il
faut maintenant que je parle.

Mioxindono Roi d'Imory & de Cavaxi étoit
parvenu au plus haut point de gloire & de
grandeur, où un Sujet puiffe jamais efpérer
de monter par la faveur de fon Souverain.
Son mérite, fa réputation, plufieurs Victoires, qu'il venoit de remporter fur fes propres
Ennemis, après avoir plus d'une fois dompté
ceux de fon Maître, le faifoient regarder de
l'Empereur comme l'ornement de fa Cour, &

De I. C.
1565.
De Syn-Mu-
2225.

Mioxindono
confpire con-
tre l'Empe-
reur.

De J. C.
1565.

De Syn-Mu.
2225.

le foutien de fon Trône. Mais tant de grandeurs n'avoient pû encore fatisfaire fon ambition , & il portoit fes vûes beaucoup plus haut. L'Empereur l'avoit approché de trop près du Trône Impérial , pour ne pas l'expofer a la tentation d'y afpirer, & quand l'Ingrat crut qu'il ne lui coûteroit plus qu'un Parricide pour y monter , toute fa vertu s'évanouit , il fe détermina fans peine à un crime , dont il fe flattoit que le fuccès feroit une vertu.

Il engage
Daxandono
dans fa révolte.

Cette réfolution prife, il n'eut pas befoin de beaucoup de tems pour exécuter fon déteftable deffein , parce qu'il avoit à fa difpofition toutes les Troupes, accoutumées à n'obéir qu'à lui, & à vaincre quand elles l'avoient à leurTête; mais il falloit écarter fous différents prétextes tous ceux , qu'il défefpéroit d'engager dans fon Parti,& il y réuffit. Il fût un peu plus embarraffé au fujet de Daxandono, que fa Charge retenoit néceffairement à Méaco, & qui n'ayant gueres moins de crédit à la Cour que lui , n'étoit pas Homme à entrer dans fon projet en qualité de fubalterne, & le feroit infailliblement échouer , s'il n'y entroit pas. Le parti qu'il prit, fut donc de lui offrir de partager avec lui l'Empire, & a ce prix il le gagna fans peine. Affuré de ce côté-là , il affembla un grand nombre d'Officiers & de Soldats , qu'il diftribua en divers quartiers autour de Méaco , il leur donna fes ordres pour fe joindre au premier fignal , & il avertit tous ceux , qui lui étoient attachés dans la Ville, de fe tenir prêts pour agir de leur cô é , quand il feroit tems.

Il étoit difficile que tant de mefures fuffent prifes avec un grand focret, & il falloit au moins les couvrir de quelque pré.exte. Le Roi d'Imory fit courir le bruit, qu'il ne faifoit tous ces préparatifs, que pour une Fête, qu'il vouloit donner à l'Empereur. En effet quelques jours après il entra dans la Capitale avec un nombreux Cortége, alla droit au Palais, fit en cérémonie au Cubo-Sama fes remerciments pour quelque nouvelle faveur, qu'il en avoit reçûe, & le fupplia de lui faire l'honneur de fe trouver à un fouper ; qu'il lui avoit fait préparer dans une Maifon de Campagne affez près de la Ville. Un tel remerciement & une telle invitation donnerent à penfer à l'Empereur ; plus il y réfléchit, & moins il lui parut dans l'ordre, qu'un Sujet vînt le remercier en faifant une fi grande montre de fa Puiffance, & lui donnât un repas a la tête d'une Armée.

Quelques avis fecrets, qu'il reçut en même tems, changerent fes foupçons en une jufte défiance : il crut que le plus fûr étoit de fortir de Méaco, & dès la nuit fuivante il partit accompagné de quelques Seigneurs, fans rien dire de fon deffein, non pas même à ceux, à qui il confioit ainfi fa Perfonne. Ce ne fut, qu'après avoir fait une demie lieue, qu'il leur découvrit la caufe de fa fortie : mais ils lui repréfenterent fi vivement la honte d'une fuite fi précipitée, & l'affection, que tous fes Sujets lui portoient, qu'ils l'obligerent à retourner fur fes pas, & à rentrer dans fon Palais.

On n'a pas fçu fi ces Courtifans, en donnant ce Confeil à l'Empereur, n'avoient pas agi de concert avec les Conjurés, mais il eft certain que Mioxindono fut inftruit dès la pointe du jour de tout ce qui s'étoit paffé. Alors jugeant bien que le fuccès de fon Entreprife dépendoit de la diligence, il donna avis

De J. C.
1565.
De Syn Mu.
2225.

Fauffe démarche de l'Empereur.

LeBeau-Pere de ce Prince fe fend le ventre.

De J. C.
1556.

De Syn - Mu.
2225.

à Danxodono de ce qu'il venoit d'apprendre ;
& tous deux, fans différer d'un moment, s'approcherent de la Ville avec toutes leurs Troupes, & en allerent placer eux-mêmes l'Elite à toutes les Avenues du Palais. Cela ne fe put faire, fans que le bruit en vint aux oreilles de l'Empereur, qui envoya fon Beau-Pere s'informer de quoi il s'agiſſoit. Dès que ce Seigneur parut ſur le Pont, les deux Chefs de la Révolte s'approcherent, lui mirent en main un Billet, & lui dirent avec aſſez de hauteur, qu'il le portât à ſon Gendre. Il l'ouvrit, & voyant qu'on y demandoit ſa tête, & celle de l'Impératrice ſa Fille, il fit aux deux Traîtres les reproches les plus ſanglants, mit le Billet en piéces, entra chez l'Empereur, & pour lui faire comprendre que tout étoit déſeſpéré, il ſe fendit le ventre, & tomba mort à ſes pieds.

Le Fils de ce Seigneur courut ſur le champ à la tête de quelques Braves, pour venger ſa mort; mais ils ne furent pas ſuivis, de forte qu'il fut aiſé aux Ennemis de les envelopper, & de les tailler en pièces. Au reſte il y a tout lieu de croire que le grand crédit de cette Famille, & peut-être auſſi l'abus, qu'elle en faiſoit, avoient cauſé dans cette Cour des haines & des Factions, qui furent en partie l'occaſion, ou du moins le prétexte de cette Révolte. Quoiqu'il en ſoit, tandis qu'on délibéroit dans le Palais ſur le parti, qu'il y avoit à prendre dans une ſi grande extrémité, les Rebelles y mirent le feu, & il fallut ſonger à ſe ſauver. L'Empereur à la tête de deux cents Gardes, & de quelques Seigneurs & Gentilshommes en petit nombre, qui ſe rangerent autour de ſa Perſonne, entreprit de s'ouvrir un paſſage au travers des Ennemis, & d'abord il renversa tout ce qui se rencontra devant lui, mais il trouva bientôt une résistance, qu'il n'étoit pas en état de vaincre, & après avoir longtems combattu en Héros, il se vit seul au milieu des Corps morts de ses fidéles Serviteurs, qui lui en avoient fait un rempart en mourant, & ayant en tête une Armée, qui croissoit à chaque instant.

De J. C.
1565.
De Syn-Mu.
2225.

Il combattoit pourtant encore, & personne n'osoit l'approcher, lorsqu'il reçut un coup de demie pique dans le ventre, il fut ensuite blessé d'une Fléche à la tête, puis de deux coups de Sabre, qui lui couperent le visage. Enfin nâgeant dans son sang, & ne pouvant plus se soutenir, il se fendit le ventre, tomba sur les Corps de ses fideles Serviteurs, & expira dans l'instant. Un Page de quatorze ans se fit admirer après la mort de l'Empereur ; comme il se battoit en désespéré, les Rebelles charmés de sa valeur, voulurent l'avoir vif : il s'apperçut bientôt qu'on ne cherchoit qu'à le laisser, & il crut qu'il y auroit pour lui de l'infâmie à survivre a son Maitre. Il s'avance aussitôt vers les Chefs, comme pour leur parler, leur reproche leur ingratitude & leur perfidie, jette son Epée au milieu du Champ de Bataille, prend son Poignard, s'en ouvre le ventre en croix, puis se l'enfonce dans la gorge, & va expirer sur le Corps de l'Empereur.

Mort de l'Empereur. Belle action d un de ses Pages.

Pendant ce carnage une partie des Conjurés étoit entrée dans le Palais, & y avoit fait main-basse sur tout ce qui s'y étoit rencontré, sans distinction d'âge, ni de sexe. La Mere de l'Empereur, & un des Freres de ce Prince, qui étoit en bas âge, furent impitoyablement

La Mere, la Femme, & un Frere de l'Empereur sont mis à mort.

De J. C.
1565.

De Syn -Mu.
2225.

égorgés, une partie des Dames & des autres Femmes du Palais avoient été enfevelies dans les flammes, qui gagnoient toujours, & confumoient des richeffes immenfes On cherchoit avec empreffement l'Impératrice; qu'on avoit fait fecretement fortir de la Ville, & qui s'étoit réfugiée dans une Maifon de Bonzes. Elle y fut enfin découverte au bout de quelques jours, & on y envoya des Soldats, qui lui trancherent la tête. Elle écrivit auparavant à fes Filles, qu'elle mouroit innocente de tout ce que fes Ennemis lui avoient imputé; qu'elle recevoit la mort comme une grace du Dieu Amida, qui vouloit fans doute la faire jouir plutôt des délices du Paradis, & la rejoindre à fon Epoux. Elle demanda enfuite au Supérieur des Bonzes l'abfolution de fes péchés, & ce Prêtre la lui mit par écrit fur la tête, & lui fit faire je ne fçai quelle fimagrée, pour gagner l'Indulgence, que ce Dieu, difent-ils, accorde à tous ceux, qui l'ont conftamment honoré pendant leur vie. Enfin elle mourut avec des difpofitions & des fentimens, qui en auroient fait une Sainte dans la vraie Religion.

Cruautez des Conjurés Ils epargnent un Frere de l'Empereur, qui étoit tombé entre leurs mains.

Plufieurs Princeffes, & des Femmes de toute Condition étoient tombées entre les mains des Conjurés, qui après leur avoir fait fouffrir tout ce qu'on peut attendre de la brutalité du Soldat en pareille occafion, les égorgerent toutes, à l'exception de deux Filles du Cubo-Sama, qu'un Chrétien fut affez heureux, pour fauver, fans qu'on s'y opposât. Ce qu'il y eut de plus furprenant, c'eft que les deux Chefs de la Révolte épargnerent un Frere du même Empereur. Ce Prince étoit Bonze, & ce fut appajemment ce qui le leur fit négliger; ils

comptoient bien sans doute de s'assûrer de sa
Personne, ils s'en saisirent en effet, mais ils
le garderent mal, ils ne s'opposerent pas non
plus à ce qu'on rendit les derniers honneurs au
Corps de l'Empereur, & on lui fit des Obséques magnifiques dans un superbe Temple,
qu'il avoit fait bâtir, & choisi pour le lieu,
où devoit reposer ses Cendres. On assure qu'un
de ses Favoris, qui étoit fort loin de Méaco,
lorsque ce Prince fut tué, vint en poste se fendre le ventre sur son tombeau.

De J. C.
1565.

De Syn - Mu
221).

Il étoit, ce semble, de l'intérêt des Chefs
de la Conjuration d'arrêter le plutôt qu'ils
pourroient le désordre & le carnage, pour ne
pas s'attirer la haine toujours implacable du
Peuple. Mais dans les Guerres Civiles, & dans
toutes celles, où l'Autorité est partagée entre
plusieurs, il est rare que tous aillent bien de
concert au même but. Il paroît, que ce fut
par-là qu'échouerent les projets du Roi d'Imory, & du Prince de Nara. Ceux qui les avoient
aidé à se défaire de l'Empereur, ne les mirent
pas en état de s'emparer du Pouvoir suprême,
& tout aboutit à répandre bien du sang, & à
persécuter tous ceux, qui avoient montré de
l'attachement au Souverain, sans considérer,
que la meilleure maniere de se délivrer de ces
dangéreux Ennemis, c'est de s'en faire des
Amis, & que ceux, qui se sont opposés à la
Tyrannie par vertu, sont des Sujets fidèles,
qu'on ne sçauroit trop ménager pour le tems,
où elle sera en quelque façon légitime par le
succès, ou par la soumission volontaire des
Peuples.

Autre faute
qu'ils font.

Après que les premieres fureurs furent passées, on se contenta d'envoyer en exil ceux,

Les Mission-
naires sortent
d. Méaco.

De J. C.
1565.

De Syn-Mu.
2225.

qu'on découvroit encore avoir eu quelque
forte d'attachement à la Famille Impériale : les
Miſſionnaires furent de ce nombre, & dans la
douleur de voir la diſſipation de leur Troupeau, & de ſi belles eſpérances évanouies, ce
ne fut pas une légere conſolation pour eux de
n'avoir perdu, que par leur fidélité, & par
celle, qu'inſpire aux Sujets pour leur Prince
légitime, la Religion qu'ils prêchoient, les
bonnes graces des Traîtres, juſques-là leurs
plus déclarez Protecteurs, mais dont la faveur
ne pouvoit continuer, ſans les rendre coupa-
bles aux yeux du Public. Ils s'attendoient bien
qu'on ne tarderoit pas à les venir égorger
chez eux ; mais ils commencerent à ſe raſſurer
un peu, quand ils virent arriver dans leur
Logis le Sécrétaire de Mioxindono. Nous avons
dit plus haut que cet Homme étoit Chrétien,
& qu'il faiſoit honneur à la Religion par ſa
conduite ; il ne ſe démentit point dans une
conjoncture ſi délicate, & il détesta hautement
la trahiſon de ſon Maître. Il paroît qu'il travailla enſuite à mettre en ſûreté la vie des Miſſionnaires. Ce qui eſt certain, c'eſt que le P.
Vilela eut permiſſion de ſe retirer à Imory,
& le Pere Froez avec Damien, dans l'Iſle de
Canga. Il y a même bien de l'apparence,
qu'ils y furent conduits par des Chrétiens at-
tachez à Xicaidono Gouverneur d'Imory, &
Seigneur de Canga. C'eſt ce que le Pere Froez
fait aſſez entendre dans une Lettre, que nous
avons de lui, écrite de cette Iſle au mois
d'Août, & où il dit à la fin : « Pour vous faire
» connoître combien tout étoit diſpoſé dans
» Meaco à embraſſer notre ſainte Religion,
» lorſque ce furieux orage eſt venu moiſſon-

» ner nos efpérances, le jour (a) de notre
» départ, nous baptifames deux Bonzes &
» deux Laïcs de la Maifon de Mioxindono.

On a même tout lieu de croire, que ce Prince ne changea point dans le fonds de fentiment
à l'égard des Miffionnaires, d'ailleurs il avoit
dans fa Maifon un très-grand nombre de Gentilshommes Chrétiens, aufquels il n'avoit ofé
rien déclarer de fon deffein, & qu'il ne vouloit pas perdre. Enfin on prétend que ceux-ci
ayant fçu que Daxandono avoit envoyé des
Soldats pour brûler la Maifon des Peres, &
pour les faire mourir eux-mêmes, toute cette
Nobleffe y courut pour les défendre, & qu'on
n'ofa entreprendre de les forcer. On affure encore que ce fut par leur avis, que le P. Vilela
fortit de Meaco, pour prévenir l'Edit de Ban-
niffement, qu'on fe préparoit à porter contre
lui, & qu'il fe retira à Imory, où il n'a-
voit pas à craindre d'être infulté, mais le P.
Froez & Damien étant reftez quelques jours
après lui dans la Ville, pour voir quel train
prendroient les affaires, ils furent obligez d'en
fortir auffi, parce que le Dairy s'avifa de ré-
voquer à la priere de Daxandono les Patentes, que le feu Empereur avoit fait publier
en faveur de la Religion Chrétienne, & qu'on
leur confeilla de prévenir les fuites de cette
affaire, mais toutes ces circonftances ne me
paroiffent pas également certaines.

Daxandono
fe déclare con-
tre la Religion
Chrétienne,
contre laquelle
on publie un
Edit.

Quoiqu'il en foit, à peine étoient-ils partis
de Meaco, qu'on y publia l'Edit de profcrip-
tion contre eux, & contre leur Religion, qui
fut déclarée abominable. Alors les Bonzes
triompherent, mais ils ne gagnerent pourtant

(a) Ce fut le 22 de Juillet.

De J. C.
1565.

De Syn Mu.
2225.

rien. Les Fidèles destitués de Pasteurs se sou_
tinrent avec une fermeté, que rien ne put
ébran'er, & le Pere Froez en avoit eu avant
son depart des assurances, sur lesquelles il
croyoit pouvoir compter. Il avoit chargé un
Chrétien, qui avoit été Bonze, de prendre
soin de la Chrétienté de Meaco pendant son
absence, & ce Néophyte s'en acquitta parfai_
tement. Il assembloit tous les jours les Fidéles
pour les instruire, & les exhorter à la cons_
tance, & leur ferveur devint si grande, que
le Pere Vilela se crut obligé de leur écrire du
lieu de sa retraite, pour les prier de la modé_
rer, il le fit aussi pour un autre sujet; qui
étoit d'une bien plus grande conséquence. Il
eut avis que les plus confidérables d'entre eux
se donnoient de grands mouvements pour
forcer le Roi d'Imory & le Prince de Nara à
leur rendre leurs Pasteurs, s'ils ne pouvoient
l'obtenir par prieres, il leur représenta que
ces démarches pouvoient avoir de fâcheuses
suites, & qu'elles étoient contraires à l'esprit
du Christianisme, qu'il falloit laisser faire au
tems, & qu'avec la patience on viendroit à
bout de toutes choses.

Ce fut de Sacai, que le Pere Vilela écrivit
ces Lettres, il s'étoit retiré dans cette Ville,
qui étoit libre, le Pere Froez l'y étoit venu
joindre, & ils n'y manquoient pas d'occupa_
tion. Les Habitans ne leur en donnoient pas
à la vérité beaucoup, mais il leur venoit des
Profélytes de toutes les Provinces du Japon,
& la plûpart étoient des Seigneurs, des Gen_
tilshommes, ou des Bonzes; ils furent même
invités à l'Université de Bandou, mais ils ne
crurent pas devoir s'éloigner de Meaco, où la
moindre révolution pouvoit les rappeller;

outre que la Moiſſon , qu'ils recueilloient à
Sacaı , étoit quelque choſe de plus certain ,
que ce qu'on leur promettoit à Bandoue.

De J. C.
1565 66.

Au mois d'Avril de l'Année ſuivante , le
Pere Vilela fut appellé dans le Ximo , & il
prit ſa route par le Bungo , où il s'arrêta. Le
Roi de Bungo faiſoit toujours paroître une
affection pour les Miſſionnaires , & un zele
pour la propagation de leur Loi , qu'on ne
pouvoit ſe laſſer d'admirer dans un Prince
Idolâtre. Comme on lui marquoit aſſez
ſouvent la ſurpriſe , où cette conduite jettoit
tout le Monde , & que les Bonzes mettoient
tout en uſage, pour le regagner , il leur parla
un jour en ces termes : ›› Vous trouvez mau-
›› vais, que je favoriſe de tout mon pouvoir
›› la Religion des Européens , & moi je ſuis
›› ſurpris, que vous ne l'approuviez point.
›› N'eſt-il pas viſible que cette Loi attire la
›› bénédiction du Ciel ſur ma Maiſon & ſur
›› mes Etats, que mes Coffres ſe rempliſſent,
›› & que mon Domaine s'étend à vue d'œil ,
›› depuis que je protége ſes Miniſtres ? Je ne
›› poſſédois que trois Royaumes, quand ils
›› ont mis pour la premiere fois le pied dans
›› mes Ports, & j'en poſſede aujourd'hui cinq,
›› mes Finances étoient épuiſées, & il n'y a
›› pas un ſeul Roi au Japon , qui pour le pré-
›› ſent ſoit auſſi riche que moi, vous me ferez
›› donc plaiſir de ne me parler plus d'une cho-
›› ſe, ſur laquelle je me ſuis bien réſolu de
›› ne pas changer ››. Mais ce qu'il y avoit de
plus conſolant pour les Miſſionnaires, c'étoit
une certaine odeur de ſainteté répanduc dans
cette Egliſe, & qui faiſoit ſentir qu'elle étoit
la Mere de toutes les autres.

De Syn Mu.
2225.26.

Zele du Roi
de Bungo pour
la propagation
de la Foi.

De J. C.
1565-66.

De Syn-Mu.
2222 24.

Progrès de
la Religion.
Mort d'un jeu-
ne Millionnai-
re.

L'Ifle de TACAXI, ou depuis quelque tems
le Pere de Torrez faifoit fon féjour ordinaire ,
parce qu'elle fait la féparation des Royaumes
de Bungo & d'Arima , n'étoit déja prefque
plus peuplée , que de Chrétiens. L'Ifle de
CAVAXIRI , où Edoüard de *Sylva* avoit été
envoyé en -1564. donnoit auffi de grandes efpérances d'une entiere converfion , mais le zele
de ce fervent Ouvrier croiffant avec fes fuccès , & perfonne n'étant à portée de le modérer , non plus que fes auftéritez exceffives ,
il en fut la victime. Il tomba dans une langueur , qui le confuma peu à peu ; & on ne
le fçut malade , que quand il n'y eut plus de
remede. Almeyda courut auffi-tôt a fon fecours , mais il arriva trop tard : le faint jeune Homme étoit un fruit mûr pour le Ciel.
Il pria Almeyda de le faire conduire à Tacaxi , afin qu'il eût la confolation de mourir
entre les bras de fon Supérieur , & de recevoir les Sacrements de l'Eglife. Il n'y avoit aucun danger à lui accorder cette grace , le tra-
jet de Cavaxiri à Tacaxi étant affez court. Almeyda le fit donc embarquer , & à peine eut-
il le tems de fe confeffer & de communier ,
qu'il alla recevoir dans le Ciel la récompenfe
dûë à fes travaux , & à fes vertus. Il ne fut
pas feulement regretté des Millionnaires , qui
n'avoient perfonne pour le remplacer , mais
il le fut encore des Japonnois , qui avoient
eu occafion de le pratiquer , & auíquels il s'é-
toit rendu fort aimable. Il avoit beauçoup
travaillé fur la Langue Japonnoife , qu'il poffédoit parfaitement , il parloit même affez bien
le Chinois , & comme le Bungo faifoit alors
un grand Commerce avec la Chine , il avoit
gagné

gagné à Jesus-Chriſt piuſieurs Marchands de
cette Nation.

De J. C.
1565 66.

De Syn-Mu.
2225-26.

Converſion
d'un Bonze cé-
lebre.

L'Egliſe de Firando étoit toujours perſécu-
tée, & toujours fervente. Le Roi ne ſe con-
traignoit plus juſq'uà diſſimuler ſes ſentimens,
mais les Chrétiens étoient en grand nombre
dans ſes Etats, & y avoient des Chefs Puiſ-
ſans. D'ailleurs, le Roi ne vouloit pas rompre
avec les Portugais ; ainſi il n'aimoit pas les
Fidéles, mais il ne les inquiétoit point, il
gardoit même des meſures avec les Miſſionnaires ; il leur avoit enfin permis de rebâtir
leur Egliſe de Firando ; & quand elle fut
achevée, le Prince Antoine l'engagea à la viſiter, & à témoigner publiquement l'eſtime,
qu'il faiſoit des Ouvriers de l'Evangile. Les
Bonzes ne s'accommodoient point de cette
conduite du Roi, le progrès de l'Evangile les
allarmoit, ſurtout après que Fernandez eut
convaincu dans une célebre diſpute, & enſuite
converti un de leurs plus fameux Docteurs,
qui auſſi-tôt après ſon Baptême, renverſa &
brûla toutes les Idoles d'un Temple, dont il
avoit la Garde, y dreſſa une Croix, & en fit
un lieu de dévotion. D'autre part, le Fils aîné
du Roi, & quelques-uns des principaux Seigneurs de la Cour, qui penſoient ſur la Religion Chrétienne comme le Roi, & n'avoient
pas les mêmes intérêts que lui à ménager les
Miſſionnaires, ne manquoient aucune occaſion de moleſter ceux, qui embraſſoient la
Foi. Cela tenoit continuellement ces Néophytes dans l'attente d'une perſécution ouverte,
& l'eſpérance du Martyre leur en avoit inſpiré un très-grand déſir.

On faiſoit tomber autant que l'on pouvoit

Le Prince

De J. C.
1,55 66.

De Syn-Mu.
22-5 26.

Antoine de Fi-
rando perlécu-
té a caule de
fon zele.

fur le Prince Antoine & fur fa Famille lesEffets de la haine, que la Cour portoit au Chriftia-nifme, mais ce Prince étoit Puiffant & dans une grande cftime, il avoit toujours com-mandé les Armées avec une autorité prefque abfolue, & les Troupes lui étoient fort atta-chées, ainfi on n'ofoit l'inquiéter directement fur fa Religion, mais on cherchoit toutes les occafions de le chagriner, & il s'en préfenta une dans le tems, dont je parle, qu'on ne laiffa point échapper. La conformité d'incli-nations, & un même zele pour la propaga-tion de la Foi, avoient lié entre ce Prince & Sumitanda une amitié très-étroite, malgré les Guerres affez fréquentes, que fe faifoient le Roi de Firando & le Prince d'Omura. On en étoit bien inftruit a la Cour de Firando, toutefois on n'y avoit jamais conçû aucune défiance de la fidélité du Prince Antoine. Enfin on fe laffa de lui rendre juftice, & peut-être de chercher inutilement dequoi le rendre cri-minel.

Le Roi de
Firando viole
le Droit des
Gens.

Le Roi de Firando apprit qu'un Portugais, accompagné de quatre Japonnois, Sujets du Prince d'Omura, étoit venu à Firando, & avoit rendu des Lettres de Sumitanda au Prin-ce Antoine, ces Lettres ne contenoient que de purs compliments: ces deux Princes s'en écrivoient fouvent de femblables, & on ne s'étoit point encore avifé d'y trouver à redi-re, mais pour cette fois-ci, on y foupçonna, ou l'on fit femblant d'y foupçonner du myf-tére. Le Roi entra dans une fort groffe co-lere, s'écria que le Prince Antoine étoit un traître, ordonna fur le champ qu'on arrêtât les Chrétiens d'Omura comme Efpions, &

peu après il les fit fahrer. Le Prince Antoine fit paroître en cette rencontre une modéra- tion, à laquelle on ne s'attendoit pas; on ne l'avoit apparemment accusé, que pour lui donner lieu de se porter à quelque éclat, qui le rendît véritablement criminel, mais il sçut se contenir & se justifier, sans donner aucune prise. On n'admira pas moins la joye, que les quatre Chrétiens témoignerent, lorsqu'on leur signifia l'injuste Arrêt porté contre eux, car comme ils sçavoient bien que l'aversion du Roi pour leur Religion en étoit le véritable motif, ils remercierent Dieu de la grace, qu'il leur faisoit de mourir pour la gloire de son saint Nom. Pour ce qui est du Prince d'Omura, il eut bientôt une occasion de se venger de l'affront, que le Roi de Firando venoit de lui faire.

De J C.
1565 65.
De Syn - Mu.
2225-26.

Quelque tems après, il arriva encore une autre chose, qui fit bien connoître combien la Cour de Firando étoit envenimée contre la Loi du vrai Dieu. Les Fidéles de ce Royaume avoient envoyé aux Indes un Navire, pour y acheter tout ce qui étoit nécessaire à la dé- coration de leur nouvelle Eghse. Des Idolâ- tres en furent avertis, & détacherent plusieurs Bâtiments, qui allerent attendre le Navire a son retour, & l'enleverent. Parmi les Orne- ments, dont il étoit chargé, il se trouva un Tableau, qui représentoit la Mere de Dieu montant au Ciel, on le porta à un Seigneur de la Cour, nommé CATANDONO, l'Ennemi le plus irréconciliable, & le plus emporté qu'eût la Religion Chrétienne dans cette Cour. Il n'eut pas plutôt ce Tableau entre les Mains, qu'il en donna avis au Prince Héritier, &

Impiété du Prince son Fils.

M ij

De J. C.
1565.66.

De Syn-Mu.
2225.26.

tous deux commirent fur cette Image des im-
piétez , qu'on ne peut rapporter fans frémir.
Ils firent plus , car après avoir défiguré le vifage de la Vierge d'une maniere à faire horreur , ils expoferent le Tableau à la rifée des
Infidéles.

Le Prince Antoine , le Prince Jean fon Frere , & plufieurs Gentilshommes Chrétiens
ayant appris cet attentat , réfolurent de venger d'une maniere éclatante l'Honneur de la
Mere de Dieu , duffent-ils périr dans une fi
jufte querelle. Le P. Acofta , qui fut auffi-tôt
informé de leur réfolution , les alla trouver ,
& leur repréfenta que leur reffentiment étoit
jufte ; mais qu'en s'y livrant avec trop de
chaleur , ils alloient caufer une Guerre Civile, dont les fuites ne pouvoient manquer d'ê-
tre funeftes à la Religion ; il leur perfuada
enfin , quoiqu'avec bien de la peine , de s'a-
dreffer au Roi , pour lui demander juftice ,
ajoûtant que ce Prince ne pourroit fe difpen-
penfer de la leur faire , s'ils s'y prenoient
comme ils devoient pour l'obtenir ; mais un
nouvel incident , qui furvint dans le tems
qu'ils délibéroient fur le parti, qu'ils devoient
prendre , aigrit plus que jamais les Efprits.

Un Domeftique du Prince Antoine , entre
les Mains duquel on avoit faifi les Ornements d'Eglife , dont nous avons parlé , rencontra dans une Ruë de Firando un des
Domeftiques de Catandono , qui avoit eu part
à cet enlevement , l'attaqua , & le défarma.
Catandono le prit pour un affront fait à fa
Perfonne , & voulut en avoir raifon , il communiqua fa réfolution au Prince de Firando ,
& prit avec lui des mefures , pour renverfer

contentement.

Cette démarche du Roi fit beaucoup de chagrin aux Bonzes, qui s'étoient bien promis de profiter de ces brouilleries pour perdre les Chrétiens, & pour attiſer de plus en plus le feu de la diſcorde, ils firent enlever une Croix, qui étoit dans le Cimetiere des Chrétiens. Le Prince Antoine ſe douta bien d'où venoit le coup, & déclara publiquement qu'il faiſoit ſon affaire propre de tout ce qui regardoit l'Honneur de Dieu; qu'il ſçauroit bien trouver le coupable, ou que les Bonzes lui en répondroient, & qu'il ne laiſſeroit pas une ſeule de leurs Maiſons ſur pied. Ces menaces furent efficaces, on le connoiſſoit incapable d'en faire de vaines, & dès le lendemain la Croix fut remiſe en ſon lieu.

Sur ces entrefaites, Dom JEAN PEREYRA, Gouverneur de Macao, arriva de la Chine dans un Navire très-richement chargé. Son deſſein étoit de moüiller à Fuando; mais la S. Lotte

Hoſtilité du Roi de Fuando contre le Prince d'Omu.

M iij

De J. C.
1565 66.

De Syn-Mu.
2228-26.

est battu par
les Portugais.

ayant appris en approchant du Port, que les Chrétiens n'étoient pas bien traités dans ce Royaume, il tourna du côté de FACUNDA, qui appartenoit au Prince d'Omura, & voulut bien, qu'on sçut à Firando, ce qui lui avoit fait changer de pensée. Le Roi outré de dépit de voir que son Ennemi, à qui il venoit de faire de gayeté de cœur le plus sanglant outrage, en arrêtant & en massacrant quatre de ses Sujets en tems de Paix, alloit s'enrichir à son préjudice, arma secrettement une Flotte de cinquante voiles, & l'envoya sous la conduite de Catandono, pour brûler tout ce qu'il trouveroit de Navires Portugais dans les Ports du Prince d'Omura. Pereyra, quoique surpris & bien plus foible que ses Ennemis, ne s'étonna pourtant pas de leur nombre ; & il les reçut avec tant de résolution, qu'il leur tua bien du Monde, & même de leurs principaux Officiers, & obligea la Flotte à se retirer fort mal en ordre.

La Chrétienté du Japon fit alors une perte qu'elle pleura avec des larmes bien sinceres. Jean Fernandez mourut à Firando (a) d'une langueur que lui avoit causée l'excès de ses Travaux. Ce Religieux étoit d'une Sainteté éminente, qui avoit souvent donné de l'admiration à l'Apôtre des Indes. Il travailla long-tems dans les Royaumes de Naugato, & de Bungo, & dans la Principauté d'Omura, avec des succès, qui firent dire au P. Côme de Torrez, que si le Japon étoit redevable au P. Xavier d'avoir reçu la Foi, il avoit obligation à Fer-

────────

(a) Le P. Louis de Guzman met cette mort à la fin de Juin de l'année 1566.

nïnde. ... ne l'avoir pas perduë après le départ du Saint. Non-seulement il sçavoit sa
Religion en Homme, qui l'avoit apprise à l'E-
cole de celui, qui a rendu les Apôtres si sçavants, mais en Saint, qui la pratiquoit avec
toute la sublimité de l'Esprit Apostolique. Aussi fit-il partout des fruits incroyables.

De J. C.
15´5 66
De S. n Mu.
2 23) 40.

Pour surcroît d'affliction, on apprit que
deux Ouvriers d'un grand mérite, qui étoient
en chemin pour secourir leurs Freres du Japon, dont la plûpart excédés de travail, ne
se soutenoient plus, que par une espéce de
Miracle, & qui seroient arrivés fort à propos,
pour remplir le vuide, que la mort d'Edouard
de Sylva & celle de Jean Fernandez avoit
laissé dans cette Eglise, avoient péri dans le
Golphe de Siam sur un Vaisseau richement
chargé, & qui portoit de magnifiques présents du Roi de Portugal pour le Prince d'O-
mura. L'un étoit le Pere PIERRE RAMIREZ,
& l'autre se nommoit le Pere FERDINAND AL-
VAREZ. Cette perte fut d'autant plus sensible
au P. de Torrez, qu'il recevoit tous les jours
des Lettres de plusieurs Rois & Princes, qui
lui demandoient des Missionnaires. On prétend même, que le Roi de Siam écrivit au
Pere Acosta, que s'il vouloit venir dans ses
Etats, pour l'instruire des véritez Chrétiennes, lui & le Prince son Fils se feroient baptiser; mais ce Missionnaire n'avoit garde de
courir après des espérances si éloignées, & si
incertaines, tandis que le seul Royaume de
Firando lui offroit une Récolte abondante &
assurée.

Deux Jésui-
tes font nau-
frage en allant
au Japon.

Il n'est presque plus parlé depuis ce tems-
là du Prince Antoine, ni de son Frere, les

Mort du
Prince Antoi-
ne.

De J C.
1565 66.

De Syn-Mu.
2225-26.

Lettres, qui nous auroient instruit de la suite de leur vie, se sont apparemment perdues ; je trouve seulement, que le premier mourut en 1582. aussi saintement qu'il avoit vécu, & qu'il fut jusqu'à la fin de ses jours tel que nous l'avons vû jusqu'ici. Nous le verrons ailleurs revivre dans ses Enfants, & dans le reste de sa Famille, qui se montra toute entiere digne d'avoir eu un tel Chef, & qui fit bien plus de cas des vertus, qu'elle avoit héritées de lui, que des Etats, qu'il lui avoit laissés, puisqu'elle ne craignit point de les sacrifier à sa Religion.

Description
du Royaume
de Gotto.

Mais tandis que le Roi de Firando mettoit tout en usage, excepté la force ouverte, pour abolir dans ses Etats une Religion, que son intérêt l'obligeoit à y tolérer, un Prince jusques-là autant, & peut-être plus que lui attaché au culte des Idoles, l'introduisoit dans les siens : ce fut le Roi de Gotto. Cinq petites Isles, dont il y en a trois assez peuplées, formoient alors ce Royaume, qui n'est pas plus considérable que celui de Firando, & qui fait partie du Figen. Ces Isles ne sont guéres éloignées que d'une demi lieuë les unes des autres, & ce sont les premieres Terres que l'on trouve, quand on arrive des Indes à Nangazaqui, dont elles sont presqu'à la vûë ; il n'y a que la plus grande, où est la Ville Capitale, qui soit véritablement fertile, mais la Chasse est abondante partout ; & les Habitants y font un assez grand commerce de Poissons, surtout de Baleines, & de Sel. Nous avons vû dans la Relation de Fernand Mendez Pinto que de son tems le Gotto relevoit du Roi de Bungo, mais il est certain qu'il n'en relevoit pas alors.

Dans une de ces Îlles , il y a une Montagne de fix lieues de long , qui eft toute couverte d'Arbres , & où l'on trouve un Animal
fort fingulier. C'eft un Quadrupede, dont la
Peau eft veloutée & de couleur d'or ; fa Figure approche de celle d'un Chien , mais il
a les pieds beaucoup plus courts ; fa Chair
eft très-délicate , & lorfqu'on le fert fur la
Table des Grands ; il eft de la magnificence
de le fervir tout entier avec fa Peau. Quand
cet Animal eft vieux , il fe jette dans la Mer,
& devient Poiffon. Louis Almeyda , qui rapporte cette fingularité dans fes Lettres, avouë
que la premiere fois , qu'on lui en parla , il
fe pût à rire , mais qu'il fut bien-tôt convaincu par fes propres yeux qu'on ne lui en
avoit pas impofé. Un jour qu'il étoit à Oci-
CA , Capitale du Royaume , on apporta au
Roi de Gotto un de ces Animaux , qui n'é-
toit encore métamorphofé qu'à demi. Comme le Roi lui en fit préfent , il eut tout le
moyen de le confidérer à loifir. Une de fes
Pattes étoit déja prefque toute changée en
Nageoire , & l'on voyoit de pareilles naiffan-
ces de changement en plufieurs autres parties de fon Corps.

La Ville d'Ocica , dont je viens de parler ,
n'eft pas tout à fait fur le bord de la Mer,
mais elle eft très-peu éloignée du Port, qui
eft affèz bon. Elle eft à cinquante lieues de
Firando au Midi , à foixante & dix de Cochinotzu , & à foixante ou foixante - cinq de
Facata. Les Habitants de Gotto font fort fu-
perftitieux. Les Aftres règlent tout chez eux ,
ils ont des Augures , dont l'emploi eft d'obferver les jours heureux ou malheureux , &

M v

De J. C.
1565 66.

De Syn-Mu.
2225 26.

Animal fin-
gulier.

Caractere &
Religion des
Habitants du
Gotto.

les Miniſtres des faux Dieux ſont tous-puiſſants dans ces Iſles. On y adore ſurtout deux Divinitez, qu'on ne connoît point ailleurs, & qui ſont repréſentées ſous des Figures de Géants, on s'adreſſe à l'une, pour obtenir les biens de la vie preſente, on fait des vœux à l'autre, pour être heureux après la mort, & tous les ans au commencement de l'année on célebre en l'Honneur de la premiere une Fête, qui dure quinze jours, pendant leſquels il n'eſt pas permis de parler de la mort, ni de l'autre Monde, de peur que quelque penſée chagrinante ne vienne troubler la joye, que la Divinité exige alors de ſes Adorateurs.

Le Roi de Gotto demande un Miſſionnaire, & on lu en envoit deux.

En 1563. de Gotto étoit gouverné par un Prince, que ſa douceur rendoit extrêmement cher à ſes Sujets : nous avons vû qu'il avoit appuyé les Révoltés d'Omura, le ſuccès ſi peu attendu, & ſi miraculeux d'une Guerre, où ſelon toutes les apparences humaines Sumitanda devoit ſuccomber, l'avoit extrêmement frappé ; il voulut être inſtruit d'une Religion, pour laquelle ce Prince avoit ſi généreuſement riſqué ſa Couronne & ſa Vie, & connoître le Dieu, qui l'avoit rendu victorieux avec une poignée de Soldats ramaſſés, de tant de forces liguées. Il envoya un Gentilhomme à Firando avec une Lettre pour le Pere Acoſta, par laquelle il invitoit ce Miſſionnaire à ſe tranſporter dans ſes Iſles. Le Pere communiqua cette Lettre au P. de Torrez, qui ne put ſe réſoudre à tirer de Firando le ſeul Prêtre, qui fût dans ce Royaume ; mais il envoya au Roi de Gotto Almeyda & Laurent, leſquels s'embarquerent à Cochinotzu vers la fin de Janvier de l'année 1566.

Ils apprirent en arrivant au Port d'Osica, que le Roi n'étoit pas dans cette Capitale ; d'ailleurs on y célébroit la Fête, dont je viens de parler : ainsi ils ne jugerent pas à propos de débarquer. Le Roi revint au bout de quelques jours, les invita à se rendre auprès de lui, & donna ordre qu'on leur préparât un Logement commode. Aussi-tôt ils mirent pied à terre, & ils n'avoient pas encore fait beaucoup de chemin, pour aller du Port à la Ville, qu'ils rencontrerent le Roi, qui venoit au-devant d'eux. Ce Prince leur témoigna une extrême envie d'être instruit des Mysteres du Christianisme, & comme la Cour étoit fort grosse à cause du commencement de l'année, Almeyda pria le Roi d'engager toute cette Noblesse à assister aux Conférences, qui se tiendroient sur ce sujet. Le Roi le lui promit, & ajoûta que lui-même ne manqueroit aucune occasion de l'entendre. Il avoit déja eu la précaution de disposer toutes choses pour ces Assemblées, il y avoit destiné une des plus belles Maisons de la Ville, & avoit fait magnifiquement orner l'Appartement, où elles devoient se tenir. Cet Appartement consistoit en deux Salles séparées par un rideau, l'une étoit pour la Reine & les Dames, qui pouvoient ainsi entendre sans être vûes : on avoit élevé dans l'autre une Estrade, sur laquelle le Roi voulut que les deux Missionnaires fussent assis à ses côtés. Les deux Salles se trouverent remplies, & Almeyda pria le Roi de trouver bon que Laurent, qui étoit Japonnois, parlât seul, ajoûtant qu'un Etranger comme lui, ne devoit pas se

De J. C.
1565-66.
De Syn-Mu.
2225-26.

Comment
ils en sont reçûs.

M vj

De J. C.
1566.

De Syn-Mu.
2226.

Le Roi tombe malade, & les Bonzes publient que c'est un effet de la colere des Dieux.

hazarder à parler devant une si augufte Affemblée.

Le Roi agréa cette propofition, Laurent parla le premier jour pendant trois heures, & le fit de maniere, qu'Almeyda, qui l'avoit entendu plufieurs fois, ne douta point que Dieu ne lui eût, felon la promeffe qu'il en a faite à fes Apôtres, infpiré la plûpart des chofes, qu'il dit en cette occafion. Toute l'Affiftance parut charmée, & le Roi furtout fut tellement touché, que les Miffionnaires ne le crurent pas éloigné du Royaume de Dieu. Il y avoit tout à fe promettre d'une si favorable difpofition; mais par un de ces fecrets jugements de Dieu, qu'il faut fe contenter d'adorer, il arriva que le Roi, qui de fa vie n'avoit été malade, fut tout à coup faifi d'une fièvre ardente, accompagnée de douleurs trèsvives par tout le corps. Les Bonzes ne manquerent pas de publier auffi-tôt, que les Dieux puniffoient ce Prince, d'avoir voulu introduire une Secte Etrangere dans fes Etats, & ils n'eurent pas beaucoup de peine à perfuader un Peuple accoutumé à ne reconnoître aucune caufe naturelle des accidents funeftes.

Le lendemain le Roi fe trouva encore plus mal, & l'on ordonna par tout le Royaume des Pénitences, des Prieres & des Sacrifices, pour appaifer la colere des Dieux. Ces Pénitences confiftoient à garder la continence, & à s'abftenir de manger de la chair: mais tout fut inutile, & le mal du Roi ne diminuoit point. On peut juger de l'inquiétude, que caufa ce contretems aux deux Ouvriers Evangéliques, & du danger, qu'ils couroient de la part d'un Peuple superstitieux, passionné pour son Roi, qui ne pouvoit manquer de leur attribuer l'état, où étoit réduit ce Prince, & que les Bonzes animoient sans cesse contre eux. Ils ne perdirent pourtant pas courage, ils mirent toute leur confiance au Seigneur, & ils espérerent que le Ciel tireroit sa gloire de ce qui sembloit devoir fermer pour toujours ce Royaume à l'Evangile.

De J. C.
1566.
De Syn-Mu.
2225.

Par bonheur les Bonzes entreprirent de guérir le Roi par la vertu de leurs sortiléges, & n'y réussirent pas : le Malade empira même beaucoup après qu'ils eurent fait toutes leurs simagrées dans sa Chambre. Alors Almeyda fit prier ce Prince de vouloir bien lui permettre qu'il le vît : le Roi y consentit, & après qu'Almeyda eut examiné la nature du mal, il y appliqua un Reméde, dont il avoit déja fait plusieurs expériences heureuses. Dès le lendemain la fièvre se trouva considérablement diminuée, & le Missionnaire en prit occasion d'engager le Malade à mettre sa confiance au seul Dieu, qui est le souverain Arbitre de la vie & de la mort, de la santé & de la maladie. Le Roi le lui promit, mais sur le soir ses douleurs de Tête augmenterent : Almeyda les lui appaisa sur le champ, & lui procura une nuit fort tranquille. Le troisiéme jour la fièvre disparut entiérement, & le lendemain il ne restoit plus au Malade, qu'un peu de foiblesse.

Ils entreprennent de le guérir, & ne réussissent pas. Almeida est plus heureux.

La joye fut grande dans tout le Palais & se communiqua bientôt par tout. On élevoit jusqu'au Ciel le Médecin Européen, & le Roi lui envoya de fort beaux présens, qu'il distribua à divers Seigneurs, dont il vouloit se ménager la

Nouvel accident, qui met la Religion Chrétienne en danger dans ce Royaume.

De J. C.
1566.

De Syn Mu.
2226.

protection. Quelques jours après le Roi voulut que Laurent recommençât ſes inſtructions ; toute la Cour s'y trouva, excepté ce Prince, qui ne crut pas devoir s'expoſer encore ; mais dès la ſeconde Conférence, tandis que Laurent parloit, le feu prit à un des Quartiers de la Ville, & porté par un vent impétueux, en réduiſit une grande partie en cendres. Il ſurvint dans le même tems au Roi une tumeur à un doigt, laquelle lui cauſa de très-vives douleurs, & pluſieurs Perſonnes de la Famille Royale, tomberent malades. Alors tout le Peuple ſe révolta contre les Religieux Etrangers, & il y avoit tout à craindre pour eux, ſi Almeyda n'eût promptement guéri le Roi & les autres Malades. Encore ne pût-il jamais ôter de l'eſprit à bien des gens, que le Ciel étoit irrité contre le Royaume, à cauſe du mépris, qu'on y paroiſſoit faire de l'ancienne Religion. Rien n'eſt plus utile aux Hommes Apoſtoliques, que ces revers : non-ſeulement ils épurent leur zele, & fortifient leur confiance ; mais, ce qui leur eſt encore plus néceſſaire, ils les retiennent dans la défiance d'eux-mêmes, ils les empêchent de s'attribuer rien du ſuccès de leurs travaux ; ils leur font ſentir que tout vient de Dieu, & ils les conſervent dans l'humiliation de cœur, en exerçant un Miniſtere, qui les rend égaux aux Anges mêmes: enfin ils leur font toucher au doigt qu'ils ſont envoyés pour planter & pour arroſer, mais que c'eſt à celui qui les envoye, à donner l'accroiſſement.

Almeyda ſort
du Gotto fort
regretté du
Roi.

Almeyda étoit pourtant toujours bien venu à la Cour, mais tout ſe paſſoit en civilitez, & comme il ne voyoit plus aucun jour à la converſion de ce Peuple, il écrivit au Pere de Tor-

rez, qu'il croyoit fon féjour inutile dans le
Gotto. Le Roi, qui en fut averti, n'oublia
rien pour le retenir, fes manieres, fa vertu,
fa douceur charmoient ce Prince, le défintéreffement, avec lequel il diftribuoit fes remedes à tous ceux, qui en avoient befoin,
lui paroiffoit quelque chofe de grand, furtout quand il l'oppofoit à la conduite fi contraire
des Bonzes, les plus intéreffés & les plus durs
des Hommes. La Maifon des Miffionnaires
étoit trop petite, pour l'affluence de ceux, qui
venoient les confulter, ou qui s'adreffoient à
eux dans leurs maladies, mais prefque perfonne ne parloit de fe faire Chrétien, ce qui
détermina enfin Almeyda, fitôt qu'il eut reçu
les ordres de fon Supérieur, qui le rappel-
loit, à demander au Roi la permiffion de fe
retirer.

De J. C.
1566.

De Syn-Mu.
2226.

Le Roi en conçut un très-grand chagrin, il
lui dit qu'il avoit tort de défefpérer fitôt du
fuccès de fes travaux, & que lui-même & fon
Fils penfoient férieufement à fe déclarer Adorateurs du Dieu des Chrétiens. Il lui ajoûta,
que s'il vouloit bâtir une Eglife dans fon
Royaume, il pouvoit choifir telle fituation,
qu'il jugeroit a propos : enfin qu'il n'avoit qu'à
demander, & que rien ne lui feroit refufé.
Des offres fi obligeantes ne firent point changer de réfolution au Miffionnaire, il répondit
qu'il avoit fes ordres, aufquels il ne pouvoit
fe difpenfer d'obéir, mais pour ne point irriter
un Prince, dont la faveur devoit être ménagée, il lui protefta, qu'auffitôt qu'il pourroit
difpofer de foi, il reviendroit fe confacrer au
falut de fes Sujets, ou qu'il engageroit le Pere
de Torrez à lui envoyer quelqu'un a fa place.

Une Tempête l'oblige à y retourner. Le Roi en témoigne une grande joye.

Le Roi lui demanda cette promesse par écrit, & il la donna. Ce Prince voulut aussi lui donner un Ecrit de sa main, par lequel il s'obligeoit, en cas qu'il tint parole, d'accomplir de son côté toutes les promesses, qu'il lui avoit faites ; mais Almeyda lui dit, qu'il ne vouloit point d'autre assurance, que sa parole Royale, & il s'embarqua avec son Compagnon.

A peine étoit-il en Mer, qu'une Tempête violente le mit à deux doigts du naufrage, & le contraignit de rentrer dans le Port. Il crut alors que Dieu le vouloit dans ce Royaume ; il manda au Pere de Torrez les raisons, qu'il avoit d'y rester, & le pria de lui faire sçavoir sur cela ses derniéres volontez. Le Roi, la Reine, & toute la Cour furent charmés de son retour, & le Roi écrivit sur le champ au Pere de Torrez, pour le conjurer de lui laisser le Missionnaire, il accompagna sa Lettre de toutes sortes de rafraîchissements, & il combla plus que jamais les deux Religieux de caresses, & de tout ce qui pouvoit les assurer de son estime & de son amitié. Aucun Prince du Japon n'avoit encore eu avec les Docteurs Etrangers des manieres plus aimables. Il y eut même bientôt quelque chose de plus ; les Instructions publiques recommencerent & devinrent enfin fructueuses. Vingt-cinq Gentilshommes demanderent le Baptême, ce qui parut faire beaucoup de plaisir au Roi ; & quoique les Bonzes eussent encore voulu prendre avantage contre la Religion Chrétienne de quelques ravages, que firent des Corsaires sur les Côtes de Gotto, on les laissa dire ; les Proselytes continuerent à se disposer au Sacrement, & la

Cour à donner les mains à tout ce qui pouvoit avancer l'Œuvre de Dieu.

Mais rien ne persuada plus les Missionnaires, qu'ils pouvoient compter sur la constance & le courage des nouveaux Catéchumenes, que la docilité, qu'ils trouverent en eux, lorsqu'il fallut leur déclarer, qu'un Chrétien ne pouvoit avoir qu'une Femme, & qu'une Epouse légitime ne pouvoit jamais être renvoyée, hors certains cas extraordinaires, pour faire place à une autre ; car la Polygamie & le divorce étoit fort en usage dans ce Royaume. Ils s'étoient attendus l'un & l'autre, que ces Loix seroient un écueil, où la résolution de plusieurs échoueroit, ils se tromperent heureusement ; ni tendresse, ni raison d'intérêt, ni la crainte de se brouiller avec des Familles puissantes, rien n'arrêta aucun de ceux, qui se disposoient au Baptême, les Concubines furent éloignées ; l'indissolubilité du Mariage fut acceptée, & le nombre des Chrétiens devint en peu de tems très-considérable.

Bientôt même la Capitale ne fut pas la seule à profiter du séjour des Serviteurs de Dieu dans ce Royaume. Almeyda fut appellé à OCURA petite Ville, qui n'est qu'à une lieue & demie d'Ocica. Le Seigneur du lieu, sa Mere, & trois de ses Freres furent les premiers à se soumettre à l'Evangile, & leur exemple fut en très-peu de tems suivi de presque tous les Habitans. Le principal Temple de la Ville fut renversé, & sur ses ruines on bâtit une fort belle Eglise, qui fut achevée avec une diligence incroyable : aussi personne ne s'étoit-il dispensé d'y mettre la main. Laurent, qui étoit resté dans la Capitale, eut encore la consolation d'y

De J. C.
1560.

De Syn Mu.
2226.

Guerre en-
tre le Firando
& le Gotto.

voir une Eglise érigée au vrai Dieu, & la Chrétienté du Gotto fut dès-lors regardée comme
une des plus florissantes du Japon.

Une Guerre, qui survint sur ces entrefaites
au Roi de Gotto, donna lieu à ce Prince de
reconnoitre, que si rien n'étoit capable d'obliger les Chrétiens à violer la Loi de leur Dieu,
il pouvoit aussi s'assurer de n'avoir point de Sujets plus fideles. Quelques Corsaires de Firando avoient fait peu de tems auparavant une
descente dans une des Isles du Gotto, y avoient
massacré quelques-uns des Insulaires & emmené plusieurs Prisonniers. Les Gottois après
s'être reconnus, armerent en diligence une
petite Flotte, coururent après l'Ennemi, &
ne l'ayant pas rencontré, firent sur les Côtes
de Firando ce que les Firandois avoient fait sur
les leurs. Dans le même tems un des Vassaux
du Roi de Gotto, & qui étoit Beaufrere du
Roi de Firando, se révolta contre son Seigneur, lequel fut averti que Taqua Nombo
étoit l'Auteur de cette Révolte, & ne visoit à
rien moins, qu'à le détrôner. Il comprit bien
qu'il n'y avoit pas un moment à perdre, s'il
vouloit détourner l'orage. Il fit ses préparatifs avec autant de secret que de promptitude,
& entra sur les Terres de son Vassal, avant
que ce Seigneur sçût qu'il armoit : aussi tout
plia devant lui, & le Rébelle fut obligé d'aller
chercher une retraite chez son Beaufrere, qui
non-seulement le reçut bien, mais entreprit
encore de le rétablir & de le venger.

Il arma aussitôt une Flotte de deux centsVoi-
les, & comme le Roi de Gotto ne sçavoit pas
sur laquelle de ses Isles fondroit l'orage, il prit
le parti de border toutes les Côtes, où il y avoit

à craindre une defcente, de Troupes réglées,
& de faire retirer les Habitans dans les Montagnes & dans les Bois; Almeyda, qu'une fiévre
violente avoit fort affoibli, fut obligé de s'y
retirer auffi avec fon Compagnon, & la fatigue
du voyage augmenta confidérablement fon
mal. La Flotte Firandoife parut enfin, & aborda à la plus grande des Ifles du Gotto, brûla
quelques Villages, & après vingt-cinq jours
de pillage, elle remit à la voile, & fe retira.
Le Roi de Gotto avoit de fon côté pris fes mefures pour avoir une Flotte, mais comme elle
étoit de moitié plus foible que celle de Firando,
il ne jugea pas à propos de fe mefurer avec
celle-ci, & il ne la pourfuivit point; mais il
envoya la fienne dans une Ifle dépendante du
Roi de Firando, où l'on n'étoit point du tout
fur fes gardes, & où elle fe dédommagea plei-
nement des ravages, que les Firandois avoient
faits dans le Gotto.

De J. C.
1566.
De Syn-Mu.
2226.

Or la coutume étoit dans ce Royaume, qu'a-
vant de fe mettre en Campagne, les principaux
Officiers fe rendoient dans le Palais du Roi,
pour y faire ferment de bien fervir; & entr'autres fuperftitions, dont cette Cérémonie étoit
accompagnée, il falloit boire d'un certain vin,
qui avoit été auparavant offert & confacré aux
Dieux du Pays. Le Roi préfentoit lui-même
la coupe à tous ceux, qui étoient dans l'Affemblée, & chacun avant que de boire difoit:
*Puiffe toute la colere des Dieux tomber fur
moi, fi je manque à la fidélité, que je dois à
mon Seigneur.* La Flotte de Gotto étant fur fon
départ, ceux, qui y avoient quelque Commandement, s'affemblerent chez le Roi, fuivant la
coutume; plufieurs étoient Chrétiens; & le

*Belle action
du Gouverneur
d'Ocica. Pro-
tection de Dieu
fur les Chré-
tiens.*

De J. C.
1566.

De Syn·Mu.
2226.

premier d'entr'eux, à qui le Roi préfenta le Vin, fut un peu embaraſſé : il prit néanmoins le parti de faire comme les autres, mais en proteſtant, qu'il regardoit ce Vin comme un Vin ordinaire, & qu'il n'y reconnoiſſoit aucune vertu. Il ſe diſpoſoit donc à le boire, lorſque le Gouverneur d'Ocica, qui étoit auſſi Chrétien, & avoit reçu au Baptême le nom de JEAN, lui cria d'arrêter, & de ne pas donner un ſi grand ſcandale à tous les Fideles : puis s'approchant du Roi avec une reſpectueuſe aſfurance, « Seigneur, lui dit-il, vous ſerez
» bientôt convaincu que vous n'avez point de
» Sujets plus dévoués à votre ſervice, que les
» Chrétiens, mais voulez-vous que le ſer
» ment, que vous exigez aujourd'hui de nous,
» ſoit inviolable ? trouvez bon que nous ju
» rions par le ſeul Dieu vivant, que nous ado
» rons, & qui ſeul peut donner la victoire. »
Le Roi, qui connoiſſoit cet Officier, & qui 'étoit prévenu en faveur de ſa Religion, conſentit que les Chrétiens juraſſent de la maniere, qu'il leur étoit permis de faire, & fit comprendre qu'il comptoit bien autant ſur eux, que ſur les Infidéles. En effet les Chrétiens ſe diſtinguerent fort dans l'Expédition, dont j'ai parlé, ils portoient tous des Croix ſur leurs habits, & quoiqu'il y eût eu quelques actions aſſez vives, aucun d'eux ne fut tué. Il n'y eut pas juſqu'aux Infidéles, qui n'attribuaſſent cet événement à la vertu de la Croix, & tous la voulurent auſſi avoir pour ſauvegarde ſur leurs Armes.

Ce que je viens de rapporter du refus, que firent les Chrétiens de prêter le ſerment à la maniere accoutumée, eſt placé par quelques Au-

teurs avec affez de vraifemblence avant l'entrée du Roi dans les Terres de fon Vaffal, & ils
ajoutent que le Rébelle ayant accepté, ou
n'ayant pû éviter la Bataille, que le Roi lui
préfenta, comme on commençoit à fe mêler,
un jeune Chrétien nommé Xyste, remarqua
le Général Ennemi, qui par fa valeur & fa
bonne conduite infpiroit beaucoup de réfolution à fes Troupes, courut à lui, l'attaqua, &
après un affez long combat, qui tint quelques
tems les deux Armées en fufpens, le prit au
défaut de fon Armure, & le renverfa à fes
pieds, que la mort du Chef fut le commencement de la déroute de l'Ennemi, & que ce
fut pour venger la mort de ce Général, que
le Roi de Firando fon Beaufrere fit équiper
cette Flotte de deux cens Voiles, dont l'effet
répondit fi peu au bruit, qu'avoit fait un fi
grand Armement. Cependant la fanté de Louis
Almeyda ne fe rétabliffant point, il fut contraint de retourner à Cochinotzu. Laurent
refta encore quelque tems auprès du Roi de
Gotto, mais il fut auffi rappellé pour aller au
fecours du Pere Froez, qui le demandoit, &
ce Royaume demeura deux ans entiers fans
aucun Miffionnaire.

La Chrétienté de Ximabara fe foutenoit toujours malgré le crédit & la perfécution des
Bonzes, & les variations du Prince, qui eftimoit dans le fonds le Chriftianifme, mais qui
craignoit encore plus les Miniftres des faux
Dieux. On fe crut même en 1566. au moment de voir des Martyrs dans cette Eglife ;
mus les Fidéles fe préfenterent de fi bonne
grace à la mort, que le Prince ne put fe réfoudre à perdre quinze cents Sujets, dont la fidé-

De J. C.
1566.
De Syn Mu.
2226.

Fermeté des
Chretiens de
Ximabara.

De J C.
15'6.

De Syn Mu.
2226.

Progrès de
la Foi dans le
Ximo.

lité envers leur Dieu lui répondoit de celle, qu'ils lui devoient a lui-même, & qu'il fçavoit bien qu'ils lui garderoient au peril de leur vie, quand il n'exigeroit rien d'eux contre leur confcience.

Le Pere de Torrez, le Pere de Figueredo, & le Pere Vilela parcouroient alors avec de grandes fatigues cette Partie du Ximo, & recueilloient partout de grands fruits de leurs fueurs. Le Royaume d'Arima eft féparé de celui de FINGO par un grand Bras de Mer, où il y a plufieurs Ifles très-peuplées, qui relevent de ce dernier. La plus confidérable étoit alors poffédée par deux Seigneurs, dont l'un portoit le Titre de Seigneur d'AMACUSA, qui eft le nom de l'Ifle, & l'autre s'appelloit le Seigneur de XEQUI. Quelques Auteurs ont fait deux Ifles de ces deux Etats, mais ils fe font trompés. Le Seigneur de Xequi, qui étoit Parent du Roi d'Arima, demanda un Miffionnaire au Pere de Torrez, auquel il envoya pour cet effet un Courier à Cochinotzu, qui n'eft qu'a fept ou huit lieues de Xequi, & le Supérieur lui accorda le Pere Vilela, qui en peu de mois baptifa plus de fix cens Perfonnes.

La Principauté d'Omura s'ouvroit auffi toujours de plus en plus a l'Evangile par le zele & la fermeté de Sumitanda; il eft vrai que plufieurs Idolâtres zélés, dont il ne pouvoit encore purger fes Etats, & qu'il avoit inutilement travaillé à gagner à Jefus-Chrift, ne paroiffoient attentifs, qu'aux occafions de le faire périr avec tous les Chrétiens, & tout autre que lui auroit fuccombé cent fois fous tant d'efforts redoublés; mais les Vertus Chrétiennes n'avoient point diminué en lui les Vertus

Militaires & Politiques, & il n'étoit aucun
Prince au Japon, qui fût plus craint de ses
Voisins, ni mieux obéi de ses Sujets. Voici un
fait, qui montre avec quelle vigueur il sçavoit
agir dans les occasions les plus périlleuses.

Il apprit en 1565, qu'une Troupe de Mutins s'étoient saisis d'un Château assez près de
la Capitale, & d'où ils pouvoient incommoder
beaucoup cette Ville. Dès le même jour il assembla tout ce qu'il trouva de Troupes sous sa
main, & alla investir ces Rebelles. Sur le soir
il choisit trente Braves, tous Chrétiens, leur
demanda s'ils étoient préts a le suivre par tout,
où il voudroit les mener, & tous ayant répondu que rien ne les arrêteroit, tant qu'ils l'auroient à leur Tête, il donna ordre au reste
de l'Armée de se mettre en bataille entre la
Ville & la Place assiégée. Dès que la nuit fut
obscure, il conduisit sa Troupe d'élite par divers sentiers fort secrets, & arriva avec elle
sans avoir été reconnu jusqu'au sommet de la
Montagne, sur laquelle la Forteresse étoit bâtie. Il en occupa toutes les Avenues, & à la
pointe du jour il fit si brusquement son attaque, que la Garnison surprise ne rendit point
de combat : Elle voulut se sauver du côté de la
Ville, mais elle y rencontra l'Armée du Prince, qui acheva de la tailler en piéces, & il n'en
resta pas un seul, qui ne fût, ou tué, ou pris.

Après ce succès la Chrétienté d'Omura alla
toujours croissant en nombre & en ferveur.
Mais ce que les Victoires de Sumitanda pro-
duisoient dans cette Principauté, la persécution & le sang des Martyrs le faisoit dans le Firando. Le Roi y continuoit a regarder les Chré-

De J. C.
1566.

De Syn - Mu.
2226.

Action de
vigueur du
Prince d'O-
mura.

Martyrs dans
le Firando.

ques-uns pousserent même leur haine jusqu'aux
dernieres extrémitez ; un Bonze nouvellement
converti paya de sa Tête le zele, qu'il faisoit paroître pour la Cause de Dieu. Quelques autres
Néophytes eurent le même sort ; mais les Infideles ne gagnerent à cela, que de voir le Culte
de leurs Dieux plus abandonné.

Fin du Livre troisiéme.

SOMMAIRE

SOMMAIRE
DU QUATRIEME LIVRE.

LE Frere du feu Empereur se réfugie dans une Forteresse appartenante à Vatadono. Eloge de ce Seigneur. Caractere de Nobunanga. Vatadono marche contre les Rebelles & les défait dans plusieurs Combats. Nobunanga rétablit le jeune Prince sur le Thrône Impérial. De quelle maniere il traite les Bonzes. Vatadono obtient le rétablissement des Missionnaires à Méaco, malgré le Dairy. Le Pere Froez visite Nobunanga. Comment il en est reçu. Edit du nouvel Empereur en faveur de la Religion. Nobunanga exerce une autorité absolue dans l'Empire. Un Bonze entreprend d'en faire chasser les Missionnaires. Le P. Froez le reduit au silence dans une dispute en présence de Nobunanga. Edit du Dairy contre la Religion ; ce qui en arrive. Description du Royaume de Mino, & de la Ville d'Anzuquiama. Vatadono écrit à un Bonze puissant pour l'engager à ne plus persécuter les Missionnaires ; réponse, qu'il en reçoit. Il est disgracié, avec quel courage il soutient sa disgrace. Il rentre en grace, & le Bonze est chassé de la Cour. Etat de la Religion dans le Bungo. Etablissement du Port de Nangazaqui. Le Prince d'Omura ne veut plus que des Chrétiens dans ses Etats. Baptême de sa Famille. Mort des PP. de Torrez & Vilela. Le Seigneur de Xequi Apostat & Persécuteur. Ses

Tome II.   N

Sujets Chrétiens demeurent fermes dans la
Foi. Grandes converſions dans l'Iſle d'Ama-
cuſi. Perſécution ſuſcitée par les Bonʒes.
Conſtance admirable d'un Enfant. Le Roi de
Bungo protege les Chrétiens. Baptême du Prince d'Amacuſa, qui convertit la Princeſſe, ſon
Epouſe. Perſécution à Ximabara. Le Prince
de Gotto demande le Baptême, & le reçoit
en ſecret. Son ʒèle à procurer le ſalut des
Gottois. Les Bonʒes entreprennent de le ramener au culte des Dieux. Ce qui ſe paſſe à
ce ſujet. Réſolution du P. Valla. Mort du Roi
de Gotto. Vertus du nouveau Roi. Mauvaiſe
politique de Nobunanga. Il eſt attaqué par
ceux, qui ont fait mourir le feu Empereur.
Valeur de Vatadono. Sa mort tragique lorſqu'il étoit ſur le point de recevoir le Baptême.
Ce qui raſſure le P. Froeʒ ſur ſon ſalut. Maſſacre des Bonʒes de Jeſan par ordre de Nobunanga. L'Empereur ſe brouille avec ce Prince. Le bruit de la marche de Nobunanga diſſipe deux grandes Armées. Il offre la paix à
l'Empereur, qui la refuſe. Il ſe rend Maître
de Meaco, & de l'Empire, & laiſſe l'Empereur
ſur le Thrône. Il fait brûler pluſieurs Maiſons de Bonʒes. Diſgrace du Roi de Tamba.
Converſion d'un Aveugle ſçavant. Zele des
Chrétiens. Ligue contre le Prince d'Omura,
qui en triomphe, & acheve la converſion de
tous ſes Sujets. Ce qui ſe paſſe à cette occaſion
dans la Ville de Cori.

HISTOIRE

DU

JAPON.

LIVRE QUATRIÉME.

Andis que le Chriſtianiſme devenoit de jour en jour plus floriſſant dans les Provinces Occidentales du Japon, une nouvelle Révolution le rétablit dans ſon premier luſtre a Méaco, & la Providence parut diſpoſer tellement les choſes, qu'on eut tout lieu d'eſpérer de le voir avec le tems devenir la Religion dominante dans tout l'Empire. Voici ce qu'on a pu ſçavoir de plus certain de ce grand Evénement, dont on n'a pas eu aſſez de ſoin de nous inſtruire dans le détail : les Miſſionnaires, qui étoient ſur les lieux, s'étant contenté de nous en apprendre les principales circonſtances, autant qu'il étoit néceſſaire pour l'intelligence de leurs Mémoires, un peu trop bornés, à ce qui concernoit leur Miniſtere.

De J. C.
1566.

De Syn-Mu.
2226.

N ij

De J. C.
1566.

De Syn Mu.
2226.

Le Frere du
feu Empereur
se refugie
dans une For-
teresse.

Mioxindono & Daxandono voyant peu de dispofition dans la Capitale de l'Empire à les reconnoître pour Souverains, s'étoient avifés de faire courir le bruit, que leur deffein n'avoit jamais été d'ufurper la fuprême Puiffance, mais de délivrer les Peuples de la tyrannique domination de quelques Particuliers, qui gouvernoient fous le nom du feu Empereur, que n'ayant pû fauver ce malheureux Prince, à qui fa bravoure aveugle & hors de faifon, avoit fait creufer l'abyme, où il s'étoit précipité, ils étoient réfolus de placer fur le Trône Impérial le Bonze CAVADONO VOYACATA, fon Frere, dont l'humeur douce & bienfaifante, & la piété, qu'il avoit puifée dans le Monaftere, faifoient efpérer un regne plus heureux. Quoiqu'ils puffent dire, ils ne perfuaderent perfonne, non pas même le jeune Prince, à qui ils promettoient l'Empire, & qui fe voyant leur Prifonnier, ne fongea qu'à fe tirer de leurs mains. Il y réuffit, & les Rebelles furent étrangement furpris d'apprendre qu'il étoit dans la Fortereffe de COCA, d'où toute leur Puiffance n'étoit pas capable de le tirer.

Caractere de
Vatadono, à
qui cette For-
tereffe appar-
tenoit,

Cette Place appartenoit à Vatadono, Frere aîné de Tacayama, & cadet de François Seigneur de Sava, dont nous avons rapporté plus haut la converfion, & dont il n'eft plus fait aucune mention dans toute la fuite de cette Hiftoire. Vatadono n'avoit pas encore reçu le Baptême, mais il fe difpofoit à le recevoir, & les Miffionnaires n'avoient alors perfonne dans le centre de l'Empire, fur la protection duquel ils comptaffent davantage. Ce Seigneur avoit en effet toutes les vertus Chrétiennes, & toutes celles, qui font les grands Hommes, mais rien ne fait mieux son Eloge, que la conduite qu'il tînt en cette occasion, car l'on peut dire qu'il surmonta la tentation la plus délicate, où un Héros puisse être exposé, & qu'il fit une action, dont on voit bien peu d'exemples dans l'Histoire. En effet, avec toutes les qualitez & toutes les ressources, qui peuvent assurer le succès d'une grande Entreprise, & se voyant entre les mains l'Héritier de la Couronne, non seulement il n'en abusa point, pour s'élever lui-même, mais il aima mieux se faire le Subalterne d'un Prince plus puissant que lui, & dont il connoissoit la droiture, que de risquer son Souverain, en hazardant de le rétablir avec ses seules forces. Il songea donc, dès que Cavadono se fut jetté entre ses bras, à lui procurer un appui, que toutes les forces des deux Assassins de l'Empereur ne fussent pas capables de contrebalancer, & il le trouva dans le Roi de VOARY.

NOBUNANGA Roi de Voary, étoit un de ces Hommes, qu'un génie supérieur & universel distingue d'abord de tous les autres, & met au-dessus des Eloges ; il avoit le cœur haut, & un courage, qui lui faisoit croire tout possible. Il étoit splendide, magnifique, désintéressé, maître de lui-même, intrépide, d'une grandeur d'ame, d'une vivacité, & d'une pénétration d'esprit, qui tenoient du Prodige, & qui jointe à la science de toutes les parties de la Guerre, qu'il possédoit dans un dégré éminent, au talent qu'il avoit de découvrir les plus secrettes pensées de ceux, qui l'approchoient, sans se laisser jamais pénétrer lui-même ; & à ce Caractere droit & sincere, qui marquent si bien un Homme, en qui les vertus

De J. C.
1566.

De Syn - Mu
2226.

font vrayes & naturelles, en ont fait le Héros
du Japon , & un des plus grands Princes , qui
ayent régné en Orient dans ces derniers siécles.
Il étoit alors âgé de trente-six ans, sa taille
étoit avantageuse, quoiqu'un peu trop mince,&
sa complexion délicate, mais par le soin, qu'il
eut dès sa plus tendre jeunesse de s'accoutu-
mer aux plus rudes fatigues de la Guerre, il
s'étoit rendu capable de supporter les plus
grands travaux. Il parut toujours plus jaloux
d'être le Maître des Empereurs , que d'être
Empereur lui-même ; & s'il monta sur le Trône des Cubo-Samas, il le fit beaucoup plus
tard, qu'il n'eût pû le faire , & dans des con-
jonctures, où il parut y avoir été en quelque
façon forcé. On l'a accusé d'avoir porté la défiance jusqu'à tuer de sa main son propre
Frere ; mais le défaut qu'on lui reprocha plus
universellement, fut la fierté ; il traitoit les
Grands avec une hauteur presque barbare, les
Rois mêmes, qu'il avoit subjugués, n'osoient
le regarder en face : un seul de ses regards
rendoit tout possible à ses Officiers pour lui
obéir, & leur faisoit faire des choses incroyables. Il n'alloit jamais sans une Garde de deux
mille Hommes à Cheval ; mais pour sa Personne, il étoit toujours très-simplement vêtu ;
une peau de Tygre lui servoit ordinairement
de Cuirasse, & souvent il l'étendoit à terre,
pour s'asseoir dessus. Il étoit sobre , mais disso-
lu à l'excès, & ce vice fut longtems regardé
comme le seul obstacle, qui l'empêchât de se
faire Chrétien. On se trompoit apparemment,
& il parut bien enfin que l'unique Dieu de Nobunanga étoit son ambition. Il n'avoit hérité
de ses Ancêtres, qu'une partie du Royaume de

Voary, mais il en avoit déja conquis jusqu'à dix-huit ; lorsque la gloire de rétablir un Empereur sur le Trône parut le flatter assez, pour lui faire interrompre le cours de ses Conquétes, & préférer la qualité de Libérateur, & d'arbitre de l'Empire, à celle de Conquérant.

De J. C. 1566.

De Syn.-Mu. 2226.

Tel fut le Prince, que Vatandono opposa au Roi d'Imory & au Prince de Nara, mais il fallut du tems à ce Seigneur pour s'attacher, ou pour écarter tous ceux, dont il crut avoir quelque chose à craindre, ou à espérer, & pendant cet intervalle, il s'appliqua à fortifier ses Châteaux, & surtout celui de Coca, où il traitoit Cavadono en Empereur. Les Rébelles de leur côté, ne s'endormoient pas, ils connoissoient les Ennemis, qu'ils alloient avoir en Tête, mais ils ignoroient encore jusqu'à quel point leur perfidie étoit détestée. Ils l'apprirent bien-tôt, car au premier bruit, qui se répandit que Nobunanga armoit pour mettre Cavadono sur le Trône Impérial, & que Vatadono serviroit sous lui, tant de Gens se rangerent auprès de l'un & de l'autre, qu'au bout de quelques jours, ils se trouverent en état de tenir la Campagne. Les deux Traîtres étoient dans le Royaume d'Izumi, avec un corps de douze mille Hommes de vieilles Troupes. Nobunanga y envoya Vatadono, auquel il en donna quinze mille, & il partit lui-même pour aller faire monter à Cheval tous ses Vassaux. Vatadono usa de diligence, & se posta avantageusement dans une grande Plaine à la vûe de Sacai, où les Rébelles s'avancerent promptement pour le combattre, comptant de le sur-

N iv

De J. C.
1566.

L. Syn. Mu.
2225.

Il gagne une
Bataille deci-
five.

prendre. Ils s'apperçurent bien-tôt qu'ils s'é-
toient trop flattés, & les deux Armées demeurerent assez long-tems en présence.

Enfin vers la fin du Carême il se donna à
peu de jours de distance deux Combats très-
sanglants, le premier n'eut rien de bien dé-
cisif, mais dans le second, Vatadono après
avoir soutenu deux charges très-vigoureuses
de Mioxindono, le rompit, fit un grand carnage de ses Gens, & ne pardonna qu'à ceux,
qui prirent parti dans ses Troupes. Le premier fruit de cette Victoire, fut la réduction
de la Forteresse de Cavacci, & la Conquête
d'une bonne partie des Etats du Roi d'Imory. Vatadono s'approcha ensuite d'Imory, où
Xicaidono, dont nous avons déja parlé plusieurs fois, commandoit pour Mioxindono.
Ce Prince & son Collégue, qui avoient rétabli leur Armée, accoururent pour secourir
la Place; mais ce fut en vain, & deux (a)
Combats, qui se donnerent encore vers les
Fêtes de Pâques, & dont le dernier acheva la
défaite entiere des Rébelles, rendirent Vatadono Maître de la Campagne.

Nobunanga
mene le nou-
vel Empereur
à Meaco, &
lui fait bâtir
un nouveau
Palais.

Nobunanga apprit ces heureuses nouvelles,
lorsqu'il se disposoit à joindre Vatadono a la
Tête de cinquante mille Hommes, & elles
lui firent changer de dessein: il tourna du
côté de la Capitale, & y mena l'Empereur.
Tout plia sous une si grande Puissance, &
le nouveau Cubo-Sama prit paisiblement possession de la Couronne, que personne n'étoit

(a) Les Relations de ce tems là parlent assez con-
fusément de tous ces Combats, & peut-être qu'il faut
réduire les quatre, dont nous venons de parler, à deux
Actions, qui avoient duré chacune deux jours,

plus en état de lui contefter. Mais comme le Palais Impérial avoit été réduit en cendres, Nobunanga logea le Prince & fa Maifon dans les plus beaux Monafteres des Bonzes, puis il diftribua fon Armée dans tous les autres. Les Foquexus entr'autres furent fort maltraités en haine de Daxandono, qui étoit de leur Secte, & parce que le Roi de Voary fçavoit que ces Prêtres féditieux avoient élevé jufqu'au Ciel le Prince de Nara, pour avoir, difoient-ils, délivré le Japon d'un Empereur, qui favorifoit ouvertement une Religion étrangere.

De J. C. 1567.

De Syn. Mu. 2227.

Ces Miniftres des faux Dieux eurent beau fe récrier contre une Entreprife, qu'ils traitoient d'attentat & de facrilége, ils ne gagnerent rien, & comprirent même bien-tôt qu'il leur falloit baiffer le ton ; mais ils n'étoient encore qu'au commencement de leurs difgraces. Nobunanga voulut bâtir un nouveau Palais pour l'Empereur, & l'emplacement de l'ancien ne lui parut pas affez grand : il y avoit tout proche quelques Monafteres de Bonzes ; il commanda de les abattre, & la maniere haute, dont ces ordres furent exécutés, fit comprendre à tout le Monde, que le parti le plus fage étoit de fe foumettre, & de fe taire. Tout le tems que les Travaux durerent, il y eut défenfe de fonner d'autre Cloche, qu'une feule, que le Roi fit placer dans la Citadelle, pour appeller & congédier les Ouvriers ; & ceux, qui vouloient vifiter les Ouvrages, étoient obligés de paffer fur un Pont-levis, où le Prince fe tenoit pour l'ordinaire.

De que'le maniere il traite les Bonzes.

A le voir ainfi préfider lui-même à la Bâ-

tiſſe de ce Palais, preſque toujours le Cime‑
terre à la Main, couvert de ſa Peau de Ty‑
gre, & cinquante mille Hommes ſous les Ar‑
mes, on eût dit, qu'il fortifioit un Camp,
ou qu'il aſſuroit ſa domination dans une Vil‑
le priſe d'aſſaut. Tout le Monde travailloit,
les Grands comme les Petits, chacun avoit
ſa tâche réglée, & ce qui étonnoit, c'eſt qu'a‑
vec un ſi grand nombre de Gens de Guerre,
on n'entendoit parler d'aucun déſordre, l'œil
vigilant, & la ſévérité du Général retenoient
tout le Monde dans le devoir, & l'on étoit
perſuadé, que la moindre faute ne demeure‑
roit pas impunie, ſurtout depuis qu'un Sol‑
dat ayant oſé lever le Voile d'une Femme,
pour la regarder au Viſage, le Roi qui l'ap‑
perçut, courut à lui, & ſans autre forme de
Procès, lui coupa la Tête avec ſon Sabre. On
prétend que le nombre des Ouvriers, qui
travailloient en même tems, monta juſqu'à
vingt-cinq mille, & qu'il ne fut jamais au‑
deſſous de quatorze mille. On ajoûte que des
Princes mêmes, & des Seigneurs, pour faire
leur Cour à Nobunanga, ne dédaignerent pas
de mettre la Main à l'œuvre, & de ſe con‑
fondre parmi les plus vils Manœuvres, trop
heureux, quand ce Prince vouloit bien les fa‑
voriſer d'un regard.

Il ne ména‑
ge pas plus les
Dieux.

L'Ouvrage néanmoins n'avançoit pas à ſon
gré, parce que les pierres ne ſe trouvoient
point aiſément; & comme ce retardement
l'impatientoit beaucoup, il donna ordre qu'on
lui apportât toutes les Statuës de pierre, qui
étoient dans les Temples de Méaco & des e‑vi‑
rons. Il fit plus, car pour épargner la dé‑
penſe des charois, il fit trainer avec des cor‑

des ces fameuſes Divinitez, qu'on avoit ſi
longtems encenſées, & qu'on regardoit depuis tant de ſiécles, comme les Protectrices
de l'Empire. On abattit même des Temples
entiers, pour en avoir les Matériaux, &
on n'épargna, ni le fameux DAÏBODS, ni
aucun des plus célèbres Sanctuaires de la Religion Japonnoiſe, qui étoient dans le Voiſinage de la Capitale.

À ce Spectacle les Bonzes perdirent enfin
patience, & menacerent de la colere des
Dieux; mais le Roi de Voary, qui n'y croyoit
pas, ſe mocqua de ces clameurs, & ne jugea pas même les Bonzes dignes de ſon indignation. Le Peuple ne laiſſa pas de craindre d'abord; mais comme il ne vit aucun
effet de ces menaces, il s'accoutuma peu à
peu à s'en moquer auſſi. Après tout, les
Bonzes euſſent volontiers paſſé à Nobunanga
le traitement, qu'il faiſoit à leurs Idoles, s'il
eût voulu les épargner eux-mêmes, mais
après que le Palais de l'Empereur fut achevé, ſon Libérateur voulut avoir auſſi le ſien,
& pour ne pas perdre de tems, il fit enlever
la charpente & les lambris, non-ſeulement
de pluſieurs Temples, mais encore des plus
beaux Monaſtéres, pour les placer dans ſon
Palais.

Sur ces entrefaites, Vatadono après avoir
diſſipé les reſtes de l'Armée Ennemie, & réduit ſous l'obéïſſance de l'Empereur la plûpart des Fortereſſes, qui tenoient pour les
Rebelles, arriva à Méaco, & fut reçu de ce
Prince & du Roi de Voary, comme le méri-
toient ſes ſervices. Le premier uſage, qu'il
voulut faire de ſa faveur & de ſon crédit,

De J. C.
1567.

De Syn Mu.
2227.

Vatadono
ſollicite le ré-
tabliſſement
des Miſſionai-
res a Méaco, &
il l'obtient.

fut d'employer l'un & l'autre au rétabliſſe-
ment des Miſſionnaires. Il expoſa aux deux
Princes la maniere indigne, dont on avoit
traité les Docteurs Européens, pour avoir été
fidéles au feu Empereur. Il ajoûta, ce qui
étoit vrai, qu'il n'avoit pas tenu aux Bonzes
Foquexus, qu'on ne les eût mis à mort, &
qu'ils auroient infailliblement été ſacrifiés à
la rage de ces Séditieux, ſi Daxandono n'a-
voit appréhendé de perdre tous les Chrétiens,
qui étoient à ſon ſervice, & auſquels il avoit
ſu déguiſer ſon attentat, & ſes pernicieux
deſſeins, ſous le ſpécieux prétexte du bien
Public.

Une repréſentation ſi juſte, faite à deux
Princes par un Homme, à qui ils devóient,
l'un ſa Couronne, & l'autre une partie de ſa
gloire, ne pouvoit manquer d'être favorablement écoutée. Le rappel des Miſſionnaires fut ſigné, & il ne s'agiſſoit plus que d'a-
voir le conſentement du Dairy, par les mains
duquel il eſt de l'uſage de faire paſſer ces
ſortes de graces. Vatadono fit prier les Conſeillers de ce Prince de vouloir bien expédier
promptement le Brevet ; mais ils répondirent qu'ils ne pouvoient s'employer pour
les Miniſtres d'une Religion, qui avoit le
Démon pour Auteur, & qui apprenoit à
manger les Hommes. Cette réponſe le choqua, & il fit dire à ceux, qui la lui avoient
faite, qu'il ſe paſſeroit bien de leur phantô-
me d'Empereur, & que malgré qu'il en eût,
il mettroit les Prédicateurs Étrangers en poſſeſſion de leur Maiſon & de leur Egliſe de
Méaco. Cette maniere de les traiter lui réuſſit, ils voulurent revenir, & lui offrirent de

faire ce qu'il fouhaitoit, mais il méprifa leurs offres, comme il avoit méprifé leur refus, & envoya fon Frere Tacayama à Sacai, où le P. Froez étoit encore, pour le lui amener.

Tacayama ne perdit pas un moment de tems, & arriva à Sacai le vingt-fixiéme de Mars de l'année 1568. Le Miffionnaire, avant que de quitter Sacai, difpofa les Chrétiens de cette Ville pour la Communion Pafchale, qu'il leur fit faire le Dimanche des Rameaux, & le lendemain il fe rendit à Méaco, où il entra au milieu des acclamations des Fidéles, dont la plûpart allerent fort loin au-devant de lui. Un Triomphe fi complet fit frémir les Bonzes, qui réfolurent de mettre tout en œuvre pour en prévenir les fuites. Un des plus accrédités fit dire au Roi de Voary, qu'il avoit à lui communiquer des chofes très-importantes pour le falut de l'Empire, & pour fa propre confervation ; Nobunanga répondit qu'il pouvoit venir le trouver, & le Bonze lui déclara d'un ton de Prophéte que, fi le Docteur des Chrétiens n'étoit inceffamment chaffé de Méaco, il alloit arriver de grands malheurs, & que la Capitale furtout étoit menacée d'une entiere défolation.

Le Roi l'écouta avec beaucoup de fang froid, puis lui tournant le dos fans lui rien répliquer, *le fot Homme !* dit-il à ceux, qui étoient autour de lui, *prend-il Méaco pour un Village, qu'un Etranger fans Armes puiffe venir à bout de le détruire ?* Quelques jours après, Vatadono voulut préfenter le Miffionnaire au Roi, mais on lui dit que ce Prince étoit oc-

cupé à entendre un concert, & qu'on ne pouvoit pas le voir. Il le conduifit de-là au Palais de l'Empereur, qui n'étoit pas non plus
vifible, parce qu'il étoit incommodé. Dès le
jour même Nobunanga dit a Vatadono, qu'il
n'avoit pas reçu la vifite du Pere des Chrétiens, parce qu'il ne fçavoit pas trop quel
compliment faire a un Etranger, qui étoit venu de fi loin. Cependant les Bonzes triomphoient de ces refus, & Vatadono, qui fe crut
engagé d'honneur à confommer fon ouvrage,
ne laiffa point les Princes en repos, qu'il n'en
eût obtenu pour le Pere Froez la permiffion
de leur faire la révérence.

De quelle
maniere celui-
ci le reçoit.

Il alla enfuite lui-même accompagné de
trente Gentilshommes prendre le Millionnaire à fon Logis, & il traverfa une bonne partie de la Ville, marchant à pied à côté de
lui. Ils trouverent le Roi fur le Pont-levis,
dont j'ai parlé, environné d'une nombreufe
Cour, & ayant affez près de lui fept mille
Hommes fous les Armes. Le Pere en l'abor-
dant fe profterna, mais le Prince le fit relever auffi-tôt, lui commanda de fe couvrir,
parce que le Soleil étoit fort ardent, lui demanda fon âge, combien d'années il avoit
employé à fes Etudes, s'il y avoit long-tems,
qu'il étoit au Japon, s'il ne comptoit pas de
revoir jamais fa Patrie, & fuppofé que les
Japonnois ne fe fiffent pas Chrétiens, s'il ne
retourneroit point aux Indes ? Le Pere fatisfit en peu de mots à toutes ces queftions, &
par rapport à la derniere, il dit que quand
il n'y auroit qu'un feul Chrétien au Japon,
il y refteroit pour l'inftruire, & pour le fortifier, mais qu'il n'en étoit pas réduit-la, que

le nombre des Fidéles étoit déja fort grand dans l'Empire , & que parmi eux on voyoit des Seigneurs & de grands Princes. Mais pourquoi , reprit le Roi , n'avez-vous plus ni Maison , ni Eglise dans Méaco ? Seigneur, répliqua le Pere , ce sont les Bonzes , qui nous ont fait chasser de celles , que nous y avions.

De J. C. 1568.

De Syn-Mu. 2228,

Le Roi alors dit beaucoup de mal de ces faux Prêtres, quoiqu'il y en eût plusieurs à ses côtés , & quelques-uns même de Sang Royal. L'occasion parut belle au Missionnaire , pour jetter quelques paroles de la sainteté de l'Evangile , & il fit observer, qu'il falloit qu'il fût bien convaincu de la vérité de sa Religion, pour être venu des extrémitez de la Terre, s'être exposé à tant de risques, avoir tout quitté , & s'être en quelque façon condamné à un exil perpétuel, dans la seule vûe de la prêcher à des Inconnus, dont il n'avoit rien à espérer, aussi, ajoûta-t-il, » je suis si
» persuadé qu'on ne peut rien m'opposer de
» solide , que je ne craindrois pas d'entrer
» en lice avec tous les Docteurs du Japon.
» Vous en ferez, Seigneur, l'essai quand il
» vous plaira, faites assembler tous ceux, qui
» ont le plus de réputation dans l'Empire ,
» je m'offre à disputer contre tous , à cette
» condition , que si je suis confondu , je se-
» rai puni comme un Imposteur, qui a vou-
» lu séduire toute une Nation , mais que si
» j'en sors à mon honneur, & si je démon-
» tre la fausseté de toutes les Sectes, qu'on
» tolére dans le Japon, vous m'accorderez,
» & à tous ceux, qui embrasseront le culte
» du vrai Dieu, votre protection Royale.
Nobunanga admira la résolution du Mission-

Proposition , qu'il fait à ce Prince , & ce que Nobunanga repond.

naire, & fe tournant vers les Seigneurs, qui l'environnoient, *il n'y a*, dit-il, *qu'un grand Royaume, qui puiffe produire un fi grand Génie;* puis adreffant de nouveau la parole au Pere, ˮ je doute fort, lui dit-il, que les Bon- ˮ zes acceptaffent votre défi, car ils fçavent ˮ bien mieux combattre les Armes à la main, ˮ que de fe commettre avec un Homme, qui ˮ en fçache plus qu'eux. ʿʿ Cette favorable difpofition du Prince encouragea le Pere à le fupplier de lui faire délivrer des Patentes, qui l'autorifaffent à exercer librement les fon-ctions de fon Miniftere. Le Roi ne parut pas éloigné de lui accorder fa demande, mais il ne répondit rien de pofitif. Il ordonna enfui-te à Vatadono de conduire le Miffionnaire dans tous les Appartements de fon Palais, & de lui faire voir tous les Ouvrages, anf-quels il faifoit travailler; & comme après cette vifite le Pere repaffoit fur le Pont, où étoit encore le Roi, ce Prince lui demanda, s'il étoit content de ce qu'il avoit vû? & il ré-pondit que rien au Monde ne l'avoit encore tant frappé.

Il parut que fon compliment étoit bien reçu, & que Nobunanga étoit flatté qu'un Européen admirât ce qu'il faifoit. Deux jours après Vatadono mena le Pere à l'Audience du Cubo-Sama, qui lui fit toutes les amitiez poffibles, mais tous ces Honneurs ne déci-doient encore rien, tandis que la Religion Chrétienne n'étoit point autorifée par un Ac-te Public, & le Miffionnaire fentit bien que c'étoit à la dépenfe, qu'il tenoit. Enfin les Chrétiens fe cottiferent, & le Refcrit fut dref-fé avec ce Titre : PATENTES POUR LA SURE-

TÉ DU PERE DE LA CHRÉTIENTÉ DANS LA CHAPELLE, QU'ON NOMME DE LA VERITABLE DOCTRINE.

Cependant tout le Japon étoit dans l'atten- te du train, que prendroient les Affaires, & de la forme de Gouvernement, que Nobu- nanga établiroit dans l'Empire. Ce Prince se déclara enfin, il laissa à l'Empereur tous les Honneurs du Trône, mais il donna affez clairement à entendre, que toute l'autorité demeureroit entre ses Mains, & il nomma Vatadono pour son Lieutenant dans la Ten- se, & pour son Vice-Roi dans Méaco ; où plutôt il obligea le Cubo-Sama à revêtir ce Seigneur de ces deux Charges. Rien ne pou- voit arriver de plus avantageux à la Reli- gion Chrétienne, & les Bonzes le compri- rent bien ; aussi firent-ils les derniers efforts, pour regagner Nobunanga. Le Pere Froez sçut qu'ils faisoient agir puissamment le Dai- ry auprès de ce Prince, & qu'il se traitoit sé- rieusement de proscrire le Christianisme. Il en avertit sur le champ Vatadono, qui lui répondit de ne point s'inquiéter, que ces dis- cours étoient des inventions des Bonzes pour l'intimider, & que tant qu'il auroit la moin- dre autorité dans Méaco, il n'y auroit per- sonne affez hardi pour s'opposer au progrès de la Religion Chrétienne, ni pour inquié- ter ceux, qui la prêchoient.

Sur la fin de l'Eté le Roi de Voary se dis- posant à partir pour ses Etats, le Viceroi fit dire au Pere Froez, qu'il ne manquât point d'aller souhaiter un heureux voyage à ce Prin- ce ; il y alla, & trouva Nobunanga au milieu d'une Cour très-brillan e. Il en fut fort bien

De J. C.
15~8.

De Syn - Mu.
2228.

reçu ; & comme il fçavoit que ce jour-là même,
un Bonze nommé NIQUIXOXUNI l'avoit fortement follicité de cbaïler les Docteurs Etrangers, il le fupplia de vouloir bien recomman-
der à Vatadono de prendre en main leur défenfe pendant que Sa Majefté feroit abfente.
Le Bonze étoit préfent, mais le Pere ne le
connoiffoit point. C'étoit un petit Homme,
tout contrefait, de baffe Naiffance, & qui
avoit dans toute fa Perfonne quelque chofe de
monftrueux, mais la beauté & la vivacité de
fon Efprit le dédommageoient bien de la dif-
formité de fon corps, il poffédoit furtout au
fouverain dégré ce manége de Cour, dont les
Princes font fi fouvent les dupes. Il n'étoit pas
fçavant, mais une mémoire heureufe, une
facilité furprenante à s'énoncer, & une har-
dieffe, qui alloit jufqu'à l'impudence, lui tenoient lieu d'étude, & il parloit de tout avec
autant d'affurance, que s'il eût pâli toute fa
vie fur les Livres. Il avoit d'abord été Soldat,
il avoit depuis mené une vie de Brigand ; il
n'eft forte de crime, qu'il n'eût commis, &
peut-être n'y avoit-il pas fur la Terre un plus
méchant Homme. Le Dairy s'étoit fervi de
lui pour traiter de quelques affaires avec Nobunanga, qui l'avoit goûté, & en avoit fait fon
Favori, ou plutôt fon Bouffon.

Nobunanga
engage une ef-
pece dediſpute
entre lui &
deux Miſſion-
naires.

Ce Prince voulut apparemment pour fe di-
vertir, le mettre aux prifes avec le Pere Froez,
& pour engager la difpute, il demanda au
Millionnaire, pourquoi les Bonzes haïffoient
fi fort les Docteurs Portugais ? C'eſt, répondit le Pere, *que nous découvrons aux Grands
& aux Sçavans les erreurs de leur Doctrine,
& que nous faifons voir au Peuple la corrup-*

vous pas auſſi bien que nous les Camis ou les Fotoques, continua le Prince? *Non, Seigneur,* repartit Laurent, *nous n'avons garde de reconnoître pour Dieux des Hommes, dont on ſçait la naiſſance & la mort, & du pouvoir deſquels on n'a aunune preuve, ou pour mieux dire, dont on connoît parfaitement l'impuiſſance.* Quelques autres queſtions, que fit le Roi, & qu'il pria le Bonze de faire auſſi de ſon côté, engagerent inſenſiblement une maniere de Conférence, & Niquixoxuni parut d'abord ſe poſléder aſlez; mais au bout de quelque tems, ſe ſentant preſſé, il voulut payer d'effronterie; puis comme il vit que cela ne lui réuſſiſſoit point, il s'emporta beaucoup, & conclut bruſquement en criant de toute ſa force, qu'il falloit chaſſer du Japon *toute cette Canaille d'Européens; qui ſéduiſoit le Peuple par ſes preſtiges:* la concluſion fit rire, ce qui acheva de le déconcerter.

Remettez-vous, lui dit alors le Roi, *& parlez raiſon,* ces Docteurs Etrangers vous répondront péut-être d'un maniere, *qui vous contentera;* mais le Bonze étoit ſi troublé, qu'il ne diſoit rien de ſuivi. Laurent lui demanda s'il ſçavoit quel étoit l'Auteur de la vie, & le principe de tout bien? il répondit que non. Le Roi pour faire diverſion, demanda à Laurent ſi le Dieu des Chrétiens récompenſoit exactement la Vertu, & ne laiſſoit jamais le vice ſans châtiment? Le Miſſionnaire répondit que ce Dieu étoit la Justice même, mais qu'il étoit bon d'observer qu'il y avoit

tes ; les unes temporelles, & les autres éternelles, les premieres, qui n'étoient que pour cette vie, & les secondes, qui étoient réservées pour la vie future. Cette distinction fit rire le Bonze, & le Pere Froez, qui vit bien que ce Prêtre ne tenoit pas l'Immortalité de l'Ame, s'appliqua fort à rendre sensible ce point de notre Foi. Niquixoxuni l'interrompit en disant qu'il seroit bien aise de voir une Ame, qui survêquît a son Corps, & le Pere, après lui avoir fait toucher au doigt par des comparaisons sensibles, qu'il y avoit réellement des substances spirituelles, qui ne peuvent être l'objet de nos sens, ajoûta que nos Ames étoient de ce nombre, & que c'étoit par-là même, qu'on prouvoit que de leur nature elles sont immortelles, puisqu'elles ne renferment aucun principe de corruption.

Je n'entends pas cela, reprit le Bonze grinçant les dents & changeant de couleur ; *mais puisque vous dites que l'Ame ne meurt point avec le Corps, il faut pour me le prouver, que vous me fassiez voir une Ame vivante, après la mort du Corps, qu'elle animoit, je m'en vais couper la tête à votre Compagnon, & je verrai ce qui en sera.* Il se leve en même tems, passe à l'autre bout de la Salle, y prend un Sabre, qui y étoit attaché à la muraille, & alloit le décharger sur la tête de Laurent, si Vatadono & un autre Officier, qui fut depuis le célebre TAYCO-SAMA, ne lui eussent retenu le bras, & ne l'eussent ensuite désarmé. Nobunanga fut fort choqué de cette insolence ; il se modéra

De J. G.
1568.

De Syn Mu.
2218.

moins , & le contenta de faire au Bonze
affez légere réprimande , mais l'Affem-
ne le prit pas de même , & Vatadono dit
haut , que fans le refpect qu'il devoit au
il eût coupé fur le champ la Tête à ce
aut. Le Roi continua encore quelque tems
ntretenir avec les deux Religieux , & fut
fatisfait de tout ce qu'ils lui dirent de la
ualité & de l'incorruptibilité de nos Ames,
nature de nos penfées , de la vafte éten-
de nos defirs , & des preuves , qui réful-
t de ces principes en faveur d'une autre
Cette Doctrine me paroît très-bonne , reil, mais quand j'oppofe votre conduite à
des Bonzes , elle fait encore fur moi plus
et que tout le refte.

Pere Froez , qui vit ce Prince affez en
de l'entendre , ajoûta à ce qu'il avoit déja
quelques confidérations , qui lui plurent
coup. Il lui fit remarquer , que fi l'Hom-
périffoit tout entier avec le corps , nous
ns de pire condition que les Brutes , puif-
nous reffentons des maux , dont elles font
ptes , n'y eût-il que le fentiment réfléchi
douleur , dont elles ne font pas capables ,
e nous ne jouiffons jamais comme elles
plaifir pur & tranquille. Il le pria encore
nfidérer , que nous avons au-dedans de
-mêmes un defir de la félicité éternelle ,
ien approfondi , eft une démonftration ,
nous fommes faits pour en jouir. Delà il
mençoit à remonter à l'exiftence de Dieu,
qu'on vint parler au Roi de quelques affai-
ce Prince , en congédiant les deux Reli-
x , leur fit mille careffes , & leur promit
jamais il ne fouffriroit qu'on les maltrai-

Le Dairy
p efcrit la Re-
ligion Chré-
tienne & les
Miffionnaires.

Le Cubo-
Sam le trou-
ve mauvais, &
fait dire au
Dairy que le
Missionnaires
sont sous sa
protection.

tât ; toutefo s à peine étoit-il parti de Meac
que Niquixoxuni obtint du Dairy des Lett
de proscription contre les Missionnaires.

Ce Prince écrivit même à Nobunanga , q
ne lui appartenoit point, ni au Cubo-Sam
d'autoriser une Religion étrangere par des l
tentes ; il ne paroît pas que le Roi de Voary
daigné s'offenser de cette Lettre , mais le Cul
Sama , à qui Vatadono en apprit le conten
en fut extrêmement piqué : il fit déclarer
Dairy , que ces Etrangers étoient sous sa p
tection , & qu'on auroit affaire à lui , si on s
visoit de les inquiéter. Le Dairy voulut insit
& mit l'affaire en négociation ; mais l'Em
reur n'avoit garde de rien faire , qui put
plaire à Vatadono , ni choquer Nobunan
Niquixoxuni n'ayant pû réussir par cette vo
demanda au Dairy la permission de tue
Pere Froez , & publia qu'il l'avoit obtenu
Vatadono ne l'eût pas plutôt appris , qu'il
voya signifier à tous ceux du quartier, où e
meuroit le Missionnaire , qu'ils lui répc
droient de tout ce qui lui arriveroit.

Nouveaux
efforts du Bon-
ze pour faire
chasser es Mil.
sionnaires.

Au commencément de l'année suivan
Niquixoxuni se trouva plus avant que jan
dans la faveur de Nobunanga , qui le rendi
puissant , que Vatadono & l'Empereur mê
en devinrent jaloux. Il se promettoit bien
pour ce coup les Missionnaires ne lui écap
roient pas. Il jugea néanmoins à propos
se contenir encore quelque tems , parce q
redoutoit toujours le crédit de Vatadono , n
le Vice-Roi ayant été obligé d'aller pa
quelque tems à sa Forteresse de Tacaçuq
laquelle étoit éloignée de Méaco d'envir
sept lieues , le Bonze recommença ses po

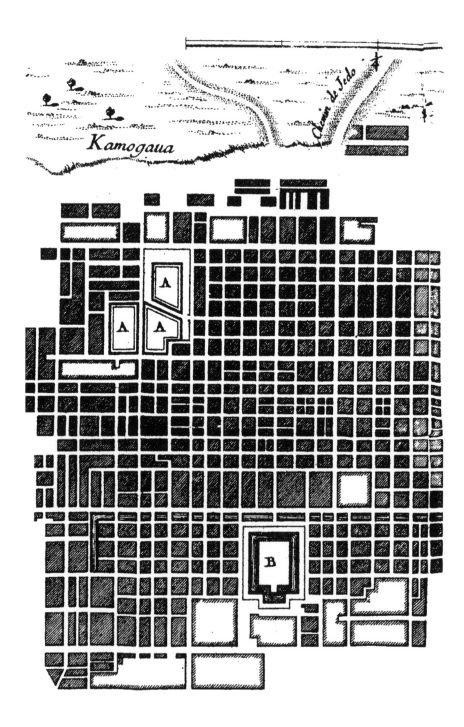

tes auprès de l'Empereur pour l'engager à
consentir que l'Edit de Proscription porté par
Dairy contre les Docteurs Etrangers fût publié. Vatadono, qui en fut instruit par Laurent, que le Pere Froez lui envoya exprès,
voulut voir, s'il ne gagneroit rien par la
voye de la raison & par ses politesses ; il écrivit
au Bonze une Lettre assez civile, mais le fier
Idolâtre y répondit avec d'autant plus de hauteur, qu'il s'imagina qu'on le craignoit. « Il y
» a cinq ans, disoit-il, que le Dairy a chassé
» du J ponc s Religieux, s'opposer à un Ar-
» rêt si respectacle, c'est un attentat, qui
» n'avoit point d'exemple, avant que vous
» fussiez dans la Place, que vous occupez. De-
» puis le commencement du Monde la parole
» du Dairy est comme la sueur du corps, qui
» n'y rentre jamais ; il vous étoit réservé d'en-
» treprendre de commettre un pareil attentat.
» Si vous êtes sage, vous réfléchirez mûre-
» ment sur une conduite si insoutenable, &
» croyez, que personne ne vous a jamais don-
» né un meilleur conseil. Mes paroles sont
» une médecine salutaire pour guérir les in-
» firmités de ceux, qui ont la sagesse de les
» écouter, & je manquerois au devoir de ma
» Profession, si je ne vous disois pas franche-
» ment ce que je pense. » Laurent fut encore
le Porteur de cette Lettre.

A peine Vatadono put-il gagner sur soi de
la lire toute entiere, il la jetta ensuite par
terre, & jura qu'il ne mourroit pas content,
qu'il n'eût cassé la tête à ce Prêtre insolent. Il dit
ensuite a Laurent, qu'il étoit d'avis que le P. Froez
allât trouver Nobunanga, qui étoit dans son
Royaume de Mino, pour lui porter ses plain-

De J. C.
1568.

De Syn Mu-
2228.

De J. C.
1568.

Syn-Mu.
2228.

tes fur ce qui fe paſſoit dans la Capitale au pr
judice de fes ordres, & il lui donna une Lett
pour XIBATADONO un des Lieutenants Gén
raux du Roi, par laquelle il prioit ce Seigneu
qui étoit de ſes Amis, de procurer au Miſſio
naire une Audience du Prince ; le P. Froez
mit fans différer en chemin pour le Mino,
à peinê étoit-il parti, que les Bonzes firer
courir le bruit que le Roi de Voary l'avo
mandé pour le faire mourir. Ces bruits alla
merent les Fidéles, qui craignoient tout de
fureur & du grand crédit de Niquixoxuni
mais le triomphe des uns, & les allarmes de
autres ne furent pas de durée.

Defcription
du Royaume
le Mino, &
de la Ville
d'Anzuquia-
ma.

Le Royaume de MINO eſt voiſin de celui d
VOARY ; c'eſt un Pays délicieux, l'air y eſ
d'une fraîcheur admirable, & le Gibier y eſ
très-abondant. Cette derniere raiſon avoit fur
tout déterminé Nobunanga, qui aimoit beaucoup la Chaſſe, à y fonder une Ville, qui fû
comme la Capitale de fes Etats, & qui paſſâ
en magnificence tout ce qu'on avoit vû au Japon juſqu'à lui. Elle fut nommée ANZUQUIA-
MA, & elle étoit ſituée au pied d'une triple
Montagne, dont la Tête du milieu s'élevoit au-
deſſus des deux autres, & qui étoit couverte
d'Arbres, de Plantes odoriférantes, & des
plus belles Fleurs, qui ſoient au Japon. Ce
beau lieu eſt preſque environné de toutes parts
d'un Lac (a), qui a vingt-quatre lieues de large, & ſix de long, & d'où ſortent quantité

(a) Il y a bien de l'apparence que ce Lac eſt celui
d'Oitz, dont nous avons déja parlé, & en ce cas l'Auteur de cette Defcription s'eſt trompé, en ne lui donnant
que vingt-quatre lieues de long, & ſix de large, puiſque
nous avons vû qu'il s'étend cinquante ou ſoixante lieues

de

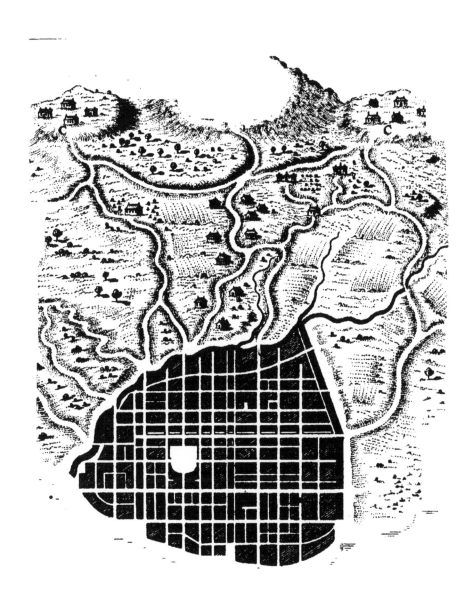

ILLE ET CHATEAU D

appellé le Paradis de Nobunan a.

De J. C.
1569.

De Syn Mu.
2219.

le Ruisseaux, dont les uns se perdent dans
l'agréables Prairies, & les autres formoient
dans la Ville plusieurs Canaux, qui la rendoient assez semblable à Venise. Le seul endroit, par où l'on pouvoit y entrer, étoit
point à ces délicieuses Prairies, dont je viens
de parler.

La Forteresse & le Palais du Roi étoient sur Et du Palai
la plus haute des trois Montagnes. Les princi- deNobunanga
paux Seigneurs de la Cour avoient bâti de fort
belles Maisons sur les deux autres, aussi bien
que tout le long du Côteau jusqu'à la Ville ; les
Marchands & tout le menu Peuple occupoient
le bas, de sorte qu'Anzuquiama s'élevoit en
Amphithéâtre. Les rues y étoient assez larges,
pour que six Cavaliers y pussent passer de front,
& régulierement percées ; toutes les Maisons
avoient des Jardins magnifiques. Celles des
Seigneurs étoient fermées de murailles de
pierre, ornées de Pilastres & de Chapiteaux,
qui servoient aussi à les rendre plus solides, de
maniere qu'elles paroissoient comme autant
de Citadelles ; mais rien n'égaloit le Palais du
Roi, qui terminoit la plus belle vûe, qu'il soit
possible d'imaginer en ce genre.

Toute la cime de la Montagne étoit environnée d'un gros mur de pierre de trente coudées de haut, flanqué de distance en distance
de fort belles Tours. Après qu'on avoit passé
la premiere Porte, on trouvoit une grande
Place, & à un des côtés, un Théâtre fort vaste,
pour les Spectacles & les Fêtes, que le Roi

au Nord jusqu'au Royaume de Canga. Peut être aussi
le Lac d'Anzuquiama n'est-il qu'une espece de Bave
de vingt-quatre lieuës, que forme de ce côté-là le
Lac d'Oitz.

De J. C.
1569.

De Syn-Mu.
2225.

donnoit de tems en tems avec une magnificence extraordinaire. On montoit enfuite par
un bel Efcalier de pierre, lequel aboutiffoit à
un Salon accompagné de Corridors, d'où l'on
découvroit une partie de la Ville : ces Corridors étoient ornés de Peintures en dehors, ce
qui de loin faifoit un effet charmant : il en
étoit de même des Fenêtres, des Balcons, &
de quantité d'Ornements en faillie, qui étoient
peints avec une grande variété de couleurs;
tout cela étoit relevé par un vernis, qui avoit
le luftre des plus belles Glaces. Les Corridors
conduifoient à une prodigieufe quantité d'Appartements, entrelaffés les uns dans les autres avec tant d'art, qu'on auroit cru être dans
le fameux Labyrinte de Crete. Tous ces Appartements étoient d'une richeffe incroyable ;
l'Or, l'Azur, les plus belles Etoffes, les Meubles les plus précieux, rien n'y étoit épargné ; les gonds, les ferrures, les pitons des
portes & des Fenêtres, tout étoit d'or fin, & le
premier Corridor avoit vûe fur cinq ou fix Jardins, où l'on n'avoit rien épargné pour en
faire des lieux enchantés. On montoit de-là à
un fecond Etage, où étoient les Appartements
de la Reine, rien n'étoit plus riant, toutes les
Piéces en étoient tendues d'un Brocard d'une
fineffe & d'un travail admirables : les Corridors de ce fecond Etage avoient auffi la vûe d'un
côté fur la Ville, & de l'autre fur d'autres Jardins encore plus beaux que les premiers, & où
l'on voyoit de toutes les efpeces d'Oifeaux, qui
fe trouvent au Japon. Le troifiéme Etage étoit
pareillement diftribué en Appartements, où
tout étoit d'or relevé par les Peintures les plus
fines : on découvroit de là toute la Ville, & on

en diſtinguoit toutes les rues & toutes les Maiſons. La Citadelle étoit encore au-deſſus & paſſoit en beauté & en richeſſes le Palais même: l'on voyoit de là tout le Royaume de Mino & celui de Voary, dont le Pays eſt auſſi fort uni. Cette For, tereſſe étoit terminée par une eſpece de Dôme ſurmonté d'une Couronne d'or maſſif. Il étoit à jour, enrichi en dedans & en dehors de Peintures & d'autres ornements à la Moſaïque d'un ſi bon goût, & dont le vernis relevoit tellement le luſtre, qu'on avoit peine à y arrêter la vûe, & qu'on ne pouvoit en détourner les yeux. Il en étoit de même de tous les toits des Tours, de la Citadelle, & des difſérents Etages du Palais, leſquels étoient tous peints en Azur, & jettoient un ſi grand éclat, quand le Soleil donnoit deſſus, que l'œil en étoit ébloui. Voilà ce qu'on appelloit communément *le Paradis de Nobuninga*. Le Japon n'avoit jamais rien vû, qui en approchât, tout étoit d'un travail exquis, & d'un goût, qui marquoit bien la ſupériorité du génie de ce grand Prince.

Il avoit encore fait un Ouvrage, qui n'étoit pas moins digne de lui, & qui a ſubſiſté plus longtems, c'étoit un Chemin de vingt-cinq pieds de large, qui prenoit depuis Mino juſqu'à la Mer, en paſſant par Méaco. On compte quatorze lieues d'une de ces deux Villes à l'autre, & ce chemin étoit planté de Pins des deux côtés. Huit Provinces, dont Nobunanga étoit Seigneur, y aboutiſſoient, & pour l'applanir, il avoit fallu percer des Montagnes, abattre des Forêts, combler des Vallées, & faire des Ponts de la même largeur ſur les Rivieres; auſſi l'entrepriſe avoit-elle d'abord paru impra-

De J. C.
1569.

l'e Syn - Mu.
2229.

ticable, mais ceux que ce Prince en avoit char‑
gés, ayant ofé lui faire des repréfentations,
où il lui fembla qu'on le taxoit de témérité ; il
fit fur le champ mettre en croix celui, qui
portoit la parole, & couper la tête à deux au‑
tres Députés, qui l'accompagnoient. Après cet
exemple tout devint facile, & l'Ouvrage fut
exécuté avec une promptitude inconcevable.
On ne vit jamais mieux que tout eſt poſſible à
un Prince, qui fçait fe faire obéir.

Le P. Froez
à Anzuquia‑
ma, accueil,
que lui fait le
Roi.

Dès que le P. Froez fut arrivé à Anzuquia‑
ma, Xibatadono en donna avis au Roi, & lui
dit le fujet qui l'amenoit. Nobunanga répon‑
dit qu'il étoit bien aife de la venuë du Miſſion‑
naire, & qu'il prenoit beaucoup de part aux
chagrins, qu'on lui donnoit. C'eſt, dit-il, un
Etranger, je lui porte compaſſion, & je ne
ſouffrirai point qu'on lui faſſe aucun tort. Le
Pere ayant appris cette réponfe, alla fur le
champ au Palais. Comme il y entroit, le Roi,
qui fortoit pour vifiter les Travailleurs, l'ap‑
perçut, & lui fit figne d'approcher ; il lui de‑
manda s'il y avoit longtems qu'il étoit à Anzu‑
quiama, & lui fit plufieurs autres queftions
femblables : enfuite ayant rappellé cinq ou fix
Seigneurs, dont quelques-uns étoient de la
Cour de l'Empereur, il les mena avec le Pere
dans tous fes Appartements, que ceux-ci n'a‑
voient point encore vûs, & ils furent même
perfuadés qu'ils avoient obligation au Miſſion‑
naire d'y être introduits.

Après que le Roi les eut conduits partout,
il fit venir un Nain, & lui ordonna de dan‑
fer en leur préfence, puis il fit apporter
du Fruit & des Confitures. Tout le monde s'é‑
tonnant qu'il fît pour un Etranger pauvre &

sans caractere, ce qu'il ne faisoit pour aucun
Prince, car jamais Roi au Japon ne se fami-
liarisa moins que Nobunanga, & ne prit plus
plaisir à humilier les Personnes de la plus haute distinction. Le lendemain le Pere retourna
au Palais, & présenta au Roi un Mémoire,
qu'il avoit dressé pour le Cubo-Sama, le priant
de vouloir bien l'appuyer de sa recommenda-
tion. Le Roi le lut, le trouva trop court &
trop foible, & sur le champ il en fit écrire deux
autres par son Sécretaire ; l'un pour l'Empereur, & l'autre pour le Dairy, & il les envoya
au Logis du Pere, qui crut qu'il étoit de son
devoir d'en aller remercier Sa Majesté, & de
lui faire la révérence, avant que de partir
pour Méaco. Il fut encore mieux reçu qu'il ne
l'avoit été les jours précédens, & le Roi commença par lui dire de ne pas s'embarasser
beaucoup de ce qu'on pourroit faire contre lui
à la Cour du Dairy, ni même à celle du Cubo-
Sama ; que cette affaire-là le regardoit, & que
c'étoit à lui seul, qu'il auroit désormais à répondre.

Il lui demanda ensuite quand il comptoit
de partir, *ce sera, Sire, demain matin,* dit
le Pere, *à moins que les ordres de Votre Majesté ne me retiennent. Attendez encore deux
jours,* reprit le Roi, *puisque vous avez vû
mes Appartemens, je veux que vous voyez aussi
ma Forteresse.* Il lui ordonna de se rendre
auprès de lui le lendemain à l'heure, qu'il lui
marqua, le Missionnaire s'y trouva avec son
Compagnon, & il rencontra au pied de la
Citadelle sept ou huit Gentilshommes, qui
l'attendoient pour le conduire. Il y avoit nuit
& jour à la premiere Porte une Garde de quin-

ploi étoit de recevoir les Placets : & comme
ils ne pouvoient point paſſer la premiere Salle,
ils les remettoient aux Dames, ou aux Fils mêmes du Roi, qui ſervoient immédiatement le
Prince, & avoient ſeuls le droit d'entrer partout.

Dès que Nobunanga eut été averti que les
deux Miſſionnaires étoient dans la premiere
Salle, il leur envoya ſon Fils aîné, qui les in-
troduiſit dans la Chambre du Roi. Ce Prince
fit auſſitôt apporter du Thé, en préſenta lui-
même la premiere taſſe au Pere Froez, prit
la ſeconde pour lui, & fit donner la troiſiéme à Laurent. Il les fit enſuite monter au plus
haut de la Citadelle, où il les entretint deux
heures à la vûe de toute la Ville & de toute
la Cour, ſurpriſes de voir de ſimples Religieux
comblés de tant d'honneurs par un Prince,
devant qui tout trembloit, juſqu'aux Empereurs mêmes. Au milieu de la converſation,
le Fils aîné du Roi s'approcha, le Roi lui dit
deux mots à l'oreille, & il ſe retira. Peu de
tems après on ſervit à ſouper aux deux Miſſionnaires, & tandis qu'ils étoient à table, le
Roi leur fit apporter a chacun un Habit à la
Japonnoiſe, leur recommanda de le porter,
(a) afin qu'on fût inſtruit de l'affection, qu'il
leur portoit, les aſſura de nouveau de ſa protection, & les congédia.

Ils partirent le lendemain, & en arrivant

(a) Il paroît par-là que les Miſſionnaires étoient
quelquefois vêtus à la Japonnoiſe, au moins lorſqu'ils
paroiſſoient en public, ou a la Cour.

à Meaco , ils trouverent toute cette grande
Ville dans l'admiration des Honneurs, que leur
avoit fait le Roi de Voary. Le Pere Froez
envoya auſſi-tôt Laurent, pour donner avis
de tout a Vatadono, qui retint trois jours le
Miſſionnaire , parce qu'il étoit réſolu de le faire
Chrétien & qu'il n'étoit pas encore ſuffiſamment inſtruit de nos Myſteres. Il lui donna
enſuite une Lettre , qu'il écrivoit à Niquixoxuni , & qu'il envoyoit toute ouverte au Pere
Froez , afin qu'il la vît, avant que de la faire
rendre à ce Bonze. Elle ne contenoit que ce
peu de mots. « Le Pere des Chrétiens eſt allé
» depuis peu à la Cour de Nobunanga, qui
» l'a reçu avec une diſtinction toute ſingu-
» liete , & m'a mandé de le favoriſer en tout
» ce que je pourrois. C'eſt ce qui m'en-
» gage à vous écrire ces lignes , pour vous
» prier d'être ſon Avocat auprès du Dairy ,
» & vous pouvez compter que j'en aurai toute
» la reconnoiſſance, dont je ſuis capable.

La réponſe du Bonze fut toute ſemblable à
celle , que nous avons déja rapportée de lui ,
& finiſſoit par des loüanges exceſſives , que
cet orgueilleux Prêtre ſe donnoit à lui-même
ſans pudeur. Vatadono n'y répliqua rien , &
ayant ſçû que le Bonze étoit parti pour la
Cour du Roi de Voary , il écrivit à ſes Amis,
pour les prier de prévenir ce Prince ſur le
ſujet de ce voyage, Ils le firent, & Niquixoxuni ayant voulu débuter avec le Roi par
le ſupplier de conſentir à l'exécution de
l'Edit de Banniſſement porté par le Dairy
contre les Docteurs Européens, Nobunanga
le reçut ſi mal, & lui parla ſi durement , qu'il

O iv

De J. C.
1509.

De Sya-Mu.
2229.

Le Bonze
veut engager
Nobunanga à
faire exécuter
l'Edit du Di-
ry, & en eſt
fort mal reçu.

De J. C.
1569.

De Syn - Mu
2229.

n'ofa plus paroitre , & retourna fur le champ
à Meaco , bien réfolu de fe venger de Vatadono, qu'il regardoit comme le premier auteur de l'affront , qu'il venoit de recevoir.

Il vient à
bout de faire
difgracier Va-
tadono.

La vengeance eſt la plus induſtrieuſe de toutes les Paſſions : Niquixoxuni ayant communiqué ſon chagrin à pluſieurs Bonzes de Jeſan ,
dreſſa par leur conſeil un plan d'accuſation
contre le Vice-Roi , concerta ſi bien ſon intrigue , y fit entrer tant de Perſonnes , qui paroiſſoient déſintéreſſées , chargea ſon Ennemi
de tant de crimes , & ſçut ſi adroitement prendre Nobunanga par tous les endroits , où il
étoit le plus ſenſible , que ce Prince donna dans
le piége. Vatadono étant allé au Royaume de
Mino pour y faire ſa Cour , le Roi lui fit dire , qu'il ne fût pas aſſez hardi pour le montrer devant lui. Le Bonze , qui étoit retourné
à Anzuquiama , voyant ſon intrigue en ſi bon
train , rechargea encore ; & fit paroitre ſon
rival ſi coupable , que le Roi dépoüilla Vatadono de toutes ſes Charges , ſupprima ſes Pen-
ſions , ſaiſit ſes Revenus , & fit raſer une de
ſes Fortereſſes.

Comment il
ſoutient ſa diſ-
grace.

Cette nouvelle fut un coup de foudre pour
les Chrétiens , qui ſe trouvoient ſans Protecteur dans une Cour, où leur plus mortel Ennemi n'avoit plus de Concurrent , mais Dieu
fit voir dans cette rencontre , que s'il veut
bien ſe ſervir des Hommes pour l'exécution
de ſes deſſeins , il n'a nul beſoin de leur ſecours , & que d'ailleurs il tourne à ſon gré le
cœur des Rois. Jamais Niquixoxuni ne put
faire changer de ſentiment à Nobunanga ſur
ce qui regardoit les Chrétiens. Vatadono de
ſon côté n'aidoit pas peu à les conſoler par la

maniere héroïque, dont il foutenoit fa difgra-
ce. Il cefla de pourfuivre fon Ennemi, quand
il n'eut plus que fa propre injure à venger.
Il difoit a ceux, qui le plaignoient, qu'il mettoit au nombre de fes plus heureux jours, celui, auquel il avoit perdu fa fortune pour la
caufe du vrai Dieu ; que tandis que les Prédicateurs de l'Evangile ne feroient point inquié-
tés dans leurs Fonctions, il ne fe croiroit
point malheureux, puifqu'il n'avoit que cette feule Affaire à cœur, & que fi ces Religieux
venoient à être chaffés du Japon, il quitte-
roit avec joye le peu, qu'on lui avoit laiffé,
pour les fuivre aux Indes.

Une Vertu fi pure & fi fublime ne pouvoit pas demeurer longtems opprimée par
la calomnie, & le Ciel fe laiffa fléchir aux
Prières, qui fe faifoient dans toutes les Eglifes, pour obtenir que l'innocence fût recon-
nuë. Nobunanga ne put oublier, ou fe laffa
de maltraiter un Homme, à qui il avoit tant
d'obligations ; étant revenu à Méaco au bout
de quelques mois, il apprit que deux cents
Gentilshommes s'étoient fait rafer, & avoient
abandonné le foin de leurs Affaires ; cérémonie, qui fe pratique, lorfqu'on eft mécontent
de la Cour : il en voulut fçavoir la caufe, &
on lui affura, que c'étoit par reffentiment de
la maniere, dont il avoit traité Vatadono. Il
ne dit rien pour lors, mais peu de jours après
il donna ordre qu'on fît appeller ce Seigneur,
qui vint auffi-tôt, & parut devant lui en équipage de Profcrit. Ce fpectacle toucha le Roi,
il fe fit apporter un de fes plus riches Habits, pour en revêtir Vatadono ; il lui rendit
tous fes Emplois, augmenta fes Revenus, le

O v

De J. C.
1569.

De Syn-Mu.
2229.

fit montèr à Cheval avec lui, & fit une courfe accompagné de lui feul, exercice, qui lui
étoit affez ordinaire. Il trouva même bon,
que le Pere Froez le remerciât d'avoir rendu
fes bonnes graces au Vice-Roi, & il dit à ce
Religieux, qu'il avoit raifon d'y prendre part,
puifque Vatadono étoit un de fes plus zélés
Difciples.

Le Bonze eft
difgracié à fon
tour.

Il n'y avoit guéres que quatre ou cinq jours,
que ce Seigneur étoit de retour à Méaco, lorfqu'on préfenta au Roi de Voary un Mémoire contre le Bonze Niquixoxuni, où ce Ca-
lomniateur étoit accufé & convaincu de crimes atroces. Nobunanga le condamna fur le
champ à mort ; mais le Dairy obtint qu'il lui
fît grace de la vie, pour fes Emplois, ils lui
furent tous ôtés, & il paffa le refte de fes
jours dans l'opprobre & dans la plus affreufe
indigence. Nous verrons bien-tôt que Dieu
ne tira pas une vengeance moins févére des
Bonzes de Jefan, chez qui s'étoient fabriquées
toutes les Machines, qu'on faifoit jouer depuis tant d'années contre la Religion Chrétienne, & contre ceux, qui fe déclaroient fes
Protecteurs.

Cependant la nouvelle faveur du Vice-Roi
lui fit prendre avec encore plus d'ardeur les
intérêts de la Religion, dont il avoit été le
Martyr, avant que de l'avoir embraffée. On
auroit de la peine à imaginer ce que fon zéle
lui faifoit entreprendre tous les jours pour
l'établiffement du Chriftianifme. Sa charité
n'étoit pas moins tendre, que fon zèle étoit
actif. Il entroit dans tous les befoins des Né-
ceffiteux, & il n'y en avoit aucun parmi les
Fidèles, qui ne le regardât avec juftice com-

me fon Pere. Il eft aſſez difficile de dire ce qui l'empêchoit de recevoir le Baptême ; il étoit fort inſtruit de nos Myſtéres, ſa diſgrace lui en avoit laiſſé tout le loiſir , & il en avoit profité. D'ailleurs il pratiquoit des vertus, qui auroient fait honneur aux Chrétiens les plus parfaits, & la maniere, dont il s'étoit déclaré dans tous les tems pour le Chriſtianiſme, montre aſſez que la Politique n'entroit pour rien dans ces délais. Au reſte il ne ſe démentit jamais, il fut juſqu'à ſa mort le Protecteur des Ouvriers de l'Evangile, & l'appui de la Religion, qui lui fut particuliérement redevable des grands progrès, qu'elle fit alors dans le centre de l'Empire, à la Cour de l'Empereur, & dans celle du Roi de Voary.

Ces progrès n'étoient pas moins conſidérables dans toutes les Provinces du Ximio, où la lumiere de l'Evangile avoit pénétré. Le Roi de Bungo n'avoit pas laiſſé un ſeul coin dans ſon Royaume, où Jeſus-Chriſt n'eût été prêché, & il ne tint pas à lui que le Naugato ne devînt tout Chrétien. Morindono ayant fait une excurſion ſur ſes Terres, il alla à ſa rencontre avec une Armée de quatre-vingt mille Hommes, & l'obligea bientôt à ſe ſauver dans ſes Etats, où il trouva un Ennemi, auquel il ne s'attendoit pas. Un Seigneur nommé Tirofiro, qui avoit des prétentions aſſez bien fondées ſur ce Royaume (a), avoit voulu profiter de l'abſence de Morindono, & avec un bon Corps de Troupes, que Civan lui avoit donné, après

De J. C. 1569.
De Syn-Mu. 2229.

Progrès de la Religion. Zele du Roi de Bungo.

(a) Quelques-uns prétendent qu'il étoit Fils du feu Roi Facarandono, Frere du Roi de Bungo.

O vj

De J. C.
1569

De Syn-Mu-
2229.

lui avoir fait promettre de rétablir le Chriſtianiſme dans le Naugato, s'il s'en rendoit
le Maître, & de l'embraſſer lui-même. Il y
étoit entré; mais ſes forces n'étant pas ſuffiſantes pour tenir tête à ſon Ennemi, il fut
défait, & mourut bien-tôt après de chagrin,
& des bleſſures qu'il avoit reçûes dans un
Combat. Quelque tems après le Roi de Naugato, qui n'oſoit plus s'attaquer au Roi de
Bungo, lequel l'avoit toujours battu, tourna
ſes Armes d'un autre côté, & elles furent ſi
heureuſes, qu'en peu d'années il ſe trouva
Maîtres d'onze Royaumes, & le plus puiſſant
Prince du Japon après Nobunanga.

Zele du
Prince d'O-
mura.

La Principauté d'Omura n'étoit pas alors
tout à fait tranquille, mais l'Orage ne grondoit que de loin. Il grondoit pourtant, &
ce fut ce qui obligea le P. de Torrez, à qui
Sumitanda avoit propoſé le deſſein de contraindre tous ſes Sujets d'embraſſer le Chriſtianiſme, de s'y oppoſer & de conſeiller à ce
Prince d'attendre qu'il pût s'aſſurer d'être
obéi, & de s'appliquer plus que jamais à régner ſur les cœurs de ſes Sujets. Le Supérieur goûta davantage un autre Projet, que
lui communiqua en même tems le Prince
d'Omura; c'étoit de bâtir une Egliſe à NAN-
GAZAQUI, où il vouloit attirer les Portugais,
afin d'en faire le centre de leur Commerce,
& un Aſyle toujours aſſuré pour les Chrétiens & les Miſſionnaires, quand ils ſeroient
perſécutés.

Deſcription
du Port de
Nangazaqui.

Nangazaqui (a) eſt un Port ſitué ſur la

(a) Les Chinois nomment cette Ville TCHANKI;
Kæmpfer écrit toujours NAGASAQU', mais il dit qu'on
prononce ordinairement NANGASAQUI.

Côte Occidentale du Ximo, vis-à-vis de la Chine, dont il n'est éloigné que de soixante lieuës, on prétend qu'il avoit tiré son nom des Anciens *Seigneurs* du lieu, & l'on montre au sommet d'une des Collines, qui environnent aujourd'hui la Ville, les ruines de l'ancienne demeure de ces Nangazaquis, dont la Postérité ayant manqué, le Port & son District furent réunis à la Principauté d'Omura. Peu de tems après la Ville fut changée de place, & transportée dans un endroit, qu'on nommoit FUCAYE, c'est-à-dire, *longue Baye*, où il y avoit quelques Pêcheurs établis. C'est en cet endroit, qu'elle est présentement. C'étoit encore bien peu de chose, lorsque *Sumitanda* forma le Projet, dont nous venons de parler ; on prétend même que ce furent les Portugais, qui lui firent ouvrir les yeux sur l'avantage de sa situation, la bonté de son moüillage, & la proximité de Macao & de la Chine. Ce Prince proposa à plusieurs de ces Marchands de s'y établir, & ils y consentirent. Leur exemple fut bien-tôt suivi d'un grand nombre d'autres Marchands de la même Nation : il y vint aussi quantité de Japonnois Chrétiens, & en assez peu d'années Nangazaqui devint une grosse Ville. Il fut un tems, qu'on y compta jusqu'à soixante mille Ames ; mais dèslors elle étoit Ville Impériale, comme elle l'est encore présentement. Le nombre de ses Habitants est aujourd'hui bien diminué, ainsi qu'il se verra par la Description, que nous en donnerons en son lieu.

Nangazaqui commençoit donc à peine à prendre quelque forme, lorsque le Prince

De J. C.
1568·69·

De Syn-Mu.
2228·29·

Projet du Prince sur ce Portr.

La Religion Chrétienne y est établie.

De J. C.
1568 69.

De Syn-Mu.
2228.29.

d'Omura fit au P. de Torrez la propofition , dont j e viens de parler. Le Supérieur l'accepta néanmoins avec joye , & manda au P. Vilela, qui étoit à Cochinotzu , de s'y tranfporter. Il obéit , & il y fit tant de Converfions , qu'en peu de tems la Ville parut toute Chrétienne. Sumitanda voulut être témoin oculaire d'un fuccès fi prompt , & il en fut touché jufqu'aux larmes. Ceci fe pafloit en 1568 , & le Japon avoit eu au mois de Juin de cette même année un renfort de trois Miffionnaires , qui ne pouvoient venir plus à propos. Jamais pluye ne fut mieux reçue dans une Terre defféchée par une longue aridité , que ces nouveaux Ouvriers le furent par les Fidéles Japonnois , dont la plûpart ne pouvoient , à caufe de la difette de Prêtres , participer que rarement aux Sacrements de l'Eglife , & on ne peut lire fans être attendri , le détail que font ces Ouvriers Evangéliques dans leurs Lettres de la maniere , dont on les reçut au fortir de leur Navire , qui avoit moüillé l'Ancre au Port de FACUNDA , à deux lieües de Nangazaqui.

Nouveaux Miffionnaires. Comment ils font recûs des Chrétiens.

Plufieurs fe profternoient & s'étendoient même par terre dans les endroits, où ils devoient paffer , fouhaitant d'être foulés aux pieds de ceux , dont l'Ecriture dit que les pas font pleins de charmes , & ce qui doit paffer pour un Miracle d'humilité dans un Peuple fi fier , un Miffionnaire ne paroiffoit jamais dans une Rue , que tous les Chrétiens qui s'y rencontroient , jufqu'aux Perfonnes les plus qualifiées , ne fe miffent dans une pofture refpectueufe. Les petites Gens ne leur parloient qu'à genoux , & les autres avoient toujours les yeux baiffés ; & le corps même

un peu courbé en leur parlant. Ces Religieux
avoient fans doute de grandes raifons pour
fouffrir qu'on leur rendît de fi profonds refpects, & il eft bon d'obferver, que les Bonzes ayant accoutumé les Peuples à cette maniere d'agir, il étoit important de leur faire
bien fentir que le Dieu des Chrétiens méritoit encore plus d'être refpecté dans fes Envoyés, que les fauffes Divinitez du Japon,
dans leurs Miniftres. Les mêmes Mémoires
ajoûtent que la converfation de ces fervens
Chrétiens avoit quelque chofe de célefte, &
que les exemples des Vertus, qu'on leur voyoit
pratiquer, jettoient tout le Monde dans l'admiration. En 1577. onze Portugais fort riches & de bonne Maifon en furent tellement
frappés, qu'ils demanderent à être reçus dans
la Compagnie. On en admit quatre, les autres furent renvoyés au Provincial des Indes,
& un nommé Amador de Castro, qui fe
trouva à Macao, lorfque le Vaiffeau, qui les
avoit portés au Japon, y fut de retour, a
depuis affuré que l'Equipage ne parloit des
Japonnois, que les larmes aux yeux, & difoit que pour apprendre ce que c'eft que d'ê-
tre Chrétien, il falloit aller au Japon.

Cependant les fuccès du Pere Vilela dans
Nangazaqui, & quelques converfions d'éclat,
que fit le Pere de Torrez à Omura, firent
reprendre à Sumitanda le deffein, dont le Supérieur lui avoit fait fufpendre l'exécution.
Ce Prince lui repréfenta qu'il jugeoit tout
ce qui lui reftoit des Sujets Infidéles affez
bien difpofés, pour recevoir la Foi à la premiere fommation, qu'il leur en feroit, qu'il
ne fe croyoit pas véritablement le Maître

De J. C.
1570.
De Syn. Mu.
2230.

Le Prince d'Omura ne veut plus avoir que des Sujets Chrétiens. Baptême de toute fa Famil-le.

De J. C.
1570.

De Syn. Mu-
2230.

dans fes Etats, tant que les Démons y étoient adorés; qu'il avoit appris de S. Paul qu'un Chrétien, qui n'a pas foin de fes Domefti-ques, eft pire qu'un Infidéle; qu'un Prince doit être parmi fes Peuples, comme un Pere de Famille dans fa Maifon; que tous fes Pa-rents demandoient le Baptême avec inftan-ce, qu'il feroit refponfable du falut de ceux, qui mourroient déformais dans l'Infidélité; en un mot qu'il étoit réfolu de rifquer fa Couronne & fa vie, s'il étoit néceffaire, pour une fi belle caufe. Le Pere de Torrez donna enfin les mains à tout ce que fouhaitoit ce Prince, & fe difpofa à conférer le Sacrement à toute fa Famille, c'eft-à-dire, à fa Mere, à fa Femme & à fes Enfants.

Sumitanda étoit bien informé que plufieurs des Principaux de fa Cour ne différoient de fe déclarer eux-mêmes, que parce qu'ils ne voyoient point les plus proches Parents de leur Prince fe déclarer: ainfi il crut que le Baptême de fa Famille difpoferoit non-feule-ment fes Officiers, mais encore tous les au-tres à fuivre un fi bel exemple. Dans cette penfée il les affembla & leur parla en ces termes, ›› Je n'ai différé de mettre la der-›› niere main à l'entiere Converfion de ma ›› Famille, que pour vous donner le tems & ›› le moyen de vous inftruire des principes ›› de la Religion Chrétienne. Il me paroît ›› que vous en devez avoir une connoiffance ›› parfaite, ainfi rien ne doit plus vous excu-›› fer, ni envers Dieu, ni envers moi, qui ›› me crois dans une obligation indifpenfa-›› ble de ne rien négliger pour vous foumet-›› tre a Jefus-Chrift. Si ce parti-là ne vous

» corvient point, vous pouvez choifir tel
» Souverain, qu'il vous plaira. « Le Prince
prononça ce difcours d'un air fi touché, &
même fi infpiré, que toute l'Aſſemblée lui
protefta qu'elle étoit difpofée à faire au plutôt ce qu'il défiroit.

Les chofes en étoient-là, lorfque le P. de
Torrez eut avis de l'arrivée du P. FRANÇOIS
CABRAL, & du P. ORGANTIN GNECCHI au
Port de XEQUI. Le premier venoit en qualité
de Vice-Provincial, ainfi par fon arrivée le
Peré de Torrez fe trouvoit déchargé du poids
de la Supériorité, que fon grand âge ne lui
permettoit plus de porter. Il crut devoir céder au P. Cabral l'honneur de baptifer la Famille du Prince d'Omura, & il pria ce Prince de le trouver bon. Sumitanda y confentit, & le Baptême des Princeſſes, des jeunes
Princes & des Seigneurs, fe fit peu de tems
après avec toute la folemnité poſſible: il n'y
eut que la Reine Mere du Prince, qui ne fut
point baptifée ce jour-là, parce qu'on n'avoit
pas encore pû l'inftruire fuffifamment à caufe de fon grand âge, mais elle le fut peu de
jours après, & Sumitanda au comble de fes
vœux, ne fongea plus qu'à tirer d'un fi grand
nombre de Converfions tout l'avantage, qui
en pourroit revenir à la Religion.

Le P. de Torrez s'étoit bien promis, lorfqu'il alla trouver le Vice-Provincial à Xequi, de l'accompagner enfuite à Omura;
mais à peine étoit-il arrivé dans le premier
de ces deux endroits, qu'il y fut attaqué d'une
Fièvre, dont on ne crut pourtant pas d'abord
que les fuites dûſſent être funeftes. Une foibleſſe, qui lui prit peu de jours après, lui fit

que a l'Eglife, il embrassa ensuite tendrement tous ses Freres, prit congé des Chrétiens, dont l'Eglife étoit remplie, & peu de tems après il expira le deuxiéme Jour d'Octobre dans ces transports de joye, qui commencent dès cette vie la souveraine félicité des Saints.

On ne peut dire jusqu'à quel point le Pere de Torrez fut regretté, la douleur, fut univerfelle, & toutes les Eglifes en donnerent a l'envi des marques auffi finceres, qu'elles furent éclatantes; auffi étoit-il le plus aimable des Hommes. Sa douceur, fon beau naturel, fa complaifance lui avoient fait autant d'Amis, qu'il avoit connu de Perfonnes, même parmi les Infidéles : bien des Gens, qui ne l'avoient jamais vû, mais qui fur fa réputation fe fentoient une grande inclination pour lui, le prévenoient par Lettres, & entretenoient avec lui un Commerce réglé, auquel il répondoit, autant que fes occupations le lui pouvoient permettre. On affure même, que dans l'Univerfité de BANDOUÏ, dont il avoit toujours été très-éloigné, il y avoit plufieurs Bonzes, & plufieurs Sçavants, qui entretenoient avec foin fon amitié. Pour ce qui eft des Chrétiens, leur tendreffe & leur attachement pour lui, étoit au-deffus de tou-

cher avec foin fon départ , & le mettre en
chemin la nuit, pour éviter d'être arrêté. Tous
ceux qu'il baptifoit, vouloient porter fon nom,
& il avoit un tel afcendant fur les efprits ,
que le moindre figne de fa volonté étoit reçu comme un ordre : cela parut furtout dans
une occafion d'éclat.

Des Bonzes avoient tué à Omura un Enfant Chrétien : je n'en ai pas trouvé le fujet ;
le bruit s'en étant répandu , quelques Néophytes fe perfuaderent qu'il y alloit de leur
fûreté , & de l'honneur de la Religion de ne
pas laiffer ce meurtre impuni ; ils s'affemblerent, & jurerent en mettant la Main fur leur
Ventre, ce qui eft au Japon une forte de ju-
rement irrévocable, qu'ils auroient raifon de
l'attentat des Bonzes ; ou qu'ils périroient à
la peine. Ils s'armerent auffi-tôt de tifons, &
de tout ce qui fe trouva fous leur Main, &
criant qu'il falloit tuer les Bonzes, & brûler
leurs Monaftéres, ils alloient remplir la Ville de défordre & de maffacre , lorfque le Pere de Torrez fut averti de ce tumulte. Il
courut fur le champ au Palais, & pria le Prince d'interpofer fon autorité pour remettre l'ordre partout. Sumitanda lui répondit que ,
quand il s'agiffoit de l'honneur , les Japonnois ne reconnoiffoient , ni Souverain , ni
Loix , & qu'il ne vouloit pas fe commettre
avec une Populace juftement irritée ; *mais
vous, mon Pere*, ajoûta-t-il, *montrez-vous,
& je m'affure que tout fera calme :* en effet
à peine le faint Vieillard parut, que tous mirent bas les Armes, & le fuivirent à l'Egli-

De J. C.
1570.

De Syn. Mu.
2230.

se, dont ils lui virent prendre le chemin ; là
ils se jetterent à ses pieds , & reçurent avec
respect la correction , qu'il leur fit , & l'inf-
truction , qu'il leur donna pour les préserver
à l'avenir de pareilles fautes.

La nuit suivante un Idolâtre Ami de quelques-uns de ceux , qui avoient eu plus de part
à cette Affaire , les alla trouver, pour leur dire qu'il ne désapprouvoit pas leur déférence
aveugle pour leur Docteur , & qu'ils avoient
fait sagement de lui obéir dans le moment ,
mais qu'après tout leur honneur étoit engagé à ne pas souffrir que les Bonzes eussent le
dessus : à cela ils répondirent qu'en recevant
le Baptême, ils avoient juré d'observer la Loi
divine, qui ne s'accommodoit pas de ces fausses Maximes de la sagesse du siécle , & que
la veille ils avoient promis au Pere de Torrez de ne plus penser à ce qui étoit arrivé ;
que quand leur honneur en devroit souffrir,
ils ne pouvoient manquer à la parole, qu'ils
avoient donnée à Dieu & à leur Pere. Ainsi
on ne parla plus de rien , & le jour survant
le Magistrat alla en cérémonie remercier le
Serviteur de Dieu du service important, qu'il
avoit rendu à la Ville.

L'Homme Apostolique n'étoit pas moins en
vénération parmi les Idolâtres , que parmi
les Fidèles. Le Roi d'Arima ne recevoit point
de ses Lettres, que par respect il ne les mît
sur sa Tête. Le Roi de Bungo retira deux
fois à sa considération ses Troupes prêtes à
désoler entiérement des lieux, où il avoit été
offensé, & le Prince d'Omura , même avant
son Baptême , vouloit que ses Sujets le res-
pectassent encore plus que sa propre Person-

ae. Les plus déclarés Ennemis de la Religion
étoient charmés de son zéle infatigable, &
surpris de l'austérité de sa vie, qui passoit
effectivement tout ce qu'on en peut dire.
L'amour, qu'il avoit des souffrances, lui faisoit dire souvent qu'Amanguchi avoit été
pour lui un vrai Paradis sur la Terre, parce
qu'il n'y avoit pas été un seul jour sans souffrir beaucoup, qu'il y avoit cent fois couru
risque de sa vie, & qu'il n'est sorte d'indigni-
tez & d'affronts, qu'il n'y eût essuyés. Il ne
sçavoit ce que c'étoit, que de s'épargner en
rien, surtout lorsqu'il s'agissoit du salut des
Ames, ou de procurer quelque soulagement
à ses Inférieurs; alors rien ne l'arrêtoit, rien
ne lui coûtoit, ni la longueur & la difficulté
des Chemins, ni les dangers, ausquels il falloit s'exposer dans un Pays, où il sçavoit par
plus d'une expérience que les Ennemis du
Nom Chrétien cherchoient toutes les occasions de le faire périr. Un jour, qu'il se disposoit à un fort long Voyage, pour aller au
secours d'un de ses Religieux, qui étoit Malade, quoiqu'il fût lui même fort incommodé, les Chrétiens en pleurs accoururent pour
le retenir, il leur répondit, qu'il estimoit
plus une œuvre de charité, que sa propre
vie.

Cette attention à soulager ceux, qui étoient
sous sa conduite, devoit paroître d'autant plus
admirable, qu'il ne s'accordoit rien à lui-même, & qu'étant naturellement un peu atra-
bilaire, il eût été fort dur, si la grace n'eût
adouci en lui le caractere; tant il est vrai
que la Vertu, quand elle a une fois pris le
dessus, va plus loin que la Nature, qui dans

les Ames les mieux nées a ſes humeurs , & ſe recherche toujours elle-meme. Mais Dieu, qui ſe communique aux Saints a proportion de la violence qu'ils ſe font , avoit récompenſé ſon Serviteur d'un don de larmes preſque continuel, & d'une ſi grande union avec lui, qu'il ſembloit habiter plus dans le Ciel, que ſur la Terre. Enfin pour achever en deux mots l'Eloge du ſecond Fondateur de l'Egliſe du Japon, Jamais Homme ne pratiqua plus à la lettre ce Précepte, que Jeſus-Chriſt donne à ſes Apôtres, de ſe faire petits comme des Enfants. Dès qu'il entra en Religion, il oublia tout ce qui l'avoit diſtingué dans le ſiécle, pour ne s'étudier qu'à l'abnégation de lui-même. Fervent Diſciple , humble Religieux, zélé Miſſionnaire, vigilant Supérieur, Ouvrier infatigable , il avoit ſoixante & quatorze ans (a), & il pouvoit à peine ſe ſoutenir, qu'il fondoit encore des Egliſes , & il mourut en travaillant. Trente mille Perſonnes baptiſées de ſa Main, & cinquante Egliſes fondées par ſes ſoins lui donnoient droit de dire, comme l'Apôtre des Nations (b), *j'ai fourni ma courſe, j'ai été fidéle juſqu'à la fin, j'attends la Couronne de Juſtice, que le Seigneur le plus équitable de tous les Juges, me rendra au dernier jour.*

Les Peuples , qui pendant ſa vie l'avoient regardé comme un Saint, furent bien confirmés dans cette opinion après ſa mort à la

(a) Le P. Bartoli ne lui donne que ſoixante-quatre ans , d'autres le font mourir dans ſa ſoixantiéme année ; il y a de l'apparence qu'ils ſe trompent. Ce qui eſt certain , c'eſt qu'il étoit extraordinairement caſſé.

(b) 2. Thimoth. 4. 7. & 8.

vûe de son Visage, qui parut alors d'une beauté extraordinaire, & qui sembloit rendre témoignage de la félicité, dont son Ame jouissoit dans le Ciel. Ses Obséques furent célébrées avec un concours surprenant, & a compagnées de ces acclamations des Fidélés, qui dans les premiers siécles de l'Eglise Canonisoient les Saints. Les Peres Balthazar Lopez, Alexandre Valla, & Gaspard Vilela s'y trouverent, & ce dernier fit l'Eloge du Défunt. Enfin il n'y eut pas un seul des Assistants, qui ne voulût avoir quelque chose, qui eût été à son usage, & l'on eut toutes les peines du monde à empêcher que ses vêtements ne fussent mis en piéces. Le Pere Vilela, qui s'embarqua peu de jours après pour les Indes, ne lui survécut pas longtems. Il mourut presqu'en arrivant à Malaca, & alla recevoir dans le Ciel la récompense dûe aux grands Travaux, qu'il avoit soufferts, & aux éminentes Vertus, qu'il avoit pratiquées dans la Carriere Apostolique.

De J. C.
1570.

De Syn - Mu.
2230.

La Principauté de Xequi, où le Pere de Tortez avoit fini sa course, étoit presque toute Chrétienne : le Prince même étoit baptisé, mais comme il n'avoit reçu le Baptême, que pour attirer les Portugais dans ses Ports, se voyant frustré de ses espérances, il retourna publiquement au Culte des Idoles ; il voulut même engager ses Sujets à imiter son Apostasie ; mais leur conversion avoit été plus sincere que la sienne, & ils furent aussi plus constans dans leur Foi. En vain il les menaça de l'exil & de la mort, il n'en put ébranler un seul, ses promesses ne furent pas plus efficaces : il crut que s'il passoit des menaces aux effets, il les

Le Seigneur de Xequi apostasie & persécute les Chretiens.

De J. C.
1570.

De Syn-Mu.
2230.

Perfécution
dans la princi-
pauté d'Ama-
cufa. Fermere
du Gouver-
neur.

feroit bientôt changer de langage, il fe trom-
pa. Cette perfécution, qui donna quelques
Martyrs à l'Eglife, ne fut pourtant pas de durée, le Roi de Bungo l'ayant bientôt fait ceffer par fes bons offices, auffi bien que celle,
qui s'étoit élevée en même tems dans la Principauté d'Amacufa.

C'étoit le Pere Vilela, & Michel Vaz, qui
avoient prêché la Foi dans les Etats du Seigneur de Xequi en 1567. & les grands fruits,
que leur zele y avoit produits en fi peu de tems,
avoient engagé le Seigneur d'Amacufa à demander au Pere de Torrez un Miffionnaire:
Louis Almeyda lui fut envoyé fur le champ,
& le Prince le reçut de man ere à lui faire efpérer, que fes travaux n'auroient pas moins
de fuccès dans cette Ville, qu'ils en avoient eu
partout ailleurs. Pour rendre fes efpérances
plus certaines, il fit plufieurs demandes au
Prince, qui lui accorda tout; mais comme il
s'apperçut bientôt que le Seigneur d'Amacufa
n'étoit pas fort abfolu chez lui, & que ce petit
Etat fe gouvernoit un peu en République, il ne
crut pas devoir faire aucune démarche éclatante, fans être auparavant affuré, que les
Chefs du Peuple ne s'oppoferoient pas aux
progrès de l'Evangîle: il ne trouva de leur part
aucune difficulté, & il commença fes Inftructions, aufquelles le Prince fut toujours des
plus affidus: elles ne tarderent pas à opérer,
le Gouverneur de la Ville fut le premier, qui
demanda le Baptême, & il lui fut conféré avec
beaucoup de folemnité, on lui donna le Nom
de LEON. Son Beau-Pere fuivit fon exemple:
le nombre des Chrétiens monta en très-peu de
temps à plus de mille, & la plûpart de ce qu'il

'avoit de plus diſtingué dans le Pays, fit publiquement profeſſion du Chriſtianiſme.

Un ſuccès ſi rapide allarma les Bonzes, qui
vinrent à bout d'engager deux Freres du Prince
dans leurs intérêts ; ces deux Seigneurs leverent ſecretement ſix cents hommes de bonnes
Troupes, & quand ils ſe crurent en état de
ſe faire craindre, ils envoyerent avertir le
Prince que leur deſſein étoit de ſe défaire du
Gouverneur Leon, qu'ils le prioient de ne le
pas trouver mauvais, parce qu'ils n'avoient en
vûe, que d'aſſurer la tranquillité publique. Le
Prince reçut fort mal leur Députation, & fit
donner avis au Gouverneur de ce qui ſe machi-
noit contre lui. Les Chrétiens, qui furent
bientôt inſtruits de tout, accourutent en foule
chez Léon, juſqu'aux Femmes, & aux Enfants,
bien réſolus de ne pas ſouffrir qu'on attentât à
ſes jours. Les choſes en étoient là, lorſqu'un
Bonze vint ſignifier à Léon de la part des Chefs
de la Conjuration, un ordre de ſe fendre le
ventre. Il demanda à ce Prêtre, qui lui faiſoit
ce commandement, & il lui ajoûta, qu'il pouvoit retourner à ceux, qui l'avoient envoyé, &
leur dire qu'il les attendoit, & qu'il ne les
craignoit point. Un ſecond Député vint lui
dire peu de tems après, que s'il vouloit ſortir
du Pays, on ne le pourſuivroit pas, mais que
c'étoit le ſeul moyen, qui lui reſtât de mettre
ſa vie en ſureté : il répondit, qu'il étoit prêt de
mourir pour ſa Foi, mais que pour l'exil il
n'en recevroit l'ordre, que du Prince. Alors les
Conjurés s'adreſſerent au Prince même, & lui
parlerent ſi haut, qu'ils l'intimiderent, il craignit de voir une Guerre Civile allumée dans
ſes Etats, & il fit prier Léon de céder au tems :

Tome II. P

De J. C.
1570.

De Syn-Mu.
2230.

De J. C.
1570.

De Syn -Mu.
2230.

Belle action
d'un Enfant.

le Gouverneur obéit , & se retira à Cochinotzu,
où sa Famille & plus de cinquante Personnes le
suivirent.

Peu de jours après un des Fils du Prince rencontra dans une rue de la Ville un Enfant,
qu'il reconnut pour Chrétien , il lui fit mille
questions, qu'il entremêla de Blasphêmes horribles contre Jesus-Christ : l'Enfant l'avertit de
prendre bien garde à ce qu'il disoit , que le
Dieu des Chrétiens n'étoit pas un Dieu sourd
& impuissant., comme ceux du Japon , & qu'il
étoit terrible dans les vengeances. Le Prince
choqué de cette hardiesse , ou feignant de l'ê-
tre , tire son Sabre , & regardant d'un œil
courroucé l'Enfant , qui continuoit toujours à
lui parler sur le même ton. *Blasphémer ainsi en
ma présence les Dieux que j'adore ,* lui dit-il,
*& manquer à ce point au respect, qui m'est dû ;
ce sont des crimes , qui ne se pardonnent point,
tu mourras ;* le petit Néophyte sans se troubler
repartit : *vous aurez , Seigneur , beaucoup de
gloire d'ôter la vie à un Enfant désarmé : mais
quel mal me ferez-vous , en me coupant la tête ?
vous ne sçauriez nuire à mon ame , qui ne sera
pas plutôt séparée de mon corps , qu'elle rece-
vra une Couronne immortelle , & sera éternellement placée dans le sein de Dieu même,
le Roi des Rois , & le Seigneur des Seigneurs.*
En disant cela , il se jette à genoux , abbat sa
robbe , & se met en posture de recevoir le coup
de la mort. Ce spectacle étonna le Prince &
l'attendrit , il releva l'Enfant , lui fit mille caresses , & se retira.

Le Roi de
Bungo fait ces-
ser la persecu-
tion.

Cependant Almeyda écrivit au Roi de Bungo, de qui, en qualité de Roi de Fingo , toute
l'Isle d'Amacusa relevoit , que la Religion

couroit rifque d'être tout-à-fait proscrite dans
cette Ifle, s'il n'y interposoit son autorité.
Civan manda auffitôt au Seigneur d'Amacufa,
que les Chrétiens étoient fous fa protection,
& qu'il les lui recommandoit ; il accompagna
fa Lettre de fort beaux préfents ; & ce Prince
infiniment flatté de fe voir ainfi recherché par
fon Souverain, & par le plus puiffant Roi du
Ximo, parla en Maître à fes Freres, qui firent
femblant de fe foumettre. Almeyda recommença fes Fonctions, & plus de cinq cents
perfonnes demanderent le Baptême. Alors tous
les Bonzes fe révolterent, menacerent de quitter le Pays, & vinrent enfin à bout d'exciter
un foulevement, dont le Prince craignit d'être
lui-même la victime : il fit prier Almeyda de
difparoître pour quelque tems, & lui donna
fa parole, qu'il alloit prendre de bonnes mefures pour mettre à la raifon les Mutins, & qu'il
ne tarderoit pas enfuite à le rappeller. Il n'eut
pas plutôt donné cette marque de foibleffe,
que fes deux Freres prirent les Armes contre
lui ; & il couroit rifque de fuccomber, fi le
Roi de Bungo ne lui eût envoyé des Troupe s,
avec lefquelles il mit fes Freres à la raifon, &
rétablit fon autorité.

De J. C.
1570.
De Syn Mu.
2230.

Il rappella auffitôt le Gouverneur Léon, &
écrivit au Pere Cabral, pour le prier de lui
renvoyer Almeyda. Le Vice-Provincial crut
l'affaire affez importante, pour fe tranfporter
lui-même dans l'Ifle d'Amacufa, & il y mena
Louis Almeyda & un autre Jéfuite nommé
VINCENT. Alors tout le Pays fe remua, le
concours fut prodigieux aux inftructions des
Miffionnaires, & le Prince fut des premiers à
fe déclarer. Il reçut le Baptême avec un Fils

Converfion
du Prince &
d'un grand
nombre de fes
Sujets, qu'il
gagne lui mê-
me à J. C.

P ij

De J. C.
1570.

De Syn-Mu.
2230.

naturel qu'il avoit, & fut nommé Michel. Il travailla enfuite a réduire tous fes Sujets fous le joug de la Foi, & l'on peut dire qu'il fut l'Apôtre de ce petit Etat. La conquête, qui lui donna plus de peine, fut celle de la Princeſſe fon Epouſe, qui feule arrêtoit le progrès de l'Evangile. Le Japon n'avoit peut-être pas un plus bel efprit, que cette Princeſſe, ni perſonne, qui eût une plus parfaite connoiſſance de toutes les Sectes, qui avoient cours dans l'Empire, & les Bonzes les plus habiles, ne fe croyoient point déshonorés, en la confultant fur les points les plus difficiles de la Théologie Japonnoife.

Converfion
de la Princeſſe,
qui gagne a J.
C. beaucoup
de Bonzes,
& oblige les
autres a fe re-
ti er.

La converfion d'une Princeſſe fçavante & Théologienne n'étoit pas une chofe aifée. Par bonheur celle-ci avoit le cœur droit, & n'avoit point étudié par vanité. Ce ne fut pourtant qu'après fix années entières d'un travail, qui auroit rebuté tout autre que fon Epoux, qu'elle fe rendit. Elle fut baptifée avec fes deux Fils, dont l'aîné, qui reçut au Baptême le nom de Jean, a illuftré ce nom par fes Vertus, & furtout par fon héroïque fermeté à foutenir la Foi dans les tems les plus difficiles. La Princeſſe fa Mere fut nommée Grace, & répara avec ufure le tems, qu'elle avoit perdu par fa réfiftance. Elle fe donna de grands mouvemens pour la converfion des Bonzes, & après qu'elle en eut gagné le plus grand nombre & les principaux, elle obligea le refte a fortir de l'Ifle. Enfin a la mort du Prince Michel qui arriva en 1582. onze ans après fon Baptême, il ne reftoit plus dans fes Etats aucun veftige d'Idolâtrie.

Le Seigneur

Il s'en falloit beaucoup que les affaires de la

Religion allassent aussi bien à Ximabara. Le Prince n'y ménageoit plus rien, ni avec les Fideles, ni avec les Missionnaires. Il leur avoit ôté leur Eglise, & l'avoit convertie en un usage profane. Il fit enfin publier un Edit, qui proscrivoit le Christianisme de ses Etats. En vain le Prince d'Omura, son Beaufrere, le pria de cesser cette persécution, & le menaça même, il ne gagna rien, mais les Chrétiens de Ximabara étoient en grand nombre, & leur ferveur fut à toute épreuve. Il ne fut jamais possible au Prince d'en regagner un seul, & tous jusqu'aux Enfans lui protesterent qu'ils périroient plutôt dans les plus affreux tourments, que d'abandonner leur Dieu. Il en conçut un dépit dont il eût apparemment donné de funestes marques, mais sept cents Chrétiens s'étant retirés en une nuit à Cochinotzu, il appréhenda de se trouver sans Sujets, s'il poussoit les autres à bout ; il se contenta donc de confisquer les biens de ceux, qui s'étoient ainsi exilés, & que les Fidèles du Royaume d'Arima dédommagerent avec usure de ce qu'ils avoient si généreusement perdu pour Jesus-Christ.

Mais de toutes les parties du Ximo, où l'Evangile étoit alors connu, il n'y en avoit point, où la ferveur des Fidéles donnât plus de consolation aux Missionnaires, que le Gotto. J'ai dit qu'après le départ d'Almeyda, qui avoit été contraint de sortir de ce Royaume par le mauvais état de sa santé, les Fidéles furent deux ans entiers sans aucun secours spirituel ; mais leur ferveur n'en souffrit point, & leur nombre augmenta même considérablement. Enfin dans le tems que le Pere de Torrez fut appellé à Omura, pour baptiser la Famille

De J. C.
1570 71.
De Syn-Mu.
2230-31.

de Ximabara persécute les Fideles.

Le Prince de Gotto demande le Baptême.

De J. C.
1570 71.
De Syn-Mu.
2230-31.

du Prince, il reçut une Lettre des Chrétiens du
Gotto, qui lui demandoient un Millionnaire
avec les plus grandes instances, & lui donnoient avis que le Prince Héréditaire souhaitoit avec passion de recevoir le Baptême. Le
Supérieur fit aussitôt partir pour ce Royaume le
Pere P. Jean-Baptiste Monti, qui fut parfaitement bien reçu du Roi, & trouva le jeune
Prince dans les dispositions, qu'on avoit man-
dées au Pere de Torrez.

Il est baptisé
en secret. Sa
serveur.

Il voulut voir s'il étoit suffisamment instruit, il l'examina sur tous les articles de notre Croyance, & le Prince répondit à tout
d'une maniere, qui l'étonna : il lui dit néanmoins qu'il lui manquoit une chose essentielle,
à sçavoir le consentement du Roi son Pere. Il
sembloit que cette condition n'étoit pas difficile
à remplir, le Prince y trouva pourtant de grandes difficultez. Le Roi ne s'opposoit point absolument à sesdesirs, mais il temporisoit, & vouloit
voir comment cette démarche seroit reçuë de
ses Sujets. Le jeune Prince se lassa d'attendre,
& vouloit passer outre, le Missionnaire résista
quelque tems, mais il crut enfin qu'il ne ris-
quoit rien à contenter son Prosélyte. Il le baptisa en secret, & lui donna le nom de Louis.
Le Roi ne fut pas longtems sans s'appercevoir
que son Fils étoit Chrétien, & ne le trouva
point mauvais. Alors le jeune Prince ne se
contraignit plus, & les grands exemples de
vertu, qu'il commença à donner à cette Chrétienté, la rendirent bientôt une des plus florissantes du Japon.

Il gagne à
J. C. la Prin-
cesse son Epou-

Quelque tems après le P. Monti fut rappellé
par son Supérieur, qui le fit relever par le Pere
Alexandre Valla. Ce Missionnaire fut surpris

de trouver dans le Prince Louis un Apôtre, qui par fes exemples & fes difcours travailloit infatigablement à la converfion d'un Royaume, où il fe foucioit fort peu de régner, pourvû qu'il eût la confolation de le foumettre tout entier à Jefus-Chrift. Il avoit déja gagné la Princeffe fon Epoufe, que le Pere Valla baptifa avec la plus grande partie des Dames de fa Maifon, & à laquelle il donna le nom de MARIE. Ce Miffionnaire s'attendoit, qu'étant puiffamment fecondé de l'Héritier de la Couronne, rien ne l'empêcheroit de pouffer fort loin fes Conquêtes fpirituelles, lorfque les Bonzes fouleverent contre le Chriftianifme un grand nombre de zélés Idolâtres, qui avoient à leur tête un Frere du Roi.

De J. C. 1570-71. De Syn - Mu. 2230-31.

fe, & devient l'Apôtre du Royaume.

La premiere démarche de ce Prince fut de faire dire à fon Neveu, qu'il ne convenoit pas qu'il y eut deux Religions dans le Royaume, cette diverfité ne pouvant manquer d'y caufer de grands défordres; ainfi qu'il feroit fagement de retourner au culte des Dieux Tutélaires du Pays, & qu'il l'exhortoit à prendre au plutôt une réfolution fi conforme à fes véritables intérêts. Le Prince répondit qu'en toute autre chofe il fe feroit un plaifir de marquer à fon Oncle, combien il étoit difpofé à fuivre fes avis, mais qu'il s'agiffoit ici du falut de fon Ame & de la caufe du vrai Dieu; qu'ainfi il le prioit de ne point l'inquiéter fur un article de cette importance, & qui l'intéreffoit plus que toute chofe au Monde. Le Prince Idolâtre vit bien qu'inutilement il feroit de nouveaux efforts pour réduire fon Neveu, où il vouloit, & prit le parti de s'adreffer au Roi même, auquel il déclara nettement, que

Un Frere du Roi veut obliger le jeune Prince à renoncer au Chriftianifme, & intimide le Roi même.

ponſe, qu'il ·avoit déja faite à ſon Oncle, &
lui ajouta que pour le tirer d'inquiétude, il
étoit prêt à ſortir du Royaume avec ſa Femme
& toute ſa Maiſon, & qu'il renonceroit ſans
peine à toutes les prétentions, qu'il avoit ſur
la Terre. Le Roi ne put s'empêcher d'admirer
un ſi grand courage ; mais la réſolution, où
étoit ſon Fils, ne le ſatisfit pas ; il crut que ,
s'il venoit à bout d'engager tous les autres
Chrétiens à faire ce qu'il ne pouvoit obtenir
de ce jeune Prince, celui-ci ſe voyant ſeul ſeroit plus docile, & il fit publier un Edit, par
lequel il étoit ordonné ſous peine de mort à
tous ceux, qui avoient renoncé au culte des
Dieux du Pays, d'y retourner inceſſamment.
Mais il fut bien ſurpris d'apprendre que l'E-
gliſe étoit remplie de Fidèles, qui y attendoient
la mort avec joye, & que les autres étoient
dans la même diſpoſition ; que ſon Fils étoit à
la tête de ceux-là, & que ce jeune Prince
avoit déclaré qu'il vouloit être la premiere
victime immolée aux faux Dieux du Japon.

Il arriva encore une choſe, qui lui fit comprendre qu'il n'avoit pas bien connu les Chrétiens, quand il avoit cru que la crainte de la
mort leur feroit abandonner la Religion ,
qu'ils avoient embraſſée. Un Gentilhomme
fort vieux l'étant allé trouver , pour lui demander une grace en faveur d'un Neveu, qu'il

avoit, le Roi lui dit qu'il la lui accordoit volontiers, mais à condition qu'il ne feroit
point baptiser son Neveu. *Il est déja baptisé,
Seigneur,* répartit le Vieillard, *& aussi résolu
que moi à mourir plutôt que de renoncer à sa
Foi.* Le Roi choqué de cette liberté le renvoya sans lui rien accorder, & le Vieillard s'en
alla de ce pas à l'Eglise, témoignant une fort
grande joye d'avoir été refusé pour un pareil
sujet. Ayant ensuite apperçu le Prince, il s'approcha de lui, & lui dit, « Seigneur, j'ai
>> soixante & dix ans, & je ne ferai pas un
>> grand sacrifice à Dieu, en versant mon sang
>> pour sa cause, vous êtes beaucoup plus jeu-
>> ne, mais sçachez, que vous n'en êtes pas
>> moins dans l'obligation de tout risquer,
>> pour conserver votre Foi ; vous y êtes mê-
>> me plus obligé qu'un autre, parce que vous
>> êtes Prince, que les promesses, que vous
>> avez faites, sont des paroles de Prince, &
>> que vous nous devez l'exemple >>.

De J. C.
1570-71.
De Syn-Mu.
2230 31.

Cependant le Roi étoit fort embarassé, il
aimoit tendrement son Fils, il estimoit les
Chrétiens, mais il craignoit une Révolte générale, & ne sçavoit à quoi se résoudre. Enfin le
Pere Valla le va trouver, & lui dit, qu'il sçait
un moyen infaillible de le tirer de peine. « Ce
>> moyen, Seigneur, ajouta-t-il, c'est d'aban-
>> donner ma Tête aux Ennemis du vrai Dieu,
>> par-là vous satisferez les Bonzes, vous vous
>> épargnerez bien des violences, qui coute-
>> roient beaucoup à un Prince de votre Ca-
>> ractere ; votre Etat recouvrera sa premiere
>> tranquillité ; & moi, qui aurai l'honneur de
>> verser mon sang pour le Dieu que j'annonce,
>> je prétends bien gagner à cela plus que per-

Embarras du
Roi. Belle ac-
tion du P. Val-
la, & quel en
fut l'effet.

» fonne ». Le Roi avoit l'Ame grande, & le
Cœur bien placé, une générofité pouffée fi loin
le charma, & lui fit redoubler d'eftime pour
une Religion, qui infpire des fentimens fi nobles. Il s'éleva au-deffus de fes craintes, qui
faifoient toute la force des Ennemis du Chriftianifme. Il parla en Maître, rappella fon Fils,
& raffura les Fidéles. Les Bonzes en frémi-
rent, & réfolurent de fe défaire du Prince.
Ils gagnerent un Scélérat, qui leur promit de
le tuer, quand il iroit à l'Eglife, & qui l'y attendit en effet tout un jour, mais le Prince n'y
alla point ce jour-là. Enfin ces faux Prêtres
défefpérant de réuffir par la violence, prirent
le parti d'attendre une occafion plus favorable.

Mort du Roi.
Le Prince
Louis monte
fur le Thrône.
Vertus héroï-
ques de ce
Prince.

Elle ne vint pas auffitôt, qu'ils l'efpéroient ;
le Roi mourut, le Prince Louis monta fur le
Trône, & le Chriftianifme devenu la Religion
du Souverain, prit aifément le deffus ; mais
ceci n'arriva que quelques années après. Pour
ce qui eft du Pere Valla, il ne refta pas long-
tems dans ce Royaume après le Baptême du
Prince, ayant reçu une Lettre du Pere Cabral,
qui lui mandoit de fe difpofer à partir pour
l'Europe, où il étoit obligé de l'envoyer traiter avec le Général de la Compagnie, de plufieurs affaires très-importantes. Le Vice-Provincial écrivit en même tems au Prince de
Gotto, qu'il ne fouffriroit point de cette abfen-
ce du Miffionnaire, dont il iroit bientôt lui-
même prendre la place auprès de fa Perfonne.

Le Pere Valla ne pouvoit fe laffer de parler
dans tous les lieux, où il paffa, des vertus héroïques, qu'il avoit vû pratiquer à ce religieux
Prince. Ce qui l'avoit le plus frappé, & ce qui
eft encore bien plus étonnant au Japon que

partout ailleurs, c'étoit la maniere, dont il traitoit avec lui, lorsqu'il s'agissoit de l'affaire de son salut ; car alors il ne lui parloit jamais qu'à genoux ; & lorsque le Pere lui représentoit que cette posture ne convenoit ni a l'un, ni à l'autre, « pardonnez-moi, mon Pere, » lui disoit-il, si mes Sujets & mes Vassaux en » usent ainsi avec moi, & se prosternent même » quelquefois le visage contre terre ; n'est-il » pas raisonnable que je fasse le même à l'é- » gard de ceux, qui me parlent de la part de » Dieu, qui me tiennent sa place, & m'ins- » truisent de ses volontez » ? Il ne fut jamais possible par la même raison de l'engager a souffrir la moindre distinction dans l'Eglise, même après qu'il fut monté sur le Trône, il vouloit y être confondu dans la foule, quelque raison qu'on lui opposât au contraire, & il y pratiquoit avec les plus pauvres jusqu'aux Exercices les plus humiliants de pénitence. « Dans la » Maison du Seigneur, disoit-il, il ne doit » point y avoir d'inégalité entre ceux, qui » sont également ses Créatures. Je sçai qu'il » est de l'ordre établi de Dieu même, qu'il y » ait de la subordination parmi les Hommes, » mais il me paroît qu'il faut excepter les » Temples ; lorsqu'il s'agit des égards, que » cette subordination exige. Enfin partout ail- » leurs je suis Roi, & je sçai me faire rendre » ce qui m'est dû en cette qualité, mais dans » la Maison de Jesus-Christ, où il habite cor- » porellement, je ne suis que Chrétien, & » tous mes Sujets sont mes Freres & mes » Egaux. » Le Pere Louis de Gusman, un des Historiens du Japon, & qui avoit vû à Alcala le Pere Valla, lorsque ce Religieux passa

De J. C.
1571.

De Syn.-Mu.
2231.

Mauvaiſe
politique de
Nobunanga.

par l'Eſpagne pour aller à Rome, nous aſſure
qu'on ne pouvoit l'entendre parler du Prince
de Gotto , qu'on ne fût émû juſqu'aux larmes.

Tout paroiſſoit alors tranquille dans toutes
les parties de l'Empire ; Nobunanga après
avoir établi ſon autorité dans la Capitale &
dans les Provinces du Domaine Impérial , ſe
tenoit aſſez paiſible dans ſes Châteaux , d'où il
ſe contentoit de faire de tems en tems quelques excurſions dans les lieux , où il jugeoit
ſa préſence néceſſaire ; il s'étoit emparé de
tous les Etats des Aſſaſſins de l'Empereur ,
mais il leur avoit laiſſé de quoi ſubſiſter avec
honneur. Il les mépriſa ſans doute un peu
trop , ou plutôt, ne conſultant que ſa généro-
ſité naturelle , il ne fit pas aſſez réflexion
que rarement un Ennemi humilié ſe recon-
cilie ſincerement; & que pour empêcher un
ambitieux de remuer , il faut abſolument lui
en ôter tous les moyens. Il porta même la ſé-
curité juſqu'à ne pas veiller d'aſſez près ſur
les démarches de ces Princes , qui s'en étant
apperçus, leverent ſecretement une nombreuſe
Armée, en diſtribuerent une partie ſur le chemin d'Anzuquiama à Meaco , & allerent attendre Nobunanga , qu'ils ſçavoient être ſur le
point de partir de ſa Capitale aſſez peu accompagné.

Il eſt attaqué
par les Aſſaſ-
ſins de l'Em-
pereur & les
deſfait.

Le Roi de Voary ſe mit effectivement en
chemin , & les deux Princes , qui s'étoient
poſtés dans un lieu avantageux , tomberent
ſur lui , lorſqu'il y penſoit le moins. Leurs
meſures étoient bien priſes , mais ils avoient
affaire à un Homme, qu'il étoit plus aiſé de
ſurprendre que de vaincre , & ils douterent

nemis, mirent avec une admirable préſence
d'eſprit leur Eſcorte en Bataille , & reçurent
l'Ennemi de ſi bonne grace, que la Victoire
ne balança preſque point. Le Roi avoit la droite , & tout plia devant lui ; Vatadono trouva
plus de réſiſtance à la gauche , mais elle ne
ſervit, qu'à rehauſſer ſa gloire ; il fit des actions de valeur, qu'on auroit peine à croire ,
& qui étonnerent Nobunanga même ; auſſi
ce Prince lui préſentant ſon Sabre au ſortir
du Combat , déclara que le ſuccès de cette
Journée lui étoit uniquement dû ; mais il
étoit tout couvert de bleſſures, ce qui 'obligea de ſe faire tranſporter à ſa Forterſeſſe de
Tacaçuqui.

Ses Playes , quoique grandes & en grand
nombre , ne ſe trouverent pourtant pas dan-
géreuſes ; mais comme rien ne le preſſoit de
retourner à Meaco , ni à la ſuite de Nobunanga , il réſolut de profiter du loiſir , que lui
donnoit ſa convaleſcence , pour mettre ordre
à ſes affaires domeſtiques , & plus encore pour
aſſurer ſon ſalut éternel. Il en donna avis au
Pere Froez , & le pria de le venir trouver , pour
achever de l'inſtruire de nos Myſteres , & pour
le diſpoſer au Baptême. Le Miſſionnaire quitta
tout , dès qu'il eut reçu la Lettre du Vice-
Roi ; mais comme il ne pouvoit pas s'abſenter

Il ſe diſpoſe
à recevoir le
Baptême.

De J. C.
1571.

De Syn-Mu.
2231.

longtems de la Capitale ; où il avoit plus
d'occupation, qu'il n'en auroit fallu à dix Ouvriers, il laiſſa Laurent à Tacaçuqui, avec
ordre de continuer à inſtruire le Vice-Roi.
Il le viſitoit lui-même de tems en tems, & il
s'attendoit à le voir bientôt au nombre des
Fideles, lorſqu'il eut la douleur de le voir enlevé du Monde par un accident des plus tragi-
ques.

Il meurt avant
que de l'avoir
reçû.

Le Seigneur d'Iquenda , Place voiſine de
Tacaçuqui , n'étoit pas en trop bonne intelligence avec Vatadono, & les Vaſſaux de l'un
& de l'autre, étoient aſſez ſouvent aux mains.
Pour arrêter ces déſordres, & en prévenir les
ſuites, le Vice-Roi fit conſtruire deux Forts
ſur la Frontiere de ſon Etat, il y mit des
Garniſons capables de réprimer les courſes
qu'on pourroit faire ſur ſes Terres, & il en
donna le commandement à Tacayama ſon
Frere. Le Seigneur d'Iquenda prit cette précaution pour une déclaration de Guerre, fit
ſecretement des levées de Troupes, & alla
bruſquement attaquer le plus avancé des deux
Forts. Tacayama, qui s'y étoit renfermé, ſe
défendit avec toute la vigueur poſſible, & tua
bien du monde aux Aſſiégeans, mais comme
il manquoit de vivres, il fit avertir ſon Frere,
que s'il n'étoit promptement ſecouru, il ſeroit bientôt contraint de ſe rendre.

Vatadono reçut cette dépêche dans l'Egliſe,
où il aſſiſtoit au Sermon. Il ſortit, & courut
à l'heure même avec le peu de Soldats, qu'il
pût trouver ſous ſa main, après avoir donné
ordre de faire monter à cheval tous ſes Vaſſaux. Le Seigneur d'Iquenda averti de ſa
marche laiſſe une partie de ſes Troupes pour

Corps de Troupes, qui l'avoit déja joint, &
prit les devants avec deux cents Hommes feulement. Il n'eut pas plûtôt engagé l'action, que
ceux des Ennemis, qui étoient en embufcade,
fe montrant tout à coup, il fe vit enveloppé
de toutes parts; il ne perdit pourtant pas courage, & fit tout ce qu'on peut attendre d'un
des plus braves Hommes du Monde, mais enfin las de tuer, percé de plufieurs coups, per-
dant tout fon fang, & prefque réduit à lui
feul, il tomba fur des monceaux d'Ennemis,
fur lefquels il avoit par avance vengé fa mort.

Nobunanga fut très-fenfible à cette perte, Douleur de
mais la furprife & la douleur, où fut toute Nobunanga &
l'Eglife du Japon en apprenant une fi trifte des Chretiens
nouvelle, ne fe peuvent exprimer. L'irrépa- velle.
rable perte qu'elle faifoit, & le danger, où elle
fe trouvoit n'ayant plus d'appui contre tant
de Perfécuteurs acharnés à fa ruine, ne furent
pas même ce qui fit couler les premieres larmes; on ne fongea d'abord qu'à pleurer cet
illuftre Défunt. Le zele, l'amour, la piété, la
reconnoiffance, empêcherent qu'on ne penfât
aux fuites, que pouvoit avoir un fi trifte Eve-
nement. Le Pere Froez furtout étoit inconfo-
lables de ce que le Vice-Roi n'avoit pas reçu
le Baptême : il fe perfuada néanmoins que
Dieu, qui connoiffoit la fincérité de cœur de
ce fervent Profélyte, lui auroit fait miféricor-

De J. C.
1571.

De Syn-Mu.
2231.

de, & n'auroit pas laiſſé ſans récompenſe tant
de vertus, & de ſi grands grands ſervices ren-
dus à la Religion, & il entra d'autant plus
aiſément dans la penſée d'un grand Docteur
de l'Egliſe, à l'occaſion d'une mort auſſi tragique d'un Empereur Catéchumene ; qu'il trouvoit dans Vatadono tout ce qui avoit raſſûré
Saint Ambroiſe au ſujet de VALENTINIEN II.
Mais la Providence parut admirable, en ce
que privant le Japon d'une auſſi ferme ſou-
tien, elle le délivra de ſes plus dangéreux Ennemis par le maſſacre, qui ſe fit bientôt après
des Bonzes de Jeſan. Voici quelle en fut l'occaſion.

Nobunanga
fait maſſacrer
tous les Bon-
zes de Jeſan.

J'ai déja remarqué que Jeſan eſt le vrai
nom d'une ſuite de Montagnes voiſines de
Méaco, dont il eſt ſouvent parlé dans les Relations Portugaiſes, ſous le nom de FRENOXA-
MA, & qui étoit comme le principal Sanctuaire
des Bonzes du Japon. Ces faux Prêtres avoient
toujours favoriſé le parti de Mioxindono, &
de ſon Collégue ; & Nobunanga étoit inſtruit,
que dans la derniere Campagne dont nous
avons parlé ils en avoient reçu de grands ſecours. Il étoit réſolu de s'en venger ; mais
pour le faire plus ſûrement, il crut devoir diſſimuler quelque tems, il s'étoit retiré après ſa
Victoire, dans le Royaume de Mino ; il s'y arrêta peu ; & vers le commencement de l'Eté,
il reprit la route de Meaco, il y reſta juſqu'au
mois de Septembre ; & tandis qu'il paroiſſoit
occupé de toute autre choſe, il fit ſourdement
ſes préparatifs. Il partit enſuite, comme pour
retourner dans ſes Etats, & lorſqu'on y penſoit le moins, il tourna tout court du côté de
Jeſan, qu'il avoit ordonné à ſes Troupes d'in-
veſtir de toutes parts.

De J. C.
1571.

De Syn-Mu.
2231.

Les Bonzes comprirent alors toute la grandeur du péril, qui les menaçoit, & virent bien qu'ils étoient perdus, s'ils ne venoient à bout de fléchir le Roi. Ils y employerent tout ce qu'ils avoient de crédit & de sçavoir faire : ils lui firent les offres du monde les plus avantageuses, ils engagerent même le Cubo-Sama & le Dairy à lui écrire en leur faveur, mais ce fut en vain, prieres, soumissions, présens, intercessions, rien ne put appaiser un Prince, qui haïssoit les Bonzes par passion, & par principe, qui sçavoit bien qu'il en étoit haï, & qui devoit s'attendre qu'ils ne manqueroient aucune occasion de le faire périr, s'il ne les prévenoit. Il commença par brûler Saomoto, petite Bourgade, dont j'ai parlé ailleurs, & d'où les Assiégez pouvoient l'incommoder. Il les serra ensuite de fort près ; & malgré toute leur résistance, ses Troupes pénétrerent jusques dans les plus profondes Cavernes de Jesan, & massacrerent tout ce qu'ils rencontrerent de ces Religieux Idolâtres. Quelqu'un s'étant avisé de representer à Nobunanga que ces Prêtres étoient les Amis des Dieux : *si cela est vrai*, répondit-il, *le Ciel les défendra ; mais si ce sont des Hypocrites, qui profanent la Sainteté de leur Ministere par leurs crimes, & abusent de la simplicité des Peuples, je viens venger les Dieux, qu'ils eshonorent.*

Le Pere Froez reprend plus haut le récit de cet événement, & y change quelques circonstances, quoiqu'absolument on puisse le concilier avec les autres Mémoires, que j'ai suivis. Il dit que dans une Guerre, que le Roi de Voary avoit eue contre le Bonze, qui s'é-

mu ; que ce Prince en repréſailes , avoit fait
mettre en croix tout ce qu'il avoit pû avoir
en ſa puiſſance de ces Religieux Idolâtres ,
& que la Guerre finie , il tourna ſes Armes
contre Jeſan ; que les Bonzes lui ayant offert
une ſomme conſidérable d'argent pour l'appaiſer , il la refuſa , que ces faux Prêtres ſe
voyant ſans reſſource , ils ne ſongerent qu'à
vendre cherement leur vie , qu'ils ſe préparerent à une vigoureuſe réſiſtance , & qu'en effet
ils ſe défendirent longtems dans les défilez
des Montagnes , & ſur leurs Rochers ; mais
qu'enfin ils furent forcés , que tous furent
paſſés ſans miſéricorde au fil de l'Epée , & que
tous leurs Monaſteres furent brûlés. Ce fut
le jour de Saint Michel de cette année 1571.
que ces ſuppôts de Satan furent ainſi extermi-
nés , comme ſi le Prince de la Milice céleſte ,
ſous la protection duquel nous avons vû que
l'Apôtre du Japon avoit mis cet Empire , eût
voulu remporter une nouvelle Victoire ſur
l'Enfer le jour même , que l'Egliſe a conſacré
en ſon honneur.

Nouveaux progrès de l'Evangile par la protection de Nobunanga.

Peu de tems après , c'eſt-à-dire , vers la mi-
Décembre , le Vice-Provincial arrivant à Sacai , apprit que tout le Pays étoit en Armes ;
que Mioxindono & Daxandono avoient levé
une nouvelle Armée , pour venger , diſoient
ils , la mort des Bonzes de Jeſan , & que le
Roi d'Ava s'étoit joint à eux , il crut , qu'il
ne ſeroit pas hors de propos de faire une vi
ſite a ces Princes , & il commença par le Roi
d'Ava. Il lui en fit demander la permiſſion

ce Prince, qui étoit prêt de tenir un grand
Conseil de Guerre, voulut bien remettre l'Assemblée à un autre tems, & fit dire que le Supérieur des Docteurs Etrangers seroit le bien venu. Sur cette réponse, le Pere l'alla trouver accompagné de Laurent, & la conversation roula toute sur la Religion Chrétienne. Laurent parla longtems, & avec son éloquence ordinaire, il fut écouté avec beaucoup d'attention, & quand il eut fini, le Roi avoüa que rien n'étoit plus conforme à la raison, que la Doctrine des Chrétiens, & qu'il entendroit toujours très-volontiers de pareils Discours.

Le Pere Cabral alla ensuite rendre ses devoirs à Mioxindono ; ce Prince, dont les principaux Officiers étoient Chrétiens, fit au Vice-Provincial le même accueil, qu'il avoit souvent fait au Pere Vilela, & il l'engagea à aller passer quelques jours à Imory, il retint même Laurent auprès de lui, & eut avec ce Religieux plusieurs conversations particulieres, dans lesquelles il lui proposa quantité de doutes sur plusieurs Articles de la Religion, & en particulier sur l'immortalité de nos Ames : (c'étoit le point, où en revenoient toujours les Grands du Japon avec les Ouvriers de l'Evangile,) enfin il lui assura qu'aussi-tôt que la Guerre seroit finie, il le verroit volontiers, & l'entendroit avec plaisir discourir du Christianisme. Mais peu de jours après Nobunanga s'étant approché avec une puissante Armée, Mioxindono & ses Alliez n'oserent l'attendre, & se trouverent fort heureux d'avoir pû échapper, sans avoir été attaqués dans leur retraite.

Je trouve néanmoins dans quelques Mé-

De J. C.
1571.
De Syn Mu.
2231.

De J. C.
1571.
De Syn-Mu.
2231.

moires, qu'après la mort de Vatadono, ou
du moins après sa retraite à Tacaçuqui, il y
eut encore une action très-vive entre le Roi
de Voary & les deux Meurtriers de l'Empereur ; ces deux Princes, dit-on, apprenant
que leur Ennemi se reposant sur sa Victoire,
retournoit à Méaco, encore plus mal escor-
té, qu'il n'en étoit sorti, & que Vatadono
n'étoit point avec lui, ramasserent les débris
de leur Armée, & prirent en côtoyant toujours l'Armée Royale, là route de la Capitale, dans le dessein de la surprendre, ou de l'attaquer s'ils en trouvoient une occasion favorable, mais que Nobunanga, qui les découvrit
d'abord par ses Espions, & pénétra leur dessein, résolut de les surprendre lui-même ; &
pour le faire plus sûrement, il se mit à marcher à petites journées, & en apparence avec
cette sécurité, qu'inspire une grande Victoire ; que cette feinte confiance eut son effet ; que
les deux Chefs confédérés se persuaderent
qu'ils viendroient aisément à bout d'un Homme, qui leur paroissoit si peu sur ses gardes ;
qu'ils commencerent à y être moins eux-mêmes,
& à camper sans prendre presque aucune précaution ; que c'étoit où le Roi de Voary les vouloit amener ; que dès qu'il eut été averti qu'ils
n'avoient plus, ni Coureurs, ni Garde avancée, il tomba la nuit sur leur Camp, qu'il
avoit fait très-bien reconnoitre, & y fit un
grand carnage. Il y a pourtant bien de l'apparence que cette action se passa avant le
massacre des Bonzes de Jesan. Ce qui est certain, c'est qu'après la retraite précipitée du
Roi d'Ava, & de ses Alliés, Nobunanga, qui
croyoit n'avoir plus rien à craindre de Gens

qui n'avoient pas ofé l'attendre dans un Camp, où ils avoient eu tout le loifir de fe bien for- ifier, donna de grandes marques de modé- ation, jufques-là, qu'il laiſſa fes Ennemis jouïr tranquillement d'une partie de leurs ſtats. Nous verrons néanmoins bien-tôt un le fes Fils porter le nom de Roi d'Ava.

pour revenir au Pere Cabral, ce Miſſionnai- 'e, après avoir féjourné quelque tems à Méa- o, où il trouva les Fidèles dans une ferveur, qui lui donna de grandes efpérances pour 'avenir, en partit pour la Fortereſſe de Ta- açuqui, où il vouloit faire des compliments le condoléance à la Veuve & au Fils de Va- 'adono. Comme il en approchoit, il rencon- ra Juſte Ucondono, Fils de Tacayama, le- quel venoit au-devant de lui, avec une nom- oreuſe fuite de Gentilshommes. Il paroît que toute cette Famille étoit Chrétienne ; car nes Mémoires ajoûtent, que le Vice-Provin- cial leur ayant marqué qu'il ne doutoit point du falut de Vatadono, il les confola beau- coup. Il reſta peu de tems dans cette Forte- reſſe, & il retourna à Méaco, où plufieurs Seigneurs Chrétiens furent d'avis qu'il de- mandât une Audience à l'Empereur.

Il fuivit leur confeil, le Cubo-Sama le re- çut fort bien, s'entretint deux heures avec lui, & lui dit de ne point s'inquiéter de tout ce qu'on pourroit entreprendre contre fa Re- ligion ; qu'il l'eftimoit, & qu'il fe feroit tou- jours un plaifir de la protéger. Ce Prince n'a- voit point varié fur cet Article ; mais fon au- torité ne s'étendoit pas fort loin, & les Mif- fionnaires après la mort de Vatadono, ne compterent plus que fur le Roi de Voary,

De J. C.
1572.

De Syn-Mu.
2232.

Le Vice-Pro-
vincial eft bien
reçu du Cubo-
Sama.

qui étoit alors à Anzuquiama ; aussi le Vice-
Provincial ne crut-il pas devoir différer davantage à lui aller rendre ses devoirs. Le Pere Froez & Laurent, qui étoient fort connus
de ce Prince, l'y accompagnerent, & a peine
étoient-ils arrivés à Anzuquiama, que le Roi
en ayant été averti , fit dire à des Ambassa-
deurs, & à d'autres Seigneurs, à qui il étoit
sur le point de donner audience, d'attendre
à un autre tems, & ordonna qu'on lui amenât sur le champ les Missionnaires, avec lesquels il vouloit manger ce jour-là.

Et mieux en-
core de Nobu-
nanga.

Les Peres se rendirent aussitôt au Palais,
& à peine avoient-ils salué le Prince, qu'il
leur fit présenter des Fruits ; il eut ensuite
avec eux une longue conversation en présence de plusieurs Grends, elle roula encore sur
la Religion : & à la fin, Nobunanga se tournant vers les Seigneurs. *Voilà*, dit-il, *des
Hommes tels que je les aime, droits, sinceres, & qui me disent des choses solides, au
lieu que les Bonzes avec leurs Camis & leurs
Fotoques, ne nous débitent que des Fables,
& sont de vrais Hypocrites.* On vint alors
l'avertir, qu'on avoit servi, & il congédia
toute la Cour, à l'exception d'un Seigneur
de Méaco, que l'Empereur lui avoit envoyé
depuis peu, pour lui faire un compliment,
& des présents de sa part, & auquel il dit,
qu'il le retenoit à dîner avec lui, pour faire
compagnie aux Peres. Ce Seigneur étoit un
des plus grands Ennemis qu'eût la Religion
dans la Capitale. Le Pere Froez pour profiter d'une occasion si favorable, lui dit qu'il
espéroit que la bonté, dont le Roi usoit à leur
égard, l'engageroit a ne les plus inquiéte

formais. Nobunanga comprit ce que le Pe-
vouloit dire , & ajoûta , que ce n'étoit pas
ez , & qu'il comptoit bien que ce Seigneur
manqueroit dans la fuite aucune occafion
leur faire du bien , puifqu'il lui en don-
nt l'exemple ; celui-ci le promit , & fit aux
·res de grandes excufes du paffé.

Au fortir de Table , le Roi dit au P. Cabral,
i'il ne vouloit point qu'il partît d'Anzuquia-
a , fans avoir vû fon Palais & fa Citadelle ;
lui fit enfuite donner des Chevaux & une
forte pour l'accompagner jufqu'à Méaco ,
commanda expreffément à Laurent de le
ire avertir exactement de tout ce dont les
·res auroient befoin. Il les congédia enfin
i leur donnant fa parole , qu'il leur feroit
·nnoitre en toute occafion , combien il les
ftimoit. Le Vice-Provincial en arrivant à
léaco , trouva qu'on ne parloit dans cette
·ande Ville , que de l'accueil , que lui avoit
ut Nobunanga ; & ce qui lui fit plus de plai-
r , c'eft que les Bonzes n'ofant ouvrir la bou-
·e pour fe déclarer contre une Religion fi
uiffamment protégée , rien ne s'oppofa plus
u progrès de l'Evangile , qui fe répandit en
eu de tems dans tous les Royaumes voifins.

Celui , où les Miffionnaires recueillirent des
·ruits plus abondants de leurs Travaux , fut
·e Royaume de TAMBA , un des cinq , qui
ompofent le TENSE , un Seigneur Chrétien
·onimé JEAN NAYTADONO , baptifé autre-
·ois par le Pere Vilela , en poffédoit la meil-
eure partie , dont il avoit été gratifié par le
léfunt Empereur , auquel il avoit rendu de
·rès-grands fervices ; & le nouveau Cubo-Sa-
na avoit confirmé cette Donation. Il paroît

même qu'il portoit le titre de Roi de Tamba, & la plûpart des Relations de ce tems-là ne manquent jamais de le lui donner. Ce Seigneur, qui avoit beaucoup de zèle pour la Religion, & qui en donna jusqu'a la fin de grandes marques, ainfi que nous le verrons en plus d'un endroit de cette Histoire, crut l'occasion favorable, pour procurer a fes Sujets & à fes Vaffaux, la connoiffance de Jesus-Christ ; il pria le Vice-Provincial de lui accorder un de fes Religieux pour les instruire, & le Pere lui ayant donné Laurent, il le mena lui-même dans fes Terres, où le zéle de ce Miffionnaire ne trouva aucun obftacle à l'œuvre de Dieu, Le Pere Cabral y fit lui-même un Voyage, & y baptifa plufieurs Perfonnes de Confidération, Il paffa enfuite au Royaume d'Inga, dont je n'ai trouvé nulle part la fituation, mais qui ne doit pas être éloigné de celui de Tamba, & il fut furpris d'y voir deux Eglifes bâties, par les foins de deux Vieillards, qui n'étoient encore que Catéchumenes, & aufquels il conféra le Baptême.

Il eût été étonnant, que le Royaume de Voary ne fe fentit point du bien ineftimable que la faveur de Nobunanga procuroit à tant d'autres Royaumes. Il ne fut pourtant pas poffible pour lors d'y envoyer aucun Miffion naire, parce que le nombre en étoit toujours fort peu confidérable, mais un fervent Chrétien, nommé Constantin, y fuppléa. Il avoit dreffé un Oratoire dans fa Maifon, i y expliquoit les principaux Articles du Chriftianifme, & il s'y tenoit des Conférences fur les Points, qui avoient le plus de befoin de difcuffion discussion. Les Infidéles y venoient en foule, & Constantin en baptisa un très grand nombre. Il se chargeoit de toutes les autres Fonctions du Ministere Evangélique, dont il étoit capable, & il mérita d'être l'Apôtre de sa Patrie.

De J. C.
1572.
De Syn - Mu.
2232.

Il y avoit longtems, que l'Empire du Japon n'avoit été aussi tranquille, qu'il le paroissoit alors. Nobunanga croyoit avoir assez bien établi sa Puissance, pour ne pas craindre qu'on entreprit de l'ébranler ; & pour ne point donner d'ombrage à l'Empereur, il se tenoit ordinairement dans ses Châteaux. Mais c'est un état bien violent, que celui d'un Souverain en tutelle sur son Trône. Il en avoit coûté bien des Combats, le plus pur sang de la Noblesse du Japon, & la désolation de ses plus belles Provinces, pour y réduire les Dairys. Tout fumoit encore après cinq ou six cents ans du feu des Guerres Civiles, que cette grande Révolution avoit allumé. Le Roi de Voary devoit bien s'attendre que la dégradation des Cubo-Samas n'auroit pas des suites moins funestes ; aussi ne négligeoit-il rien pour se mettre en état de faire face aux Ennemis, qu'une pareille Entreprise pourroit lui susciter, & ses mesures se trouverent justes.

L'Empereur se brouille avec Nobunanga.

Le Monarque, sous le nom duquel il gouvernoit souverainement l'Empire, étoit un Prince naturellement paisible, mais d'un génie borné. Avec ce caractere on peut n'être pas susceptible d'ambition, mais on est souvent l'instrument de celle des autres, on devient ombrageux, défiant, délicat, & ce qui est encore plus dangereux, on est en butte

Caractere de ce Prince.

Tome II. Q

aux mauvais conseils, & peu propre à en suivre de bons. C'est ce qui arriva au malheureux Cavadono, & ce qui précipita sa ruine
de la manière, que je vais le raconter en peu
de mots ; les Missionnaires, qui étoient sur les
lieux, ne nous ayant point instruit de bien
des circonstances d'une Guerre, dont ils se
sont contentés de nous apprendre qu'elle fut
infiniment sanglante, & qu'elle retraça l'Image de toutes les horreurs des dissensions précédentes.

De J. C.
1572.

De Syn Mu.
2232.

Modé ation
de Nobunanga.

Ce fut vers le commencement de l'année
1573. que Nobunanga eut le premier soup-
çon qu'il se tramoit quelque chose contre
lui à la Cour de l'Empereur. Il étoit déja mécontent de ce Prince, qui à la mort de Vatadono, avoit nommé, sans le consulter, un
nouveau Vice-Roi, appellé VIEDONO ; mais
ce qui le choqua davantage, c'est que Viedono s'attacha dans l'exercice de sa Charge à
prendre tout le contrepied de son Prédécef-
seur. Ces changements ne manquent guéres
d'occasionner des Troubles, & de faire des
Mécontents. Plusieurs Personnes, qui se crurent lézées, s'adressèrent a Nobunanga, pour
en avoir justice, & le Roi fit ses Plaintes avec
assez de hauteur au Cubo-Sama. L'Empereur
y répondit sur le même ton, & les Esprits
parurent fort aigris de part & d'autre. Quelque tems après, Cavadono craignant que le
Roi de Voary ne vint lui enlever un Fils,
dont l'Impératrice étoit accouchée depuis
peu, & ne le fit enfermer dans quelqu'une
de ses Forteresses, commença à se fortifier
dans la Citadelle de Méaco, & y fit entrer
quantité de vivres, & de munitions de Guer-

res. Nobunanga ne douta point que ces préparatifs ne fuſſent contre lui ; il en écrivit à l'Empereur, & ſe plaignit en termes fort meſurés : il fit plus, car pour détruire entiérement les ſoupçons , qu'il voyoit bien qu'on avoit inſpirés contre lui à ce Prince , il lui envoya un de ſes Fils en ôtage.

De J. C.
1573.
De Syn-Mu.
2233.

Le Conſeil de l'Empereur fut d'avis, qu'il falloit renvoyer le jeune Prince à ſon Pere, & prendre ouvertement les Armes. ʺ Le Roi ʺ de Voary, lui dit-on, ſe ſent foible, puiſ-ʺ qu'il a baiſſé le ton : ne lui donnez pas le ʺ tems de fortifier ſon Parti , & profitez de ʺ l'occaſion, qui ſe préſente de ſecoüer un ʺ joug, que la néceſſité des tems vous a faît ʺ ſubir ʺ. L'inconſidéré Monarque fit tout ce qu'on voulut, & déclara la Guerre à un Prince, qui ſeul la pouvoit faire pour lui. Il ne falloit plus, pour porter l'imprudence à ſon comble , que traiter avec Mioxindono & ſes anciens Confédérés, ce fut par où l'on commença ; on mit les Aſſaſſins de la Famille Impériale en état de ſe venger de Nobunanga, & de le faire repentir d'avoir ſauvé l'Empereur, ſans faire réflexion, que par-là on livroit ce malheureux Prince entre les Mains de ſes plus grands Ennemis, & qu'il ne tiendroit qu'à eux de conſommer leur crime, quand on les auroit aidés à ſe défaire de celui , qui ſeul juſques-là les en avoit empôchés. On fit enſuite proclamer un Edit Impérial , qui portoit défenſe de recevoir chez ſoi aucun des Sujets du Roi de Voary, & il y eut ordre dans le même tems d'abattre le Palais de ce Prince, ce qui fut exécuté.

Le Cubo-Sama ſe livre à de mauvais conſeils.

Après de telles démarches, on devoit bien

Q ij

s'attendre, que Nobunanga ne demeureroit
pas tranquille, & l'on sçut en effet bientôt
qu'il armoit puissamment. Comme il y avoit
toute apparence que ce seroit a Méaco, qu'il
porteroit d'abord ses Armes, cette grande
Ville fut en un moment remplie de Trouble & de confusion, & chacun songea à mettre en sûreté sa Femme, ses Enfants, & ses
Trésors. Le P. Froez reçut alors des Lettres
de Xicaidono Gouverneur d'Imory, & Seigneur de Canga, qui lui offroit une retraite
pour lui, & pour tous ses Confréres dans son
Isle. Naytadono, Roi de Tamba, & Juste
Ucondono, dont le Pere venoit d'hériter des
Etats de Vatadono par la mort du Fils de ce
Seigneur, lui firent les mêmes offres ; mais
il répondit à tous, qu'il ne pouvoit se résoudre a abandonner les Chrétiens dans un tems
aussi critique, & d'ailleurs, qu'on n'avoit encore aucun avis certain de la marche de Nobunanga.

Le Roi de
Tamba vient
au secours de
l'Empereur. Sa
piete.

Au bout de quelques jours, on vit arriver
dans la Capitale le Roi de Tamba, avec deux
mille Hommes de Troupes choisies, dont toutes les Bannieres avoient de fort belles Croix.
Le Prince lui-même portoit sur son Casque
un grand Nom de JESUS d'or ; il alla sur le
champ se mettre en bataille à la vûe du Palais, & l'Empereur fut si charmé de voir
cette Troupe, qui étoit en effet fort belle,
qu'il augmenta les Revenus du Roi. Le lendemain le Vice-Roi alla pour faire prêter à
ce Prince le Serment ordinaire, & lui en
présenta la Formule. Naytadono lui répondit,
qu'elle ne lui convenoit pas, qu'il étoit Chrétien, qu'il jureroit suivant les Loix du Chri-

ftianifme , & donneroit fes deux Freres en
ôtage. L'Affaire fut portée à l'Empereur, qui
déclara qu'il fe contentoit de la parole du
Roi de Tamba. Sur le foir, ce Prince fe rendit à l'Eglife pour y faire fa priere avec tous
ceux de fes Gens , qui étoient Chrétiens ; &
le jour fuivant il fe confeffa , & communia
avec une piété, qui édifia infiniment toute la
Ville

Cependant Méaco, quoique remplie de Gens
armés pour la défenfe de fes Murs & de fon
Monarque , n'étoit raffûré qu'à demi , lorfqu'on y apprit que Nobunanga étoit en marche avec une Armée de cinquante mille Hommes, & avoit pris la route de cette Capitale,
mais que le Roi d'Imory & le Prince de Nara l'attendoient au paffage avec des forces,
qui n'étoient point inférieures aux fiennes ,
& que XINGUEN , Roi de SANOQUI , tenoit
la Campagne avec une Armée de Négores.
Ce Prince avoit été Bonze ; & pour monter
fur le Trône , il en avoit chaffé fon Pere , &
tenoit fon Frere aîné dans les fers. La caufe,
ou le prétexte de fon armement, étoit de venger les Bonzes maffacrés à Jefan , & de rétablir ce Sanctuaire dans fa premiere fplen-
deur. Il fe croyoit invincible à la tête de fes
braves Négores, & il envoya au Roi de Voary un Cartel, où il fe qualifioit de ROI SOU-
VERAIN DES BONZES DU JAPON, ARMÉ POUR
VENGER LES DIEUX ET LEURS MINISTRES.
Nobunanga répondit , qu'il acceptoit le Cartel , qu'il ne tiendroit qu'au Roi, qu'ils ne fe
mefuraffent bientôt, & qu'il feroit plus de la
moitié du chemin, il marquoit dans fa Lettre , QU'IL ÉTOIT LE MARTEAU DOMPTANT

Q iij

Nobunanga
marche avec
cinquante mil-
le Hommes à
Méaco. Deux
grandes Ar-
mées l'atten-
dent au paffa-
ge , mais fe
diffipent à fon
approche.

De J. C.
1573.
De Syn Mu.
2233.

LES DIABLES , ET DE'TRUISANT LES SECTES EXTRAVAGANTES DU JAPON. Il continua enfuite de marcher , mais Xinguen ne l'attendit point & difparut. Mioxindono & Daxandono ne l'eurent pas plutôt appris , qu'ils en firent de même , & le Roi victorieux, fans avoir tiré l'épée , parut à la vûe de Méaco dans le tems, qu'on s'y flattoit encore qu'il n'oferoit entreprendre de forcer les paffages.

Arrivé aux Portes de la Ville , il fait faire des propofitions de paix avantageufes à l'Empereur.

Ce fut le propre jour de l'Afcenfion , que dès le grand matin on fonna le Tocfin à la Citadelle. Le Roi s'étoit avancé jufqu'à une demi lieuë de la Ville, avec un détachement de cinq ou fix mille Hommes , le refte de l'Armée fuivoit fous les ordres de XIBATADONO fon Capitaine général. Ce fut alors , qu'il apprit que fon Palais avoit été renverfé: il en fut outré , mais il fçut fe modérer , & envoya fur le champ publier dans fon Armée une défenfe , fous peine de la vie, à quiconque d'entrer dans la Ville. Il envoya enfuite offrir la paix à l'Empereur, le pria de fe fouvénir, que s'il étoit fur le Trône , il lui en avoit l'obligation , & qu'au refte, il étoit en état de le perdre. Ses offres furent rejettées & l'on affure, qu'il en verfa des larmes. Si elles furent finceres , elles marquoient une Ame bien généreufe ; ce qui eft certain, c'eft qu'il refta quatre jours entiers fans faire aucun acte d'hoftilité, & que cette modératio lui fit bien de l'honneur dans tout l'Empire.

Il ravage tous les environs pour obliger

Ce terme expiré , il détacha fept ou huit mille Hommes, avec ordre de défoler & de brûler tout le Pays à quatre lieuës aux env

rons de la Ville : cela fut exécuté, & l'on ne
peut dire le nombre de Bourgs, de Villages,
de Maisons de plaisance, de Monasteres, &

De J. C.
1573.

De Syn-Mu.
2233.

de Temples, qui furent réduits en cendres en
un seul jour. Cela fait, il envoya une seconde fois offrir un accommodement au Cubo-
Sama, on eût dit que c'étoit un Pere, qui
forcé de punir un Fils ingrat, cherche tous
les moyens de l'obliger à recourir à sa clé-
mence, & craint d'appésantir trop son bras en
le frappant. Il crut, que si sa présence à la
tête d'une Armée, devant laquelle cent mille
Hommes n'avoient osé tenir, ne suffisoit pas
pour lui faire ouvrir les yeux, il prendroit
des sentiments plus raisonnables en voyant
tous les environs de sa Capitale en feu. Il fut
encore trompé, Cavadono vit cette désolation
sans en être émû : peut-être comptoit-il encore sur quelque diversion puissante de ses Alliés,
ou de la part du Roi de Sanoqui & des Négores, qui étoient dans le Royaume d'Omi ;
quoiqu'il en soit, il ne voulut rien écouter.

ce Prince à
accepter ses
offres, mais
elles sont re-
fusées.

Mais les Habitants de Méaco jugerent à
propos de prévenir l'Orage, & firent offrir à
Nobunanga une somme considérable, pour
être garantis du pillage. La Basse Ville, où il
n'y avoit que du Peuple, & dont les Députés parlerent à ce Prince avec un air de soumission, qui convenoit à la situation, où ils
se trouvoient, obtint ce qu'elle demandoit ; la
Haute Ville, où étoient les Seigneurs & les
plus riches Marchands, ne s'y prît pas tout-
à-fait de la même maniere, & ses offres furent rejettées ; après quoi le quatorzième de
Mai, (a) le Roi rassembla ses Troupes, les

Nobunanga
entre dans
Méaco. Epar-
gne la basse
Ville, qui s'é-
toit soumise,
& force la
Haute l'épée à
la main.

(a) Ou le vingt quatriéme, les Relations disent le

De J. C.
1573.

De Syn-Mu.
2233.

Il laiſſe
l'Empereur
ſur le Thrône,
mais ſans au-
torité.

mit en Bataille, entra dans Méaco, dont les Portes lui furent ouvertes, traverſa la Baſſe Ville, ſans toucher à une ſeule Maiſon, comme il s'y étoit engagé, força la Haute l'épée à la Main, la fit piller & brûler, & ſe préſenta devant la Citadelle.

L'Empereur alors voulut parler de paix, mais il n'étoit plus tems. La conſternation étoit extrême parmi ſes Troupes ; & la maniere, dont le Haut Méaco, malgré ſes retranchements & ſa nombreuſe Garniſon, venoit d'être emporté, avoit glacé les plus fières courages. La patience du Roi étoit pouſſée à bout ; il fallut donc ſe ſoumettre, & recevoir la Loi. Nobunanga avoit eu deſſein de mettre ſur le Trône Impérial le ſecond Fils du Dairy, mais il ſe raviſa : il ne put ſe réſoudre à détruire ſon propre Ouvrage, en réduiſant à la condition de ſimple Particulier un Prince, qu'il avoit couronné de ſa Main, & la vûe du Malheureux Cubo-Sama, dont tout le crime étoit d'être le plus imbécile des Hommes, le toucha. Il ne voulut donc point le détrôner, mais il ne lui laiſſa que le Titre d'Empereur ; ainſi le Japon vit en même tems deux ombres de Souverains, & l'Empire reconnut pour ſon Maitre un Roi particulier, mais plus puiſſant par ſes Conquêtes, que ne l'avoit été aucun Cubo-Sama avant lui.

On n'a pas eu ſoin de nous apprendre en quel tems, ni à quelle occaſion il prit enfin le Titre de Cubo-Sama, il n'eſt pas même certain, qu'il l'ait jamais pris : Kœmpfer le

quatriéme, mais il faut qu'il y ait erreur dans le Chiffre, puiſque Nobunanga n'avoit paru pour la premiere fois à la vue de Méaco, que le jour de l'Aſcenſion.

nous parlons. Il lui donne pour Prédéceſſeur immédiat, un Josi Aki, lequel ſelon lui, fut cinq ans ſur le Trône Impérial, & à ce-lui-ci, Josi Tira, ou Josi Taira ſon Pere, & Fils de Josi Tir, & ne lui fait porter le Sceptre que quatre ans. Or Joſi Tir ne ſçauroit être, que le Malheureux Cubo-Sama, à qui Mioxindono & Daxandono firent perdre la Couronne & la Vie. L'Auteur Allemand dit que ce Prince ſe fendit le Ventre, & place ſa mort à peu près dans le tems, où arriva la funeſte cataſtrophe, dont nous avons parlé. Son Succeſſeur n'étoit pas ſon Fils, mais ſon Frere, ainſi que nous l'avons vû, & les Mémoires, que nous avons ſuivis en cela, ne peuvent être conteſtés, ayant pour Auteurs pluſieurs Perſonnes dignes de foi, qui furent témoins oculaires de tout ce qui ſe paſſa alors au Japon. Ce Prince ne monta pas ſur le Trône auſſitôt après la mort tragique de ſon Frere, & Kœmpfer dit qu'en effet il y eut un interregne de deux ou trois ans, ce qui peut fort bien s'accorder avec l'Hiſtoire, en ſuppoſant que Cavadono Voyacata, ou Joſi Tira, ne reçut du Dairy le Titre de Général de la Couronne, ou de Cubo-Sama, que quelques années après ſon Entrée à Méaco. Mais s'il eſt vrai qu'après quatre ans de regne il eut pour Succeſſeur Joſi Aki ſon Fils, il faut néceſſairement que l'Empereur dégradé par Nobunanga, n'ait pas été le même Prin-

Q v

De J. C.
15 3.

De Syn Mu.
2233.

ce, qui avoit été mis fur le Trône par le
Roi de Voary, à moins qu'on ne dife, qu'il
avoit aſſocié fon Fils à l'Empire, & que ce
fut toujours lui, qui parut dans cette Guerre ; c'eſt le feul moyen de concilier tous les
fentiments.

Quoiqu'il en foit, Nobunanga, que nous
traiterons déformais d'Empereur, parce que
toutes nos Relations l'appellent ainſi, & qu'il
fut véritablement le Maître de l'Empire depuis le tems, dont nous parlons, juſqu'à ſa
mort, Nobunanga, dis-je ne reſta a Méaco
après ſa Victoire, qu'autant de tems, qu'il
lui en fallut, pour y bâtir un nouveau Palais, & pour y tracer le Plan d'une nouvelle
Fortereſſe, où il laiſſa, auſſi-bien que dans la
Ville une Garniſon capable de contenir dans
le devoir tous ceux, que ſon abſence pouvoit
tenter de remuer, il partit enfuite pour Anzuquiama, ſans avoir voulu rendre une viſite
au Cubo-Sama.

Nobunanga
fait brûler plu-
ſieurs Monaſ-
teres de Bon-
zes.

Il apprit ſur ſa route qu'un Avanturier,
banni de ſon Pays, étoit entré avec une Troupe de Brigands dans le Royaume de Voary
pendant ſon expédition de Méaco, en avoit
enlevé une grande quantité de Ris, & l'a-
voit mis en dépôt dans un lieu nommé FA-
CUSIN, où il y avoit une Univerſité de Bonzes, & qui ſe trouvoit ſur le Chemin d'Anzuquiama à Méaco. Il n'en falloit pas tant
pour réveiller toute la haine du nouvel Empereur contre ces Prêtres Idolâtres : il brûla
Facuſin, & n'y laiſſa pas une Maiſon ſur pied.
Il s'étoit encore fait juſtice avant que de partir de la Capitale, d'un Bonze célèbre dans
tout l'Empire, pour ſon ſçavoir & pour ſon

Eloquence. Il avoit sçu que ce Docteur, tandis qu'on se disposoit dans la Ville à y soutenir un Siège, étant monté en Chaire, avoit osé prêcher contre lui, & dire, qu'il avoit porté la tyrannie à son comble, & que le Ciel ne tarderoit pas à le punir. Il fit chercher cet insolent Prédicateur, & l'ayant trouvé, il lui fit couper la Tête, sans vouloir écouter, ni le Dairy, ni le Cubo-Sama, qui firent les dernieres instances pour obtenir sa grace. Les autres Bonzes ne laisserent pas de publier que les Dieux tireroient incessamment une terrible vengeance de tant de Temples & de Monasteres ruinés, & de leurs Ministres égorgés par ce Prince, & ils avoient persuadé un grand nombre de Personnes, mais la constante prosperité, dont on vit que ces prétendus sacriléges étoient suivis, désabusa tout le Monde.

Sur la fin de ces troubles, les Chrétiens avoient obligé le Pere Froez de sortir de Méaco, & comme tout le Pays étoit rempli de Soldats, le Millionnaire courut de fort grands risques. Quant au Roi de Tamba, il ne paroit point que le Roi de Voary lui ait sçû mauvais gré pour lors d'avoir servi l'Empereur, dont il étoit Vassal, mais il est certain que dans la suite il perdit ses Etats, apparemment lorsque Nobunanga se saisit de la Tense, dont ils faisoient partie, & qu'il demeura toujours attaché à la Personne de son ancien Maître, auquel il rendit encore un grand service peu de tems après le départ de Nobunanga, car ayant appris que ce Prince qui craignoit toujours que le Vainqueur ne le fît enfermer avec son Fils dans quelque

Q vj

Citadelle, avoit pris la réfolution de fortir de Méaco, pour fe jetter dans une Fortereffe, qu'il eftimoit imprenable, il l'alla trouver, & lui repréfenta fi vivement l'irrégularité de cette démarche, & le danger, où il alloit fe précipiter fans reffource, qu'il le fit changer de deffein, de quoi ce Prince lui fçut dans la fuite un très-bon gré.

Pour ce qui eft de la Religion Chrétienne, comme on fçavoit que le nouvel Empereur la favorifoit ouvertement, elle ne fouffrit point pendant les Troubles, & la tranquillité, que les Victoires de ce Monarque avoient établie dans l'Empire, lui fut extrêmement avantageufe. Le Pere Cabral en profita pour vifiter les Provinces, où les Fidéles étoient fans Pafteurs, & il y rencontra par-tout de grands fujets de confolation. Quoique depuis dix ans aucun Miffionnaire n'eût paru à Facata, le Vice-Provincial y trouva une fort belle Eglife, & des Chrétiens en grand nombre. De-là, il paffa dans le Naugato, où la Chrétienté d'Amanguchi, qui avoit été comme la Mere de toutes les autres, gémiffoit fous la tyrannie de Morindono. Depuis vingt ans, que ce Prince avoit ufurpé le Royaume, aucun Ouvrier Evangélique n'avoit eu la liberté d'y entrer, ou du moins de s'y établir. D'ailleurs, ce Prince, qui ne connoiffoit point d'autre Dieu que fon Epée, avoit été longtems occupé à bien affermir fa domination. Il n'avoit enfuite fongé qu'à porter la Guerre chez fes Voifins, de forte que fes Etats n'avoient jamais joüi de ce calme fi néceffaire, pour difpofer les Efprits à la connoiffance de la vérité. Enfin très-peu des anciens Chré-

De J. C.
1573.
De Syn Mu.
2233.

tiens avoient échappé aux furieux carnages, par lesquels ce Conquérant s'étoit frayé un Chemin au Trône. Il ne laissoit pourtant pas d'y avoir encore dans Amanguchi, & aux environs, un petit nombre de Fidèles, qui s'assembloient régulièrement chez un d'entr'eux.

Histoire d'un Aveugle Sçavant.

Le principal instrument, dont le Ciel s'étoit servi pour conserver ce petit nombre d'Elûs, étoit un de ces Aveugles Sçavants, dont j'ai parlé dans le Livre Préliminaire de cette Histoire. Les autres firent bien voir, que dans la Main de Dieu tout instrument est propre pour l'exécution de ses plus grands desseins. L'Aveugle se nommoit Tobie, & avoit été baptisé par S. François Xavier. Le Saint-Esprit, qui avoit rencontré dans cet Homme des dispositions admirables à la Sainteté, l'avoit comblé de ses dons les plus précieux, & lui avoit surtout inspiré un zèle admirable pour le salut des Ames. Il étoit d'ailleurs dans une grande réputation de Doctrine, personne ne sçavoit aussi-bien que lui l'Histoire Ancienne du Japon, & n'en parloit d'une manière plus agréable, mais après que par les charmes de sa conversation il s'étoit concilié les Esprits, il falloit tomber le discours sur Jesus-Christ, & sur les plus sublimes Mysteres de notre sainte Religion, & s'exprimoit sur cela, d'une manière qui enchantoit. On prenoit souvent plaisir à le faire entrer en lice avec les Bonzes, mais comme ceux-ci ne sortoient jamais à leur honneur de ce combat, ils chercherent longtems une occasion de se délivrer d'un si redoutable Adversaire.

Après bien d'inutiles tentatives, ils crurent

De J. C.
1573.

De Syn·Mu-
2233.

que le meilleur moyen d'y réuſſir , étoit de
lui faire entrer un Démon dans le corps.
Quelques Bonzes Sorciers l'entreprirent , &
pour empêcher qu'il ne ſe doutât de rien ,
& qu'il ne prît les précautions , ils le défie-
rent à une diſpute réglée. Tobie accepta
avec joye le défi. L'Aſſemblée fut nombreuſe ; & tandis que les uns cherchoient à l'amuſer, en lui propoſant pluſieurs queſtions cap-
tieuſes, les autres firent leurs enchantements.
Tobie s'en apperçut, & ne s'en étonna point.
Les Magiciens ſurpris que le Diable ne vînt
point, commencerent à crier, & à ſe débat-
tre , comme ſi eux-mêmes euſſent été poſſé-
dés. Alors le généreux Chrétien avec un ris
moqueur, leur dit , comme autrefois le Prophéte Elie aux Prêtres de Baal , de parler
plus haut , parce que l'Eſprit infernal ne les
entendoit point , ,, mais , ajoûta-t-il , vous
,, avez beau faire , quand vous évoqueriez
,, toutes les Puiſſances des Ténébres, il ne
,, me faut qu'un Signe de Croix pour les
,, mettre en fuite , & ſçachez que dans un
,, beſoin , un Chrétien a pour ſa Garde plus
,, d'Anges, que vous & tous vos ſemblables
,, ne pourriez lui oppoſer de Démons.
Les Bonzes ſans ſe rebuter , redoublerent
leurs preſtiges : enfin , dit-on , les Diables parurent, mais laiſſant-là Tobie , qui les attendoit de pied ferme , ils ſe tournerent contre
les Enchanteurs avec des Viſages ſi terribles,
& ſe mirent tellement en devoir de les maltraiter , que les pauvres Bonzes tout trem-
blants de peur, ſe jetterent demi morts aux
pieds de Tobie, lui embraſſerent les genoux,
& le conjurerent de faire ſur eux le Signe

de la Croix. » Ce n'eſt pas aſſez, dit alors
» le Chrétien, de reconnoître la vertu de la
» Croix, il faut changer de conduite & de
» profeſſion, il faut adorer ce Signe ſalutai-
» re, dont vous êtes obligés de confeſſer le
» pouvoir. Les Bonzes promirent tout, &
Tobie ſans faire autre choſe, que ce qu'on
lui demandoit, & menacer les Démons, les
fit diſparoître dans le moment. Au reſte,
ſans vouloir garantir ce fait, qui n'a rien
que de fort croyable dans les principes de
notre Religion, je me contente de le rapporter tel, que je le trouve dans mes Mémoires, j'ajoûte ſeulement, que ceux, qui ont
écrit ces Mémoires, & le ſaint Homme, de
qui ils l'ont appris, n'étoient point des Eſprits
foibles, & en ſçavoient bien autant que ceux;
qui pourront le regarder comme un conte
fait à plaiſir, & qui cependant ne pourront
guéres y oppoſer qu'une incrédulité, dont ils
ſeroient fort embaraſſés à apporter une raiſon bien ſolide.

Une autre Perſonne, qui ne contribuoit
guéres moins, que le ſaint & Sçavant Tobie,
à faire connoître & eſtimer la Religion Chrétienne dans ce Royaume, étoit une vertueuſe
Chrétienne fort âgée, appellée MARIE, qui
avoit auſſi reçu le Baptême de la Main de
l'Apôtre des Indes. Cette Femme voyant que
le Saint & ſon Compagnon ne vivoient que
d'Aumônes, étoient vêtus pauvrement, menoient une vie extrêmement dure, & faiſoient
beaucoup de cas des Pauvres, conçut, malgré
les préjugés de ſa Nation, qu'il y avoit quelque choſe de grand dans la Pauvreté Evangélique, elle ſe ſentit auſſitôt inſpirée de l'em-

De J. C.
1573.
De Syn Ma.
2233.

Et de deux
Femmes Chre-
tiennes.

De J. C.
1573.
De Syn - Mu.
2233.

braſſer, vendit tous ſes biens, qui étoient conſidérables, en diſtribua l'Argent aux plus néceſſiteux, & ſe réduiſit à la plus extrême indigence. Dieu récompenſa une vertu ſi pure, de toutes les richeſſes de ſa Grace, & la généreuſe Chrétienne convenoit qu'elle avoit déja reçu le centuple de ce qu'elle avoit conſacré au Seigneur. Dès qu'elle ſçut que le Pere Cabral étoit arrivé à Amanguchi, elle fit onze lieues à pied, quoique l'âge l'eût fort affoiblie, pour avoir la conſolation de participer aux Sacrements de l'Egliſe, dont elle étoit privée depuis ſi longtems, & pour entendre precher un jeune Jéſuite Japonnois, qui accompagnoit le Vice-Provincial. Elle fut ſi tranſportée des diſcours de ce Miſſionnaire, qui étoit en effet très éloquent, qu'étant retournée dans le Lieu de ſa réſidence, tout le Monde étoit ſurpris de l'entendre parler elle-même des véritez éternelles. Quelques Bonzes l'allerent voir par pure curioſité, & en revinrent tellement changés, que le Pere Cabral en baptiſa quatre, avant que de partir d'Amanguchi. Ce n'étoit pas au reſte les premieres Converſions, qu'elle eût faites ; elle avoit dans ſa ſimplicité une maniere de traiter avec les Infidéles, qui jointe à cette ſainteté de vie, laquelle donne tant d'efficace aux paroles, lui avoit fait enlever bien des Ames à Satan.

Une autre Femme nommée CATHERINE, âgée de quatre-vingt ans, baptiſée encore par le même Apôtre, rendit auſſi viſite aux Miſſionnaires, à qui on avoit raconté des choſes merveilleuſes de cette bonne Chrétienne. Ils trouverent qu'on ne leur avoit rien dit

de trop, & le Pere Cabral avoüa qu'elle lui
avoit caufé bien de la confufion : elle ne
parloit que de Dieu, & elle en parloit d'une
maniere ravillante, auffi avoit-elle gagné à
Jefus Chrift plus de cent cinquante Perfonnes. L'Homme Apoftolique, qui de fes Travaux & de fes difcours n'avoit guères encore
tiré dans cette Ville d'autre Fruit, que des
louanges ftériles, eut bien de quoi s'humilier
devant Dieu, en apprenant qu'une Femme
ignorante avoit beaucoup plus fait pour le falut des Ames, que lui & fon Compagnon,
avec toute leur fcience & toute leur éloquence.

De J C.
1573.
De Syn-Mu.
2233.

Il baptifa néanmoins avant fon départ d'A-
manguchi, un Homme de Qualité, mais à
la Converfion duquel il n'avoit eu aucune
part. Ce Gentilhomme s'étoit trouvé plufieurs
fois avec un pauvre Chrétien nommé MA-
THIEU, qui gagnoit fa vie à vendre des Pei-
gnes, des Aiguilles, & autres femblables ba-
gatelles. Ce bon Homme ne manquoit jamais
en vendant fa Marchandife de parler de l'excellence de la Religion Chrétienne, & le Gentilhomme en fut tellement frappé un jour ;
qu'il réfolut d'embraffer le Chriftianifme. De
retour chez lui, il commença par jetter toutes fes Idoles au feu ; fes Domeftiques s'ima-
ginerent qu'il avoit perdu l'efprit, mais il
leur parla de maniere à les détromper ; cette action fit du bruit, & les Bonzes dénon-
cerent le Profélyte au Tono, dont il relevoit.
Il fut cité devant ce Seigneur, lui avoüa qu'il
avoit brûlé fes Idoles, ayant reconnu que ce
n'étoit que de vains fimulachres : il ajoûta
qu'il vouloit être Chrétien, & qu'il n'adore-

roit jamais d'autre Dieu, que celui, qui de rien a créé le Ciel & la Terre. Il s'attendoit que le Tono vengeroit fur lui fes prétendues Divinitez, mais ce Seigneur le renvoya en lui difant, qu'il pouvoit être Chrétien, s'il le vouloit, pourvû qu'il lui gardât la fidélité, qu'il lui devoit. Il fçut quelque tems après, que le Supérieur des Miffionnaires étoit à Amanguchi, & il courut auffitôt lui demander le Baptême. De retour chez lui, il eut le bonheur de convertir un autre Gentilhomme de fes Voifins.

D'Amanguchi le Pere Cabral paffa à Omura, où il venoit d'apprendre que Sumitanda avoit depuis peu couru un nouveau rifque de perdre la Couronne & la vie. Ce Prince avoit un voifin, qui étoit Seigneur d'ISAFAY, & Frere de la Princeffe fa Femme. Il étoit Idolâtre zélé, & faifoit depuis long-tems tous fes efforts, pour ramener fon Beau-Frere & fa Sœur au culte des Idoles ; n'en ayant pû venir à bout, & efpérant peut-être d'agrandir fon Etat aux dépens de Sumitanda, il fe ligua fecretement avec FISCIU ROI de FIRANDO, qui étoit apparemment le Fils & le Succeffeur de TAQUA NOMBO, & quelques autres Princes ennemis de la Religion Chrétienne. On prétend même que le Roi d'Arima fut du nombre des Confédérez contre fon propre Frere, avec qui jufques-là il avoit été très-uni.

La Ligue fignée, les Alliez ne fe croyant pas encore affez forts pour venir à bout d'un Prince accoutumé à paffer fur le ventre aux plus grandes Armées avec une poignée de Soldats, s'affurerent de quelques-uns de fes Vaf-

faux , qui tenoient d'aſſez bonnes Places , &
les engagerent à recevoir des Troupes , &
tout cela fut tramé avec tant de ſecret , que
Sumitanda n'en eut pas le moindre vent. Dès
que toutes les meſures furent priſes , le Seigneur d'Iſafay s'approcha pendant la nuit
d'Omura , dont quelques Bonzes lui ouvrirent
les Portes , & il s'en rendit ſans peine le maître. Le Prince étoit à une demi lieue de là
dans une Fortereſſe nommée CAGI ; il fut
averti vers le minuit de ce qui ſe paſſoit dans
ſa Capitale , & que l'Ennemi ſe diſpoſoit à venir à lui. Il n'avoit auprès de ſa Perſonne
que douze Gentilshommes , & la Princeſſe
avoit avec elle une bonne partie de ſa Maiſon ;
mais c'étoit des Femmes , & quelle apparence de pouvoir ſoutenir avec ſi peu de monde
les efforts d'une Armée entiere ? D'autre part ,
où ſe retirer , & ſur qui compter dans une
Révolution ſi ſubite ? L'embarras étoit égal des
deux côtés , & pour le coup Sumitanda ſe
crut perdu.

De J. C.
1573.
D. Syn-Mu.
2233.

Il envoya chercher un Miſſionnaire , qui
étant venu ſur le champ , le Prince l'embraſſa ,
& lui dit · *Je ſuis fort aiſe de mourir pour la
cauſe de Dieu ; car je ſuis bien ſûr que ma
Religion eſt l'unique motif de ce ſoulevement.*
Le jour venu , il monta au Donjon de la Fortereſſe , pour voir ce qui ſe paſſoit à Omura ;
& comme il eut apperçu qu'on avoit mis le feu
à l'Egliſe des Chrétiens , *nous vaincrons,* s'é-
cria-t-il auſſi-tôt; *nos Ennemis font la guerre
à Dieu.* En effet il ne tarda pas à recevoir du
renfort. Tout ce qu'il y avoit de Chrétiens à
Omura , ſçachant le danger , où étoit leur Prince , s'étoit d'abord mis en devoir de l'aller ſe-

Bravoure &
fidelite des
Chrétiens.

De J. C.
1573.

De Syn - Mu.
2233.

Victoire de
Sumitanda.

courir ; le Seigneur d'Isafay leur avoit fait couper le chemin ; mais trente des plus braves forcerent un Quartier, & gagnerent la Forteresse.

A peine y étoient-ils entrés, que l'Ennemi parut en ordre de Bataille, & se disposa à tenter un Assaut. Sumitanda, plein de confiance au Seigneur, donna ses ordres partout, fit prendre des Lances aux Dames de la Reine, afin qu'on ne s'apperçût pas du petit nombre de ses Soldats, confia la garde de quelques endroits foibles aux douze Hommes, qu'il avoit eus d'abord avec lui, & avec les trente, qui lui étoient venus d'Omura, il s'approcha de la Porte pour agir selon les besoins. La Forteresse étoit bâtie au bord de la Mer, sur des Rochers environnés de précipices, & l'on y entroit du côté de la Ville par un chemin assez large, qui avoit à droite & à gauche des Parapets à hauteur d'appui. Le Général Ennemi s'engagea dans ce chemin, où huit Hommes pouvoient tenir de front : Sumitanda le laissa avancer jusqu'a la Porte, qui fut ouverte dans le moment, & tandis que les Femmes chantoient des Pseaumes & des Cantiques, il fondit brusquement sur les premiers rangs en invoquant tout haut les sacrés Noms de JESUS & de MARIE, leur tua au moins soixante Hommes sans perdre aucun des siens, & mena le reste battant jusqu'au-delà du chemin.

Le Seigneur d'Isafay ne laissoit pas de se rallier, & il n'étoit pas au pouvoir du Prince de l'en empêcher ; mais les Habitants d'Omura l'ayant pris en queue, il en passa encore plus de quatre cents jusqu'à la Forteresse. Quelques-uns des Vassaux de Sumitanda le joignitent peu de tems après avec ce qu'ils purent ramalfer de Soldats, en forte qu'il fe trouva avoir deux mille Hommes, fur lefquels il pouvoit compter. C'étoit encore bien peu de chofe, eu égard à l'Armée, qu'il avoit en tête; il ne laiffa pas de faire une fortie générale, qui lui réuffit de telle forte, que l'Ennemi s'étant mis à fuir de tous côtés, il rentra dans fa Capitale fans aucune réfiftance, après avoir fait un grand butin dans leur Camp, qu'ils avoient abandonné.

Il n'y refta pourtant pas longtems, prévoyant bien que l'Armée Ennemie, qu'il avoit plutôt diffipée, que détruite, feroit bientôt raffemblée; & ne jugeant pas qu'il fût de la prudence de s'enfermer dans une Place, qui n'avoit point de défenfe, il retourna a fa Fortereffe, qu'il eut foin de bien fournir de munitions & de vivres, & où il fit entrer une Garnifon convenable. Peu de tems après le Seigneur d'Ifafay reparut avec fon Armée, & la Flotte de Furando s'approcha de la Côte, dans le deffein de faire une defcente; mais une horrible tempête, qui s'éleva tout-à-coup, fit périr une partie des Vaiffeaux, & diffipa le refte, ce qui jetta une telle frayeur dans l'Armée de Terre, que chacun commença à fuir de fon côté. Le Prince d'Omura, qui s'en apperçut d'abord, en profita; il fondit fur ces Troupes errantes & fugitives, en fit un grand carnage, tua de fa main le Lieutenant du Général, fit Prifonnier un des principaux Officiers, qui étoit fon Sujet, & lui fit couper la Tête.

Le Seigneur d'Ifafay lui-même fut longtems fans paroître; il avoit eu bien de la peine à fe fauver; & l'on affure qu'il fut quelques jours à

De J. C.
1573.
De Syn-Mu.
2233.

La Flotte ennemie diffipée par la Tempête Seconde victoire de Sumitanda.

Suites de fes victoires. Un Bonze tue pour un Miffionnaire.

De J. C.
1573.

De Syn Mu
2233.

courir de côté & d'autre, sans sçavoir où il
alloit, la peur l'ayant saisi à un point, qu'il
étoit tout hors de lui-même : enfin il se déguisa
& gagna ses Châteaux, où il ne se crut pas
encore trop en sureté. En effet Sumitanda,
après avoir remis l'ordre dans Omura porta
la Guerre chez ses Ennemis, leur enleva plusieurs Places considérables, fit partout un incroyable butin, & retourna dans sa Capitale,
après avoir considérablement accru son Domaine, & répandu fort loin la réputation de
ses Armes. Les Infidéles firent de sérieuses réflexions sur le succès inespéré de cette Guerre;
mais rien ne les frappa davantage, que ce qui
arriva à un Bonze, lequel en avoit été le principal Auteur, & qui avoit ouvert aux Troupes
d'Isafay les Portes d'Omura, car ce Rébelle
étant allé ensuite à l'Eglise des Chrétiens, apparemment pour y mettre le feu, comme il
eut apperçu un Surplis dans la Sacristie, il le
mit par-dessus ses habits, & parut en cet équipage à la porte de l'Eglise, faisant mille bouf-
fonneries pour contrefaire nos Cérémonies
saintes. Comme il étoit presque nuit, un Soldat, qui le découvrit le premier, le prit pour
un Missionnaire, tira dessus, & le tua.

Sumitanda
entreprend la
conversion de
tous ceux de
ses Sujets, qui
étoient restés
infideles, & y
réussit.

Tant de marques sensibles d'une protection
particuliere du Ciel enflammerent tellement le
zele de Sumitanda, que dès-lors il entreprit
de bannir entierement l'Idolâtrie des Terres de
son obéissance. Il le déclara au commencement
de l'année aux Seigneurs, qui vinrent, selon
la coutume, le saluer, il leur parla en cette rencontre d'une maniere si pathétique & si touchante, il leur remit si vivement devant les yeux la
maniere, dont le Dieu des Chrétiens l'avoit fait

fi fouvent triompher de fes Ennemis, il leur
témoigna tant de bonté, & un fi grand zèle
pour le falut de leurs Ames, que tous lui
promirent de fe faire inftruire, & tinrent
parole. Il s'adrefla enfuite aux Bonzes, il leur
fit fentir, qu'étant plus éclairés que les autres, ils devoient aufli reconnoitre plutôt la
vérité; il les affura qu'ils ne perdroient rien
en changeant de Religion, qu'il ne leur ôteroit
point leurs poffeffions, & qu'il les leur aug-
menteroit même plutôt: enfin il les charma,
& tous, à la réferve de quelques-uns, qui fe
retirerent ailleurs, embrafferent le Chriftianifme. Plufieurs Temples furent convertis en
Eglifes, dont en affez peu de tems on compte
jufqu'à quarante dans cette Principauté, &
plus de cinquante mille Chrétiens. Les Peres
GASPARD CUELLO & MELCHIOR de FIGHERE-
DO furent ceux, qui eurent le plus de part à
ces Converfions, dans le cours defquelles il
arriva bien des chofes, que je fuis obligé d'o-
mettre, pour ménager la délicateffe de ceux,
à qui le merveilleux ne plaît pas, lors même
qu'il s'agit d'une Religion aufli miraculeufe
dans fon établiffement, qu'elle eft dans fa fub-
ftance au deffus de l'entendement humain.

De J. C.
1574 75.
De Syn-Mu.
2234·35.

Il ne reftoit plus dans toute l'étendue des
Domaines de Sumitanda d'autre retranche-
ment à l'Idolâtrie, que la petite Ville de CORI,
mais les Bonzes en étoient Seigneurs, & le
Prince n'y avoit qu'une fouveraineté, dont les
droits étoient fort bornés. Le Pere Cuello avoit
grande envie d'y établir l'Empire de Jefus-
Chrift, mais il ne pouvoit obtenir du Prince la
permiffion d'y aller prêcher l'Evangile, & la
raifon de ce refus étoit la perfuafion, où étoit

Ce qui fe
Paffa à cette
Occafion dans
la petite Ville
de CORI.

De J. C.
1574 75.

De Sy.-Mu.
2234-35.

Sumîtanda, que les Bonzes ne manqueroient
pas d'empoisonner tout autant de Missionnaires, qu'il en paroîtroit dans cette Ville. Enfin
le Pere ayant promis de ne rien manger ni
boire, qu'il ne l'eût fait venir d'ailleurs, il
obtint ce qu'il souhaitoit si ardemment, mais
le Prince prit encore pour sa sûreté une précaution, à laquelle Dieu attacha sans, doute la
conservation du Missionnaire. Il fit partir avec
lui un Domestique de confiance, & ile rendit
responsable de tout ce qui arriveroit au Serviteur de Dieu.

Le Pere Cuello entra donc dans Coiri, où il
ne fut pas long tems sans connoitre que les ap-
préhensions du Prince d'Omura n'étoient pas
mal fondées. On ne sçauroit imaginer tout ce
qui fut mis en œuvre pour le faire périr ; mais
au milieu de tant de dangers, dont il étoit continuellement environné, il sentoit au dedans
de lui-même comme une certitude, que la Foi
triompheroit de ces Endurcis. Au bout de quelque tems, les Bonzes furent curieux de sçavoir ce que c'étoit que cette Religion, qu'on
venoit leur annoncer d'un autre Monde. Ils
furent surpris de voir une Doctrine si conforme aux lumieres du bon sens, & qui élevoit si
fort la raison au-dessus de l'Humanité. Alors
la curiosité faisant place à un véritable désir de
s'instruire, ils revinrent plusieurs fois : d'autres Bonzes, a qui ceux-ci n'avoient pû cacher
leurs sentimens, se joignirent à eux, & bien-
tôt toute la Ville courut chez le Docteur Etranger, qui se vit contraint de prêcher dans les
Places publiques, & qui ne trouvoit plus de
tems, ni pour satisfaire à ses exercices de piété,
ni pour prendre un peu de repos. Il est vrai
qu'il

qu'il fut bien dédommagé de tant de fatigues
par la bénédiction, que Dieu donna à ses difcours; car il eut la confolation de baptifer en
deux mois dix mille perfonnes à Cori, mais il
y ruina la fanté. Le fuccès de fon zele l'empêcha
d'en modérer l'ardeur, & l'empreffement des
Habitans de Cori à vouloir être inftruits de
nos Myfteres, produifit prefque le même effet
par rapport à lui, qu'on avoit appréhendé de
leur opiniâtre attachement à leurs fuperftitions, & de leur haine invétérée contre les
Prédicateurs de l'Evangile. S'il ne périt point
par le poifon, comme on croyoit avoir lieu de
le craindre, l'excès de fes travaux le jetta dans
une langueur, qui le confuma en très-peu de
tems.

De J. C.
1574-75.
De Syn - Mu
22 23 24 35.

*Fin du Livre quatriéme , & du fecond
Volume.*

TABLE

DES MATIERES

DU SECOND VOLUME.

A.

C.

E.

F.

R vj

K.

L.

pas ce Voyage des Provinciaux, & ce qui
l'engage a continuer le sien, 122. Il arrive
dans le Bungo, 124 Réception, que le
Roi lui fait, 130. Il retourne aux Indes,
131. Il reçoit fort légerement Pinto dans la
Compagnie, 132 & suiv.

O.

P.

Papier.

S.

T.

X.

Fin de la Table des Matieres.

ERRATA

Du second Volume.

PAGE xiij. cette Empereur, *lisez* cet Empereur.

Page 17. ligne 34. œuvre, *lisez* cure.

Page 48. ligne 1. l'espect, *lisez* aspect.

Page 88. ligne 22 le plûpart, *lisez* la plûpart.

Page 167. ligne 18. aillent, *lisez* agissent.

Lightning Source UK Ltd.
Milton Keynes UK
UKHW010131130119
335431UK00005B/203/P